NORTHUMBERLAND
Smith's Pt
KING and QUEEN COUNTY
KING WILLIAMS CO
NEW KENT CO
Cumberland
Court House
JAMES CITY COUNTY
CHARLES CITY COUNTY
Chickahominy River
WILLIAMSBURG
YORK RIVER
YORK CO
GLOUCESTER COUNTY
Piankatank River
Cherry Pt
Gwins Island
Milford Haven
New Point Comfort
Mockjack Bay
Long Island
Egg Island
WARWICK COUNTY
ELIZABETH CITY COUNTY
Hampton
James Town
Cobham
JAMES RIVER
Hog I.
Warrasqueak Bay
Point Comfort
Willowbys Pt
Sowels Pt
Lamberts Pt
Norfolk
ISLE OF WIGHT COUNTY
NANSEMOND COUNTY
NORFOLK COUNTY
PRINCESS ANN COUNTY
Suffolk
Lynhaven Bay
CAPE CHARLES
CAPE HENRY
Cheriton
BAY
THE DISMAL SWAMP
A Lake
North River
Black Water River
N. West Landing
Currituck Inlet
CHOWAN PRECINCT
PEQUIMANS PRECINCT
PASQUOTANK PRECINCT
CURRATUCK PRECINCT
Pasquotank River
Little River
North River
Edenton
Batts's Grave
ALBEMARLE SOUND
Powels Pt
Chowan R.
Kesiah River
Roanoke Island
Nottoway River
Black Water
Summerton
Elizabeth R.
Nansemond R.
Western Branch
Eastern Branch
Bennets Creek
Yawpim R.
Alligator Cr.
...olina from the Sea
the Honble Willm Byrd.
...ams, Commissioners;
...m Mayo, Surveyors.

MANESSE BIBLIOTHEK DER WELTGESCHICHTE

THOMAS JEFFERSON

Betrachtungen über den Staat Virginia

Herausgegeben und mit
einem einführenden Essay
von Hartmut Wasser

MANESSE VERLAG
ZÜRICH

THOMAS JEFFERSON

Thomas Jefferson – Staatsmann, Gelehrter, Literat, Kosmopolit und Amerikaner

von Hartmut Wasser

Irgendwann in den Spätsommer- oder Herbstwochen des Jahres 1780 – das genaue Datum läßt sich nicht exakt ausmachen – brachte der französische Gesandtschaftssekretär in Philadelphia, François Marbois, einen Fragebogen unter einflußreichen Mitgliedern des Kontinentalkongresses, politisches Zentralorgan der jungen amerikanischen Konföderation, in Umlauf, dessen Beantwortung dem Allianzpartner in Paris Aufschlüsse über die allgemeine Lage der dreizehn transatlantischen Republiken vermitteln sollte, die sich seit ihrer Befreiung aus kolonialen Banden im Krieg mit dem ehemaligen Mutterland Großbritannien befanden (vgl. den Katalog der zweiundzwanzig Fragen im Anhang).

Angesichts der turbulenten Zeitläufte verwundert es weiter nicht, daß des (späteren) Marquis de Barbé-Marbois Ansinnen wenig Widerhall fand, Antworten ausblieben oder bloß in höchst fragmentarischer Form eingingen; Umfang und Komplexität der Fragen hätten freilich auch unter Friedensbedingungen den Stand des Wissens und der Informationschancen beim amerikanischen Verbündeten überfordert. Billigerweise durfte sich eigentlich auch der virginische Kongreßdelegierte Joseph Jones bestenfalls Vorläufiges erhoffen, als er dem siebenunddreißigjährigen Gouverneur seines Heimatstaates den Fragebogen mit der Bitte um Bearbeitung überreichte. Nicht daß er an den intellektuellen Fähigkeiten Thomas Jeffersons gezweifelt hätte – Jones kannte den Freund seines Neffen James Monroe gut genug, wußte um dessen unstillbaren Wissensdurst und stupenden Bildungshintergrund, schätzte Jeffersons rastloses Bemühen um Vertiefung und Erweiterung seiner vielfältigen Talente ebenso wie den Eifer, mit dem der Herr von Monticello unter großen Anstrengungen allseitige Kenntnisse und Informationen über die Neue Welt zu sammeln versuchte; die widrigen Zeitumstände vielmehr schlossen eigentlich Muße und Aufwand aus, wie sie die sorgfältige Erledigung des Auftrags erforderte.

Die Entstehung der «Notes»

Die Niederschrift der «Notes on the State of Virginia» gehört schon wegen der besonderen Umstände ihrer Entstehung zu den Großtaten der Literaturgeschichte. Jefferson, seit Juni 1779 gewählter Gouverneur von Virginia, steckt mitten in heftigen Turbulenzen seines letzten Amtsjahres, als er sich an die Arbeit macht; und als er sie im Herbst und Winter 1781 (vorläufig) abschließt, ist, zum ersten und einzigen Male in seinem Leben, der tief in seinem Naturell verwurzelte Optimismus angesichts einer Kette persönlicher Schicksalsschläge jener geistigen und seelischen Düsternis gewichen, die ihn auf Monticello fast zu verschlingen droht.

Die gerade aufgenommene Arbeit an den «Notes» kommt schon am Silvesterabend des Jahres 1780 ins Stocken, als der «Verrätergeneral» Benedict Arnold mit starken britischen Kräften von der Atlantikküste her zur Offensive auf die virginische Hauptstadt antritt und die Regierung Jefferson Richmond evakuieren muß. Die folgenden Wochen und Monate lassen an eine Wiederaufnahme der literarischen Tätigkeit nicht einmal denken. Inflation, Mangel an Waffen und Vorräten für die ausgedünnte Miliz Virginias, Defätismus allerorten, der Zweifrontenkrieg gegen die Engländer und mit dem Feind verbündete Indianerstämme in den westlichen Grenzbezirken – die Fülle der gleichzeitig zu bewältigenden Probleme hätte auch einen entschlußkräftigeren Administrator als Thomas Jefferson an die Grenzen seiner Möglichkeiten gedrängt. «Gegenwärtige Aufgaben hindern mich an der Fertigstellung der Antworten«, schreibt Jefferson im März 1781 mit dem ihm eigenen *understatement* an Marbois und fährt fort, er hoffe «binnen kurzem in der Lage zu sein, mit Muße sich ihrer erneut anzunehmen».

Die Hoffnung trügt; die Anforderungen des Regierungsamtes verschlingen auch noch im Frühsommer die ganze Zeit und Kraft Jeffersons. Der englische General Cornwallis marschiert mit starken Truppenverbänden durch das von eigenen Streitkräften fast gänzlich entblößte Virginia. Die Regierung will sich nach der Flucht aus Richmond in Charlottesville zusammenfinden; und während Jeffersons Amtszeit als Gouverneur im Juni 1781 ausläuft, zersprengen britische Dragoner die Rumpfadministration auch dort und vertreiben Jefferson gar aus dem nahe gelegenen Monticello. Mit seiner Familie sucht er Zuflucht in Poplar Forest, dem Landsitz in Bedford County, neunzig Meilen südwestlich von Charlottesville gelegen; aber auch dort eskalieren die Krisen und Katastrophen. Bei einem Sturz vom Pferde verletzt sich Jefferson schwer; seine Tabakplantage am James River wird von den Engländern verwüstet; vor allem aber schwinden die Lebenskräfte seiner Frau Martha, die ihr sechstes Kind erwartet, von Tag zu Tag. Öffentliches Treiben mehrt das persönliche Leid. Die Abgeordnetenkammer von Viriginia beschließt, die Amtsführung der Jefferson-Administration vor einen Untersuchungsausschuß zu zerren, und rührt damit an die Ehre eines Mannes, der seinem Lande bis zur Selbstaufgabe gedient hatte. Der Ex-Gouverneur, zeit seines Lebens höchst empfindlich gegen öffentliche Kritik, wird zwar bald darauf durch eine gemeinsame Resolution beider Häuser des Parlaments rehabilitiert; aber Schatten und Bitterkeit werden nie mehr ganz von ihm weichen und seine Bereitschaft zur Übernahme öffentlicher Ämter mindern.

Daß Thomas Jefferson dennoch die übernommene Aufgabe fürs erste abschließt – ihre Bewältigung wird ihn noch lange Jahre fordern –, ist seiner fast heroisch anmutenden Disziplin zu verdanken. Was im Abstand von zweihundert Jahren freilich stärker fasziniert, ist das Ergebnis der Arbeit, der Gehalt des Manuskripts, das zum Jahresende 1781 dem Franzosen Marbois zugeht und 1786/87 (in erweiterter Form) als Buch in französischer und englischer Sprache erscheint (vgl. die editorischen Anmerkungen). Die «Notes on the State of Virginia» dürfen den Rang der bedeutendsten kultur- und naturhistorischen Publikation der jungen USA beanspruchen und zu Recht gemeinsam mit den 1788 veröffentlichten «Federalist Papers», kommentierenden Anmerkungen zur amerikanischen Bundesverfassung von Alexander Hamilton, John Jay und James Madison, als politisch-philosophische Manifestation des «Amerikanismus» schlechthin gelten.

Die Intentionen des Autors

Hinter dem Wagnis, ein Gesamtporträt von Virginia zu skizzieren, sind vielfältige Motivationen und Perspektiven zu erkennen. Eine regionale zuerst: Schon der junge Anwalt und Abgeordnete im kolonialen «House of Burgesses», vorrevolutionäres Äquivalent der späteren Delegiertenkammer, stellt seine Leidenschaft für die allgemeine Historie des «Old Dominion» und seine intimen Kenntnisse der Rechtstradition Virginias in den Dienst seiner Heimat, will die Geschichte als Lehrmeisterin für die Bewältigung der sozialen und politischen Gegenwartsprobleme nutzen, aus ihr Anregungen für die sinnvolle Gestaltung der Zukunft gewinnen.

Waren Jefferson schon früh Historie, Religion, der Mensch als naturhaftes und geschichtliches Wesen zu Gegenständen lebhaftesten Nachdenkens geraten (dessen Schlußfolgerungen auch, Pragmatiker der er war, in seine Verfassungs- und Gesetzesentwürfe einflossen), so wandte er sich nach seinem Einzug in Monticello verstärkt der ihn umgebenden Natur zu. Er richtete seine Neugier auf den ganzen Kosmos, als Dilettant im ursprünglichen Wortsinn, Amateurwissenschaftler in aufklärerischer Absicht, Forscher mit praktischer Orientierung, der unzählige Experimente mit Saatgut, Nutz- und Gartenpflanzen durchführte, klimatische und geologische Daten sammelte und zwecks Förderung des virginischen Landbaus auswertete. Bei alledem blieb er zeitlebens doch auch begeisterungsfähiger Schwärmer und staunender Romantiker, der in den «Notes» in aufgeregte Superlative und anrührende Lyrismen verfällt, wo er die landschaftlichen Reize seiner Heimat oder die Mysterien des Universums schildert.

Ganz offensichtlich schürt der Marbois'sche Fragebogen Jeffersons Begierde, sein Land mit größerem Nachdruck noch als zuvor intellektuell zu entdecken, trotz oder wegen aller zeitbedingten Rastlosigkeiten und Widrigkeiten sich noch tiefer in die überlieferten Zeugnisse virginischer Vergangenheit zu versenken, genauer noch den Gesetzmäßigkeiten und Geheimnissen der Natur auf die Spur zu kommen, dem

Drang nach politisch-philosophischer Spekulation noch ungehemmter nachzugeben. Als «gute Gelegenheit» will ihm der Auftrag des Franzosen erscheinen, die Fülle seiner Papiere, Aufzeichnungen und Memoranden «zum eigenen Nutzen zu arrangieren»; allein die Bescheidenheit verbietet ihm, den Nutzen für Virginia zu erwähnen, der aus solcher Sichtung erwächst.

Zum zweiten sei der «Nationalismus» nicht vergessen, das in der Revolution vollends aufbrechende Selbstbewußtsein der amerikanischen Nation, wo den Intentionen der «Notes on the State of Virginia», wo den Antriebskräften ihres Verfassers nachgespürt wird. Daß eine souveräne Nation auch auf dem Felde der Wissenschaften eine gewichtige Rolle spielen, eine freie Republik (in Analogie zum griechisch-römischen Vorbild) auch Pflanz- und Pflegestätte des Geistes sein müsse, war Jeffersons feste Überzeugung, die er mit kongenialen Zeitgenossen teilte. Patriotismus und Wissensdurst gingen Hand in Hand, auch dort zum Beispiel, wo die 1780 in Boston gegründete «American Academy of Arts and Sciences» ihre Forschungsziele in der Weise definierte, daß sie «das Studium der Altertümer in Amerika zu fördern und zu ermutigen, desgleichen das Studium der Naturwissenschaften, und die Möglichkeiten einer praktischen Verwertung solcher naturwissenschaftlichen Erkenntnisse zu prüfen suche, daß sie medizinische Studien und Entdeckungen fördern und erleichtern, mathematische Abhandlungen, philosophische Studien und Experimente, astronomische, meteorologische und geographische Beobachtungen sammeln wolle; schließlich Verbesserungen in der Landwirtschaft, in den Künsten, in der Industrie und im Handel zu fördern, kurz, jede Kunst und Wissenschaft zu pflegen sich anschicke, die den Interessen, der Ehre, der Würde und dem Glück eines freien, unabhängigen und tugendhaften Volkes dienlich sein mag».

Der solchermaßen umrissene Aufgabenkatalog liest sich fast wie das Inhaltsverzeichnis der «Notes»; und zweifelsohne sind sie im Reigen der ausgangs des 18. Jahrhunderts zahlreich aufkeimenden Monographien über die einzelnen Staaten der jungen Union das bedeutendste Werk, einem rigiden Wissenschaftsverständnis verpflichtet, das Hörensagen und «Vielleicht» nicht mehr akzeptiert; sie sind die erste erschöpfende Abhandlung über die Topographie, die Ressourcen, die Natur- und Kulturgeschichte eines der dreizehn Konföderationsmitglieder. Wo sich Jeffersons Abhandlung auf europäisches Schrifttum stützt, macht sie doch kein Hehl aus ihrem Streben nach geistig-kultureller Unabhängigkeit, das die politische Lösung vom Mutterland widerspiegelt, überprüft, korrigiert. Sie erweitert die wissenschaftlichen Theorien der Alten Welt und akzentuiert dabei die Autonomie der eigenen Forschung nach Kräften. Die «amerikanische Revolution» hat sich eben auch als geistiges Phänomen manifestiert, hat sich abendländisch-westeuropäische Denktraditionen, zuvörderst aufklärerisches Gedankengut zu eigen gemacht, aber sie in der Konsequenz ihrer Anwendung auf das sozio-politische, kulturell-wissenschaftliche und ökonomische Leben der Neuen Welt so dynamisiert, daß sie fortan als genuine Manifestationen des «Amerikanismus» erscheinen – Jeffersons Buch darf als Kronzeuge solcher Verwandlung gelten.

Der im Revolutionsgeschehen voll zum Leben erwachte Kulturnationalismus hat manche Vertreter des amerikanischen Wissenschaftsbetriebes nicht bloß die Forderung nach geistiger Unabhängigkeit von Europa erheben lassen, sondern hat sie vielmehr zu der (im Lichte damaliger Realitäten tollkühn anmutenden) Prognose verführt, es sei die Zeit einer kulturellen Hegemonie der USA über die ganze Welt nicht mehr fern. Hochfahrend gewiß der Sinn, der solches dachte und verkündete, aber verankert in der zukunftsträchtigen Überzeugung, es müßten die 1776 zur Anwendung gelangten Prinzipien des Republikanismus ganz unfehlbar dem Genius der Neuen Welt zur Weltherrschaft verhelfen.

Selbst ein so besonnener Mann wie Thomas Jefferson ist ein Leben lang nicht müde geworden, seinen Landsleuten und der Welt von der globalen Missionsaufgabe des jungen Gemeinwesens zu künden, von göttlicher Vorsehung, die Amerika zum Führer der Menschheit auf dem geschichtlich vorgezeichneten Weg zu Vernunft und Fortschritt bestimmt habe. Auch und gerade er hat im amerikanischen Geschehen seiner Zeit nicht eine einmalige und einzigartige Emanation der Weltgeschichte, vielmehr die *allgemeine* Tendenz der menschlichen Entwicklung zu einer besseren, vernunftgemäßen Ordnung der Welt erblikken wollen.

Freilich war ihm die Überheblichkeit jenes ungebärdigen Nationalismus fremd, der sich unter anderem in den Prophezeiungen der Universitätsadresse eines Harvard-Absolventen namens Joseph Perkins Ausdruck schuf, es würden «in einer nicht zu fernen Zukunft die Vereinigten Staaten der Sitz der Musen, das Athen unseres Zeitalters und der Gegenstand der Bewunderung für die ganze übrige Welt werden»; er hat nie daran gezweifelt, daß wissenschaftlicher Fortschritt, Entfaltung der Künste, kurzum die höhere Gesittung der Menschheit, von internationaler Kommunikation, von kulturellem Austausch zwischen Völkern, von wechselseitigem Sich-Öffnen für geistige Entwicklungsprozesse beim jeweils andern abhingen.

So ließ Jefferson nicht zuletzt diese internationalistische Gesinnung zur Feder greifen, die «den allgemeinen Fortschritt der Menschheit durch einen Austausch nützlicher Dinge» zu befördern suchte. So wie er seinem Lande die schönsten Früchte vom Baum der Zivilisation der Alten Welt verfügbar machen wollte, wünschte er Europa mit den besten Hervorbringungen des amerikanischen Geistes bekannt zu machen. Wenn er so viele Mühe, Zeit und Geld an die Abfassung der «Notes» verschwendete, so nicht allein in regionaler oder nationaler Absicht. Frankreich so exakt wie möglich über die amerikanische Szene zu informieren, über die Geschichte des Landes und seine politischen Institutionen, über Gelingen und Versagen im Wirken seiner Mitbürger, hieß auch der internationalen Verständigung Wege ebnen und mochte sogar das Fortschreiten eines von ihm geschätzten Volkes zu mehr politischer und intellektueller Freiheit beschleunigen.

Aufbau und Inhalt der «Notes»

Die «Notes on the State of Virginia» waren, bedingt durch Ursache und Zweck ihrer Entstehung, als eine nüchtern und faktenorientierte Beschreibung der Ressourcen und Institutionen eines der dreizehn amerikanischen Staaten konzipiert; sie gerieten ihrem Verfasser am Ende zu einer der gedankenreichsten Schriften der Revolutionsepoche, zum Exempel für Kraft und Ausstrahlung europäisch-amerikanischer Aufklärungsphilosophie. Thomas Jefferson ordnete alles ihm verfügbare Wissen nach dem Muster des englischen Staatsmannes und Philosophen Francis Bacon (1561–1626), der aus den drei Seelenvermögen Gedächtnis, Einbildungskraft und Verstand drei Hauptwissenschaften, nämlich Geschichte, Poesie und Philosophie hergeleitet hatte. Wenn man diese Disziplinen unterteilte, Geschichte etwa als Historie des Geistes und der Natur begriff, wenn man sie immer stärker auffächerte – die Klassifikationsschemata der großen Bibliothek Jeffersons veranschaulichen das Prinzip –, ließ sich zu guter Letzt jeder Form der Erkenntnis, jedem Wissenselement ein Platz in der solchermaßen etablierten Ordnung anweisen. Der «Weise von Monticello» bedurfte ordnender Disziplin; ohne sie hätten sein rastloser Geist, das Ungestüm seiner intellektuellen Neugier sich im Dickicht der zu erforschenden Gegenstände verstrickt. Er mußte sich in den «Notes» auch so noch oft genug zwingen, nicht allzu rasch vom Nahen zum Ferneren, vom noch Bekannten zum Unvertrauten, von der Tatsachenschilderung zur Reflexion und Spekulation zu eilen.

Das Buch beginnt mit einer exakten Beschreibung der Grenzen Virginias. Da zur Zeit der Niederschrift dieser Staat aber das größte, vielleicht auch das dynamischste Mitglied der amerikanischen Konföderation verkörperte, da er darüber hinaus gewaltige Gebietsansprüche in den sogenannten «Nordwestterritorien», die sich nördlich des Ohio zum Mississippi hin erstreckten, geltend machte, überschreitet Jefferson eilends die engeren Grenzen seiner Heimat, um sich den geographischen Gegebenheiten des Westens zuzuwenden. Ähnlich verfährt er, wo er sein Augenmerk auf die natürlichen Ressourcen Virginias richtet; rasch weitet sich der Blickwinkel, zieht er physische Merkmale von Tieren und Menschen generell in die Betrachtung ein. Sein bohrender Sinn drängt ihn unaufhaltsam fort zur *conditio humana* schlechthin, zur Reflexion über das Verhältnis von Individuum und Gesellschaft, über Chancen und Risiken sozialer Ordnung, das Wesen des Staates, über den Nutzen und die Gefahren von Regierungen.

Von der Kompilation zur Spekulation: Größe und Bedeutung Virginias lassen es Jefferson gerechtfertigt erscheinen, seine gesellschaftlichen und politischen Aspirationen für das «Old Dominion» mit denen der Vereinigten Staaten in eins zu setzen. Vor seinen Augen tut sich ein «Reich der Freiheit» auf, das fürs erste dem amerikanischen Kontinent eine schöne Zukunft verheißt, über kurz oder lang aber auch der ganzen Menschheit zum Segen gereichen wird, wobei – Merkmal und Ausdruck amerikanisch eingefärbter Aufklärung – eine fast mystisch anmutende Heilsgewißheit Hand in Hand geht mit handfest-nüchternem Verweis auf die ökonomische Potenz der USA im Fortgang ihrer Konsolidierung und auf die Chancen ihrer Nutzung beim Verfolg des menschheitsbeglükkenden Ziels. In der Neuen Welt vorerst würden antik-europäische Freiheitsideen Wurzeln schlagen; hier würden die Bürger Amerikas zu Herren ihres eigenen Schicksals avancieren, unter einer zu erfüllenden Bedingung freilich: daß sie ganz unbehindert alle Quellen der Erkenntnis, des Wissens und der Bildung nutzen könnten. Bildung ist Jefferson zeitlebens als Garant für den Aufstieg seiner Mitbürger, aller Amerikaner, mehr noch: der ganzen Menschheit zu höheren Stufen der Gesittung, als Gewähr für die Mehrung aller intellektuellen und moralischen Kräfte erschienen; ohne Bildung und Erziehung für alle war dem Ideal des «pursuit of happiness» nicht auf die Sprünge der Verwirklichung zu verhelfen. Solche Gedanken Jeffersons erregten Aufsehen im eigenen Lande wie im fernen Europa, begründeten den Ruhm der «Notes» als eines politisch-philosophischen Freiheitsdokuments par excellence, als eines Meilensteins auf jenem Menschheitswege, der aus (selbstverschuldeter) Unmündigkeit auf die Höhen selbstbestimmter Existenz führen sollte.

Die Brisanz des «Notes»

Freilich fürchtete der Autor der «Notes» zu Recht, es möchte sein sozialphilosophisches und politisches Räsonnieren nicht bloß Zustimmung finden, sondern durchaus auch bittere Kontroversen im eigenen Lande auslösen. In Virginia würden seine in republikanischer Gesinnung wurzelnden Attacken auf die seit 1776 in Kraft befindliche Verfassung Anstoß erregen; hier wie im ganzen Süden mußten die freimütigen Kommentare zu den politisch-moralischen Folgen der Sklaverei Widerspruch wecken. Und überall in den USA ließen sich unschwer «herrschende Kreise» ausmachen, einflußreiche gesellschaftliche Gruppen, denen Jeffersons Kritik an der religiösen Orthodoxie, an sozio-politischer Machtusurpation kraft Reichtums und aristokratischer Herkunft, an feudalen Residuen in der Neuen Welt und allen Formen des Aberglaubens wie der Bigotterie, an rassistischem Überlegenheitsdünkel und tyrannischen Neigungen als «umstürzlerisch» oder gar als anarchistisch erscheinen mußten, als Ausdruck einer subversiven Gesinnung, der es im Interesse des Status quo zu wehren galt; und ebenso mußten diese «herrschenden Kreise» an seinem leidenschaftlichen Plädoyer für eine allgemeine Schulbildung ohne Rücksicht auf Geburt und Vermögen, an seinem engagierten Republikanismus und seinem aufklärerisch-demokratischen Credo von der Gleichheit aller Menschen Anstoß nehmen. Diese «Notes» waren gewiß ein ebenso mutiges wie brisantes Buch. Kein Wunder, daß der Autor die Veröffentlichung scheute, sie so lange wie möglich zu verzögern suchte.

Die naturwissenschaftlichen Passagen des Werks, obzwar gleichermaßen Kontroversen nicht meidend, boten gewiß weniger Anlaß zur Sorge. Auch wenn Jefferson europäischen Zelebritäten, allen voran dem großen Comte de Buffon, oder Geographen, Anthropologen, Zoologen und Biologen vom Schlage eines Daubenton, eines Abbé Raynal oder des Niederländers De Pauw widersprach, wenn er sie – nicht ohne Erfolg – im großen ihrer Theorien wie in den Details ihrer konkreten Aussagen da und dort zu widerlegen versuchte, so bot die wissenschaftliche Auseinandersetzung um geologische, klimatische und biologische Fragen kaum Stoff für «öffentliche», für politische Aufgeregtheiten. Und keinesfalls versäumte der Amateurwissenschaftler aus Virginia, der Eitelkeit und Ruhmsucht Buffons Tribut zu zollen, wenn er ihn «den bestinformierten Naturwissenschaftler» nannte, «der je geschrieben hat». Soviel Respekt wollte er freilich dem Abbé Raynal nicht entgegenbringen, dessen «Unwissenschaftlichkeit» ihm an allen

Ecken und Enden aufstieß und der Jeffersons Patriotismus mit der These von der Degeneriertheit alles Menschlichen in der «Neuen Welt» verletzt hatte.

War der naturhistorische Part der «Notes» zunächst als bloße Deskription geplant, als Tatsachenermittlung im Reich der Minerale, der Flora und Fauna Virginias, so zog der regionale Ansatz immer größere, «kontinentale» Kreise, nahm gar globale Züge an, stieß selbst ins Universum vor in dem Maße, wie Freunde und Bekannte den Autor mit immer neuen Informationen versahen und wie er selbst immer tiefer in die naturwissenschaftlichen Diskussionen seiner Zeit eindrang. Selbstbewußt, aber stets offen für Kritik – dem Motto Buffons verpflichtet, es sei einer, der werkimmanente Irrtümer nachweise, ebenso zu schätzen wie ein anderer, der auf Wahrheiten im Werke eines Autors verweise, weil ein korrigierter Irrtum eine neue Wahrheit bedeute –, so pragmatisch und flexibel forscht und schreibt Thomas Jefferson, dabei die eigenen Aussagen kontinuierlich überprüfend, will nichts und niemanden verletzen, auch dort nicht, wo er, wie bei der Zurückweisung der biblischen Sintflut als naturwissenschaftlichem Erklärungsmodell, an gesellschaftliche Tabus der Zeit rühren muß.

Die Auseinandersetzung mit Buffon

Georges Louis Leclerc Comte de Buffon, Generalintendant des Pariser «Jardin du Roi», gerät ins Kreuzfeuer Jeffersonscher Kritik, wo der Virginier von der heimischen Fauna handelt. Der «Papst» unter den Zoologen des 18. Jahrhunderts hatte erklärt (und kleinere Geister der Zeit waren ihm mit ebenso überheblichen wie abstrusen Theorien gefolgt), die Artenvielfalt sei in der Neuen Welt erheblich geringer als in Europa, und Tiere, die auf beiden Seiten des Atlantik vorkämen, wiesen in Amerika allerlei Degenerationsmerkmale auf, seien von kleinerem Wuchs, für Krankheiten anfälliger, kurzum, weniger «feurig» und «furchtbar». Klimatische Bedingungen hätten schuld an solcher Defizienz, die vermeintlich niedrigen Temperaturen des Landes und seine relativ hohe Feuchtigkeit; die «Jugendlichkeit» Nordamerikas in geologischer Entwicklungs- wie menschlicher Besiedelungsperspektive trüge das Ihre dazu bei. Was für die Tierwelt galt, war nach Buffons Diktum auch bei den «Wilden Amerikas» zu beobachten; Abbé Raynal, der schwedische Naturforscher Kalm, De Pauw und andere ließen sogar den Europäer verkommen, den es, *horribile dictu*, in die Neue Welt verschlagen hatte.

Der an klimatischen Verhältnissen heftig interessierte Besitzer von Monticello bezweifelte einschlägige Aussagen Buffons, die seinen eigenen Beobachtungen und Messungen widersprachen; er wollte auch der These nicht trauen, daß Hitze für das Gedeihen großer Vierfüßler vorteilhaft, Feuchtigkeit hingegen schädlich sei. Der Stand der Forschung, so der Autor der «Notes», reiche bei weitem noch nicht aus, so schwerwiegende Behauptungen zu verifizieren. Wohl aber ließen sich die auf Gewicht, Maße und Erscheinungsformen der Fauna bezogenen Aussagen Buffons widerlegen; und Jefferson wurde nicht müde, durch Sammlung und Sichtung von Fakten dem Franzosen in die Parade zu fahren, wobei ihn Freunde mit eigenen Beobachtungen und Erfahrungen unterstützten, nachdem er sie aufgefordert hatte, «von der Maus bis zum Mammut» alle Tiere zu messen und zu wiegen. Sie schickten ihm Häute, Felle, Knochen, ganze Skelette, kistenweise; und je mehr er rechnete und verglich, desto deutlicher trat die «Überlegenheit» der amerikanischen Tierwelt zutage, wo ihm doch schon der Nachweis der Gleichheit genügt hätte, um seinen aufklärerischen Glauben an das Gesetz der Uniformität in allen Aktivitäten der Natur zu befestigen.

Mit Entschiedenheit rückte Jefferson jenem Bilde zu Leibe, das der Franzose von den «Wilden» Amerikas imaginierte. Anders als Buffon wußte der Virginier, wovon er sprach. Er hatte seit seiner Kindheit in Albemarle und seinen College-Tagen in Williamsburg stets Kontakte mit Indianern gepflogen, mit Häuptlingen die Friedenspfeife geraucht und Abkommen unterzeichnet, ihren Stammestraditionen nachgespürt, von Forschungsreisenden, Landvermessern und Trappern Nachrichten eingezogen; und wenn er, seiner Bescheidenheit gemäß, auch keinesfalls alle Fragen beantworten zu können glaubte, die auf Geschichte, Wesensart und Schicksal der «Eingeborenen» zielten, so reichte sein Expertentum doch weit genug, um krude Mißverständnisse und dünkelhafte

Vorurteile entschlossen zu korrigieren. Er rückte aus wissenschaftlicher Verantwortung das Bild vom Indianer zurecht, führte jedoch den Kampf um anthropologische Wahrheiten zugleich auch unter der Flagge des Gleichheitscredos und der Verteidigung des Humanum schlechthin. Keinesfalls wollte er Unterschiede zwischen Menschen und Rassen leugnen; aber zeitlebens hoffte er, sie möchten bloß als Resultate gesellschaftlicher Entwicklungen und historischer Zufälle zu verstehen und damit auch revidierbar sein. Daß ihn, den Sklavenhalter, dabei das Wesen der Schwarzen zutiefst verunsicherte und er dieser Rasse gegenüber Vorbehalte anmeldete, wo ihre natürliche «Ausstattung» zu begutachten war; daß sich in diesem Falle auch der «philosophe» vom gesellschaftlichen Vorurteil der Zeit nicht ganz und gar lösen konnte, wird dem aufmerksamen Leser der «Notes» nicht entgehen. Und doch hat er bis in seine letzten Lebenstage hinein an der Notwendigkeit der Sklavenemanzipation festgehalten, die tüchtigsten seiner Schwarzen in die bürgerliche Freiheit entlassen und unverdrossen dem Fortschritt der Wissenschaften auch unter Humanitätsaspekten das Wort geredet, der bereits «heute jedem Auge die greifbare Wahrheit offengelegt habe, daß die Masse der Menschheit nicht mit Sätteln auf ihrem Rücken geboren wurde und nicht einige wenige Begünstigte gestiefelt und gespornt, um auf ihr zu reiten».

Was die Passagen über die Indianer in den «Notes» netrifft, so kommen ihrer Eindringlichkeit und Brillanz höchstens jene gleich, die die Segnungen religiöser und intellektueller Freiheit glorifizieren und jedweder Diktatur, jedwedem Herrschaftsübermut den Kampf ansagen. Gewiß waren sie noch «Wilde», durch eigentümliche Sitten und Lebensgewohnheiten der Welt der Weißen fremd; aber ihr hochentwickelter Sinn für Ehre und Wahrheit, ihre Verläßlichkeit und ihre Fähigkeit zu echter Freundschaft, ihr Seelenmut und ihre Tapferkeit konnten nicht hoch genug gepriesen werden, nicht zu vergessen ihre Eloquenz in der Ratsversammlung. Der Rationalist, der nüchterne Wissenschaftler, der Jefferson war, verfällt beim Schreiben doch gelegentlich in romantisches Schwärmen – gewiß dort, wo er seinem in Jugendtagen entwickelten Enthusiasmus für die Indianer Ausdruck verleiht.

Viel knapper fällt die Replik auf Raynals Amerikabild aus. Dem Abbé wollte das ferne Land als geistig-moralische Wüstenei erscheinen, bar jeder intellektuellen Potenz; selbst jenes Genie verkümmerte in der Neuen Welt, das in Europa noch zu schönsten Hoffnungen berechtigt hatte. Kein großer Künstler, kein bedeutender Wissenschaftler gedieh und wirkte in dieser zivilisatorischen Einöde; die Welt hatte von dem jungen Staatswesen USA wohl kaum etwas zu erwarten. Dem Herrn von Monticello, überzeugt von der regenerativen Kraft seiner jungfräulichen Heimat und der Großes verheißenden sittlichen Potenz einer agrarischen, republikanischen Idealen aufgeschlossenen Gesellschaft, erschienen solche Gedanken gemäß der Baconschen «Idolenlehre» als Ausdruck überlieferter Vor-Urteile, die vor dem aufklärerischen Zugriff der Vernunft nicht lange mehr bestehen konnten. Amerika, so lautete seine Antwort, Amerika, obwohl noch jung, «gerade erst ein Kind von gestern», dessen Bevölkerungszahl noch nicht einmal ein Drittel derjenigen Großbritanniens, kaum ein Sechstel der französischen ausmachte – Amerika hatte mit dem Feldherrn Washington, dem Physiker und Universalgenie Franklin und dem Astronomen Rittenhouse schon jetzt einen ersten Beitrag zum weiteren Fortschreiten der Menschheit erbracht. Und was die Poesie, die schönen Künste insgesamt anbelangte, so mußte man dem Neuankömmling im Kreis der etablierten Mächte billigerweise die Chance zur Entwicklung einräumen. Auch die Griechen hatten ihren Homer, die Römer ihren Vergil, die Franzosen ihren Racine und Voltaire, die Briten ihren Shakespeare und Milton nicht am Beginn ihrer kollektiven Existenz hervorgebracht. Im übrigen erhoffte sich der Autor der «Notes» von seinem Land die Schaffung eines nobleren, eines «Genius» ganz eigener Art, der sich primär nicht mehr das Amüsement der Menschen angelegen sein ließ, sie vielmehr «zum Handeln aufrufen, ihre Freiheit stärken und ihre Glückseligkeit befördern» würde – eine Vision Thomas Jeffersons, die er in seiner eigenen Person, in seinem eigenen Handeln und Wirken aufs trefflichste verwirklicht hat.

Das Universaltalent Jefferson

Die «Notes on the State of Virginia», zweihundert Jahre lang in Deutschland fast gänzlich in Vergessenheit geraten, verblüffen den Leser am Ausgang des zweiten Jahrtausends ob ihrer Kunst, längst voneinander streng getrennte Wissenschaften, beziehungslos auseinandergedriftete Themen und Gegenstände, aufgebrochene Zusammenhänge (noch) als Einheit zu fassen, das Disparate der Moderne (noch) unter den Kontext schaffenden Gestaltungswillen eines einzelnen zu zwingen. Vielleicht zum letztenmal bringt die abendländische Welt – gewiß gilt dies für ihre transatlantische Sphäre – ein Universaltalent hervor, das Natur- und Geisteswissenschaftler, Gartenbauer und Architekt, Biologe und Paläontologe, Musiker und Schriftsteller, Erfinder und Erzieher, Jurist, Philosoph und Politiker alles in einem ist. Dabei tut der Größe dieses Mannes die Feststellung keinen Abbruch, daß hinter all seinem Forschen, sehen wir von der Leidenschaft für die Paläontologie ab, pragmatische, oft genug utilitaristische Impulse stecken, daß er auf vielen Feldern der Wissenschaft bloß als Dilettant geackert hat, manche seiner wissenschaftlichen Thesen und Theorien im Fortgang der Zeit als unzulänglich entlarvt worden sind, sein rastloser Geist wenig ganz und gar Originelles hervorgebracht hat.

Die Bedeutung der «Notes» ist um so höher zu bewerten, wenn man sich die zivilisatorische «Neulandsituation» der jungen USA vor Augen hält: Auch wenn aristokratische Plantagenbesitzer in Virginia oder Carolina, vermögende Kaufmannsgeschlechter auf beiden Seiten des Hudson oder das Stadtpatriziat von Boston bis Philadelphia keinesfalls «kulturlos» lebten und gewiß manche von ihnen engen Gedankenaustausch mit der Alten Welt und dem Aufklärertum des 18. Jahrhundert pflogen, so fehlte dem neu in die Weltgeschichte eingetretenen Gemeinwesen doch jene etabliert-differenzierte Infrastruktur im Kulturellen, Schulen, Hochschulen, Akademien, wissenschaftliche Gesellschaften oder Forschungseinrichtungen, deren kommunikative Existenz im allgemeinen erst Publikationen vom Range der «Notes» hervorbringt. Sicherlich hat Thomas Jefferson von Jugend auf begierig in sich aufgesogen, was öffentliche Institutionen und private Förderer des vielversprechenden Talents im eigenen Lande an Bildung zu vermitteln wußten; seine frappierende Vertrautheit mit abendländischen Denktraditionen und Wissensgütern jedoch, sein hochentwickelter Sinn für alles Erlesene, seine politisch-philosophischen Überzeugungen, von denen er nie gelassen hat, sind aber allesamt doch wohl in erster Linie autodidaktisch erworben worden, wurzeln in der Biographie, im persönlichen wie öffentlichen Werdegang Jeffersons.

Die Jugendzeit Jeffersons

Thomas Jefferson ist 1743 im virginischen Shadwell geboren, auf einer der Tabakplantagen seines Vaters, einem einsamen Weiler im Distrikt Goochland, später der Grafschaft Albemarle zugeschlagen, gelegen an der Scheidelinie zwischen «Zivilisation» und «Wildnis». Im Alter von zwei oder drei Jahren ist er mit der Familie auf deren anderes Landgut in den fast ebenso menschenleeren Flecken Tuckahoe am James River, wenige Meilen oberhalb der heutigen Stadt Richmond, gezogen. Das Erlebnis der «Grenze» hat ihn schon früh den Blick über den umhegten Raum der Weißen hinaus in die unbekannten Weiten des Westens richten lassen und seine lebenslangen politischen Überzeugungen vom Segen der Selbstregierung des Volkes und der «Graswurzel»-Demokratie mitgeformt, ihn aber auch in dem (erst noch zu verwirklichenden) Anspruch auf «Bildung als Bürgerrecht» die Voraussetzung jedweder sinnvollen Partizipation erkennen lassen. Der Vater Peter Jefferson, Selfmademan par excellence, hatte dank eigener Tüchtigkeit beträchtlichen Grundbesitz erworben und genoß in Albemarle Ansehen als Landvermesser und Kartograph. Gemeinsam mit Joshua Fry hatte der Autodidakt die erste Landkarte Virginias gezeichnet, die einigen Anspruch auf Genauigkeit erheben durfte; seine Mitbürger dankten ihm die Schaffung von (umgrenzter) Heimat, die Selbstdarstellung ihres Gemeinwesens, Anliegen aller frühen Landkarten, mit der

Übertragung einflußreicher öffentlicher Ämter. Als er im Jahre 1757 starb, hinterließ er dem älteren seiner beiden Söhne, Thomas, große, von Sklaven bewirtschaftete Ländereien und einen gesicherten Platz in der kolonialen Gesellschaft Virginias; vor allem aber den Drang nach Wissen und den phantasievollen Umgang mit der Natur, den Geist der Selbstbetätigung und der neugierigen Offenheit gegenüber dem Unbekannten, nicht zu vergessen die Liebe zu jenem «Garten Eden» Albemarle, der später Raum geben sollte für den Herrensitz Monticello.

Thomas Jefferson wird seinen Vater stets in verehrender Erinnerung halten, weiß aber über seine Mutter, Jane Randolph, die ihren Gatten um zehn Jahre überlebt hat, wenig zu sagen außer jenem Sarkasmus, sie stamme aus hochwohlgeborenem Hause, das seinen Stammbaum weit zurück nach England und Schottland verfolge, «was jedermann nach eigenem Gutdünken glauben und bewerten möge»; wobei freilich Ehemann und Sohn die Annehmlichkeiten durchaus zu schätzen wußten, die der Randolphsche Platz in der Pyramidenspitze der Albemarleschen Sozialstruktur gleichsam nebenbei vermittelt hat.

Gewiß aber verdankt der Autor der «Notes» den Bildungsaspirationen des Vaters die bestmögliche Erziehung, die das koloniale Virginia Mitte des 18. Jahrhunderts anzubieten hatte. Was Peter Jefferson entbehrt hatte, sollte dem Sohn in desto reicherem Maße zuteil werden: Schon in jungen Jahren durfte sich Thomas Jefferson fundierter Fertigkeiten in den klassischen Sprachen und im Französischen rühmen und fand beim Studium der antiken Literatur «eine reiche Quelle des Entzückens»; private Bildungseinrichtungen unter der Leitung von Geistlichen haben ganz offensichtlich den strebsamen und talentierten Schüler zu motivieren gewußt. 1760 schreibt er sich als Student an der einzigen Hochschule Virginias, am «College of William and Mary» in Williamsburg ein, wo ihm der «Aufklärer» inmitten anglikanischer Geistlicher, der Schotte Dr. William Small, den Zugang zu den Naturwissenschaften aufschließt und den Studienanfänger nach Kräften zu fördern sucht.

Der ihn von nun an nie mehr verlassenden Neigung zu den exakten Wissenschaften haben im damaligen Virginia freilich keine Karrieremuster entsprochen, so daß der junge Jefferson markierte Ausbildungspfade der virginischen Elite beschreitet und sich der Jurisprudenz zuwendet. In George Wythe findet er den Mentor, der ihn bis zu seinem Tod als Freund begleiten wird, Jurist von hohen Graden, der seine Wissenschaft im Kontext humanistischen Bildungserbes angesiedelt sah und in den fünf Studienjahren die mannigfachen Talente seines Lieblingsschülers zu entfalten oder zu befördern wußte. Die erste Bibliothek, die Jefferson in diesen Jahren erwirbt, ist zwar einem Feuer in Shadwell zum Opfer gefallen – die zweite, berühmte, in der Neuen Welt unübertroffene Sammlung von mehr als sechstausend Bänden ist 1815 an den Kongreß verkauft worden, Nukleus der «Library of Congress», zum Teil allerdings in der verheerenden Feuersbrunst des Jahres 1851 vernichtet; die dritte hatte er nach 1815 noch einmal zusammengetragen –, aber erhaltene Bücherlisten dokumentieren die geistige Bandbreite der Lektüre, die antike und moderne Schriftsteller, Historiker und Philosophen, Natur- und Staatswissenschaftler umspannt. Vertraut mit den antiken «Klassikern», mit dem aufklärerischen Rationalismus wie der angelsächsisch-schottischen Moralphilosophie seiner Zeit, zu Hause im theologischen und historischen Schrifttum genauso wie im englischen Verfassungsrecht, genießt der Jurastudent das Privileg, Zugang zum philosophischen Zirkel von Williamsburg zu finden, dem der urbane Gouverneur von Virginia, Francis Fauquier, präsidierte; Fauquier hat im Verein mit Small und Wythe Geschmack und Sensibilität des vielversprechenden Talents in jeder Hinsicht kultiviert.

Eintritt in die Politik, Heirat und Bau von Monticello

Im Jahre 1767 als Rechtsanwalt zugelassen, führte ihn Beruf und Berufung geradewegs zur Politik. Als junger Abgeordneter im «House of Burgesses» wurde Jefferson unaufhaltsam in die Strudel des oppositionellen Treibens gegen das Mutterland gesogen; schon 1774 opferte er der Politik die bürgerliche Anwaltsexistenz, um seine juristische Kompetenz und intellektuelle Kraft ganz ungeschmälert in den Dienst amerikanischen Freiheitsstrebens stellen zu können.

THOMAS JEFFERSONS WOHNSITZ MONTICELLO

Daß ihm dieser Entschluß nicht ganz leicht gefallen sein kann, darf aus seinen privaten Lebensumständen der frühen siebziger Jahre geschlossen werden. Im Januar 1772 hatte er Martha (Wayles) Skelton, eine vierundzwanzigjährige Witwe aus angesehenem Hause, geheiratet und durch die Mitgift der ebenso schönen wie geistreichen Frau sein eigenes Familienerbe nahezu verdoppelt (freilich auch Schulden des Schwiegervaters übernommen, die ihn in späteren Jahren wiederholt in finanzielle Schwierigkeiten stürzen sollten). Und kurz zuvor war mit dem Bau von Monticello begonnen worden, nachdem ein Feuer den nahegelegenen Wohnsitz in Shadwell vernichtet hatte.

Ein Leben lang wird Thomas Jefferson in Monticello bauen, erweitern, modernisieren, hoch auf dem Berg über Charlottesville, jenem von der Natur gehätschelten Ort, der ihn ins Schwärmen geraten ließ – «Berge, Wälder, Felsen, Flüsse. Mit welcher Majestät reiten wir hier über dem Sturm. Wie sublim blicken wir hinunter in die Werkstatt der Natur, sehen ihre Wolken, den Hagel, Schnee, Regen und Donner, die zu unseren Füßen erzeugt werden; und sehen die herrliche Sonne, wenn sie sich wie aus entferntem Gewässer erhebt, die Spitzen der Berge vergoldet und aller Natur Leben spendet» –, nicht nur ihn, notabene, sondern auch die vielen ausländischen und heimischen Gäste. Der Chevalier de Chastellux, Truppenführer unter dem französischen General Rochambeau im Unabhängigkeitskrieg, wird 1782 nach einem Besuch bei Jefferson bewundernd vermelden, der Herr von

Monticello sei «der erste Amerikaner, der die schönen Künste zu Rate gezogen habe, um herauszufinden, wie man sich vor dem Wetter schützt», sein Geist und Haus befänden sich gleichermaßen auf jenem erhöhten Tableau, «von dem aus man über das Universum nachdenken kann». In einem Land ohne Architekten war Jefferson gezwungen, die Baukunst (wie viele andere Fertigkeiten auch) aus den Büchern zu erlernen. Andrea Palladio, Baumeister der italienischen Renaissance, ist dem Autodidakten dabei zum prägenden Lehrmeister geworden, in Monticello ebenso wie später bei seinen Entwürfen für das virginische Kapitol in Richmond; Palladio, dessen Baukunst und Architekturtheorie Gesetzmäßigkeiten enthüllte, deren Stringenz und Ordnungskraft sich dem Modernisten auf Monticello auch im Kosmos, genauer: im naturwissenschaftlch zumindest partiell entschlüsselten Kosmos offenbaren wollten.

Leicht ist ihm also der Wechsel von der gerade festere Umrisse gewinnenden Lebensidylle in den heftig eskalierenden Konflikt mit dem Mutterland gewiß nicht gefallen; aber der überzeugte Republikaner Jefferson hat damals wie bei späteren Herausforderungen das Anliegen privater Selbstverwirklichung dem Dienst an der *res publica* geopfert. Nachdem der königliche Gouverneur Lord Dunmore das unbotmäßige «House of Burgesses» im Jahre 1774 aufgelöst hatte, wurde Thomas Jefferson zusammen mit anderen jungen «Militanten», die sich um den brillanten Rhetor Patrick Henry scharten, in die erste revolutionär legitimierte Versammlung Virginias gewählt. Zwar hielt ihn eine Krankheit fürs erste vom Konvent fern, der in Williamsburg tagte; aber er war durch seine «Instruktionen» präsent, vor deren Radikalität der Konvent zwar zurückschreckte, die aber, rasch gedruckt und weit verbreitet, als «Summary View of the Rights of British America» über Nacht den Ruf ihres Autors als eines sprach- und gedankenmächtigen Anwalts der Neuen Welt in ihrer Auseinandersetzung mit Großbritannien begründeten. Jefferson sprach, unter Berufung auf naturrechtliche Prinzipien und liberal-«whigistische» Auslegungsmuster englischer Rechtstraditionen, dem Londoner Parlament rundweg die Kompetenz zur gesetzgeberischen Bevormundung der Kolonisten ab; und wenn sein Traktat eben noch eine Bindung in der Gestalt des britischen Monarchen akzeptierte, die einen lockeren Zusammenhalt des Empire auch für die Zukunft nicht ganz ausschloß, so schlug er in der konkreten Situation des Jahres 1774 doch das letzte Kapitel in der polemischen Auseinandersetzung mit dem Mutterland auf, an dessen Ende Revolution, Krieg, Unabhängigkeit und die Gründung der Vereinigten Staaten von Amerika standen.

Die Unabhängigkeitserklärung

Als Jefferson im Juni 1775 als virginischer Delegierter beim Zweiten Kontinentalkongreß in Philadelphia erschien, genoß er, wie John Adams vermerkte, schon «eine Reputation als Literat und Wissenschaftler», war sein «glückliches Talent für die Komposition» in aller Munde. Der Ruf hielt an: Ein Jahr später wurde er, mit Benjamin Franklin und John Adams, in einen fünfköpfigen Kongreßausschuß berufen, um jene Unabhängigkeitserklärung zu entwerfen, welche die Legitimität der Trennung vom Mutterland vor aller Welt begründen sollte. Daß der junge Virginier mit der Aufgabe welthistorischen Zuschnitts betraut wurde, allein die Rohfassung herzustellen; daß sein Vorschlag, nach geringfügigen Eingriffen der beiden prominenten Älteren, dem Kongreß vorgelegt wurde, der ihn nach mehrtägiger Debatte am 4. Juli 1776 verabschiedete, vermag auch aus der Distanz von mehr als zweihundert Jahren noch zu faszinieren.

Trotz mancher in der Debatte vorgenommenen Änderungen trägt die Unabhängigkeitserklärung ihrem stilistischen Duktus wie ihrer inhaltlichen Programmatik nach alle Merkmale des Jeffersonschen Genius, ist sie doch auch von ihm selbst stets als einer der Gipfelpunkte seines öffentlichen Wirkens gewertet worden, der es verdiente, später einmal auf seinem Grabstein vermerkt zu werden, gemeinsam mit der Erinnerung an seine Verantwortung für das «Gesetz zur Religionsfreiheit in Virginia» und für die Gründung der «University of Virginia». Geschult am Exempel der römischen Historiker und Philosophen, hat Thomas Jefferson schon 1776 einen Prosastil entwikkelt, der, bar jeder Effekthascherei, durch seinen moralischen Ernst, seine treffsichere Genauigkeit und kühle Klarheit besticht. Rhetoriker alten Schlags, dem die gedankliche Kommunikation mehr am Herzen liegt als die Schönheit des gesuchten Wortes, Protagonist der Aufklärung, der auf die Macht des vernünftigen Arguments vertraut, Literat in utilitaristischer Absicht, verleiht schon der junge Jefferson, um wieviel mehr der gestandene Autor der «Notes» all seinen schriftlichen Hervorbringungen nichtsdestoweniger Anmut, Wärme, Ideenreichtum und eine vornehme Eloquenz, die ihren eigentümlichen Charme und ihre wirkungsmächtige Kraft begründen. Die Unabhängigkeitserklärung – «Folgende Wahrheiten erachten wir als selbstverständlich: daß alle Menschen gleich geschaffen sind; daß sie von ihrem Schöpfer mit gewissen unveräußerlichen Rechten ausgestattet sind; daß dazu Leben, Freiheit und das Streben nach Glück gehören; daß zur Sicherung dieser Rechte Regierungen unter den Menschen eingesetzt werden, die ihre rechtmäßige Macht aus der Zustimmung der Regierten herleiten; daß, wann immer irgendeine Regierungsform sich als diesen Zielen abträglich erweist, es Recht des Volkes ist, sie zu ändern oder abzuschaffen und eine neue Regierung einzusetzen ..., wie es ihm zur Gewährleistung seiner Sicherheit und seines Glückes geboten zu sein scheint ...» – hat damals die Amerikaner so wie später andere Völker auch durch ihren Stil für die Sache der Freiheit begeistert, durch eine gleichermaßen kühne wie erhabene, zupackende wie philosophiegesättigte Sprache, durch ihre feierliche Entschiedenheit und den rhythmischen Schwung, der die Argumentation von der noblen Rechtfertigung der Deklaration zur Auflistung der *gravamina* gegen das Mutterland und den daraus gezogenen politischen Konsequenzen vorantreibt.

Axiome und Postulate der Unabhängigkeitserklärung haben 1776 eine neue Epoche der Menschheitsgeschichte eingeläutet, Gedanken der europäischen Aufklärung auf dem Boden der Neuen Welt politische Stoßkraft und universalistische Geltung gewonnen: die Idee staatsbürgerlicher Freiheit und Gleichheit, das Prinzip des auf Volkssouveränität und Gesellschaftsvertrag gegründeten Gemeinwesens, der Glaube an die Macht der Vernunft und des Fortschritts auch bei der Gestaltung politischer und sozialer Ordnung. Daß die Trennung vom Mutterland nicht bloß als erste große Kolonialrevolte der Neuzeit Eingang in die Geschichtsbücher gefunden hat, vielmehr zur ersten demokratischen Revolution der Moderne geriet, ist nicht zuletzt Thomas Jefferson zuzuschreiben, der wie kein anderer seiner Mitstreiter vom Segen einer naturrechtlich verankerten, in freiheitlicher Gesinnung gegründeten und rationalen Ordnungsprinzipien verpflichteten Herrschaft des Volkes überzeugt gewesen ist.

Jeffersons politisches Wirken in Virginia

Die folgenden Jahre sehen Jefferson im öffentlichen Dienst an seinem Heimatstaat, als Abgeordneter des Delegiertenhauses (1776–1779) und Gouverneur des

Landes (1779–1781). In seinen republikanisch-demokratischen Überzeugungen der Zeit noch um etliche Schritte voraus, scheitert er zwar mit einem eigenen Verfassungsentwurf, der in der Wahl der Volksvertreter, im Geschäftsgebaren der Legislative und der Kompetenzverteilung zwischen den Staatsgewalten ausgeprägt freiheitlich-demokratischen Postulaten Rechnung trägt, kann aber im Wege der Revision überkommener Gesetze gemeinsam mit Freunden den Prinzipien der Unabhängigkeitserklärung entsprechende, rundweg revolutionär zu nennende Veränderungen in der Sozialstruktur des «Old Dominion» durchsetzen. Alte Feudalstrukturen werden überwunden, das Strafrecht wird liberalisiert, der Anglikanismus durch die Trennung von Staat und Kirche seiner machtpolitischen Privilegien entkleidet – freilich wird es zehn Jahre dauern, bis Jeffersons «Virginisches Statut über die Religonsfreiheit» unter der tatkräftigen Regie des Vertrauten James Madison die parlamentarischen Hürden des Landes nimmt. Ständig unterwegs zwischen Monticello, Williamsburg und Richmond, nimmt sein Credo vom unauflöslichen Zusammenhang zwischen demokratischer Stabilität, politisch-sozialem Fortschritt und staatsbürgerlicher Bildung feste Gestalt an und mündet im «Gesetzentwurf für eine allgemeinere Verbreitung des Wissens» (1779). Daß die Idee eines dreistufigen Bildungssystems in Form einer Pyramide, mit gemeindlichen Elementarschulen als Basis und einer Staatsuniversität als Spitze, fürs erste noch keine parlamentarischen Mehrheiten findet, beweist einmal mehr, daß der Modernist Jefferson den Zeitgenossen voraus war, daß seine «konkreten Utopien» die Landsleute bloß behutsam den Aufbruch zu neuen Ufern wagen ließen.

Die Hälfte seines Lebens ist Thomas Jefferson, in den Worten seines großen Biographen Dumas Malone, «der Virginier» gewesen, ist seine Biographie, sein privates und öffentliches Leben aufs engste mit dem Heimatstaat verwoben. Der Tod seiner Frau Martha im September 1782 erschüttert die Grundlagen der Monticello-Existenz – «Vor diesem Ereignis war mein Lebensplan festgelegt. Ich hatte mich gerade in die Arme des Privatlebens gebettet und alle Hoffnungen auf ein künftiges Glück in häuslichen und literarischen Tätigkeiten verankert. Ein einziges Ereignis hat alle meine Pläne ausgelöscht und mir eine Leere zurückgelassen, die mein Geist nicht ausfüllen konnte», schreibt er Wochen später an einen Freund – und läßt ihn nach Überwindung der bis an den Rand der physischen und psychischen Zerstörung führenden Krise für viele Jahre Abschied nehmen, von Virginia zuerst, bald darauf von Amerika. Als Delegierter seines Landes beim Bundeskongreß erweist sich einmal mehr rasch seine Unentbehrlichkeit, wo immer Innovationen gefragt, dem Fortschritt Wege zu bahnen sind. Berichte, Gutachten, Memoranden am laufenden Bande – einunddreißig an der Zahl in den sechs Herbst- und Wintermonaten des Jahres 1783/84 –, am wichtigsten der «Entwurf für eine zeitweilige Regierungsgewalt im westlichen Territorium». Auch wenn nicht alle politischen Blütenträume reifen, mancher Vorschlag an Status-quo-Interessen aufläuft, ist Thomas Jefferson nunmehr auf nationaler Ebene teils zum Propheten, teils zum Architekten einer lichteren Zukunft und vernünftigeren Ordnung menschlichen Zusammenlebens avanciert. Die auf Jeffersons Entwurf gegründete «Nordwest-Verordnung» von 1787 legt beredtes Zeugnis von der Philosophie ihres Urhebers ab, von der Verbindung von Politik und Moral, von der Projektierung eines radikaldemokratischen Staatswesens. Die Anwendung des Gleichheitsprinzips auf die riesigen Gebiete zwischen Pennsylvania, Ohio, Mississippi und den kanadischen Seen, von denen damals niemand sagen konnte, wann sie zu staatlicher Form finden würden, die Autonomiegewähr für Kolonisten, Siedler und Pioniere bei der Regelung ihrer Angelegenheiten und der Ausschluß jeglicher Form von Sklaverei stellten in ihrem antikolonialen, demokratischen Charakter eine veritable Revolution im Umgang zwischen etablierten Staaten und «Neuland»-Territorien dar.

Begegnung mit Europa

So wie der Tod seiner Frau Jeffersons einstweiligen Abschied von Virginia nach sich zog, erleichterten ihm unverkennbar restaurative Tendenzen in der Konföderation, die dem siegreich beendeten Krieg und Friedensschluß folgten, den Abschied von Amerika. Im Sommer 1784 reist er als Gesandter der USA nach Europa, wo er zwei andere Revolutionsführer, John Adams und Benjamin Franklin, beim Abschluß von Wirtschaftsverträgen mit der Alten Welt unterstützen soll. In Paris, wo er bald darauf Franklins Nachfolge als Alleinbevollmächtigter der USA am Hofe antritt, und auf Reisen durch Italien, Frankreich, die Niederlande und Deutschland durchlebt er seine glücklichsten Jahre, öffnen sich ihm bislang verschlossene Türen zur Alten Welt. Seine intellektuelle Neugier, sein wacher Sinn für die *conditio humana,* seine geduldige Beobachtungsgabe und sein Wissensdurst – hier konnten sie sich im Kraftfeld einer hochentwickelten Kultur aufs schönste betätigen und fortbilden. Diplomatie und Kunst, Wissenschaft, Architektur und Philosophie, das Donnergrollen der herannahenden Revolution, sie allesamt versetzten seinen Geist in eine fruchtbare Unruhe, weiteten seinen Gesichtskreis, verhalfen solchen Gedanken und Ideen zur vollen Entfaltung, die sich in ihm bis jetzt erst keimhaft geregt hatten. Wann immer es seine Zeit erlaubte, stöberte er in den Pariser Buchläden herum, kaufte ganze Berge antiker, humanistischer und aufklärerischer Literatur zusammen, vergaß dabei auch nicht, die Freunde im philadelphischen Konvent mit hilfreicher Lektüre zu versorgen, die über einem Verfassungsentwurf für die «vollkommenere Union» brüteten. Er frequentierte die Salons der Großstadt, traf dort die «philosophes» und Literaten, galt selber bald als einer aus ihren Reihen, stillte sein so lange unterdrücktes Verlangen nach Kunst, Musik, Theater bis zum Rande und sog mit allen Sinnen, in Südfrankreich und in Italien, die Schönheiten der antiken Architektur in sich ein, die seine späteren Entwürfe für das Kapitol in Richmond beflügeln sollten, wie er denn überhaupt die Erfahrungen in der Alten Welt – «beladen gleich einer Biene mit Honig» – für den Fortschritt der Neuen nutzen wollte.

So sehr Europa ihn auch fesseln mochte, entfremdete er sich darüber doch keinen Augenblick seinem Amerikanertum, fühlte er sich im Gegenteil seiner Heimat um so inniger verbunden. Er beharrte auf dem Prinzip wechselseitigen Gebens und Nehmens und ließ auch unter Freunden keine Zweifel daran aufkommen, daß die transatlantische Kommunikation nicht zur Einbahnstraße geraten dürfe, vielmehr beide, die Alte wie die Neue Welt, wechselseitig voneinander lernen könnten und sollten. Als gern gesehener Gast in liberalen Zirkeln um den Marquis de Lafayette sparte der erfahrene Revolutionär und Gentleman-Republikaner aus Virginia nicht mit politischem Rat, wie die sich ankündigende Revolution zu bewältigen sei. Daß sie kommen, daß das amerikanische Geschehen von 1776 «bloß das erste Kapitel in der Geschichte der Freiheit, gerade auch der europäischen» gewesen sein würde, stand für ihn wie für die fortschrittlichen Kreise in Paris außer Frage. Er empfahl eine Politik der kleinen Reformschritte, um ein Land nicht zu überfordern, das noch im Absolutismus befangen war, sah in der Entwicklung einer konstitutionellen Monarchie die Chance, Blutvergießen zu vermeiden, schlug die Aushandlung eines Menschenrechtskatalogs zwischen dem Hofe und den Bürgern vor, ging gar soweit, dem Freunde Lafayette den Entwurf eines solchen Abkommens zu übermitteln.

Bei alledem versäumte Jefferson nicht, die Interessen seines Landes nach Kräften zu befördern. Wenngleich er die starke Stellung Großbritanniens auf dem Felde des Handels und der Wirtschaft nicht erschüttern konnte, erreichte er doch von Frankreich wertvolle Konzessionen für den Warenverkehr der USA. Sein ökonomischer Liberalismus beeindruckte in einer noch stark merkantilistisch orientierten Welt, die ihm aber auch tagtäglich die Notwendigkeit vor Augen führte, die wirtschaftlichen Belange der USA künftig durch eine starke Bundesregierung vertreten und schützen zu müssen.

Außenminister und Vizipräsident

Jefferson kehrte 1789 nach Amerika zurück, nachdem er in Paris gerade noch die Geburtswehen der Revolution bis zur Verabschiedung der «Erklärung der Menschenrechte» erlebt hatte, kehrte zurück als erfolgreicher Botschafter, dem selbst die gewiß nicht freundlich gesonnene «Edinburgh Review» politisches Fingerspitzengefühl und Verhandlungsgeschick bescheinigte, die sich mit den ganz unbestrittenen Fähigkeiten seines Pariser Vorgängers Franklin messen dürften. Der Ruf, der ihm solchermaßen vorauseilte, vereitelte den Traum, nach fünfjähriger Diplomatenmission in Europa endlich wieder Wurzeln in Monticello schlagen zu können. George Washington, frischgewählter Präsident der USA, bedrängte den eben Heimgekehrten, als «Secretary of State» in seinem ersten Kabinett zu dienen. Ohne rechte Begeisterung beugte sich Jefferson erneut der patriotischen Pflicht, um so mehr, als ihn, der gewiß kein «Herzensföderalist» war, die in Europa gemachten Erfahrungen von der Notwendigkeit leistungsfähiger Bundesinstitutionen im eigenen Lande überzeugt hatten, wie sie die «Föderalisten», allen voran der designierte Finanzminister Alexander Hamilton, seit Jahren gefordert und schließlich durchgesetzt hatten. Und wenn ihm auch so manches an der eben in Kraft getretenen Verfassung mißfallen hatte – die Möglichkeit mehrfacher Wiederwahl des Staatsoberhaupts etwa, die später einmal dem Monarchismus oder gar dem Despotismus durch die Hintertür Zugang zur Republik eröffnen mochte –, so versöhnte ihn doch die Aussicht, daß mit den ersten zehn Verfassungzusätzen bald eine «Bill of Rights», ein Grundrechtskatalog auf nationaler Ebene, Geltung erlangen würde, der republikanischen Postulaten Rechnung trug.

Freilich wurde Jefferson schon bald nach seinem Amtsantritt in New York vom Ausmaß der «konservativen Wende» überrascht, die weite Teile des Landes während seiner europäischen Mission überrollt hatte. Sie reichte über ihren Bannerträger Hamilton direkt in Washingtons Kabinett hinein, wo nach anfänglichen Bemühungen um kollegiale Zusammenarbeit die Konflikte zwischen dem zentralistisch und anglophil orientierten Finanzminister und dem für außen- und innenpolitische Fragen zuständigen «Secretary of State» Jefferson rasch eskalierten. Wo der erstere die Wiederanknüpfung der Bindungen zum ehemaligen Mutterland vorantreiben wollte, setzte der Virginier auf die französische Karte; wo der New Yorker gewerbliche und Handelsinteressen auch über die Errichtung einer Bundesbank zu befördern suchte, verfolgte der andere – ganz im Sinne seiner republikanischen Philosophie – die Belange der «kleinen Leute» und Farmer, mißtraute er jeder Expansion der Bundesgewalt. In der Auseinandersetzung mit dem ambitionierten, der Persönlichkeit Jeffersons wesensfremden Finanzminister ist der «Secretary of State» zum engagierten Verfechter der «States Rights» geworden, hat sich, Ironie der Geschichte, der jeglichem Parteiwesen abholde Jefferson – «Wenn ich nur mit einer Partei in den Himmel kommen könnte, ginge ich gewiß nicht dorthin» – zum Mitbegründer des ersten amerikanischen Parteiensystems gemausert. Gegen die Hamilton-«Föderalisten», verkappte Monarchisten in seinen Augen, formierte und führte er die «Demokratischen Republikaner» ins Feld, die in den Präsidentschaftswahlen des Jahres 1800 einen überwältigenden Sieg erringen sollten.

Vorerst aber schied Thomas Jefferson nach Ablauf der ersten Präsidentschaft Washingtons zur Jahreswende 1793/94 erneut aus dem politischen Leben aus, diesmal für immer, wie er hoffte. Zum erstenmal seit dem Tod seiner Frau konnte sich der Herr von Monticello ganz der Bewirtschaftung und Verwaltung seiner Güter widmen, auch einige Ordnung in das Gewirr seiner Finanzen bringen – Geldsorgen haben ihn damals wie in den letzten Jahren seines Lebens geplagt. Sie hatten ihren Grund in der Schulden-«Mitgift» aus der Familie seiner Frau, den hohen Zinsen auf Schuldverschreibungen an englische Handelspartner, unter denen die virginische «gentry» insgesamt litt, und seiner persönlichen Großzügigkeit Verwandten, Freunden und Besuchern gegenüber, die bis zu seinem Tod in nicht mehr abreißendem Strome Monticello als Gäste bevölkerten, denen er auch in Notlagen immer wieder unter die Arme griff. Er befaßte sich intensiv mit Fragen der Landwirtschaft – «Die Wissenschaft ist nie vortrefflicher», schrieb er an einen englischen Grundbesitzer, «als dann, wenn sie auf die menschlichen Bedürfnisse angewandt wird, und das wichtigste unter diesen Bedürfnissen sind Verbesserungen in der landwirtschaftlichen Produktion und Wirtschaftsökonomie» –, führte den Anbauwechsel ein, um den erschöpften Boden zu regenerieren, förderte die Entwicklung neuer Gewerbezweige, experimentierte mit mechanischen Erfindungen, trieb die Eröffnung der Schiffahrt auf dem Rivanna voran, dem kürzesten Weg zum Meer, wo man auf die Erzeugnisse der Plantagen aus dem Westen Virginias wartete; und entging bei alledem doch nicht der Politik, die ihn rascher wieder einholte, als ihm lieb war.

Zwar schrieb er noch im April 1795 dem Freunde Madison, daß der «geringe Anflug von Ambition meiner jüngeren Jahre» längst verschwunden und eine Präsidentschaftskandidatur für ihn kein Thema sei; aber als ihn Parteifreunde im folgenden Jahr bestürmten, für die Republikaner in den Ring zu steigen, mochte er sich wiederum der Aufgabe nicht versagen, «das Staatsschiff auf republikanischen Kurs zu führen, bevor es allzuweit von seinen wahren Prinzipien leewärts abgetrieben würde».

Er verlor die Wahlen von 1796 denkbar knapp; aber die Vision schreckte ihn nicht, als Vizepräsident in das Kabinett des Siegers John Adams einzutreten, wie dies kurioserweise damals noch die Verfassung der Vereinigten Staaten vorschrieb, sah er doch in dem gemäßigten «Föderalisten» und revolutionären Mitstreiter aus früheren Tagen einen Garanten gegen allzu unverhohlene Machtaspirationen Hamiltons. Ein Irrtum gewiß, das Setzen auf John Adams: Die außen- und innenpolitischen Perspektiven der «Hamiltonians» dominierten in den kommenden Jahren die Politik in einem Ausmaß, das Jefferson zutiefst verstörte. Die unvermeidliche Konfrontation verlagerte sich dabei zusehends aus dem Kabinett in den gerade Struktur gewinnenden Raum der Öffentlichkeit, wo zwischen der «Gazette of the United States», dem Hausblatt Hamiltons, und der zu Philadelphia jüngst gegründeten «National Gazette» mit ihrer republikanischen Orientierung erbitterte Pressefehden ausgetragen wurden.

Als 1798 britische und französische Pressionen auf die Amerikaner sich wechselseitig hochschaukelten, hätte vielleicht Jeffersons Devise einer «Ehescheidung von beiden Nationen» die Krise entschärfen können; statt dessen fachte Hamilton die allgemeine Hysterie im Lande bis zur Siedehitze an und konnte im Kongreß ein Fremden- und ein Aufruhrgesetz durchdrükken, die Jeffersons schlimmste Befürchtungen zu bestätigen schienen, es stehe die Wiederkehr des Despotismus direkt vor der Tür. Die Föderalisten nutzten die neuen Gesetze zur rigorosen Unterdrückung abweichender Meinungen, ließen «oppositionelle» Redakteure ins Gefängnis werfen und «Jeffersonians» mit hohen Geldbußen belegen – und bauten ebenso zynisch wie umsichtig möglichen Revancheakten vor, indem sie die Geltung des «Sedition Act» bis zum März 1801 terminierten, bis zum Zeitpunkt also eines nicht auszuschließenden Machtwechsels in der Regierung. Gegen die «Säuberungswelle» verfaßte der Führer der «Opposition» die «Kentucky Resolutions», mit denen das Parlament von Kentucky 1798/99 auf die Rechte der Einzelstaaten pochte und sich gegen repressive Gesetze aussprach, und stimulierte Virginia zu ähnlichen, der Feder Madisons entspringenden Entschließungen. Binnen kurzem drehte sich der Wind der öffentlichen Meinung im Lande, wuchsen in liberalen Kreisen und beim «Mann auf der Straße» die Sympathien für die in ihrer Existenz bedrohten Republikaner; Jefferson, erfahrener *homo politicus,* hat die machtpolitischen Chancen des allgemeinen Stimmungsumschwungs erkannt, mit Eifer die Organisation seiner Partei auf nationaler Ebene betrieben und so die Voraussetzungen für den überzeugenden Wahlsieg der Republikaner im Jahre 1800 geschaffen.

Die zwei Präsidentschaften Jeffersons

Der Wahlsieg Jeffersons und seine Politik der Versöhnung im Präsidentenamt – «Wir sind alle Republikaner und alle Föderalisten» – hat der jungen Demokratie mit der Demonstration eines friedlichen Machtwechsels und der Schaffung einer den Gegner respektierenden «Streitkultur» unschätzbare Dienste geleistet. Wenngleich die einfachen Umgangsformen und die demokratisch eingefärbte Schlichtheit, die lockere Haltung und stupende Natürlichkeit des Präsidenten Jefferson von einzelnen europäischen Botschaftern und Diplomaten, zuweilen auch von heimischen Widersachern als provinzielle Kleinkariertheit oder taktische Pose abgewertet wurden, gewann solches Gesinnungsrepublikanertum dem Inhaber des höchsten Staatsamts die Zuneigung seiner Landsleute, die durch politische Erfolge der Administration noch vermehrt wurde. Unter Jeffersons Führung wurden die Pressefreiheit neu verankert, die Einbürgerungsvorschriften liberalisiert, Armee und Flotte zunächst einmal drastisch zurückgeschnitten, Staatsschulden verringert, wurde der Bundesgewalt in all ihren Zweigen eine Sparkur verordnet. Jeffersons größter Triumph und seine größte Niederlage vollzogen sich aber auf dem Felde der Außenpolitik. Im Jahre 1800 hatte Napoleon von Spanien das 1763 verlorengegangene Louisiana mitsamt dem Hafen von New Orleans zurückerworben; und wenn auch die Franzosen das riesige Gebiet vorerst nicht in Besitz nahmen, erklärte doch der spanische Gouverneur eigenmächtig das amerikanische Stapelrecht an der Mississippimündung für aufgehoben. Wütende Proteste amerikanischer Händler und Siedler zwangen die Regierung zum Handeln. Jefferson schrieb seinem Gesandten in Paris eine scharf formulierte Warnung an die französische Adresse zum diplomatischen Gebrauch bei Hofe: «Der Tag, da Frankreich New Orleans in Besitz» nehme, besiegele «den Zusammenschluß zweier Nationen, die vereint den ganzen Ozean beherrschen können», war da zu lesen – ein unmißverständlicher Wink mit dem Zaunpfahl der Umkehr bündnispolitischer Absprachen. Napoleon hat ihn verstanden und deshalb auch im Jahre 1803 dem Verkauf des weit über zwei Millionen Quadratkilometer großen Einzugsgebiets des Mississippi und seiner Nebenflüsse zugestimmt. Für ganze 15 Millionen Dollar hat Jefferson das Territorium der USA nahezu verdoppelt.

Jeffersons zweite Inaugurationsrede läßt vermuten, er habe nach seinem triumphalen Wahlsieg von 1804 doch Freude am «prächtigen Elend» der Präsidentschaft gewonnen. Zwar wird er auch künftig in Privatgesprächen über die zeitraubenden, jegliches Philosophieren ausschließenden Staatsgeschäfte klagen; und dem war wohl auch so, obwohl die weitverzweigte Korrespondenz auch seiner Präsidentenjahre vor Ideen, Plänen und Reflexionen geradezu übersprudelt, die Tafel im Weißen Haus als Stätte geistreichster und ungezwungenster Konversation gilt und der Hausherr nicht bloß als erster Diener der Nation *in politicis* wirkt, sondern zwischen 1797 und 1815 als Präsident der «Amerikanischen Philosophischen Gesellschaft», Hochburg transatlantischer Aufklärung, auch die Wissenschaft seines Landes nach innen und außen repräsentiert.

Die auswärtigen Beziehungen zur Alten Welt freilich spitzten sich in der zweiten Amtsperiode krisenhaft zu, beanspruchten fast die gesamte Aufmerksamkeit der Administration und verhinderten, daß Jefferson ähnliche Erfolge in die Scheuern seiner Präsidentschaft einbringen konnte, wie er sie für die vorangegangenen Jahre in der Inaugurationsrede hatte reklamieren können. Napoleon polarisierte Europa und schickte sich an, den Kontinent zu unterwerfen; die Wirtschaftsblockade gegen Großbritannien zog auch die transatlantische Republik in die Strudel der Auseinandersetzung hinein. Die Neutralität der Vereinigten Staaten, Maxime der amerikanischen Staatsräson, wie Jefferson sie definierte, geriet ins Kreuzfeuer beider Lager, die aus ihrer Geringschätzung eines Landes kein Hehl machten, das über keine ernstzunehmenden Land- oder Seestreitkräfte verfügte und dessen Präsident vom «Frieden als seiner Leidenschaft» sprach. Für Jefferson verkörperte England die ungleich größere Gefahr, es preßte tausende amerikanischer Matrosen zum Dienst in der eigenen Marine, kreuzte mit seinen Schiffen nach Belieben in amerikanischen Hoheitsgewässern und fügte der Wirtschaft der abgefallenen Kolonien nach Kräften Schaden zu, um sich auf diese Weise eines lästigen Rivalen im atlantischen Handelsgeschäft zu entledigen. Zwischenfälle auf hoher See und vor den Küsten der USA, vor allem die kaltschnäuzige Attacke auf die Fregatte Chesapeake im Juni 1807, ließen den Konflikt fast außer Kontrolle geraten, und Jefferson hatte alle Mühe, der wachsenden Kriegspsychose in seinem Land zu begegnen. Als Briten und Franzosen jedoch Maßnahmen ankündigten, die einer gegenseitigen Totalblockade nahe kamen, setzte der Präsident im Dezember 1807 ein Embargo für alle ausländischen Erzeugnisse durch, Alternative zum Krieg und Experiment zugleich, die Wirksamkeit «friedlichen Zwangs», Lieblingsidee des Virginiers, in internationalen Streitigkeiten zu erproben. Seine Administration verschliß sich im Kampf um die Durchsetzung des Embargos; gegen den Widerstand New Yorks und der Neuengland-Staaten war ihm auf die Dauer freilich ebensowenig auf die Sprünge zu helfen wie gegen das blühende Schmugglergeschäft, dem die kleine Kriegsmarine hilflos gegenüberstand. Die Zurücknahme der Handelsrestriktionen überschattete die letzten Amtsmonate der Administration; Jefferson ist darüber der Staatsgeschäfte ganz und gar überdrüssig geworden, hat aber scharfsichtiger als seine Gegner im Scheitern der Embargopolitik den unvermeidlich werdenden

Krieg gegen das einstige Mutterland antizipiert, der bald darauf, im Jahre 1812, tatsächlich ausbrach.

Der «Weise von Monticello»

Mit 66 Jahren machte sich Jefferson endgültig nach Monticello auf, jenem vertrauten Raum, der ihm nach eigenem Bekunden seine «tiefsten Befriedigungen» vermittelt hat. Im allgemeinen bewirken die Großen der Geschichte nicht mehr viel, nachdem sie, freiwillig oder gezwungen, von ihren öffentlichen Ämtern Abschied genommen haben. Jeffersons siebzehnjähriger «Ruhestand» aber könnte ohne weiteres als Vorlage zu einer weiteren Lebensgeschichte dienen. Besucher aus aller Welt, bedeutende und die unvermeidlichen Voyeure, strömten auf den Hügel bei Charlottesville, um mit dem «Weisen von Monticello» Gedanken auszutauschen oder sich in seinem Ruhme zu sonnen; wer immer kam, traf einen rastlos Tätigen an. «Meine frühen Vormittage sind der Korrespondenz gewidmet», schreibt er im Jahre 1810; «vom Frühstück bis zum Essen am Nachmittag halte ich mich in meinen Betrieben, meinem Garten oder zu Pferde auf meinen Ländereien auf; vom Dinner bis zur einbrechenden Dunkelheit widme ich mich der Geselligkeit und Erholung mit Nachbarn und Freunden; und wenn die Kerzen angesteckt werden, lese ich bis zum Schlaf.» Um ruhig lesen zu können, mußte er freilich nicht selten in das entlegene Poplar Forest, sein Landgut bei Lynchburg, fliehen. Dort, in der Abgeschiedenheit der Idylle, hat sich auch noch der alte Mann von Gedanken und Plänen inspirieren lassen, die seiner Umgebung, der engeren wie der weiteren, zugute kommen mochten.

Noch einmal wird ihm das christliche Bekenntnis zum Problem. Für den Haus- und Familiengebrauch verfaßt er in jahrelanger Arbeit die «Jeffersonbibel», wie die Schrift über «Leben und Sittenlehre Jesus von Nazareths» später genannt worden ist, Versuch einer Begründung des Christentums als einer von allem Wunderglauben befreiten Humanitätsreligion auf der Grundlage einer mit den begrenzten Mitteln des Autodidakten unternommenen Bibelkritik. Mit Nachdruck sucht er die ihm so dringlich am Herzen liegende Verfassungsreform in seinem Heimatstaat voranzutreiben; er hat sie aber selbst nicht mehr erlebt. Auch die Sklavenemanzipation wollte sich zu seinen Lebzeiten nicht mehr vom Fleck rühren; die jüngere Generation, auf die der «Weise von Monticello» alle diesbezüglichen Hoffnungen gerichtet hatte, trieb ebenso unbekümmert und sehenden Auges der für die nahe Zukunft befürchteten Katastrophe zu wie seine eigenen Altersgenossen.

Im Mittelpunkt freilich des Denkens und Trachtens seines ausgefüllten Lebensabends stand bis zuletzt die Sorge um die öffentliche Erziehung in Virginia. Zwar lehnte das Staatsparlament im Jahre 1816 erneut die Einführung des von ihm konzipierten mehrstufigen Schul- und Bildungssystems ab, bewilligte aber bald darauf immerhin Mittel zur Errichtung von Elementarschulen und einer Staatsuniversität. Der Initiator des Projekts hat sich über die legislative Torheit nicht genug verwundern können, gleich die Spitze der von ihm skizzierten Pyramide in Angriff nehmen zu wollen, ohne zuvor die Grundlagen zu errichten – «es ist sicherer», schrieb er, «alle Bürger ausreichend zu belehren, als wenige auf einem hohen Stand der Wissenschaft und die vielen in Unwissenheit zu halten. Letzteres ist der gefährlichste Zustand für ein Volk. Die Nationen und Regierungen Europas belegen dies zur Genüge» –, ist aber mit Begeisterung dem Auftrag gefolgt, die Universität ins Leben zu rufen. Ein letztes Mal hat er die Vielfalt seiner Talente in den Dienst an der *res publica* stellen können, als Planer und Architekt eines in der Neuen Welt beispiellosen «academic village», als Verfasser von Lehrplänen und Studienordnungen, als Organisator und Einkäufer der Bibliothek. Säkular und modern in ihrer inneren Verfassung, öffnete die «University of Virginia», sektiererischem Fanatismus und öffentlicher Gleichgültigkeit zum Trotz, ein Jahr vor seinem Tod ihre Pforten; Jefferson durfte sich noch an dem anfänglichen Kosmopolitismus seiner Gründung freuen.

Das Problem einer Jefferson-Biographie

Der Autor der «Notes on the State of Virginia» ist hierzulande ein weithin Unbekannter geblieben. In einem höheren Sinne mag er selbst, der schon zu seinen Lebzeiten Gegnern wie Freunden manche Rätsel

DIE UNIVERSITÄT VON VIRGINIA

aufgab, daran nicht ganz unschuldig sein. Heute noch hält er auch die amerikanischen Sozialwissenschaften jedenfalls dort in Atem, wo sie den Versuch wagen, das Persönlichkeitsbild des «Weisen von Monticello» aus einem Guß zu entwerfen. Daß sie dabei immer aufs neue scheitern, mag unseren eigenen Unwillen verständlicher machen, dem Phänomen Jefferson auf die Spur zu kommen und ihr zu folgen.

Liebenswürdig und offen im Umgang mit anderen, hat Thomas Jefferson bis in die letzten Lebenstage hinein eine fast magische Anziehungskraft auf solche Zeitgenossen entfaltet, die seinen Weg kreuzten; und doch ist es nur wenigen gelungen, ihn kennenzulernen und den Schutzschild seiner emotionalen Reserviertheit zu durchdringen. Der schon erwähnte Chevalier de Chastellux, Mitglied der französischen Akademie und als Offizier im Expeditionskorps Kämpfer für die Sache der amerikanischen Freiheit, hat in seinen nordamerikanischen Reisebeschreibungen den Herrn von Monticello, dessen Gastfreundschaft er im Frühjahr 1781 einige Tage lang genoß, als einen ebenso ernsthaften wie impulsiven, stets aber ehrfurchtgebietenden Großen der Zeit beschrieben, als «Amerikaner, der, ohne bisher sein Land verlassen zu haben, gleichzeitig Musiker ist, im Zeichnen begabt, ein Mathematiker und Astronom, Philosoph, Gesetzgeber und Staatsmann ...». Und Henry Adams, einer aus der berühmten Historikerfamilie, Literat und Geschichtsphilosoph, hat in seiner neunbändigen Geschichte der Vereinigten Staaten während der Präsidentschaft Jeffersons und Madisons von ersterem vermerkt, er könne im Unterschied zu allen anderen amerikanischen Staatsmännern, die mit «einigen breiten Pinselstrichen» zu porträtieren seien, «nur Strich für Strich mit einer feinen Feder» gemalt werden, wobei die «Vollkommenheit des Porträts vom changierenden und unscharfen Flimmern der halb durchsichtigen Schatten» abhänge. Paradoxien, ambivalente und disparate Züge gehören in der Tat zum Bild dieses Mannes, wie sie gewiß auch das Signum jener Umbruchszeit ausmachen, in die Jefferson hineingeboren wurde, die seine Biographie prägte und die im Rahmen des Menschenmöglichen zu gestalten er sich sein ganzes Leben hindurch bemüht hat.

Jefferson ist, trotz vieler Enttäuschungen, bis in sein hohes Alter hinein engagierter Verfechter jenes aufklärerischen Fortschrittsglaubens geblieben, der die antike Vorstellung vom unabdingbaren Aufstieg und Verfall, vom Kreislauf aller Regierungsformen abgelöst und die Gründung des transatlantischen Gemeinwesens durch die Hoffnung inspiriert hat, es könne die Vernunft aus zweitausendjähriger Geschichtserfahrung ausreichende Lehren zur dauerhaften Vervollkommnung politisch-sozialer Ordnungsstrukturen ziehen. Und doch hat er mit den anderen Gründervätern der amerikanischen Republik die Skepsis in der Bewertung der menschlichen Natur geteilt, die meilenweit entfernt ist vom naiven Glauben Jean Jacques Rousseaus an den jederzeit zugunsten des allgemeinen Wohls mobilisierbaren Willen des Volkssouveräns. Er wußte, daß auch in der Neuen Welt die hehren Ideale der Unabhängigkeitserklärung den weiteren Gang der Geschichte nicht wie selbstverständlich bestimmen würden, daß man vielmehr den revolutionären Enthusiasmus, den Schwung des Neuanfangs nutzen müsse, um dauerhafte Reformen unter breiter Zustimmung aller Betroffenen gesetzlich verankern zu können.

Jefferson, Aristokrat und Demokrat zugleich: das eine in seinem Lebenszuschnitt, seinen intellektuellen Vorlieben und kulturellen Neigungen, in einem höheren Sinne gewiß in manchen Ecken seines Politikverständnisses, dort etwa, wo er in einem Brief an John Adams die Notwendigkeit regierungsfähiger Eliten für das Gedeihen auch demokratisch verfaßter Gemeinwesen bestätigt – «Ich stimme mit Ihnen überein, daß es eine natürliche Aristokratie unter den Menschen gibt, die ihre Wurzeln in der Tugend und den Talenten gründet. Daneben gibt es auch eine künstliche Aristokratie, die auf Reichtum und Geburt beruht, aber der Tugend und Talente entbehrt; wäre es anders, gehörte sie zur erstgenannten Schicht. Ich betrachte die Existenz der natürlichen Aristokratie als kostbarstes Geschenk der Natur für die Unterrichtung, die Hoffnungen und die Regierung der Gesellschaft ...» – und sich dabei im Einklang mit dem Freunde Madison und allen anderen «föderalistisch» gesinnten Gründervätern weiß.

Demokrat hingegen ist er in seinem lebenslangen Credo – «Die Schafe sind miteinander glücklicher als unter der Fürsorge der Wölfe» – und im politischen Handeln. Kein Geringerer als der Franzose Alexis de Tocqueville hat in seinem Amerikabuch Jefferson «als den gewaltigsten Apostel, den die Demokratie je besessen hat», bezeichnet. Gewiß hat kein anderer Staatsmann der Zeit so nachdrücklich die Segnungen der «Grass-roots»-Demokratie, allgemeiner, auf Bildung und Rationalität gegründeter Bürgerpartizipation, jedweder Form von Pluralismus als Bollwerk gegen Machtkonzentration und Machtmißbrauch, der Gleichheit von Lebenschancen und der Freiheitlichkeit aller politisch-sozialen Strukturen beschworen. Der Aufenthalt in Europa hat Jefferson in seiner Vision noch bestärkt, daß Amerika mit seinen republikanischen Institutionen, der breiten Streuung von Grundeigentum und der agrarisch orientierten Wirtschaft das erwählte Land Gottes sei, das über kurz oder lang die Augen der ganzen Menschheit auf sich ziehen und durch sein Vorbild die Ausbreitung der Demokratie auch in der Alten Welt befördern werde.

Thomas Jefferson, Sklavenhalter und Vorkämpfer der Sklavenemanzipation in einem: «Eigner» Dutzender von Schwarzen, die seine Güter bewirtschafteten und ihm Muße schafften; aber «gnädiger» und, wie Zeugnisse belegen, durchaus geliebter Herr, der, südstaatlicher Lebensphilosophie seiner Zeit weit voraus, am Faktum der Sklavenhaltergesellschaft litt und den moralischen Niedergang des Landes wie das Aufbrechen sozialer Gewaltsamkeit für eine nahe Zukunft prophezeite, die sich der, zugegebenermaßen schwierigen, Aufgabe der Sklavenemanzipation versagte. Daß er gemeint hat, wovon er so beredt sprach, verdeutlichen seine scharfe Attacke gegen den Sklavenhandel in der Unabhängigkeitserklärung (die freilich am Einspruch vieler Kongreßdelegierter scheiterte), und sein Versuch, die Sklaverei vom «Nordwestterritorium» fernzuhalten, aber auch die einschlägigen Passagen in den «Notes», die ihn zwar als Kind seiner Zeit ausweisen, sofern er darin seinen Zweifeln an der Selbstbestimmungsfähigkeit der Schwarzen Ausdruck gibt, ihn aber auch als konsequenten Verfechter aufklärerischer Gleichheitsphilosophie dort bestätigen, wo er seine Bereitschaft äußert, das Wagnis der Emanzipation so rasch wie möglich einzugehen.

Ob Jefferson eher phantasievoller Theoretiker und hartnäckiger Visionär oder pragmatischer «Macher» und nüchterner Realist gewesen sei, hat die Forschung lange genug entzweit; in Wirklichkeit hat er im Denken und Handeln beides in eins zu zwingen versucht, wobei Widersprüche und Ungereimtheiten nicht ausblieben. Daß die kühnen Ideen der Unabhängigkeitserklärung oder die zukunftsträchtigen Gesetzesentwürfe für das virginische Gemeinwesen durchaus im Räsonnieren eines aufklärerischen Rationalismus wurzeln, ist ebensowenig zu bezweifeln wie die Kühnheit seiner, der eigenen Zeit vorauseilenden Visionen einer auf Bildung gegründeten Herrschaft des «common man». Andererseits hat er nirgendwo seine politisch-philosophischen Reflexionen in systematischer Form dargelegt – wohl deshalb nicht, weil ihm jedes «Systemdenken» und die zur Konsistenz zwingende Starrheit des Doktrinärs fremd waren. Wo Thomas Jefferson schrieb, wurde er stets auch «praktisch»: in seinen Memoranden, Berichten, Reden, in der Vielzahl seiner Briefe, die in ihrer zupackenden Frische und ihrem stupenden Gedankenreichtum einen erst noch zu hebenden Schatz verkörpern; aber auch in seiner (bis heute geltenden) Geschäftsordnung für den Senat der USA, seiner Autobiographie und den «Notes on the State of Virginia». Seine grenzenlose intellektuelle Neugier richtete sich gewiß auf den Kosmos aller Wissenschaften, der «theoretischen» nicht minder als der «praktischen»; ihre reinste Befriedigung aber erfuhr sie dort, wo sie «Nützliches» auf den Weg brachte. «Der größte Dienst, der einem Land dargebracht werden kann, besteht darin, seiner Kultur eine nutzbringende Pflanze beizufügen», hat er in einem Brief vermerkt und an solch «utilitaristischer» Gesinnung sein Leben lang festgehalten, wovon die lange Liste seiner Erfindungen und Reformen beredtes Zeugnis ablegt.

Auch der *homo politicus* Jefferson ist auf den ersten Blick nicht eben scharf konturiert; gerade der Facettenreichtum macht seine Unverwechselbarkeit aus und unterscheidet ihn unmißverständlich vom heutigen Politikertypus stromlinienförmigen Zuschnitts. Parteipolitischen Widersachern und status-quo-fixierten Schichten in der amerikanischen Bevölkerung galt er als gefährlicher Revolutionär, eifernder Doktrinär und radikaler, vom umstürzlerischen Gedankengut der Französischen Revolution infizierter «Demokrat», dem man das Handwerk legen müsse. Sie beriefen sich dabei auf einschlägige Äußerungen, schriftliche und mündliche, des solchermaßen Attakkierten (es sei der Baum der Freiheit dann und wann mit Tyrannenblut zu gießen, man solle im Kampf gegen die stets aufs neue drohende Machtverkrustung und Versteinerung politisch-sozialer Strukturen alle zwanzig Jahre eine Rebellion auslösen, Verfassungen müßten nach zwei oder drei Jahrzehnten einer Totalrevision unterworfen werden, um jeder Generation die Chance der [politischen] Selbstverwirklichung einzuräumen), zitierten Durchdachtes und impulsiv Dahergeredetes gleichermaßen, das sich für diffamierende Etiketten eignete.

Die «Federalists» rieben sich nach Kräften am «Ideologen» Jefferson, der gegen wuchernde, Machtkompetenzen usurpierende Bundesgewalten und gegen die konstitutionelle Verankerung der Möglichkeit einer mehrfachen Wiederwahl des Präsidenten stritt; der die strikte Respektierung einzelstaatlicher Rechte verfocht, auf den freien Farmer als Träger und Garanten republikanischer Ordnung setzte und Metropolen als vom jakobinischen Straßenmob beherrschte Brutstätten der Korruption und Anarchie geißelte; der die Zukunft Amerikas auf Ackerbau und Landwirtschaft begründen wollte, die ihm als Quellen republikanischer Tugenden erschienen, und gegen Verstädterung, Industrialisierung, gegen ein zentralisiertes Bankensystem und staatlichen Wirtschaftsinterventionismus polemisierte; der insgesamt kein Hehl aus seiner Meinung machte, daß die Regierung gewiß die beste sei, die am wenigsten regiere und in weiser Selbstbeschränkung der zarten Pflanze bürgerlicher Freiheit Entwicklungsmöglichkeiten konzediere.

Wie sehr der «Ideologe», der «Träumer» Jefferson das Machtestablishment ausgangs der neunziger Jahre beunruhigte, läßt sich an dessen Reaktion ablesen: Mit fragwürdigen Mitteln hat es die Meinungsfreiheit im Land brutal unterdrückt und die Jefferson-«Republikaner» nach allen Regeln politischer Kunst malträtiert. Besser als der im Jahre 1800 zum Präsidenten gewählte «Oppositionsführer» selbst hätte niemand den Vorwurf des Doktrinarismus widerlegen können. Indem er den Unterlegenen nicht mit gleicher Münze heimzahlte, vielmehr die Wunden der politischen Auseinandersetzung durch den in der Inaugurationsrede verkündeten Kurs der Versöhnung schließen wollte, setzte er in der jungen Republik demokratische Zeichen, veranschaulichte er jedermann das Lebensgesetz demokratischen Wettbewerbs, das im friedlichen Machtwechsel und im moderaten Übergang von einer Regierung zur anderen beschlossen liegt.

Jefferson hat zeit seines Lebens Kontroversen und Konflikte gescheut, hat als politisch Handelnder um die «normative Kraft des Faktischen» gewußt, in der politischen Umsetzung des als richtig Erkannten reformerischem Pragmatismus mehr gehuldigt als rigider Konsequenz. «Ich hoffe», hat er einem ungeduldigen Parteigänger kurz nach seiner Amtseinführung geschrieben, «daß wir schrittweise in der Lage sein werden, gesunde Regierungsprinzipien einzuführen und sie zur Gewohnheit zu machen. Das Praktische muß jedoch oft die bloße Theorie kontrollieren.» Der «Träumer» Thomas Jefferson hat als Präsident der Vereinigten Staaten durchaus die Möglichkeiten effektiver Regierung im gewaltenteiligen System der Verfassungsordnung bis zum Grunde ausgelotet. Obwohl er im Unterschied zu seinem «föderalistischen» Rivalen Hamilton stets den konstitutionell fixierten Vorrang der Legislative vor der Exekutive betonte und den Kongreß als seine Legitimationsbasis achtete, hat er im praktischen Vollzug seiner Administration die Macht der Regierung ausgebaut, indem er als Führer der Mehrheitspartei die Legislative disziplinierte – und ist darüber fast zum Premierminister europäisch-parlamentarischen Zuschnitts geworden. Von Weltfremdheit kann hier wie anderso in seinem politischen Handeln nicht die Rede sein. Jeffersons Traum von einer agrarisch strukturierten Republik der kleinen Leute hat seiner Politik keine Fesseln angelegt, die auf die Bildung breiter Koalitionen unter Einschluß aller Schichten der Bevölkerung zielte und sich um Ausdehnung von Handel und Kommerz auch im Wege internationaler Vereinbarungen mühte. Was sich im Zeichen seiner beiden Präsidentschaften anbahnte, wurde von seinem Nachfolger und Erben James Madison zielstrebig vollendet: die tatkräftige Förderung von Handel und Gewerbe, von Armee und Marine, die Einführung neuer Abgaben und Zölle, sogar die Wiederbelebung der (zweiten) Nationalbank der Vereinigten Staaten.

Jeffersons Bild in der Geschichte ist mancherlei Schwankungen ausgesetzt gewesen – zu viele gegenläufige Gruppen, Ideologien und Strömungen haben sich auf ihn, der im Leben, Denken und Handeln Vielfältiges zu vereinen versuchte, berufen. Aristokrat und Advokat der kleinen Leute; Sklavenhalter und Revolutionär; politischer Philosoph revolutionären Zuschnitts und Pragmatiker dort, wo er in staatsmännischer Verantwortung stand; Feind alles «Parteiischen» und Gründer der ersten modernen Parteiorganisation in der westlichen Welt; Kosmopolit durch Bildung und Verstand, amerikanischer Nationalist aus missionarischem Geiste und Virginier aus Herzensüberzeugung; Deist, konservativer Geistlichkeit gar als «Ketzer» verdächtig, und überzeugter Verfechter eines lebendigen Christentums, das von verrotteten Dogmen befreit und aus der korrumpierenden Verflechtung mit politischen Machtstrukturen gelöst werden müsse; Naturwissenschaftler und «praktischer Philosoph» aristotelischen Zuschnitts; den Geheimnissen der Natur auf der Spur aus utilitaristischem Antrieb und dabei doch ganz Romantiker, der sich von ihrer Größe überwältigen läßt; in Traditionen ruhend und der Zukunft verschrieben: eines der letzten Universaltalente des Abendlandes, das wie selbstverständlich Disparates in seiner Lebensführung zusammenhält, Ideen, Projekte, Denken, Handeln,

Hoffnungen und Ängste durch ihre Ausrichtung auf das eine und einzige Ziel ineinandergefügt, seinen Landsleuten, nein, allen Weltbürgern jene Kultur der Freiheitlichkeit und demokratischen Selbstbestimmung zu schaffen, nahezubringen und zu erhalten, in der es die eigentliche Bestimmung der Weltgeschichte und den Urgrund gelebter Menschenwürde sieht.

Der Autor der «Notes» im Widerstreit der Meinungen

Thomas Jefferson aber vor allem anderen als Autor der «Notes» (wieder) zu entdecken, ist eine gewiß nicht ganz leichte Aufgabe, wenn man die verschlungenen Pfade ihrer transatlantischen Wirkungsgeschichte betrachtet. Jeffersons politischen Gegnern ist das Werk als willkommenes Waffenarsenal erschienen, aus dem man sich im Kampf gegen seinen Schöpfer trefflich munitionieren konnte: Die Verleumdungskampagnen der «Anti-Jeffersonians» in den Präsidentschaftswahlen von 1800 und 1804 vermitteln ein ebenso einprägsames wie widerwärtiges Bild solcher Manipulation. Jedes Detail des Buches haben die Selbstgerechten, die Wert- und Strukturkonservativen hin und her gewendet, um es auf seine Brauchbarkeit im Machtkampf zu überprüfen. Konzise Gedankengänge haben sie verstümmelt und zerfetzt, um die Bruchstücke anschließend zur Waffe demagogischer Agitation zu schmieden. Jeffersons Bekenntnis zur Aufklärung und zum Ethos des Wissenschaftlers haben ihm den Vorwurf eingetragen, ein «entsetzlicher Atheist» und «überzeugter Ungläubiger» zu sein. Seine Überlegungen zur Entstehung der Erde und zur Abstammung der Indianer galten als perfides Manöver zur Unterminierung biblischer Autorität. Sein Bericht vom Schicksal der von Weißen gemordeten Familie des Mingohäuptlings Logan und die darin aufschimmernde Empörung trugen ihm wütende Angriffe und den Ruf eines Heuchlers und Lügners ein – was Wunder, daß er einem Brief aus dem Jahre 1798 die Klage anvertraut, man führe, aus Mangel an politischen Argumenten, sein Buch gegen ihn ins Feld, indem man es gröblich entstelle, zu einer Zeit wohlgemerkt, wo es in aufgeklärt-liberalen Zirkeln Frankreichs den Ruhm des Autors als «philosophe» und Literat, den Ruf auch seiner Heimat als Pflanzstätte menschlichen Fortschritts begründet hat. In den Jahrzehnten, die auf den Tod des «Weisen von Monticello» folgten, sind die «Notes» als populärwissenschaftliches Werk der Geographie und Naturgeschichte mißverstanden, einzelne Teile daraus, die Beschreibung der «Natural Bridge» etwa oder der Bericht über den Indianer Logan, zum unterhaltenden Lesebuchstoff herabgewürdigt worden. Erst in diesem Jahrhundert haben amerikanische Historiker und Sozialwissenschaftler die «Betrachtungen über den Staat Virginia» als unschätzbares Dokument der transatlantischen Aufklärungsbewegung, als literarische Meisterleistung und politisch-philosophischen Traktat von Rang erkannt.

Wo das Buch Jeffersons sogar in seiner Heimat erst spät ins rechte Licht gerückt worden ist, hat sein politisches Denken und Handeln den Fortgang amerikanischer Politik kontinuierlich begleitet: Abraham Lincoln hat sich auf ihn berufen wie später auch Franklin Delano Roosevelt. «Progressive» jedweder Couleur, Populisten, Vorkämpfer einzelstaatlicher Souveränitätsansprüche, die Bürgerrechtsbewegung und die Verfechter einer «partizipatorischen Demokratie» haben ihre Forderungen und Ziele im Rückgriff auf Ideen und Visionen des «Weisen von Monticello», zu Recht oder zu Unrecht, rechtfertigen wollen. Thomas Jefferson hat bis in die letzten Tage seines Lebens vom Glauben an den Fortschritt nicht gelassen. «Ich liebe Träume der Zukunft mehr als Gedanken an Vergangenes», verrät er dem einstigen Mitstreiter, nachmaligen Gegner und Freund seiner späten Jahre, John Adams. Am 4. Juli 1826, dem fünfzigsten Jahrestag der Unabhängigkeitserklärung, ist er in Monticello gestorben.

1.

Von dem virginischen Staat im allgemeinen

Die östliche Grenze von Virginien ist das Atlantische Meer. Gegen Norden hingegen wird die Grenze durch eine Linie bestimmt, die in 37° 57′ nördlicher Breite an der östlichen Küste anhebt, sich durch Watkins Point in gerader Linie bis nach Cinquac an der Mündung des Patowmac (Potomac) erstreckt und von hier längs dem Potomac geht, der Virginien und Maryland gemeinschaftlich gehört, bis zur ersten Quelle des nördlichen Armes dieses Flusses. Sodann wird sie durch einen Meridian markiert, der diese Quelle passiert und dann einen Strich durchschneidet, der sich auf einer Breite von 39° 43′ 42.4″ von Osten nach Westen zieht und von den Herren Mason und Dixon[1] als die Grenze zwischen Maryland und Pennsylvanien ausgezeichnet worden ist; die weitere Grenzlinie entlang diesem obenerwähnten Strich und dessen Verlängerung geht so weit nach Westen, daß die Entfernung zur östlichen Grenze von Pennsylvanien auf dieser Breite fünf volle Längengrade beträgt. Die Fortsetzung der Grenzlinie folgt einem Meridian bis an den Ohio. Nach Westen bilden der Ohio und der Mississippi bis an den 36° 30′ nördlicher Breite die Grenze und gegen Süden eine Linie, die mitten durch den angeführten Grad der Breite von Curratuc Inlet bis an den Holstonfluß geht. Durch Ausmessungen des größten Teils dieser letzteren Linie und mittels zuverlässiger Nachrichten von den unausgemessenen Gegenden hat man gefunden, daß das Atlantische Meer und der Mississippi in einer Breite von 758 Meilen oder etwa 13° 38′ der Länge, auf jeden Grad 55 Meilen 3144 Fuß[2] gerechnet, voneinander entfernt sind. Die Breite der Provinz, von der südlichen Linie an bis Dixons Linie gerechnet, beträgt 3° 13′ 42.4″ oder 223,3 Meilen, wenn man nämlich nach Cassinis[3] Rechnung annimmt, daß ein Grad eines großen Zirkels 69 Meilen 864 Fuß enthält. Diese Grenzen schließen eine einigermaßen dreiseitige Fläche von 121 525 Quadratmeilen[4] ein; davon sind 79650 westlich der Alleghanischen Gebirge (Alleghenies) und 57034 westwärts von dem Meridian an der Mündung des Großen Kanhaway-Stroms gelegen. Dieser Staat ist also um ein Drittel größer als Großbritannien und Irland, deren Flächeninhalt man auf 88 357 Quadratmeilen schätzt.

Diese vorher angeführten Gebiete gründen sich: erstens, auf die alten, von der Krone England der Provinz Virginien erteilten Stiftungs-Briefe; zweitens, auf die Übergabe von Maryland an den Lord Baltimore[5] und die nachfolgenden Grenzbestimmungen dieser Provinz; drittens, auf das Verleihungs-Instrument, wodurch Pennsylvanien an die Familie Penn gelangte, und auf nachfolgende Verträge beider Freistaaten Virginien und Pennsylvanien über die Ausdehnung ihres beiderseitigen Gebiets; viertens, auf die Stiftungsurkunde von Carolina und die Bestimmung der nördlichen Grenze dieses Landes mit Einwilligung beider Teile; fünftens, auf den Pariser Frieden von 1763; sechstens, auf die Bestätigung aller Freibriefe der benachbarten Staaten von seiten der virginischen Regierung zur Zeit der amerikanischen Independenz-Erklärung; siebtens, auf die von Virginien vorgenommene Abtretung aller Gebiete nördlich des Ohio an den Kongreß, auf die es zuvor Ansprüche geltend gemacht hatte.[6]

2.

Von den virginischen Flüssen und Strömen, besonders den schiffbaren

Beim Betrachten einer Karte von Virginien erhält man freilich eine bessere Vorstellung von dem Lauf und der Beschaffenheit der Flüsse als von jeder noch so genauen Beschreibung.[7] Indessen will ich doch zu diesem Punkt folgendes bemerken:

Der Roanoke, soweit er innerhalb der Grenzen dieses Staates fließt, ist nur für Kanus und leichte Fahrzeuge schiffbar, und dies nicht einmal überall, so daß die Einwohner die Schiffahrt auf diesem Fluß keineswegs benutzen.

Der Jamesfluß aber läßt sich auf folgende Weise befahren: Der ganze Elisabethfluß, der östlichste von den Strömen, welche sich in den ersteren ergießen, ist ein Hafen und kann über 300 Schiffe fassen. Sein Bett ist 150 bis 300 Klafter[8] breit, und zur Zeit der Flut ist in demselben bis Norfolk achtzehn Fuß Wasser. Das Kriegsschiff Strafford mit 60 Kanonen segelte bis dahin, nachdem es ausgeladen hatte, um Sowels Point zu passieren. Der Fier Rodrigue, der für 64 Kanonen gebohrt war und 50 führte, segelte diesen Fluß hinauf, ohne auszuladen. Im Mündungskanal hat die Insel Craney eine ziemlich beherrschende Lage.

Der Fluß Nansemond ist für Schiffe von 250 Tonnen bis Sleepyhole schiffbar; für andere von 100 bis

Suffolk und weiter hinauf für kleine Fahrzeuge von 25 Tonnen.

An der Mündung des Chickahominy liegt eine Sandbank, auf der das Wasser nur zwölf Fuß tief ist. Schiffe, welche diese passieren, können noch acht Meilen weiter hinauf fahren. Der Appamattox ist bis Broadways für alle Fahrzeuge schiffbar, welche die Sandbank, Harrison genannt, im Jamesfluß passiert haben. Von hier bis Fischers Sandbank ist er noch immer acht bis neun Fuß tief. Weiter oben hört aber alle Schiffahrt auf.

Der Jamesfluß kann im Hafen bei Hampton die größten Schiffe beherbergen, aber den ganzen Winter hindurch können sie nicht mit völliger Sicherheit liegen. Bis Mulberry Island ist der Fluß für alle Fahrzeuge schiffbar. Ein Vierzig-Kanonen-Schiff kann bis nach Jamestown segeln, dort ausladen und Harrisons Sandbank passieren, auf der das Wasser etwa fünfzehn Fuß tief ist. Fahrzeuge von 250 Tonnen gehen bis Warwick, andere von 125 bis Rockets, eine Meile unterhalb Richmond. Von hier bis Richmond ist das Wasser sieben Fuß tief, dann aber wird die Schiffahrt durch Wasserfälle unterbrochen, die auf einer Länge von sechs Meilen etwa 80 Fuß tief herabstürzen. Oberhalb dieser Wasserfälle wird die Schiffahrt in Booten und kleinen Fahrzeugen fortgesetzt und erstreckt sich ununterbrochen und sicher bis innerhalb zehn Meilen von den blauen Gebirgen.[9] Selbst durch diese hat man in Fahrzeugen eine Tonne Ladung gebracht, und es würde nur geringe Unkosten erfordern, die mit dem Vorteil in keinen Vergleich kommen könnten, wenn man auf dem Jacksonfluß und Carpenters Creek eine Wasserfahrt eröffnen wollte, da diese beiden Ströme Wasser genug haben, um Fahrzeuge bis an den Großen Kanhaway zu führen. Bei zukünftigem Bevölkerungszuwachs könnte diese Schiffahrt auch mit dem Potomac in Verbindung gebracht werden und sodann durch einen kurzen Transport zu Lande mit dem Ohio. Man muß bemerken, daß dieser Fluß auf den Landkarten nur bis zu seinem Zusammenfluß mit dem Rivanna den Namen Jamesfluß führt; von hier bis zu den blauen Bergen heißt er Fluvanna und dann bis zu seinem Ursprung Jacksonfluß. Im allgemeinen aber nennt man ihn den Jamesfluß bis zur Quelle.

Der Rivanna, ein Arm des Jamesflusses, ist für Kanus und flache Fahrzeuge bis dahin schiffbar, wo er die südwestlichen Gebirge durchschneidet, also auf etwa 22 Meilen. Er könnte leicht durch die Berge hindurch bis oberhalb Charlottesville, wo er sich in zwei Arme teilt, schiffbar gemacht werden.

Der Yorkfluß bildet bei der Stadt York den besten Hafen in ganz Virginien für die größten Schiffe. Hier verengt sich der Fluß bis auf eine Meile Breite und fließt zwischen sehr hohen Ufern fort, an welchen die Fahrzeuge weiter fahren können. Über 25 Meilen hinweg, von oberhalb York bis zur Einmündung des Poropatank, hat er zur Flutzeit vier Faden Wasser. Und dort hat der Fluß noch immer zwischen hohen Ufern eine Breite von anderthalb Meilen, das Fahrwasser aber ist nur 75 Klafter breit. Beim Zusammenfluß des Pamunkey und des Mattapony nimmt die Tiefe bis auf drei Klafter ab; dies geht den Pamunkey hinauf bis nach Cumberland immer fort, wo die Breite 300 Fuß beträgt; den Mattapony hinauf bis innerhalb zwei Meilen von Frazers Fähre ist die Tiefe auf fünf Meilen zweieinhalb Klafter. In der Folge ist der Pamunkey für beladene, flach gebaute Fahrzeuge bis zu Brockmans Brücke, 50 Meilen oberhalb Hannover, schiffbar, und der Mattapony bis Downers Brükke, 70 Meilen oberhalb seiner Mündung.

Der Rappahanock hat vier Klafter Wasser bei Hobbs Höhle und zwei von da bis Fredericksburg.

Der Potomac ist an seiner Mündung siebeneinhalb Meilen breit; viereinhalb bei der Nomony Bay; drei bei Aquia; anderthalb bei Halloingpoint; eineinviertel bei Alexandria. Seine Tiefe ist wie folgt: sieben Klafter an der Mündung, fünf bei St. George's Island, viereinhalb bei Lower Matchodic, drei bei Swan's Point und bis Alexandria und dann zehn Fuß bis an die Katarakte, welche sich dreizehn Meilen oberhalb Alexandria befinden. Diese Wasserfälle sind fünfzehn Meilen lang und sehr hoch; oberhalb von ihnen ist die Schiffahrt so unterbrochen, daß sie selten genutzt wird. Der Shenandoah, ein Arm des Potomac, steht mit dem Jamesfluß in der Gegend der blauen Berge in Verbindung und wird vielleicht in Zukunft benutzt werden.

Mit der Zeit wird der Mississippi einer der bedeutendsten Handelswege für die Gegend westlich der

Alleghanischen Gebirge werden. Von der Mündung dieses Flusses bis dort, wo er den Ohio aufnimmt, ist die Wasserfahrt 1000 Meilen, der Landweg jedoch nur 500 Meilen, wenn man durch das Gebiet der Chickasaws reist. Von der Mündung des Ohio bis zum Missouri sind es 230 Meilen zu Wasser und 140 zu Lande. Von da an bis an die Mündung des Illinois hat man etwa 25 Meilen. Der Mississippi ist unterhalb der Mündung des Missouri immer schlammig und enthält viele Sandbänke, die sehr häufig ihren Ort verändern. Dennoch hat er bis an die Mündung des Ohio fünfzehn Fuß Wasser. Auch ist er bis dahin anderthalb bis zwei Meilen breit; von hier bis Kaskaskia aber ist er eine bis eineinviertel Meilen breit. Die Strömung dieses Flusses ist so stark, daß man mit Hilfe des Windes und der Segel allein nie stromaufwärts fahren kann. Nimmt man aber Ruder zu Hilfe, so kann man zu allen Zeiten gegen den Strom fahren und großen Vorteil von dem Wind haben. Ein leichtes, langes Flußboot fährt in drei Wochen von der Mündung des Ohio bis an die Mündung des Mississippi, und man braucht zwei bis drei Monate zur Rückreise. Zur Zeit der Überschwemmungen, die bei diesem Fluß wie beim Nil periodisch auftreten, können die größten Schiffe hinunterfahren, falls man sie entsprechend lenken kann. Diese Überschwemmungen setzen im April ein, und Anfang August tritt der Fluß wieder in seine Ufer. Die Flut erstreckt sich auf der westlichen Seite weiter als auf der östlichen und bedeckt das Land bisweilen fünfzig Meilen weit vom Ufer. Oberhalb der Einmündung des Missouri hat der Mississippi viel Ähnlichkeit mit dem Ohio. Seine Strömung wird ebenfalls sanft und klar; er hat fast die gleiche Breite, und sein Wasser steigt zur selben Zeit, wenn auch nicht so hoch wie beim Ohio. Die Straßen des Dorfes Cohoes liegen nur zehn Fuß höher als der normale Wasserstand, und doch werden sie nie überschwemmt. Sein Bett wird mit jedem Jahr tiefer, doch leben in Cohoes viele Leute, die sich entsinnen können, daß das Dorf vormals bei jeder Überschwemmung isoliert war. Das ehemalige östliche Bett des Flusses ist nun ein neun Meilen langer und eine Meile breiter See, in den sich der Fluß aber jetzt niemals ergießt. In diesem Strom findet man eine besondere Art Schildkröten, außerdem Barsche, Forellen, Hechte, Dickköpfe, Heringe, Karpfen und Spatulafische, die zwanzig Pfund wiegen, sowie Katfische von hundert Pfund, Buffalofische und Störe. Alligatoren oder Krokodile hat man bis nach Arkansas hinauf gesehen. Auch findet man hier Reiher, Kraniche, Enten, Gänse und Schwäne im Überfluß. Fünf Meilen unterhalb der Einmündung des Ohio und zehn Meilen von der Grenze von Carolina hat der virginische Staat eine Festung errichtet, die den Strom bestreicht.

Seit dem Pariser Frieden sind zwar der Missouri und seit der Abtretung von Gebieten an den Kongreß der Illinois und die südlichen Arme des Ohio nicht mehr innerhalb unserer Grenzen[10]; weil sie es aber doch ehemals gewesen sind und noch jetzt bedeutende Verbindungen mit den westlichen und den nord-

DER MISSOURI

westlichen Gebieten bilden, wollen wir sie hier der Reihe nach anführen.

Der Missouri ist eigentlich der Hauptfluß, der zu dem gemeinschaftlichen Strom mehr beiträgt als der Mississippi, selbst nach dessen Vereinigung mit dem Illinois. Er ist ungewöhnlich kalt, schlammig und schnell. Seine Überschwemmungen, die in den Juni und Juli fallen, sind beträchtlich. Da sie so viel später als beim Mississippi eintreten, könnte man zu der Vermutung gelangen, daß die Quellen des Missouri weiter nördlich als die des ersteren Flusses liegen. Andernfalls müßten wir unterstellen, daß die Kälte westlich des Mississippi mit dem Ansteigen des Landes wieder zunimmt. Wie stark dieser Anstieg ist, beweist der schnelle Lauf des Stroms. Schon sechs Meilen oberhalb seiner Mündung ist der Missouri nur eine Viertelmeile breit, und dennoch behaupten die spanischen Kaufleute in Pancore oder St. Louis[11], daß sie auf dem Fluß zweitausend Meilen weit hinauffahren. Sein Ursprung ist westlicher als der des Rio Norte. Daß aber beide gar nicht allzu weit auseinander sein können, beweist der Umstand, daß man in den Dörfern Kaskaskia, Cohoes und St. Vincennes eine beträchtliche Menge Silberzeug findet, welches die Indianer im letzten Krieg aus den Kirchen und Privathäusern in Santa Fé am Rio Norte weggenommen und in diesen Dörfern zum Verkauf gebracht haben sollen. Von der Mündung des Ohio bis nach Santa Fé sind es vierzig Tagesreisen oder ungefähr 1000 Meilen. Wie groß aber die Entfernung zwischen den schiffbaren Gewässern des Missouri und des Rio Norte ist, oder wie weit letzterer oberhalb Santa Fé schiffbar ist, habe ich nie erfahren können. Von Santa Fé bis an die Mündung des Rio Norte im mexikanischen Meerbusen sind es etwa 1200 Meilen. Die Straße von Neu-Orleans (New Orleans) nach Mexiko führt bei dem Posten Rio Norte, 800 Meilen unterhalb Santa Fé, über den Fluß; und von diesem Posten sind es ungefähr 1200 Meilen nach New Orleans. So beträgt die Entfernung von Santa Fé nach New Orleans 2000 Meilen, wenn man dem Rio Norte, dem Red River und dem Mississippi folgt. Auf dem Missouri und dem Mississippi sind es hingegen 2230 Meilen. Von diesem Posten am Rio Norte aus, an den Bergwerken von Sierra und Laiguana vorbei, die zwischen dem Rio Norte und dem Fluß Salina bis nach Sartilla hin liegen, und von hier über die Bergwerke von Charcas, Zaccatecas und Potosi bis zur Stadt Mexiko ist der Weg 375 Meilen lang, in allem also 1550 Meilen von Santa Fé bis Mexiko. Von New Orleans bis zur Stadt Mexiko ist die Entfernung ungefähr 1950 Meilen, und die Wege dahin führen vom Red River bei Natchitoches an meist parallel zur Küste, wenn auch in einer Entfernung von zweihundert Meilen.

Der Illinois ist ein schöner, klarer, sanfter Strom ohne Wasserfälle, so daß er für flach gebaute Fahrzeuge bis an seinen Ursprung schiffbar ist. Von dort muß man die Waren zwei Meilen weit zu Lande bis an den Chickago schaffen, der mit flachen Flußbooten sechzehn Meilen weit bis zu seiner Vereinigung mit dem

Michigansee befahren werden kann. Etwa zehn Meilen oberhalb seiner Mündung ist der Illinois etwa 900 Fuß breit.

Der Kaskaskia ist dort, wo er sich in den Mississippi ergießt, etwa 300 Fuß breit. Er behält diese Breite bis zu den Büffelsebenen (Buffalo Plains) 70 Meilen weiter oben. So weit, vielleicht auch noch weiter, ist er für beladene Flußboote schiffbar. Sein Lauf ist nicht schnell.

Der Ohio ist einer der schönsten Flüsse auf Erden. Seine Strömung ist sanft, sein Wasser durchsichtig, und sein Lauf wird, eine einzige Stelle ausgenommen, weder durch Felsen noch durch Wasserfälle unterbrochen. Seine Breite ist folgende:

Bei Fort Pitt ist er eine Viertelmeile breit.

An der Mündung des Großen Kanhaway 500 Ellen (Yards).[12]

Eine Meile und fünfundzwanzig Ruthen[13] bei Louisville.

Eine halbe Meile, wo das Flachland beginnt, 20 Meilen oberhalb des Green River.

Eineinviertel Meilen, wo er den Tennessee aufnimmt.

Und endlich ist er an der Mündung eine Meile breit.

Seine Länge, so wie sie Captain Hutchins[14] mit allen Krümmungen ausgemessen hat, ist wie folgt:

Von Fort Pitt englische Meilen bis			
Log's Town	18½	Kleiner Miami	126¼
Großer Beaver Creek	10¾	Licking Creek	8
Kleiner Beaver Creek	13½	Großer Miami	26¾
Yellow Creek	11¾	Big Bones	32½
Two Creeks	21¾	Kentucky	44¼
Long Reach	53¾	Rapids	77¼
End Long Reach	16½	Flachland	155¾
Muskingum	25½	Buffalo River	64½
Kleiner Kanhaway	12¼	Wabash	97¼
Hockhocking	16	Big Cave	42¾
Großer Kanhaway	82½	Shawanee River	52½
Guiandot	43¾	Cherokee River	13
Sandy Creek	14½	Massac	11
Sioto	48¾	Mississippi	46
			1188

In gewöhnlichen Wintern ist das Wasser bis Louisville fünfzehn Fuß tief, bis an die Wasserfälle bei La Tarte, 40 Meilen oberhalb der Mündung des Großen Kanhaway, zehn Fuß, und bis Fort Pitt stets hinreichend für leichte Flußboote und Kanus. Die Wasserfälle befinden sich in 38° 8′ nördlicher Breite. Die Überschwemmungen dieses Flusses stellen sich Ende März ein und hören im Juli auf. Solange sie anhalten, kann ein Kriegsschiff vom ersten Range von Louisville bis New Orleans segeln, wenn nur die Heftigkeit der Strömung und die schnellen Krümmungen des Flusses das Steuern nicht zu sehr erschweren. Die Wasserfälle bei Louisville stürzen auf einer Länge von eineinhalb Meilen 30 Fuß herab. In dieser Gegend besteht das Bett des Flusses aus hartem Gestein; eine Insel teilt es in zwei Arme. Der südliche Arm ist etwa 200 Ellen (Yards) breit und jährlich vier Monate lang ausgetrocknet. Im Bett des nördlichen Armes hingegen sind durch die beständige Strömung des Wassers und die Reibung des mitgeführten Gerölls tiefe Furchen entstanden, in denen flache Flußboote beinahe das ganze Jahr hindurch passieren können. Man glaubt jedoch, es wäre leichter, eine beständige Schiffahrt auf dem südlichen Arm zu eröffnen. Bei den Wasserfällen pflegt das Wasser nie mehr als zehn oder zwölf Fuß zu steigen. Ein Teil der Insel ist so hoch, daß er nie überschwemmt wird und daß man von dort die gegenüberliegende Niederlassung Louisville bestreichen kann. Das Fort liegt jedoch dort, wo die Wasserfälle beginnen. Auf der Südseite steigt das Land nur allmählich an.

Der Tennessee, Cherokee oder Hogohege-Fluß ist an seiner Mündung 600 Ellen (Yards) breit, eine Viertelmeile an der Mündung des Holston, 200 Ellen bei Chotee (20 Meilen oberhalb Holston und 300 oberhalb der Tennesseemündung). Dieser Fluß durchschneidet die südliche Grenze von Virginien in 58 Meilen Entfernung vom Mississippi. Seine Strömung ist mäßig. Er ist auch für schwerbeladene Boote bis an die Muschelbänke schiffbar, wo der Fluß durch das Cumberland-Gebirge strömt. Diese Bänke sind sechs bis acht Meilen lang; stromabwärts können beladene Kanus gefahrlos passieren, aufwärts jedoch nur bei einem Anschwellen des Flusses. Oberhalb dieser Bänke ist der Fluß bis Long Island immer noch schiffbar. Auch er pflegt über seine Ufer zu treten. Oberhalb der Chickamogga-Dörfer ist ein Strudel, den man Saugkessel (Suckingpot) nennt. Dieser verschlingt Baumstämme wie auch Boote und wirft sie eine halbe Meile weiter unten wieder heraus. Man kann ihn umfahren, indem man sich ans südliche Ufer hält. Von einem Arm dieses Flusses ist es nur ein kurzer Transportweg zu Lande zu den schiffbaren Gewässern des Mobile, der sich in den mexikanischen Meerbusen ergießt.

Der Cumberland oder Shawanee River durchschneidet die Grenze zwischen Virginien und Nord-Carolina 67 Meilen vom Mississippi entfernt und in der Folge nochmals in 198 Meilen Entfernung vom Mississippi, und zwar etwas oberhalb der Einmündung des Obey. Ein schöner Arm des Cumberland geht etwa 300 Meilen vom Mississippi noch einmal über diese Grenzlinie. Der Cumberland ist ein sanfter Strom, der beinahe 300 Meilen weit ununterbrochen für beladene Flußboote schiffbar ist. Dann folgen Wasserfälle auf einer Strecke von fünf Meilen, und höher hinauf ist er wieder über 70 Meilen weit schiffbar, bis etwa zehn Meilen vom Cumberland-Gebirge. Von dort ist dieser Fluß bis zu seiner Mündung durchgängig 120 Ellen breit.

Der Wabash ist ein schöner Strom, der an der Mündung 400 Ellen und bei St. Vincennes, einem in gerader Linie 100 Meilen von der Mündung liegenden

Posten, 300 Ellen Breite hat. In dieser Gegend findet man zwei unbedeutende Wasserfälle, die der Schifffahrt kaum Hindernisse in den Weg legen. Von der Mündung des Maple River bis zur Mündung des Eel River ist der Wabash in gerader Linie 80 Meilen schiffbar und 100 bis 200 Ellen breit. Der Eel River ist 150 Ellen breit und zu allen Zeiten bis auf achtzehn Meilen Entfernung vom Miami für Boote schiffbar. Weiter hinauf bis an den Little River ist der Wabash wegen der vielen Wasserfälle und Sandbänke nicht zu befahren. Auf dem Little River hingegen kann man bei hohem Wasserstand bis innerhalb drei Meilen vom Miami fahren und von hier bis an den Eriesee eine Strecke, die in gerader Linie 100 Meilen mißt. Der Wabash überschwemmt seine Ufer zur selben Zeit wie der Ohio, an einigen Stellen zwei Meilen weit vom Bett des Stroms.

Der Green River ist für beladene Fahrzeuge 50 Meilen weit schiffbar. Dann findet man Wasserfälle, die alles Fortkommen unmöglich machen; weiter oben kann man ihn jedoch wieder 30 oder 40 Meilen, bis an die Mündung des Barren River, befahren. Der Kentucky ist an seiner Mündung und auch bei dem 80 Meilen flußaufwärts gelegenen Boonsborough 90 Ellen breit. Bei den Winterfluten ist er für beladene Flußboote in gerader Linie 180 Meilen weit schiffbar.

Der Große Miami des Ohio ist an seiner Mündung 200 Ellen breit, 75 Meilen weiter oben bei den Piccawee-Dörfern aber nur 30 Ellen. Dennoch ist er dort und bis 50 Meilen oberhalb der Dörfer für beladene

Boote schiffbar. Der Transportweg zu Lande von dem westlichen Arm dieses Flusses bis zum Miami des Eriesees ist fünf Meilen und vom östlichen Arm zum Sandusky-Fluß neun Meilen.

Der Salt River ist zu allen Zeiten auf 70 bis 80 Meilen für beladene Boote schiffbar. Bei der Mündung beträgt seine Breite 80 Ellen; er behält sie 25 Meilen weit, danach teilt er sich in zwei Arme.

Der kleine Miami ist nicht schiffbar.

Der Sioto ist an seiner Mündung in 38° 22′ nördlicher Breite 250 Ellen breit; 200 Meilen weiter oben, bei den Saltlick-Dörfern, beträgt die Breite 100 Ellen. Bis dorthin ist er für beladene Fahrzeuge schiffbar, und den östlichen Arm kann man beinahe bis zu seinem Ursprung befahren.

Der Great Sandy hat etwa 60 Ellen Breite und ist auf 60 Meilen für beladene Flußboote schiffbar.

Der Guiandot ist von gleicher Breite und ähnlicher Beschaffenheit.

Der Große Kanhaway ist wegen der fruchtbaren Ländereien an seinen Ufern besonders bemerkenswert. Man findet aber in seinem Lauf so viele starke Wasserfälle, daß es ungeheure Summen erfordern würde, ihn schiffbar zu machen. Die schweren Hindernisse beginnen 90 Meilen oberhalb der Mündung bei den großen Wasserfällen; weiter unten gibt es nur fünf, sechs Stromschnellen, die selbst bei niedrigem Wasserstand passierbar sind. Von den Wasserfällen bis zur Mündung des Greenbriar sind es 100 Meilen, und von dort bis zu den Bleiminen 120. Die Breite beträgt bei seiner Mündung 280 Ellen. Der Hockhocking ist an seiner Mündung 80 Ellen breit und für kleinere Fahrzeuge sechzig Meilen weit schiffbar.

Der Muskingum ist an seiner Mündung 280 Ellen und 150 Meilen weiter oben, bei den unteren Indianerdörfern, 200 Ellen breit. Er ist für kleine Fahrzeuge bis auf eine Meile vom Cayahoga, der in den Eriesee fließt, schiffbar.

Bei Fort Pitt verliert der Ohio seinen Namen, denn dort teilt er sich in den Monongahela und in den Allegheny.

Der Monongahela ist beim Zusammenfluß 400 Ellen breit. Von hier bis an die zwölf oder fünfzehn Meilen weiter oben liegende Einmündung des Yohogany ist er 300 Ellen breit. Von dort beträgt die Entfernung nach Redstone zu Wasser 50 Meilen, zu Lande aber nur 30; bis zur Einmündung des Cheat River zu Wasser 40, zu Lande 28 Meilen. Bis dorthin bleibt der Fluß 300 Ellen breit und für Boote schiffbar. Fortan vermindert sich die Breite bis zum 50 Meilen weiter oben beginnenden westlichen Arm auf 50 Ellen, und der Lauf des Flusses wird häufig durch Wasserfälle unterbrochen, wiewohl ihn Boote bei einer zwei bis drei Fuß hohen Flut noch immer 65 Meilen weiter hinauf bis zu Tygarts Tal befahren können. Der westliche Arm ist im Winter zehn bis fünfzehn Meilen weit zum nördlichen Arm des Kleinen Kanhaway hin schiffbar, und zu diesem könnte man von dort leicht eine gute Landstraße anlegen. Der Hauptarm des Monongahela ist der Yohogany. Dieser fließt 30 Meilen von seiner Mündung durch den Laurel Mountain; er ist bis dorthin 100 bis 150 Ellen breit und bei trokkener Witterung kaum schiffbar. Das Allegheny-Gebirge trennt die Quellen des Monongahela vom Ursprung des Potomac. Von dort, wo der erstere den Laurel Mountain durchströmt, bis Fort Cumberland, wo der Potomac schiffbar wird, sind es 140 Meilen über eine sehr unbequeme Bergstraße. Der Cheat River ist ein zweiter ansehnlicher Arm des Monongahela; er ist bei seiner Einmündung 200 Ellen breit. Der Allegheny ist bei einer mäßigen Flut 200 Ellen breit und für leichte Fahrzeuge bis Venango schiffbar, zuweilen sogar bis Le Bœuf. Von dort ab wird alles zu Lande fünfzehn Meilen weit nach Presque Isle am Eriesee geschafft.

Der Mississippi und seine östlichen Zweige durchströmen fünf Achtel der Vereinigten Staaten. Zwei dieser fünf Teile werden vom Ohio und seinen Armen versorgt, die übrigen drei Teile von den Strömen, die sich in den mexikanischen Meerbusen, das Atlantische Meer und den St. Lorenz-Strom ergießen.

Ehe wir die westlichen Gewässer verlassen, wollen wir noch einen Blick auf ihre Verbindungen mit dem Atlantischen Weltmeer werfen. Die wichtigsten sind folgende: der Hudsonfluß, der Potomac und der Mississippi selbst. Auf dem letzteren können alle schweren Güter hinunterbefördert werden. Die Schiffahrt im Golf von Mexiko ist jedoch so gefährlich und den Mississippi hinauf so schwierig und beschwerlich, daß künftig europäische Waren kaum auf diesem Wege befördert werden können. Vermutlich wird man daher Mehl, Holz und andere wichtige Artikel auf Flößen herunterschaffen, die man alsdann mit der Ladung in New Orleans verkaufen kann; die Flößer müssen zu Lande oder in leichten Booten heimkehren. Deshalb werden sich die Flüsse Hudson und Potomac den Handel westlich des Eriesees, auf den kanadischen Seen, dem Ohio und den oberen Gegenden des Mississippi streitig machen. Um nach New York zu gelangen, müssen die Waren von den verschiedenen Seen oder ihren Zuflüssen zuerst zum Eriesee gebracht werden. Zwischen dem Oberen See und dessen Zuflüssen und dem Huron-See findet man die starken Strömungen von Ste. Marie, auf denen wohl Boote, aber keine größeren Fahrzeuge fortkommen können. Der Huron-See und der Michigan-See sind mit dem Eriesee durch Gewässer verbunden, auf denen Schiffe, die acht Fuß tief gehen, gut segeln können. Der vom Mississippi und den mit ihm zusammenhängenden Flüssen kommende Handel muß über einen kurzen Landtransport zu den Seen geleitet werden. Dieser Transportweg ist vom Illinoisfluß in den Michigan nur eine Meile lang. Vom Wabash, Miami, Muskingum und Allegheny hingegen beträgt er zwischen einer Meile und fünfzehn Meilen. Sind nun die Waren über den Eriesee gebracht, so wird die Schifffahrt zwischen dem See und dem Ontario durch die Wasserfälle des Niagara unterbrochen, die wiederum einen acht Meilen langen Landtransport erforderlich machen. Zwischen dem Ontario und dem Hudsonfluß sind wieder Landtransporte notwendig: einer von einer Viertelmeile bei den Wasserfällen von Onondago, etwas oberhalb Oswego; ein weiterer, der zwei Meilen beträgt, vom Wood Creek bis zum Mohawkfluß, und schließlich der letzte und mit 16 Meilen längste von Shenectady nach Albany.

Den Potomac kann man auf folgende Weise benutzen: Sobald die Waren aus dem Gebiet der Seen und ihrer Zuflüsse westlich des Eriesees in diesen gelangt sind, muß man an dessen südlichem Ufer entlangfahren, weil dort die Häfen viel zahlreicher und besser sind als am Nordufer, das den kürzeren Weg böte. Sind die Waren in Cayahoga angelangt, so haben sie bis New York 825 Meilen und fünf Landtransporte. Bis Alexandria hingegen, dem Mittelpunkt des Handels am Potomac, sind es nur 425 Meilen, wenn man den Cayahoga, Big Beaver, Ohio, Yohogany (oder den Monongalia und den Cheat) und den Potomac benutzt. Auch braucht man die Waren auf diesem Weg nur zweimal zu Lande zu transportieren. Der erste Landtransport geschieht zwischen dem Cayahoga und dem Beaver, und diese Weiterbeförderung könnte man leicht vermeiden, wenn die Quellen der beiden Flüsse, nämlich zwei in einem ebenen, offenen Gelände nahe beisammenliegenden Seen, miteinander vereinigt würden. Der zweite Transportweg ist zwischen dem Ohio und dem Potomac; er beträgt 15 bis 40 Meilen, je nachdem, wieviel Mühe man sich geben wird, die Schiffahrt beider Flüsse einander näher zu bringen. Was den Handel auf dem Ohio und den mit ihm verbundenen Flüssen wie auch auf dem Mississippi betrifft, so ist die Route über den Potomac nach Alexandria um 580 Meilen kürzer als nach New York, und die Schiffahrt wird nur einmal durch einen Landtransport unterbrochen.

Außerdem muß noch der Umstand erwähnt werden, daß die Seen zwar nie zufrieren, jedoch die Verbindungsflüsse. So ist der Hudson drei Monate im Jahr wegen Vereisung unbefahrbar. Der Kanal zum Chesapeake hingegen führt gerade in ein wärmeres Klima. Dessen südliche Gewässer frieren fast nie zu, und wenn dies bei den nördlichen der Fall ist, geschieht es so nahe bei den Quellen der Flüsse, daß die in diesen Gegenden häufig auftretenden Fluten sogleich das Eis aufbrechen. Folglich können Schiffe den ganzen Winter hin- und herfahren und müssen nur mit kurzen Verzögerungen rechnen.

Schließlich muß man noch anführen, daß die gesamte Route nach New York im Falle eines Krieges mit unseren Nachbarn, den Anglo-Amerikanern oder Indianern, beinahe auf ihrer gesamten Länge zur Grenz- und Kampflinie werden und der Handel auf diesem Weg aufhören würde. Der Wasserweg nach New York ist jedoch schon bekannt und befahrbar, die oberen Gewässer des Ohio und des Potomac müssen erst noch untersucht und von manchen Hindernissen befreit werden.

(Während Jefferson im 3. Abschnitt den Hinweis anfügt, daß die gewünschte Information über Seehäfen nicht geliefert werden könne, weil es solche eigentlich – von den Flußmündungen abgesehen – nicht gebe, um dann im 4. Abschnitt zur Schilderung der «Gebirge» überzugehen, läßt der deutsche Bearbeiter der Schrift den Hinweis auf nicht vorhandene Seehäfen aus und schließt als 3. Abschnitt gleich die Schilderung der «Gebirge» an. Damit klafft von dieser Stelle an die Kapitelzahl in der englischen und deutschen Ausgabe auseinander. Der Hrsg.)

3.

Von den Gebirgen

Was die spezielle Geographie unserer Gebirge anbetrifft, so muß ich meine Leser auf Frys und Jeffersons Karte von Virginien verweisen[15]; philosophische Betrachtungen zu derselben werden sie in Evans Analyse seiner Karte von Amerika finden.[16] Vorläufig muß man die allgemeine Anmerkung machen, daß unsere Berge nicht einzeln und ohne Ordnung im Lande umher verstreut liegen, sondern in Reihen oder Ketten dicht aneinander ungefähr in einer Entfernung von 150 Meilen von der Meeresküste anheben und meist parallel zu ihr verlaufen, sich ihr dann aber doch nähern, je weiter sie sich nach Nordosten hinziehen. Gegen Südwesten, wo das zwischen dem Meer und dem Mississippi liegende Land allmählich schmäler wird, vereinigen sich die Gebirge zu einer einzigen Kette, die sich in der Nähe des mexikanischen Meerbusens in einer Ebene verliert, in der die wichtigsten Flüsse, die sich in den Golf ergießen, ihren Ursprung haben, vor allem ein Fluß namens Apalachicola, der seine Benennung wahrscheinlich von den Apalachiern erhalten hat, einem ehemals an seinen Ufern wohnenden indianischen Volk. Aus diesem Grund werden die Gebirge, in denen dieser Fluß entspringt und die man von allen Gegenden dieses Landes erblickt, Appalachen genannt, worunter eigentlich nur das südche Ende aller Bergreihen, welche den Kontinent durchschneiden, verstanden werden sollte. Dessenungeachtet haben europäische Geographen den Namen angewandt, so weit sich die Gebirge nach Norden erstrecken, und diese Benennung dem gesamten Gebirgszug oder auch verschiedenen Bergketten verliehen – mal den Blue Ridge Mountains, mal dem North Mountain oder den Alleghenies oder dem Laurel Mountain, wie man auf verschiedenen Karten finden wird. Eigentlich sind aber diese Bergreihen den Einwohnern, sowohl den Eingeborenen als den dort angesiedelten Europäern, erst unter diesem Namen bekannt geworden, als sie die Bezeichnung auf europäischen Karten gesehen hatten.

In gleicher Richtung mit den Bergen liegen die Adern der Kohle und der Mineralien, die man bisher entdeckt hat; auch die Fälle der großen Flüsse folgen einer ähnlichen Richtung. Hingegen bildet der Lauf der großen Flüsse mit den Gebirgen einen rechten Winkel, und der James River sowie der Potomac dringen durch alle Bergreihen östlich der Alleghenies. Ebendieses Gebirge, welches eigentlich das Rückgrat des Landes in der Mitte zwischen dem Atlantik und dem St. Lorenz-Strom ist, wird von keinem Gewässer durchschnitten. Der Durchbruch des Potomac durch die Blue Ridge Mountains ist eines der prächtigsten Schauspiele der Natur.[17] Man sieht von einer hohen Landspitze rechter Hand den Shenandoah, der hundert Meilen weit am Fuße des Gebirges umhergeirrt ist, um einen Ausgang zu finden; linker Hand nähert

DAS «NATURSCHAUSPIEL» BEI HARPER'S FERRY

sich der Potomac, um gleichfalls durchzudringen. Im Augenblick ihrer Vereinigung stürzen beide auf das Gebirge zu, sprengen es auseinander und eilen dem Meer zu. Beim ersten Anblick dieser schaudervollen Szene ist man der Ansicht, daß an diesem Ort die Gebirge zuerst erschaffen wurden, daß alsdann die Flüsse ihren Lauf anfingen, hier aber, durch die Blue Ridge Mountains eingeschlossen, ihre Ufer überschwemmten und einen See bildeten, der das ganze Tal bedeckte. Dieser See wuchs immer höher und durchbrach endlich an dieser Stelle den ihn einschränkenden Damm, indem er den ganzen Berg von oben bis unten zerspaltete und sich einen Ausfluß bahnte. Die übereinandergetürmten Felsen auf beiden Seiten, besonders aber auf der des Shenandoah, und die sichtbaren Spuren ihrer Trennung durch eine gewaltsame Einwirkung der Natur bestätigen diese Vorstellung.

Von sehr verschiedener Art ist der Hintergrund dieses Gemäldes. Er ist sehr ruhig und entzückend, wie der Vordergrund wild und schrecklich ist. Durch die Spalte im Berg erblickt man in ungeheurer Ferne ein schönes ebenes Land, das den Betrachter einlädt, sich von dem tobenden Lärm der Fluten im Schoß eines stillen Tales auszuruhen. Glücklicherweise führt auch der Weg gerade dorthin. Oberhalb der Vereinigung der beiden Flüsse geht man über den Potomac, setzt seinen Weg dann längs desselben drei Meilen weit am Sockel des Berges unter schrecklich überhängenden Felsstücken fort, und erst nach 20 Meilen erreicht man Fredericktown und die schöne umliegende

Gegend. Allein dieses Schauspiel[18] ist eine Reise über den Atlantik wert, und dennoch gibt es in der Nähe dieser natürlichen Brücke Leute, die das ganze Leben in sechs Meilen Entfernung von ihr zugebracht und sich nie die Mühe gemacht haben, diese Zeugen eines Krieges zwischen Bergen und Flüssen, der vielleicht einmal die Erde bis ins Innerste erschüttert hat, zu bestaunen.

Die Höhe unserer Berge ist noch nie genau berechnet worden. Die Alleghenies ragen zwar höher als andere Berge über dem Meeresspiegel auf, doch ist ihre relative Höhe in bezug auf ihre Basis geringer als bei manchen anderen, da sich das ganze Land hinter jeder Bergreihe stufenweise erhebt. Man glaubt, daß die Blue Ridge Mountains, und von diesen besonders der sogenannte Otter Peak, von ihrer Basis an gemessen weit höher als alle anderen Berge in unserer Provinz[19] und vielleicht in ganz Nordamerika sind. Aufgrund zuverlässiger Beobachtungen schätzt man die Höhe des höchsten Gipfels auf 4000 Fuß. Dies ist nicht einmal ein Fünftel der Höhe der südamerikanischen Gebirge[20] und nicht ganz ein Drittel der Höhe, die in unseren Breiten erforderlich wäre, um auf diesem Gebirge das ganze Jahr hindurch das Eis zu konservieren. Die auf die Blue Ridge Mountains folgende Bergreihe, die wir North Mountain nennen, erstreckt sich am weitesten und wird daher von den Indianern als Unendliches Gebirge bezeichnet.

Auf dem Mississippi schwimmt bisweilen eine Substanz, die man für Bimsstein hält, und dies hat zu der Vermutung geführt, daß in der Nähe irgendeines seiner Gewässer ein Vulkan vorhanden sein müsse. Da aber die verschiedenen Flüsse mit Ausnahme des Missouri bis zu ihrem Ursprung bekannt sind, so müssen sich diese Vermutungen notwendigerweise auf die Berge beschränken, welche den Golf von Mexiko von der Südsee trennen. Weil indessen ein Vulkan noch nie in so großer Entfernung vom Meer entdeckt worden ist, muß man vielleicht annehmen, daß diese Substanz irrtümlicherweise für Bimsstein gehalten wurde.

4.

Von den Wasserfällen, Höhlen und anderen Naturmerkwürdigkeiten

Der einzige Wasserfall in diesem Land, der besonderes Interesse verdient, ist der sogenannte Falling Spring in Augusta. Es handelt sich dabei um einen Arm des Jamesflusses, der den Namen Jackson River trägt. Er entspringt in den Warm Spring Mountains, etwa zwanzig Meilen südwestlich der heißen Quelle und stürzt ungefähr nach einer dreiviertel Meile über einen Felsen 200 Fuß hinab in das darunterliegende Tal. Die ganze Wassermasse wird in ihrer Breite an zwei oder drei Stellen von dem Felsen durchbrochen, in der ganzen Höhe aber kein einziges Mal. Zwischen der Wassersäule und dem Felsen kann man trockenen Fußes hindurchgehen. Hinsichtlich der Wassermenge läßt sich dieser Wasserfall keineswegs mit dem Niagara vergleichen, denn der Falling Spring ist oben nicht breiter als zwölf bis fünfzehn Fuß, während sich die Breite nach unten etwas vergrößert. Die Höhe hingegen beträgt um die Hälfte mehr als die des Niagara, denn dieser ist nach einer auf Anordnung des Herrn Vaudreuil, Gouverneurs von Kanada, unternommenen Vermessung nur 156 Fuß hoch, einem neueren Bericht zufolge sogar nur 130.

Im sogenannten Kalkstein-Land findet man viele Höhlen von beträchtlicher Ausdehnung. Die bekannteste trägt den Namen Madisons Höhle (Madison's Cave); sie befindet sich an der Nordseite der Blue Ridge Mountains unweit des südlichen Arms des Flusses Shenandoah. Ihr Eingang liegt in einem 200 Fuß hohen Hügel, dessen eine Seite so steil ist, daß man einen Stein von der Spitze in den unten vorbeifließenden Fluß fallen lassen kann. Die Höhle erstreckt sich etwa 300 Fuß weit und teilt sich in viele kleine Höhlen. Zuweilen steigt man aufwärts, meist jedoch hinunter, und schließlich gelangt man an zwei verschiedenen Orten an Gewässer, deren Ursprung unbekannt ist und die mir in gleicher Höhe mit dem Wasserspiegel des Flusses zu sein scheinen. Dessenungeachtet glaube ich nicht, daß sie damit zusammenhängen; erstens, weil sie niemals in starker Bewegung sind, und zweitens, weil sie nicht mit dem Fluß steigen oder fallen und weil das Wasser in der Höhle stets kalt ist. Wahrscheinlich gehört die Höhle zu den Reservoirs, von denen es angeblich im Erdinnern so viele gibt, aus denen die Flüsse ihren Ursprung ableiten; sie unterscheidet sich von den übrigen nur dadurch, daß sie zugänglich ist. Die Wölbung dieser Höhle ist aus festem, 20 bis 50 Fuß hohem Kalkstein, durch den beständig Wasser herabtröpfelt, welches die Seiten der Höhle mit einer Kruste nach Art einer zierlich gefalteten Drapierung überzogen hat; durch das von der Decke herabtröpfelnde Wasser aber sind hier auf dem Boden Stalaktiten von konischer Gestalt entstanden, von denen sich einige bereits vereinigt und Säulen gebildet haben.

In der Nähe des North Mountain, in der Grafschaft Frederick, findet man auf den Ländereien des Herrn Zane[21] eine ähnliche Höhle. Zu dieser ist der Eingang auf der Spitze einer beträchtlichen Anhöhe. Anfangs steigt man 30 bis 40 Fuß wie in einen Brunnen hinab, und dann erstreckt sich die Höhle in horizontaler Richtung mindestens 300 Fuß weit unter der Erde; die Breite ist dabei von 20 bis 50 und die Höhe von fünf bis zwölf Fuß. Nachdem wir in der Höhle einige wenige Schritte gegangen waren, stieg das Quecksilber in Fahrenheits Thermometer, das in freier Luft auf 50 Grad gestanden hatte, auf 57 Grad, welches mit 11 Grad Reaumur übereinstimmt, und blieb bis in die entferntesten Winkel der Höhle auf diesem Punkt. Man hat die Beobachtung gemacht, daß die Lufttemperatur in den neunzig Fuß tiefen Kellern des Observatoriums in Paris und in allen unterirdischen Höhlen, wo keine besonderen Umstände irgendeine Wärme hervorbringen, gewöhnlich 10 Grad Reaumur oder 54½ Grad Fahrenheit beträgt. Dies stimmt mit der Temperatur in der oben erwähnten Höhle so gut überein, daß der geringe Unterschied den Instrumenten zur Last gelegt werden kann.

Bei der Spalte des Panthers (Panther Gap) in der Bergkette, welche die sogenannten Kuh- und Kalbweiden trennt, befindet sich eine weitere Höhle. Man hat ihr den Namen Blowing Cave gegeben. Sie ist an der Spitze eines Berges und hat einen Durchmesser von etwa 100 Fuß. Unaufhörlich bläst ein so starker Zugwind heraus, daß auf zwanzig Ellen alle Gewächse ganz dicht an die Erde gebogen werden. Bei trokkener, kalter Witterung ist dieser Luftstrom am stärksten, bei lang anhaltendem Regenwetter am schwächsten. Bei Höhlen und Bergritzen, wo die Luft bald stark hineingezogen, bald wieder ausgestoßen wird, hat man dieses Phänomen mit einer Verbindung zu ab- und zunehmenden Quellen erklärt, welche Luft ansaugen, wenn die Wasserbehältnisse sich leeren, und Luft ausstoßen, wenn sie sich wieder füllen. Ein konstant hervordringender Luftstrom aber, der bei trockener Witterung zunimmt und bei feuchter Witterung abnimmt, erfordert eine ganz andere Hypothese. Im Cumberland-Gebirge, eine Meile von der Grenze zu Carolina, ist noch eine Windhöhle, von der man aber nur weiß, daß die Luft nicht konstant hervordringt und daß eine Quelle herausfließt.

Die natürliche Brücke (Natural Bridge)[22], eines der prachtvollsten Werke der Natur, dürfen wir hier nicht übergehen. Sie befindet sich auf der Höhe eines Berges, den irgendeine gewaltige Erderschütterung seiner ganzen Länge nach zerspalten zu haben scheint. Die Brücke verbindet die beiden getrennten Teile. Der Spalt ist einigen Messungen zufolge 270, nach anderen 207 Fuß tief. Am Fuß des Berges ist er 45 Fuß breit und oben 90, welches denn auch die Länge der Brücke ist und ihre Höhe über dem Wasser bestimmt. Ihre Breite beträgt in der Mitte 60 Fuß, an ihren Enden aber noch mehr, und die Dicke der Masse an der Spitze des Bogens ist nicht weniger als 40 Fuß. Ein Teil dieser Masse besteht aus einer Erdschicht, in

NATURAL BRIDGE

der viele große Bäume verwurzelt sind. Der Bogen kommt einer halben Ellipse nahe, aber die größere Achse der Ellipse, welche die Sehne des Bogens wäre, ist ungleich länger als die Transversale. An einigen Stellen ist die Brücke mit einer natürlichen Brustwehr aus massiven Felsen versehen, doch haben wenige Menschen den Mut, einfach hinzugehen und hinunterzublicken. Unwillkürlich wirft man sich auf die Knie, kriecht auf Händen und Füßen bis an diese Brüstung und blickt in den schaudervollen Abgrund. Schon ein einminütiges Hinunterblicken von dieser Höhe verursachte bei mir heftige Kopfschmerzen. In ebendem Grade aber, in dem das Hinunterschauen von dieser Höhe schmerzhaft ist, ist das Hinaufblikken über alle Maßen angenehm. Die Empfindungen, welche das Große und das majestätisch Schöne hervorbringen, können an keinem Ort lebhafter erregt werden als gerade hier. Denn das Entzücken des Betrachters, wenn er diesen wunderschönen, leichten, himmelanstrebenden Bogen anstaunt, entzieht sich wirklich jeder Beschreibung. Die Spalte bleibt eine ganze Strecke oberhalb und unterhalb der Brücke schmal, tief und gerade und eröffnet eine kurze, aber reizende Aussicht auf Erhebungen der Nordkette von der einen und auf die Blue Ridge Mountains von der anderen Seite.

Diese Brücke steht in der Grafschaft Rockbridge, welche von ihr den Namen hat. Sie bildet eine öffentliche und bequeme Straße über ein Tal, das man sonst auf eine weite Strecke nicht überqueren kann. Das unten durchströmende Flüßchen heißt Cedar Creek. Es ist ein Arm des James River und hat, obgleich die Quelle nur zwei Meilen entfernt ist, auch bei trockener Witterung genug Wasser, um eine Getreidemühle in Bewegung zu setzen.

5.

Von den Metallen und anderen unterirdischen Produkten, wie auch von den Bäumen, Pflanzen und Früchten

Man hat in diesem Staat nur ein einziges Mal Gold gefunden, und zwar in Form kleiner, in einem vier Pfund schweren Metallklumpen eingelagerter Körnchen. Dieser Klumpen enthielt siebzehn Gran außerordentlich geschmeidiges Gold. Er wurde an der Nordseite des Rappahanock gefunden, ungefähr vier Meilen unterhalb der Wasserfälle. Sonst habe ich in unseren Gegenden nie etwas von Gold gehört.

Am Großen Kanhaway, gegenüber der Mündung des Cripple Creek, etwa 25 Meilen von unserer südlichen Grenze, findet man in der Grafschaft Montgomery Bleiminen. Das Metall ist teils mit Erde, teils mit Gestein vermischt, das man mit Schießpulver auseinandersprengen muß, und enthält etwas Silber, aber so wenig, daß es nicht die Kosten des Scheidens lohnt. Der Anteil des gewonnenen Metalls ist 50 bis 80 Pfund reines Metall auf 100 Pfund gewaschenes Erz. Die gewöhnliche Ausbeute aber ist etwa 60 Pfund auf den Zentner. Die Metalladern sind zuweilen sehr vielversprechend, doch manchmal verschwinden sie plötzlich. Sie heben an der Seite des Berges an und gehen in horizontaler Richtung fort. Zwei dieser Adern werden jetzt im Auftrag der Regierung bearbeitet, die ergiebigste ist 100 Ellen unter dem Berg.

Man könnte bei denselben 50 Arbeiter mit Vorteil beschäftigen. Wir haben aber im allgemeinen nicht mehr als 30 Leute, und diese bauen auch ihr eigenes Getreide an. Sie haben bisweilen 60 Tonnen Blei im Jahr geliefert, die gewöhnliche Ausbeute ist jedoch nur 20 bis 25 Tonnen. Der jetzige Schmelzofen liegt eine Meile von den Bleigruben entfernt auf der anderen Seite des Flusses. Das Erz wird zuerst eine Viertelmeile in Karren zum Fluß gefahren, dann in Boote geladen und über das Wasser gebracht, welches hier etwa 200 Ellen breit ist, und schließlich auf Wagen zum Schmelzofen transportiert. Ursprünglich hatte man diese Unbequemlichkeit in Kauf genommen, weil man die gute Lage an dem kleinen Fluß für eine Pochmühle (Poundingmill) nutzen wollte. Man könnte aber die Mühle und den Schmelzofen ebensogut auf derselben Seite des Flusses anlegen, welcher auch ohne Damm Wasser genug hätte, wenn man nur einen Kanal von einer halben Meile graben würde. Von der Schmelzhütte wird das Blei 130 Meilen auf einem bequemen Weg über die Otter Peaks zu Lynchs oder Winstons Fähre am Jamesfluß transportiert und von dort ebensoweit zu Wasser bis Westham. Dieser Transport zu Lande könnte aber sehr verkürzt werden, wenn man das Blei oberhalb der Blue Ridge Mountains am Jamesfluß ablieferte, wo man schon eine Tonne Blei auf zwei Kanus fortgeschafft hat. Der Große Kanhaway hat zwar in der Nähe der Bergwerke verschiedene Wasserfälle, zum Beispiel sieben Meilen unterhalb drei verschiedene Fälle, von denen jeder drei bis vier Fuß hoch ist, sowie drei Meilen flußaufwärts Stromschnellen, die über drei Meilen weit anhalten und die man mit dem großen Wasserfall des James River verglichen hat. Nichtsdestoweniger glaubt man, diese Stellen könnten schiffbar gemacht und der Landtransport zwischen dem Jamesfluß und dem Kanhaway dadurch sehr verkürzt werden.

Man sagt, es sei kürzlich eine kostbare Bleimine in Cumberland unterhalb der Einmündung des Red River entdeckt worden. Die größten bisher im westlichen Land bekannt gewordenen liegen am Mississippi, wo sie sich von der Einmündung des Rock River an 150 Meilen weit flußaufwärts erstrecken. Sie werden jedoch nicht bearbeitet, und man bedient sich in dieser Gegend des Bleis aus den Minen auf der spanischen Seite des Mississippi, gegenüber Kaskaskia.

Man hat einst in der Grafschaft Amherst an der Nordseite des Jamesflusses ein Kupferbergwerk eröffnet und ein zweites in dem gegenüberliegenden Land an der Südseite ebendieses Flusses. Beide sind jedoch entweder wegen schlechter Betriebsführung oder wegen Armut der Adern wieder eingestellt worden. Doch soll es reiches, gediegenes Kupfererz am Ouabache, unterhalb des oberen Wiaw geben.

Folgende Eisenbergwerke sind gegenwärtig in Betrieb: Callaway, Ross und Ballendine an der Südseite des Jamesflusses; Old an der Nordseite in Albemarle, Miller in Augusta und Zane in Frederic. Die beiden letzteren liegen in einem Tal zwischen den Blue Ridge Mountains und dem North Mountain. Callaway, Ross, Miller und Zane liefern je etwa 150 Tonnen Stangeneisen pro Jahr; Ross liefert überdies jährlich 1600 Tonnen Roheisen, Ballendine 1060, Callaway, Miller und Zane jeweils etwa 600 Tonnen. Außerdem stellt Hunters Hammerwerk in Fredericksburg pro Jahr 300 Tonnen Stangeneisen aus Roheisen her, das man aus Maryland einführt. Ähnlich verfährt Taylors Hammerwerk am Neapsco des Potomac, doch kann ich nicht bestimmen, wie groß die Menge des verarbeiteten Eisens ist. Es gibt auch noch an vielen anderen Orten im ganzen mittleren Landesteil Anzeichen von Eisenvorkommen. Das Eisen, das in Ross' und Zanes Hüttenwerken geschmolzen wird, verdient Beachtung wegen seiner außerordentlichen Zähigkeit. Töpfe und andere Utensilien, die mit diesem Eisen dünner als sonst gegossen werden, können dennoch unbedenklich in die Transportwagen hinein- und auch von dort herausgeworfen werden. Salzpfannen aus besagtem Eisen, die man für diesen Zweck nicht mehr gebrauchen kann, müssen vor dem Umgießen an mehreren Stellen durchbohrt werden, sonst kann man sie nicht zerbrechen.[23]

Man sagt, es gebe auch Eisen im westlichen Land zwischen dem Miskingum und dem Ohio; am Kentucky zwischen dem Cumberland und dem Barren River; am Reedy Creek bei Long Island sowie am Chestnut Creek, einem Arm des Great Kanhaway, nicht weit von der Stelle, wo er die Grenze von Carolina durchschneidet. Dennoch behaupten Kenner, daß die sogenannten Eisenbänke am Mississippi kein Eisen enthalten, und soweit man das Land bisher kennt, scheint es an Eisen Mangel zu leiden.

Gelegentlich wird in Winterham in der Grafschaft Amelia viel Graphit entnommen. Ich bin jedoch nicht in der Lage, genaue Angaben über den Zustand des Bergwerks zu liefern. Es sind keine Betriebseinrichtungen vorhanden; jeder, der Graphit braucht, geht selbst hin und holt es sich.

In der Gegend des James River, zwischen fünfzehn und zwanzig Meilen oberhalb Richmond und einige Meilen weiter nördlich und südlich, findet man vortreffliche Steinkohle. Diese Vorkommen haben verschiedene Eigentümer, und man hat daher an mehreren Orten angefangen, Kohle abzubauen, so daß vor Ausbruch des Krieges Mengen gewonnen werden konnten, die den Bedarf deckten.

Im Westen wird an so vielen Orten Kohle gefunden, daß man auf den Gedanken gekommen ist, der ganze Landstrich zwischen den Laurel Mountains, dem Mississippi und dem Ohio enthalte Kohle. Man findet sie auch an der Nordseite des Ohio. Die Kohle in Pittsburg ist von vorzüglicher Qualität. Dort ist eine Schicht seit dem Jahr 1765 in Brand. Am Pikerun des Monongahela ist ein Kohlehügel ebenfalls schon seit zehn Jahren in Brand, doch ist davon nur eine Schicht von etwa zwanzig Ellen verzehrt.

Ein einziges Mal hat man in diesem Land einen Smaragd gefunden; Amethyste häufiger und Kristalle sehr oft, aber weder die einen noch die anderen in so großer Menge, daß sich die Suche lohnen würde.

Am Jamesfluß gibt es bei der Einmündung des Rockfish River guten Marmor in großer Menge. Unter den Proben, die man mir gezeigt hat, waren einige vom reinsten, blendendsten Weiß, jedoch häufiger mit Rot, Blau und Purpur vermischt. Man hat diesen Marmorbruch, der als steiler Abgrund über einer schiffbaren Gegend des Flusses hängt, nie bearbeitet. In Kentucky soll ebenfalls Marmor vorhanden sein.

Unterhalb der Blue Ridge Mountains ist nur eine Kalksteinader bekannt. Sie taucht zuerst bei Prince William auf, zwei Meilen unterhalb der Pignut-Bergkette; von dort läuft sie fast parallel zu dieser fort und geht in der Gegend der südwestlichen Bergkette durch den Rivanna. Alsdann verläuft sie durch Hardware an der Mündung des Hudson Creek und an der Einmündung des Rockfish durch den James River, läuft dann wahrscheinlich parallel zu demselben, bis sie bei Ross' Eisenhammer wieder sichtbar wird und dann beim Flat Creek des Otter River in südwestlicher Richtung verschwindet. Diese Ader ist nirgends über hundert Ellen breit. Von den Blue Ridge Mountains westwärts scheint aber das ganze Land einen felsigen Kalkstein als Grundlage zu haben, den man auch in großen Mengen an der Oberfläche findet. Dieser Kalkstein liegt in Schichten, die wie die Gebirge und die Küste von Südwesten nach Nordosten verlaufen. Jede dieser Schichten neigt sich vom Horizont abwärts zu einem Parallelismus mit der Erdachse.

Diese Beobachtung überraschte mich, und ich stellte daher mit einem Quadranten viele Untersuchungen über den Winkel dieser Neigungen an und fand, daß sie von 22 Grad bis 60 Grad variierten. Als ich aber die mittlere Zahl all meiner Untersuchungen nahm, war das Resultat innerhalb eines Drittels eines Grades von der Polhöhe oder Breite des Ortes, woraus man ersieht, daß diese Schichten meist in paralleler Linie zur Erdachse liegen. Zwar fand ich sie in einigen wenigen Fällen ganz senkrecht und sogar mit einer Neigung in die entgegengesetzte Richtung zu der oben genannten; dies war aber äußerst selten und immer mit den Spuren einer gewaltsamen Erschütterung oder mit anderen außergewöhnlichen Umständen verbunden. Diese Untersuchungen wurden zwischen dem Potomac und Madisons Höhle angestellt. Es soll auch Kalkstein am Mississippi und am Ohio sowie im ganzen gebirgigen Land zwischen den östlichen und den westlichen Gewässern geben, nicht auf den Bergen selbst, sondern in den dazwischen liegenden Tälern.

In der Nähe des östlichen Sockels des North Mountain findet man ungeheure Mengen Schiefer, die in einer Vielzahl von Formen Abdrücke von Muscheln enthalten. Auch habe ich versteinerte Muscheln verschiedenster Art aus den ersten Quellen des Kentucky erhalten, die gar keine Ähnlichkeit mit denen haben, welche man sonst bei Ebbe findet. Man sagt, daß auf den Anden in Südamerika 15 000 Fuß über dem Meeresspiegel Muscheln gefunden werden, und dies halten sowohl Gelehrte als auch Laien für den Beweis einer allgemeinen Überschwemmung.

Aber zu den vielen Gründen, die man dieser Meinung entgegenzusetzen pflegt, kann man noch folgendes hinzufügen: Die Atmosphäre mit allem, was sie enthält, ob Wasser, Luft oder andere Substanzen, neigt sich zur Erde. Nun lehrt uns die Erfahrung, daß das Gesamtgewicht dieser Masse nie die Schwere einer 31 Zoll[24] hohen Quecksilbersäule übersteigt, welches mit einer 35 Fuß hohen Wassersäule übereinstimmt. Wäre nun der ganze Inhalt der Atmosphäre statt dessen, was sie jetzt enthält, Wasser, so würde dies den Erdboden nur 35 Fuß hoch bedecken. Da aber dieses herabstürzende Wasser in die Meere laufen würde, deren Oberfläche sich zu den trockenen Teilen der Erde zwei zu eins verhält, so würden die Meere nur 52½ Fuß über ihre gewöhnliche Höhe steigen und folglich auch das Land nur so hoch überschwemmen. In Virginien würde dies sogar nur einen geringen Teil des flachen Landes bedecken, da die Ufer unserer Gezeitenwasser meist höher sind. Folglich scheinen Überschwemmungen, die sich noch höher hinauf erstrecken als zum Beispiel bis an den North Mountain oder bis Kentucky, ganz außerhalb der Naturgesetze zu liegen. Innerhalb ihrer Grenzen aber können sich größere oder kleinere Überschwemmungen ereignet haben, je nachdem die natürlichen Ursachen zu denselben mehr oder weniger wirksam waren.

Die Geschichte liefert uns glaubwürdige Beispiele von dergleichen Überschwemmungen in der Gegend des Mittelländischen Meeres. Man hat oft und mit Wahrscheinlichkeit gemutmaßt, daß dieses Meer ehedem ein vom Lande umschlossener See gewesen sei.[25] Wir wollen annehmen, daß, als dies der Fall war, eine aus anderen Gegenden der Erde in der Atmosphäre angehäufte Wassermenge sich über den See und die angrenzenden Länder ergossen habe. Oder, wenn wir nicht annehmen, daß es ein See gewesen sei, so können wir doch eine ungewöhnliche Anhäufung des Wassers der Atmosphäre und eine durch anhaltende Westwinde vom Atlantischen Ozean her verursachte Überschwemmung gelten lassen. Dadurch kann dieser See oder dieses Meer so hoch gestiegen sein, daß die angrenzenden niedrigen Länder, wie Ägypten und Armenien, überschwemmt wurden, die auch einer mündlichen Überlieferung der Ägypter und der Hebräer zufolge 2300 Jahre vor der christlichen Zeitrechnung wirklich unter Wasser gesetzt worden sind. Dasselbe gilt für Attika, welches 500 Jahre später, unter Ogyges, ein gleiches Schicksal gehabt haben soll, wie auch für Thessalien zu den Zeiten Deucalions, nochmals 300 Jahre später.

Aber diese und ähnliche Überschwemmungen erklären noch immer nicht, wie im Hochland Muscheln gefunden werden können. Es gibt aber noch eine zweite Meinung, daß nämlich zu einem Zeitpunkt, an den weder die Geschichte noch die Überlieferung zurückreicht, das Bett des Weltmeeres durch irgendeine gewaltsame Erschütterung bis dorthin emporgehoben wurde, wo man jetzt Muscheln und Überbleibsel von Seetieren findet. Diejenigen, welche diese Hypothese vorziehen, tun gut daran, die großen Begebenheiten, auf denen sie fußt, außerhalb des Gebiets der Geschichte zu verweisen, denn es läßt sich innerhalb desselben nichts dergleichen finden; auch kann man sicher hinzufügen, daß weder in unseren Tagen noch in den Tausenden von Jahren, welche die Geschichte aufzeichnet, sich jemals Fälle ereignet haben, die die Möglichkeit irgendeiner Naturwirkung innerhalb oder außerhalb der Tiefen der Erde bestätigen könnten, die mächtig genug wäre, um solche Massen wie die Anden 1500 Fuß hoch zu heben. Der Unterschied zwischen der Kraft, welche erforderlich wäre, um solche Wirkung hervorzubringen, und derjenigen, welche in unseren Tagen die verschiedenen Gegenden von Kalabrien durcheinanderwühlte, ist so unermeßlich, daß die Wirklichkeit der letzteren Begebenheit uns nicht berechtigt, auf die Möglichkeit der ersteren zu schließen.

In den Quest. encycl. unter dem Artikel Coquilles hat Voltaire eine dritte Lösung zu geben versucht.[26] Er führt ein Beispiel in Touraine an, wo ein gewisser Fleck Erde in einem Zeitraum von 80 Jahren zweimal in weichen Stein verwandelt wurde, der sich verhärtete, als man ihn zum Bauen gebrauchte. In diesem Stein bildeten sich Muscheln von verschiedenen Arten, die anfänglich nur mit dem Vergrößerungsglas sichtbar waren, später aber mit dem Stein an Größe zunahmen. Hieraus will er vermutlich den Schluß ziehen, daß die Natur außer dem gewöhnlichen Verfahren, Muscheln durch die Ausarbeitung von Erde und Wasser in animalischen Gefäßen hervorzubringen, einen gleichartigen Vorgang ermöglicht hat, indem sie dieselbe Materie durch die Zwischenräume kalkartiger Erden und Steine dringen läßt; eben auf die Art, wie wir kalkige Tropfsteine durch das Hervorquellen des Wassers aus Kalkstein sich bilden und neuen Marmor in Brüchen, aus denen man den alten gehauen hat, entstehen sehen. Und es ließe sich fragen, ob es der Natur nicht ebenso leicht fiele, die kalkhaltigen Säfte in Gestalt einer Muschel anzusetzen als andere in Form von Kristallen, Pflanzen und Tieren, je nach Beschaffenheit der verschiedenen Gefäße, durch die sie gehen. In beiden Fällen müssen wir etwas Wunderbares annehmen. Nur ist die Frage, wo das Wunder größer ist: Wenn wir eine wirkende Kraft unterstellen, für deren Existenz wir sonst keinen Beweis haben, oder wenn wir im ersten Fall an die Erschaffung einer ungeheuren Wassermasse und deren spätere Vertilgung glauben. Hätte Voltaire den angeführten Fall glaubwürdig bestätigt, so wäre dadurch seine Theorie mit erwiesen worden. Dies ist aber nicht geschehen. Seine Erzählung beruht nicht einmal auf so gültigen Zeugnissen, daß die Gelehrten in seinem Vaterland dadurch auf diesen Umstand aufmerksam gemacht worden wären. Folglich sind alle drei Hypothesen gleich unbefriedigend, und wir müssen in Demut gestehen, daß dieses große Phänomen bis jetzt noch unerklärlich ist. Die Unwissenheit ist immer besser als der Irrtum, und derjenige ist wenigstens der Wahrheit näher, welcher nichts glaubt, als derjenige, dessen Glauben falsch ist.[27]

In der Nähe der Gebirge gibt es eine Menge von weißem, blauem und braunem Stein, der sich sehr gut verarbeiten läßt, sowie gute Mühlsteine, die auch Feuer vertragen können, und Schiefersteine. Am Meherrin in Brunswic, am Mississippi zwischen der Einmündung des Ohio und des Kaskaskia soll es gute Feuersteine geben. Auch Glimmer findet man an verschiedenen Orten und hin und wieder Magneten und eine Art Asbest von holzartig-faseriger Beschaffenheit.

Mergel ist meist im Überfluß vorhanden. Beim Tuckahoe Creek am Jamesfluß hat man eine Art Ton gefunden, aus welchem Backsteine gefertigt werden, die lange einem heftigem Feuer widerstehen; vermutlich ist er noch an verschiedenen Orten zu finden. Bei Botetourt und bei Bedford soll es Kreide geben, in der letzteren Gegend auch Gipserde. Ocker findet man an verschiedenen Orten.

Im Kalksteinland gibt es viele Höhlen, deren erdiger Boden stark mit Salpeter geschwängert ist. Beim Rick Creek, einem Arm des Großen Kanhaway, sechzig Meilen unterhalb der Bleiminen, gibt es eine sehr große Höhle dieser Art, die mehr als zwanzig Ellen breit ist und eine viertel bis halbe Meile lang. Die gewölbte Decke besteht aus Fels und liegt fünfzehn bis zwanzig Fuß über dem Boden.

Ein gewisser Herr Lynch, von dem ich diese Nachricht habe, unternahm es, den Salpeter zu gewinnen. Außer der Salzkruste, die sich an dem Gewölbe und am Boden gebildet hatte, fand er die Erde an einigen Stellen bis auf sieben Fuß, meist aber auf drei Fuß mit diesem Salz durchsetzt. Im Durchschnitt ergab ein Scheffel[28] Erde drei Pfund Salpeter. Herr Lynch hatte über 1000 Pfund gewonnen, überließ es aber hernach anderen, die seitdem über 10 000 Pfund erhalten haben. Diese folgten dem Verlauf der Höhle, stellten aber keine Untersuchungen an, wie bald und auf welche Art die Erde wieder salpeterhaltig wird. Über fünfzig solcher Gruben werden am Greenbriar betrieben. Auch weiß man von verschiedenen anderen am Cumberlandfluß.

Das Land westlich der Alleghenies hat einen Überfluß an Salzquellen. Die ergiebigsten hat man bei Bullet's Lick, bei den Big Bones, den Blue Licks und beim nördlichen Arm des Holston gefunden. Bei Bullet's Lick ist die Erde viele Morgen im Umkreis mit Sole durchtränkt. Wenn man hier drei Fuß tief gräbt, sprudelt das Wasser hervor, und je tiefer bei trockenem Wetter gegraben wird, desto salzhaltiger ist die Sole. 1000 Gallonen Wasser[29] ergeben einen bis eineinhalb Bushel Salz; aus 80 Pfund Sole gewinnt man also ein Pfund Salz, aus 25 Pfund Meerwasser hingegen schon ebensoviel Salz. Meerwasser ist also dreimal so salzhaltig wie diese Sole. Beim Turkey Foot am Yohogany hat man kürzlich auch eine Salzquelle entdeckt, die aber, außer bei niedrigem Wasserstand, von diesem Fluß ertränkt wird. Noch ist ihr Gehalt nicht untersucht. Dunning's Lick ist ebenfalls noch nicht untersucht worden, doch hält man diese Salzquelle für die reichste diesseits des Ohio. Die Salzquellen am Ufer des Onondago-Sees sollen dem Wasser des Sees einen salzigen Geschmack geben.

Es gibt hier verschiedene Gesundbrunnen, von denen einige zweifellos wirksam sind; andere hingegen verdanken ihren Ruf wohl mehr der Einbildung, der Luftveränderung und einer anderen Lebensweise als ihren wahren Eigenschaften. Da aber bisher keiner von ihnen chemisch untersucht und nach Heilwirkungen klassifiziert worden ist, ließe sich von ihnen wenig mehr als die Namen anführen.

Die wirksamsten von allen sind zwei Quellen in Augusta, nahe bei dem Ursprung des Jamesflusses, der den Namen Jackson River führt. Sie entspringen am Fuß einer Bergreihe, welche gewöhnlich Warm Spring Mountains, auf den Karten aber Jackson's Mountains genannt werden. Die eine führt den Namen Warm Spring, die andere den Namen Hot Spring. Die warme Quelle tritt mit einer starken Strömung hervor, die ausreicht, um eine Kornmühle zu betreiben; im Bassin, welches einen Durchmesser von 30 Fuß hat, ist das Wasser lau oder blutwarm, nämlich 96 Grad Fahrenheit. Die mit diesem Wasser verbundene Materie ist sehr flüchtig; sein Geruch wie auch der Umstand, daß Silber schwarz anläuft, deuten darauf hin, daß es schwefelhaltig ist. Rheumatische Anfälle werden durch diese Quelle gelindert. Auch andere, sehr verschiedene Beschwerden hat sie behoben oder gemildert. Es regnet hier vier oder fünf Tage pro Woche.

Die von der warmen etwa sechs Meilen entfernte heiße Quelle ist viel kleiner und hat schon so viel Hitze entwickelt, daß man ein Ei darin kochen konnte. Man sagt, die Temperatur sei nun nicht mehr so hoch. Das Quecksilber in Fahrenheits Thermometer steigt in der Quelle bis auf 112 Grad, was Fiebertemperatur ist. Zuweilen schafft dies Hilfe, wo der warme Brunnen nicht geholfen hat. Wenn man die Temperatur dieser Quelle mit den von Kracheninnikov[30] beschriebenen heißen Quellen in Kamtschatka vergleicht, so findet man einen großen Unterschied: In den letzteren steigt das Quecksilber nämlich auf 200 Grad, was nur etwa 12 Grad von der Hitze kochenden Wassers entfernt ist. Diese Brunnen werden ungeachtet des gänzlichen Mangels an Unterbringungsmöglichkeiten für die Kranken dennoch häufig besucht. Das Wasser ist in den wärmsten Monaten am wirksamsten, daher stellen sich die meisten Patienten auch im Juli und August ein.

Die Sweet Springs liegen ungefähr 42 Meilen von den Hot Springs entfernt in der Grafschaft Botetourt am östlichen Fuß der Alleghenies. Sie sind jedoch noch weniger bekannt. Da sie in Fällen Linderung bewirken, in denen andere Quellen wirkungslos waren, ist es wahrscheinlich, daß sie sich in ihrer Zusammensetzung unterscheiden. Auch sind sie so kalt wie gewöhnliches Wasser.

Am Potomac gibt es in der Grafschaft Berkeley oberhalb des North Mountain Gesundbrunnen, welche weit häufiger als die in Augusta besucht werden. Ihre Wirksamkeit ist jedoch geringer, denn das Wasser hat nur einen schwachen Mineralgehalt und ist kaum warm. Man reist aber öfter dorthin, weil diese in einer fruchtbaren und bewohnten Gegend liegen, wo Kranke bessere Pflege erhalten können, wo sie stets vor den Indianern sicher und nicht weit von den dichter bevölkerten Staaten entfernt sind.

Weitere Gesundbrunnen gibt es in der Grafschaft Louisa am Ursprung des South Anna, einem Arm des York River. Sie werden aber kaum benutzt.

Bei Richmond ist eine schwache Stahlquelle, viele andere gibt es in anderen Gegenden des Landes; sie sind aber zu unbedeutend, um angeführt zu werden.

Am Howard's Creek des Greenbriar und in Boonsborough am Kentucky soll es Schwefelquellen geben.

Am Unterlauf des Großen Kanhaway, sieben Meilen oberhalb der Einmündung des Elk River und 67 Meilen oberhalb seiner eigenen Mündung, befindet sich ein Loch in der Erde, das etwa 30 bis 40 Gallonen fassen könnte; aus ihm steigt beständig bituminöser Dampf in einem so starken Strahl, daß der Sand rund um die Öffnung dadurch wie bei einer heißen Quelle in Bewegung gerät. Bringt man ein brennendes Licht bis auf achtzehn Zoll an das Loch heran, so entzündet sich der Dampf und steigt in einer achtzehn Zoll dikken und fünf Fuß hohen Feuersäule empor, die bisweilen in zwanzig Minuten ausgebrannt ist, manchmal aber auch drei Tage lang brannte und dennoch nicht erlöschen wollte. Es ist eine schwankende Flamme, so dicht wie die von entzündetem Weingeist, und sie riecht wie brennende Steinkohle. Zu Zeiten sammelt sich in dem Loch Wasser, das recht kalt ist und durch den beständig heraufströmenden Dampf in immerwährender Bewegung gehalten wird. Entzündet man den Dampf, wird das Wasser bald so heiß, daß man die Hand nicht hineinhalten kann; nach kurzer Zeit hat es sich verflüchtigt. Dieser Ort und die umliegenden Ländereien gehören General Washington und General Lewis[31].

Erwähnung verdient auch der natürliche Brunnen (Natural Well) auf den Gütern eines Herrn Levis in der Grafschaft Frederick. Er ist etwas größer als ein gewöhnlicher Brunnen, und das Wasser steigt in ihm zu eben der Höhe wie in den benachbarten, künstlich angelegten Brunnen. Seine Tiefe ist bisher noch nicht ergründet worden. Man sagt, daß es in ihm eine merklich nach unten gehende Strömung gebe. Wenn sich dies wirklich so verhält, ist dieser Brunnen wahrscheinlich das Wasserbehältnis irgendeiner Quelle, die aus ihm ihre Nahrung schöpft. Man bedient sich hier wie bei anderen Brunnen eines Eimers und einer Winde.

(Die von Jefferson im folgenden beschriebene Pflanzenwelt von Virginia fehlt in der deutschen Übersetzung. Sie fährt gleich mit der Schilderung der virginischen Fauna fort.)

Der Ritter von Linné[32] und Graf Buffon[33] haben unsere vierfüßigen Tiere weitgehend beschrieben. Unter diesen ist unstreitig das Mammut oder der große Büffel, wie ihn die Indianer nennen, das größte gewesen. Ihrer Überlieferung zufolge ist dieses Tier fleischfressend und existiert immer noch in den nördlichen Teilen Amerikas. Im Verlauf der gegenwärtigen Revolution besuchte eine Delegation von Kriegern des Delaware-Stammes den Gouverneur von Virginien; als die Geschäftsdinge besprochen waren, legte ihnen der Gouverneur verschiedene Fragen, ihr Land betreffend, vor, unter anderem, was sie von den Tieren wüßten oder gehört hätten, deren Gebeine an den Salt Licks des Ohio gefunden würden. Sogleich setzte sich der vornehmste Sprecher in eine Rednerpositur und erzählte ihm mit einem Prunk, der seiner Meinung nach der Größe des Gegenstands angemessen war, daß es eine von ihren Vätern stammende Überlieferung sei. Vor Zeiten sei eine große Herde dieser schrecklichen Tiere zu den Big Bone Licks gekommen und habe eine allgemeine Zerstörung unter den Bären, Hirschen, Elchen, Büffeln und anderen großen Tieren angerichtet, die zum Gebrauch der Indianer erschaffen worden waren. Der Große Mann (the Great Man) hoch droben habe dies beim Herunterschauen bemerkt und sei in so große Wut geraten, daß er seinen Blitz ergriffen habe, auf die Erde herabgestiegen sei und sich auf einer Klippe eines benachbarten Berges niedergelassen habe, wo sein Sitz und seine Fußabdrücke noch zu sehen seien. Und von da aus habe er seine Donnerkeile unter sie geschleudert, bis sie alle gefallen waren, den großen Stier allein ausgenommen. Dieser habe den Pfeilen seine Stirn entgegengestellt und sie alle abgeschüttelt, bis er endlich einen verfehlte, der ihn an der Seite verwundete, worauf er schnell herumgesprungen sei, über den Ohio, den Wabash, den Illinois, und zuletzt über die Großen Seen gesetzt sei, wo er noch bis auf diesen Tag lebe.

Es ist allgemein bekannt, daß am Ohio und in vielen weiter nach Norden gelegenen Gegenden von Amerika Hauer und andere Zähne und ganze Gerippe von ungeheurer Größe in großer Anzahl gefunden werden, von denen einige an der Oberfläche, andere etwas darunter liegen. Ein gewisser Herr Stanley, der von den Indianern an der Mündung des Tennessee gefangengenommen wurde, erzählt, daß, nachdem man ihn durch verschiedene Stämme von einem zum anderen geschickt habe, er schließlich über die Berge westlich des Missouri an einen Fluß geführt worden sei, wo diese Gebeine sehr häufig waren. Die Eingeborenen beschrieben ihm das betreffende Tier und gaben an, es existiere noch in den nördlichen Gegenden ihres Landes. Nach dieser Beschreibung hielt er es für einen Elefanten. In einigen Salinen, die man kürzlich am North Holston, einem Arm des Tennessee, in 36½° nördlicher Breite eröffnet hat, sind viele Knochen dieser Art einige Fuß tief unter der Erdoberfläche ausgegraben worden.

Nach den in Europa veröffentlichten Berichten halte ich es für entschieden, daß sie mit den in Sibirien gefundenen von gleicher Art sind. Es sollen auch im wärmeren Klima beider Halbkugeln ähnliche Überbleibsel von Tieren gefunden worden sein. Dies wird jedoch entweder so unbestimmt erwähnt, daß man billig an der Zuverlässigkeit der ganzen Sache zweifeln muß, oder die Beschreibungen sind so unzuverlässig und flüchtig, daß man dadurch nicht berechtigt ist, sie mit den großen Knochen aus dem Norden in eine Klasse zu stellen, und überdies werden sie in den südlichen Gegenden unserer Erde auch so selten gefunden, daß man den Verdacht haben muß, sie seien bloß als Rarität von den nördlicheren Regionen dorthin gebracht worden. Im ganzen scheinen also keine Beweise vorhanden zu sein, daß diese Tiere weiter gen Süden als bis zu den erwähnten Salzquellen existiert haben.

Sonderbar ist, daß die europäischen Naturforscher die Hauzähne und Gerippe dem Elefanten zuordnen und von den Backenzähnen hingegen vermuten, daß sie dem Flußpferd oder Hippopotamus gehören. Und doch ist es anerkannt, daß die Hauzähne und die Gerippe und ebenso die Backenzähne sehr viel größer sind als die der Flußpferde und auch eine ganz andere Gestalt haben. Man findet überall, wo bisher diese Zähne entdeckt wurden, die Hauzähne und Gerippe, aber keine Gerippe des Flußpferdes und Backenzähne des Elefanten. Doch läßt sich nicht behaupten, beide Tiere seien immer an denselben Ort gekommen, das eine, um seine Backenzähne, das andere, um seine Gerippe zu deponieren. Und was wurde aus den übrigen Teilen, von denen man bisher keine Spur gefunden hat? Man muß daher annehmen, daß diese Überbleibsel zu einem und demselben Tier gehören und daß es kein Flußpferd gewesen ist, weil dieses weder solche Hauer noch eine solche Gestalt hat und die Backenzähne sowohl der Größe als auch der Anzahl ihrer Spitzen nach verschieden sind.

Daß es kein Elefant war, beruht, dünkt mich, auf ebenso guten Gründen. Die Autorität des großen Anatomen Hunter[34], der nach einer genauen Untersuchung der Hauzähne behauptete, sie seien von Elefantenzähnen wesentlich verschieden, wird mir hier nichts nützen, da ein anderer, nicht minder berühmter Anatom, d'Aubenton[35], nach ebenso sorgfältiger Prüfung sie für Zähne dieses großen Tieres erklärt hat. Diesen Umstand will ich bei so widerstreitenden Urteilen als unentschieden ansehen. Aber erstens bezeichnet das Skelett des Mammuts (so hat man das unbekannte Tier genannt) ein Geschöpf von fünf- bis sechsmal größerem Umfang als der Elefant, was auch Herr de Buffon eingeräumt hat. Zweitens sind die Backenzähne fünfmal so groß und viereckig, und die mahlende Oberfläche ist mit vier bis fünf Reihen stumpfer Spitzen besetzt, wohingegen die des Elefanten breit und dünn sind und eine ebene Oberfläche haben. Drittens ist mir kein einziger Fall bekannt, daß man die Backenzähne eines Elefanten in Amerika gefunden hätte. Viertens hätte er auch seiner ganzen körperlichen Beschaffenheit nach niemals in den Himmelsstrichen existieren können, wo die Überreste des Mammuts gefunden wurden. Der Elefant lebt nur in den heißen Erdgürteln und den angrenzenden Ländern. Man hat ihn zwar mit Hilfe warmer Unterkünfte und sorgfältiger Bedeckung in den gemäßigteren Gegenden von Europa am Leben erhalten, doch ist es im Vergleich mit seiner natürlichen Lebenserwartung immer nur auf kurze Zeit gewesen, und man hat kein Beispiel einer Vermehrung. Die Gebeine des Mammuts hingegen hat man nie weiter südlich als bei den Salzquellen des Holston, gegen Norden aber bis in Höhe des arktischen Zirkels gefunden. Diejenigen, die glauben, daß der Elefant und das Mammut ein und dasselbe Tier seien, müssen also auch annehmen, daß der uns bekannte Elefant in den kalten Himmelsstrichen leben und sich vermehren könne oder daß einst ein inneres Feuer diese Gegenden erwärmt haben und sie seither verlassen haben muß oder daß die Obliquität der Ekliptik zu der Zeit, als diese Elefanten lebten, so groß war, daß dadurch alle Gegenden, in denen man diese Gebeine findet, von den Wendekreisen eingeschlossen wurden, weil die Wendekreise die natürlichen Grenzlinien für den Lebensraum der Elefanten sind. Wenn man aber annimmt, daß diese Obliquität wirklich abgenommen hat und den höchsten bisher behaupteten Grad der Abnahme zugrunde legt, nämlich eine Minute in einem Jahrhundert, so würde, um den nördlichen Wendekreis in den arktischen Zirkel zu versetzen, die Existenz dieser angeblichen Elefanten 250 000 Jahre zurückversetzt werden – ein Zeitraum, der die Möglichkeit des Überdauerns von

Tierknochen (dazuhin wie hier den Einwirkungen der freien Luft ausgesetzt) unendlich übertrifft. Gesetzt, diese Gegenden hätten damals innerhalb der Wendekreise gelegen, so wäre der Winter überdies für den Elefanten dennoch zu streng gewesen. Man hat aber auch bewiesen, daß, wenn irgendeine Abweichung der Ekliptik stattfindet, sie vibratorisch ist und nie die Grenzen von neun Grad übersteigt, was nicht ausreicht, um jene Gebeine in die Tropen zu versetzen.

Diese oder eine andere mit einer bedachtsamen Philosophie ebenso unvereinbare Hypothese muß man also übernehmen, um die Auffassung zu stützen, es handle sich hier um Überreste des Elefanten. Ich für meine Person finde es weit leichter zu glauben, daß ein Tier existiert haben kann, dessen Hauzähne und übriger Knochenbau mit dem Elefanten Ähnlichkeit hatte und das dabei dennoch von ganz anderer Beschaffenheit war. Beinahe am 30. Grad südlicher und am 30. Grad nördlicher Breite verlaufen die Grenzen, welche die Natur dem Aufenthalt und der Vermehrung des Elefanten gesetzt hat. In 36½ Grad nördlicher Breite aber beginnt das Gebiet des Mammuts. Je höher hinauf man nach Norden kommt, desto häufiger entdeckt man diese Spuren, soweit man bisher die Erde in dieser Richtung erforscht hat, und es läßt sich vermuten, daß diese Progression bis an den Pol andauert, sofern das Land sich so weit ausdehnt. Also war der Mittelpunkt des kalten Erdgürtels vielleicht der Ort, wo das Mammut seine höchste

Stärke erreichte, so wie es der Mittelpunkt der heißen Zone für den Elefanten ist.

Die Natur scheint diese beiden schrecklichen Tiere durch einen weiten Raum getrennt zu haben, dessen Breite sich zwar nicht genau bestimmen läßt, obgleich man ungefähr vermuten kann, daß sie 6½ Grad ausmacht. Sie hat dem Elefanten die Gegenden südlich dieser Grenzlinie zugewiesen und dem Mammut die gegen Norden und den Körper des einen für den höchsten Grad der Hitze, des anderen für die größte Kälte ausgestattet. Wenn der Schöpfer sie also durch ihre natürliche Beschaffenheit so weit voneinander getrennt hat, als der Umfang unserer Erde es überhaupt erlaubt, so erscheint es unsinnig, sie einer unvollkommenen Ähnlichkeit wegen für ein und dasselbe Geschöpf zu halten.

Zu welchem Tier die erwähnten Überbleibsel auch immer gehören, so ist doch gewiß, daß ein Tier dieser Art wirklich in Amerika existiert hat und das größte aller lebenden Tiere gewesen ist. Dies allein hätte schon ausreichen müssen, um die Gegend der Erde, die es bewohnte, und die Atmosphäre, die es atmete, von dem Vorwurf der Ohnmacht bei der Hervorbringung und Erhaltung der größeren Tierarten zu bewahren und die Meinung des berühmtesten Schriftstellers der Naturgeschichte gleich bei ihrer Entstehung zu widerlegen: «La nature vivante est beaucoup moins agissante, beaucoup moins forte.»[36] Als ob nicht dieselbe belebende Sonne beide Hemisphären erwärmte; als ob ein Erdreich von derselben chemischen Zusammensetzung nicht ebenso fähig wäre, tierische Nahrung hervorzubringen, und die von diesem Erdreich und dieser Sonne hervorgebrachten Früchte und Getreidearten einen weniger nahrhaften Speisesaft bildeten, den festen und flüssigen Teilen des Körpers weniger Ausdehnung erlaubten oder in den Knorpeln und Fasern eher jene Unbiegsamkeit und Härte bewirkten, welche alle weitere Ausbreitung eingeschränkt und dem tierischen Wachstum die Grenze setzt. Die Erfahrung beweist, daß der Zwerg und der Patagonier, die Maus und das Mammut ihre Größe denselben nährenden Säften verdanken. Die Verschiedenheit ihres Wachstums beruht auf Umständen, die für Wesen unserer Art unergründlich sind. Jede Tierart scheint bei ihrer Entstehung von ihrem Schöpfer gewisse Gesetze der Ausdehnung erhalten zu haben. Diese bestimmte Größe zu erreichen, waren ihre Organe eingerichtet, und zweckmäßige Hindernisse widersetzten sich aller weiteren Ausdehnung. Dieses Maß können sie nicht überschreiten, noch können sie hinter dieses zurückfallen. Die geringen Abweichungen voneinander aber beruhen auf der Nahrung, der Luft und der mehr oder minder sorgfältigen Auswahl bei der Fortpflanzung. Aber alles Manna des Himmels würde nie eine Maus die Größe eines Mammuts erreichen lassen.

Der Graf Buffon vertritt folgende Meinung: Erstens, daß die sowohl der Alten als auch der Neuen Welt angehörenden Tiere in der letzteren kleiner sind. Zweitens, daß die der Neuen Welt eigentümlichen

Tiere einen kleineren Maßstab haben. Drittens, daß diejenigen, welche man in beiden Weltteilen zahm gemacht hat, in Amerika degeneriert sind. Und viertens, daß man daselbst nicht so viele verschiedene Spezies findet. Seine Gründe für diese Meinung sind folgende: Die Hitze in Amerika ist geringer; es ist weit mehr Wasser über die Oberfläche der Erde verbreitet, und von diesem wird durch Menschenhand weit weniger abgeleitet als in anderen Weltteilen. Mit anderen Worten: Die Hitze sei für die Entstehung und Entwicklung großer Vierfüßler von Vorteil, die Feuchtigkeit zu diesem Zweck nachteilig. Ich will dieser Hypothese nicht die Frage entgegensetzen, ob das Klima von Amerika nicht verhältnismäßig feuchter als anderswo sei, denn man hat bisher noch zu wenig Beobachtungen angestellt, um diesen Streitpunkt entscheiden zu können. Bis er entschieden ist, steht es uns zwar ebenso frei, das Faktum zu leugnen, wie andere es bejahen dürfen; wir wollen es aber einen Augenblick lang unterstellen.

Nach dieser Voraussetzung geht die Hypothese zu einer zweiten über: daß die Feuchtigkeit für das tierische Wachstum nachteilig sei. Die Wahrheit dieses Satzes läßt sich nicht durch Schlüsse *a priori* ergründen. Die Natur hat ihren *Modus agendi* uns gegenüber nicht enthüllt. Wir können daher nur der Erfahrung folgen, und diese spricht, glaube ich, gegen jene Annahme. Durch Hitze und Feuchtigkeit werden alle Pflanzengewächse aus den Elementen Erde, Luft, Wasser und Feuer bereitet. Und wir sehen, daß die feuchteren Himmelsstriche den größten Reichtum an Gewächsen hervorbringen. Nun sind Pflanzen mittelbar oder unmittelbar die Nahrung aller Tiere, und wir sehen, daß diese sich nicht nur proportional zur Nahrungsmenge vermehren, sondern auch an Größe zunehmen, soweit die Gesetze ihrer Art es erlauben. Dieser Meinung scheint der Graf in einem anderen Teil seines Werkes selbst zu sein, wo er sagt: «Im allgemeinen scheinen die etwas kalten Gegenden unseren Rindern zuträglicher als die heißen Länder zu sein, und sie sind desto größer und stärker, je mehr das Klima feucht und reich an Wachstum ist. Die Ochsen in Dänemark, Podolien, in der Ukraine und in dem Teil der Tartarei, den die Kalmücken bewohnen, sind die größten von allen.» Hier haben wir also ein Tiergeschlecht, und dazu noch eines der größten, welches durch Kälte und Feuchtigkeit an Größe zugenommen hat, wo doch die Hypothese gerade das Gegenteil behauptet: daß Hitze und Trockenheit für das Wachstum vorteilhaft seien. Doch wenn wir uns auf die Erfahrung berufen, sollen wir uns nicht mit einem einzelnen Faktum begnügen.

Wir wollen daher die Sache auf allgemeinerer Ebene prüfen. Nehmen wir zwei Erdteile, Amerika und Europa, die von hinlänglichem Umfang sind, um allgemeine Wirkungen hervorzubringen. Dann wollen wir die Umstände, die jedem eigen sind, und ihren Einfluß auf die tierische Schöpfung betrachten. Amerika, welches sich sowohl durch den heißen als auch durch den gemäßigten Erdgürtel erstreckt, hat im ganzen genommen mehr Hitze als Europa. Aber nach unserer Hypothese ist Europa trockener. Beide sind daher zur Hervorbringung tierischen Wachstums gleich geeignet, indem jedes eines der Mittel besitzt, welche das tierische Wachstum fördern beziehungsweise aufhalten. Sollte jemand glauben, es sei unangebracht, Europa mit Amerika zu vergleichen, welches so viel größer ist, so antworte ich, daß dies nicht weniger paßt, als wenn ich Amerika mit dem ganzen Erdball vergleiche. Überdies ist die ganze Absicht des Vergleichs bloß die, eine Hypothese zu prüfen, vermöge welcher die Größe der Tiere von der Feuchtigkeit und der Wärme des Klimas abhängt. Wenn wir daher nur einen Landstrich nehmen, der beträchtlich genug ist, um eine merkliche Verschiedenheit von Wärme und Kälte in sich zu vereinen und auch so beträchtlich, daß keine örtlichen Umstände oder eine Vermischung der Tierarten an den Grenzen einen wesentlichen Einfluß auf die Größe der Tiere im Landesinneren haben können, so erfüllen wir alle Bedingungen zur Genüge, die man vernünftigerweise stellen kann. Der Einwand wäre im vorliegenden Fall um so schwächer, da jede Vermischung von Tieren, die sich an den Grenzen von Europa und Asien ereignen könnte, ganz zum Vorteil des ersteren Landes wäre, indem Asien unstreitig größere Tiere als Europa hervorbringt.

Wir wollen nunmehr eine vergleichende Übersicht der Tiere von Europa und Amerika anfertigen und sie in drei verschiedene Tabellen einteilen. In der ersten wollen wir die anführen, die in beiden Ländern vorkommen; in der zweiten solche, die nur in einem Land vorkommen; in der dritten diejenigen, die man in beiden Ländern zahm gemacht hat. Um den Vergleich zu erleichtern, soll in jeder Klasse eine Anordnung nach der Größe erfolgen, und zwar vom größten bis zum kleinsten Tier. Das Gewicht der großen Tiere soll in englischen Pfund und Zehnteln bestimmt werden, das der kleineren in Unzen[37] und Zehnteln. Die mit einem Sternchen (*) bezeichneten sind tatsächlich Gewichte von besonderen Einzelwesen, die man für die größten ihrer Art gehalten hat. Die hier mit (+) bezeichneten sind Gewichte, welche von Sachverständigen als das vermutliche Höchstgewicht der größten Tiere jeder Gattung angegeben worden sind. Die anderen Gewichte haben Buffon und d'Aubenton von solchen Tieren geliefert, die ihnen zur Untersuchung in die Hände gerieten. Diesen Umstand muß man berücksichtigen, wenn ihre und meine Gewichtsangaben nicht übereinstimmen. Letztere werden nicht aufgeführt, um eine für die amerikanischen Tierarten günstige Schlußfolgerung zu erreichen, sondern um eine Suspendierung unserer Meinung zu rechtfertigen, bis wir besser unterrichtet sind, und um den Verdacht zu rechtfertigen, daß es zwischen beiden keinen durchgehenden Unterschied gibt; mehr behaupte ich nicht.

6.

Übersicht der Tiere von Europa und Amerika

I. In beiden Ländern heimische Tiere	Europa Pfund	Amerika Pfund
Mammut		
Buffalo (bison, Büffel)		* 1800
White Bear (ours blanc, Weißer Bär)		
Caribou (renne, Rentier)		
Bear (ours, Bär)	153,7	* 410
Elk (elan, Elch)		
Red Deer (cerf, Rotwild)	288,8	* 273
Fallow Deer (daim, Damhirsch)	167,8	
Wolf (loup, Wolf)	69,8	
Roe (chevreuil, Reh)	56,7	
Glutton (gloutton, carcajou, Vielfraß)		
Wild Cat (chat sauvage, Wildkatze)		+ 30
Lynx (loup cervier, Luchs)	25	
Beaver (castor, Biber)	18,5	* 45
Badger (blaireau, Dachs)	13,6	
Red Fox (renard, Fuchs)	13,5	
Grey Fox (isatis, Blaufuchs)		
Otter (loutre, Otter)	8,9	+ 12
Monax (marmotte, Murmeltier)	6,5	
Vison (fouine, Stinkbisam)	2,8	
Hedgehog (hérisson, Igel)	2,2	
Martin (marte, Marder)	1,9 Unzen	+ 6 Unzen
Water Rat (rat d'eau, Wasserratte)	7,5	
Wesel (belette, Wiesel)	2,2	
Flying Squirrel (polatouche, Fliegendes Eichhörnchen)	2,2	+ 4
Shrew Mouse (musaraigne, Spitzmaus)	1	

II. In einem Land heimische Tiere Europa	Pfund
Wild Boar (sanglier, Wildschwein)	280
Wild Sheep (mouflon, Wildes Schaf)	56
Wild Goat (bouquetin, Wilde Ziege)	
Haire (lièvre, Hase)	7,6
Rabbet (lapin, Kaninchen)	3,4
Polecat (putois, Iltis)	3,3
Genette	3,1 Unzen
Desnam (muskrat, Bisamratte)	
Squirrel (écureuil, Eichhorn)	12
Ermin (hermine, Hermelin)	8,2
Rat (Ratte)	7,5
Loirs	3,1
Dormouse (lerot, Schlafmaus)	1,8
Mole (taupe, Maulwurf)	1,2
Hamster	0,9
Ziesel	
Lemming	
Mouse (souris, Maus)	0,6

Amerika	Pfund	Amerika	Pfund
Tapir	534	Ocelot	
Elch, rundgehörnt	+450	Pecari	46,3
Puma		Jaguaret	43,6
Jaguar	218	Alco	
Cabiai	109	Lama	
Tamanoir	109	Paco	
Tamandua	65,4	Paca	32,7
Cougar von N. Amerika	75	Serval	
Cougar von S. Amerika	59,4	Sloth (unau, Faultier)	27,25

Amerika	Pfund
Saricovienne	
Kincajou	
Tatou Kabassou	21,8
Urson	16,5
Racoon (raton)	
Coati	16,3
Coendou	13
Sloth (Ai, Faultier)	
Sapajou Ouarini	
Sapajou Coaita	9,8
Tatou Encubert	
Tatou Apar	
Tatou Cachica	7
Little Coendou	6,5
Opossum (Sarigue)	
Tapeti	
Margay	
Crabier	
Agouti	4,2
Sapajou Sai	3,5
Tatou Cirquinçon	
Tatou Tatouate	3,3
Mouffette Squash	
Mouffette Chinche	
Mouffette Conepate (Scunk)	
Mouffette (Zorilla)	
Whabus (Hase, Kaninchen)	
Aperea	
Akouchi	
Ondatra (Muskrat)	
Pilori	
Great Grey Squirrel	+2,7
Fox Squirrel of Virginia	+2,625
Surikate	2
Mink	+2
Sapajou (sajou)	1,8
Indian Pig (Cochon d'Inde)	1,6
Sapajou (saimiri)	1,5
Phalanger	
Coquallin	
Lesser Grey Squirrel	+1,5
Black Squirrel	+1,5
	Unzen
Red Squirrel	10
Sagoin Saki	
Sagoin Pinche	
Sagoin Tamarin	
Sagoin Ouistiti	4,4
Sagoin Marikine	
Sagoin Mico	
Cayopollin	
Fourmillier	
Marmose	
Sarigue von Cayenne	
Tucan	
Red Moule	
Ground Squirrel	4

Übersicht der vierfüßigen Tiere von Europa und Amerika

In beiden Ländern zahm gewordene	Europa Pfund	Amerika Pfund
Rind	763	* 2500
Pferd		* 1366
Esel		
Schwein		* 1200
Schaf		* 125
Ziege		* 80
Hund	67,6	
Katze	7	

Ich habe in der ersten Tabelle weder die Phoca* noch die Fledermaus angeführt, weil das eine dieser Tiere die Hälfte des Jahres im Wasser zubringt und das andere ein geflügeltes Tier ist und folglich beide auch andre Länder besuchen können.

Von den Tieren in der ersten Tabelle meldet uns Herr Buffon selbst, daß der Biber, der Otter und die Spitzmaus, obgleich von derselben Spezies, in Amerika größer als in Europa seien. Dies hätte ihn folglich

* Man sagt, daß dieses Tier selten mehr als dreißig Meilen von der Küste oder jenseits des 56. Breitengrades gesehen wird. Die zwischen Amerika und Asien zerstreut liegenden Inseln können ihm dennoch Gelegenheit geben, von einem Weltteil zum andern überzugehen, ohne diese Grenzen zu überschreiten, und in der Tat geben uns auch Reisende den Bericht, daß diese Inseln ihr vornehmster Aufenthalt sind, zumal in der Jahreszeit, wo sie ihre Jungen zur Welt bringen.

bewegen sollen, das Allgemeine seiner Behauptungen, daß die beiden Ländern gemeinsamen Tiere in Amerika beträchtlich kleiner seien als in Europa, «und das ohne alle Ausnahme», abzuändern. Auch sagt er uns, bei der Untersuchung eines amerikanischen Bären habe er keinen Unterschied festgestellt «in der Gestalt dieses amerikanischen Bären im Vergleich mit dem europäischen». Außerdem fügt er aus Bartrams Journal hinzu, der amerikanische Bär habe 400 Pfund englisches Gewicht, was 367 Pfund französischem Gewicht entspricht. Hingegen stellen wir fest, daß ein von Herrn d'Aubenton untersuchter europäischer Bär nur 141 französische Pfund wog. Kalm, ein Naturkundiger[38], welcher Amerika im Auftrag seiner Regierung besuchte, um die Natur des Landes zu erforschen, berichtet uns, daß der flachgehörnte Elch in Amerika größer sei als in Europa, und Pennant[39] stimmt mit ihm in diesem Punkt überein. Kalm sagt auch, das schwarze amerikanische Rentier sei so groß wie ein ausgewachsenes Pferd, und Catesby behauptet, es sei so groß wie ein mittelgroßer Ochse. Dies ist mir von vielen, die sie selbst gesehen haben, bestätigt worden. Herr d'Aubenton aber meint, das europäische Rentier sei nur von der Größe des Rotwilds. Das Wiesel ist in Amerika größer als in Europa, wie sich aus den von d'Aubenton und Kalm angegebenen Dimensionen ergibt. Letzterer berichtet, der Luchs, der Dachs, der Rotfuchs und das Fliegende Eichhorn seien einander in Europa völlig gleich. Diesem Ausdruck entnehme ich, daß sie dies in allen wesentlichen Umständen sind, also auch in der Größe; denn wären sie kleiner, so unterschieden sie sich von den europäischen. Catesby[40] zufolge unterscheidet sich unser Graufuchs an Gestalt und Größe wenig vom europäischen. Vermutlich meint er hier den europäischen Rotfuchs, welcher Kalm zufolge der Größe nach «unseren Füchsen nicht ganz gleichkommen» soll.

Das Resultat ihrer Zeugnisse bedeutet also, daß der amerikanische Graufuchs etwas kleiner sei als der europäische Rotfuchs; dies gilt ebenfalls für den europäischen Graufuchs, wenn man die von Buffon und d'Aubenton angegebenen Maße vergleicht. Der weiße amerikanische Bär ist so groß wie der europäische. Und die in Amerika gefundenen Gebeine des Mammut haben dieselbe Größe wie die in Europa entdeckten.

Man wird vielleicht fragen, warum ich das Mammut anführe, als ob es noch existierte. Ich frage dagegen: Warum sollte ich es auslassen, als ob es überhaupt nicht mehr existierte? Die Haushaltung der Natur ist so beschaffen, daß man noch kein Beispiel anführen kann, wo sie eine ihrer Tierarten hätte aussterben lassen oder irgendein Glied ihrer großen Kette so schwach gebildet hätte, daß es zerbrochen wäre.[41] Diesem Grund die mündliche Überlieferung der Indianer hinzuzufügen, daß dieses Tier in den nördlichen und westlichen Gegenden von Amerika noch vorhanden sei, hieße, den mittäglichen Glanz der Sonne mit einer Fackel erleuchten zu wollen. Jene Gegenden sind noch in ihrem ursprünglichen Zustand; noch haben weder wir noch andere sie erforscht oder verändert. Und das Mammut kann ebensogut dort existieren, wie es da existierte, wo wir seine Gebeine gefunden haben. Wenn es, wie die Anatomen und die Indianer behaupten, ein fleischfressendes Tier ist, so läßt sich sein frühzeitiges Verschwinden durch die allgemeine Metzelei erklären, welche die Indianer gleich nach ihrer Bekanntschaft mit uns unter dem Wildbret anrichteten, um mit den Fellen Beile, Flinten und andere europäische Waren zu erwerben.

Nun bleiben noch der Büffel, das Rotwild (Red Deer), das Schmaltier (Fallow Deer), der Wolf, das Reh, der Vielfraß, die Wildkatze, der Monax, der Stinkbisam, der Igel, die Wasserratte und der Marder übrig, die wir wegen des Fehlens geeigneter Unterlagen nicht vergleichen können. Es hat nicht den Anschein, daß die Herren Buffon und d'Aubenton diese amerikanischen Tiere gesehen und gemessen hätten. Über einige von diesen haben Reisende behauptet, sie seien kleiner als die europäischen. Aber wer waren diese Reisenden? Sind es nicht Leute von ganz anderer Art gewesen als diejenigen, die uns die drei anderen Weltteile eröffnet haben? War eine Bereicherung der Naturgeschichte der Zweck ihrer Reise? Haben sie die Tiere, die sie sahen, gewogen oder gemessen, oder haben sie vielmehr nur nach dem Anblick oder gar nach dem Hörensagen geurteilt? Waren sie mit den Tieren ihres eigenen Vaterlandes, mit denen sie diese verglichen, vertraut? Oder sind sie nicht vielmehr oft so unwissend gewesen, daß sie die Spezies verwechselten? Eine richtige Beantwortung all dieser Fragen würde ihrer Autorität wahrscheinlich so viel Gewicht nehmen, daß sie sich nicht getrauen würden, darauf eine Hypothese zu bauen.

Wieviel uns noch fehlt zu einem genauen Vergleich der Tiere der beiden Weltteile, wird aus dem Werk des Herrn Buffon ersichtlich. Die Vorstellungen, die man sich von der Größe der Tiere nach seinen ersten Veröffentlichungen macht, unterscheiden sich sehr von dem, was uns in seinen nachfolgenden Mitteilungen vorgetragen wird. Seine Freimütigkeit in diesem Punkt ist auch wirklich unnachahmlich. Eine Stelle seines Buches gereicht ihm zum unvergänglichen Ruhm; dort sagt er: «J'aime autant une personne qui me relève d'une erreur, q'une autre, qui m'apprend une verité; parce qu'en effet, une erreur corrigée est une verité.»* Er scheint der Meinung gewesen zu sein, der Cabiai, den er zuerst untersuchte, sei beinahe ausgewachsen gewesen («Il n'etait pas encore tout à fait adulte»)** Und doch wog er nur 46½ Pfund;

---

* «Jemand, der mich von einem Irrtum erlöst, ist mir ebenso lieb wie jemand, der mich die Wahrheit lehrt; denn ein korrigierter Irrtum bedeutet in der Tat eine Wahrheit.» (Anm. d. Hrsg.)

** «Er war noch nicht ganz erwachsen.»
Beim Cabiai handelt es sich um das größte noch lebende Nagetier, das an Seen und Bächen Südamerikas heimisch ist. Der Name des Tieres ist brasilianisch-spanischer Herkunft. (Anm. des Hrsg.)

später stellte er fest, daß diese Tiere in ausgewachsenem Zustand 100 Pfund wiegen. Ein Jaguar, den man ihm brachte und der angeblich zwei Jahre alt war, wog nur 16 Pfund 12 Unzen; daraus schloß er, daß das Tier in ausgewachsenem Zustand nicht größer als ein mittelgroßer Hund sein könnte. Ein späterer Bericht erhöht jedoch das Gewicht auf 200 Pfund. So werden durch neue Informationen immer neue Verbesserungen entstehen. Verwunderlich ist nicht, daß in diesem großen Werk noch etwas zu verbessern ist, sondern daß der Fehler und Unrichtigkeiten so wenige sind. Das Resultat dieser ganzen Untersuchung ist also, daß von den 26 beiden Ländern gemeinsamen Tieren sieben in Amerika größer sein sollen, sieben von gleicher Größe sind und zwölf noch genauer untersucht werden müssen.

Hinsichtlich der zweiten Klasse, in der die Tiere aufgeführt sind, die man nur in einem der beiden Länder vorkommen, bemerkt Buffon, daß der Tapir (er ist der Größe nach der amerikanische Elefant) nicht größer als eine kleine Kuh sei. Um bei diesem Vergleich zu bleiben, bemerke ich hingegen, daß das Wildschwein, der Elefant Europas, nicht mehr als halb so groß ist. Den Elch mit runden, zylinderförmigen Hörnern habe ich als ein Amerika eigenes Tier angeführt, weil ich selbst viele gesehen habe und noch mehr Hörner von ihnen und weil ich aufgrund sicherer Informationen behaupten kann, daß diese Art von Elch in Virginien sehr häufig war und immer noch in geringer Anzahl existiert, während ich nie erfahren habe, daß der breitgehörnte Elch in dieser Gegend bekannt wäre, dieser ist vermutlich in den kälteren Himmelsstrichen zu Hause. Ebenso habe ich unseren Hasen (Kaninchen) als ein besonderes Tier aufgeführt, weil ich glaube, daß er von den beiden europäischen Tieren dieser Art ganz verschieden ist; ich habe ihm daher seine von den Algonquin stammende Benennung Whabus gelassen, um ihn von jenen zu unterscheiden. Kalm ist auch meiner Meinung. Die Eichhörnchen habe ich nach meinen täglichen Beobachtungen selbst geordnet, weil ich nicht imstande bin, sie mit den europäischen Beschreibungen und Benennungen in Übereinstimmung zu bringen. Ich habe auch noch von anderen Arten gehört, sie aber selbst nie gesehen. Dies sind, glaube ich, die einzigen Fälle, wo ich in der Anordnung dieser Tabellen von Herrn von Buffon abgewichen bin. Seine Mitteilungen habe ich als Grundlage benutzt, weil er von allen Naturforschern am besten unterrichtet zu sein scheint.

Das Resultat dieser zweiten Untersuchung ist, daß Europa achtzehn ihm eigentümliche Vierfüßler besitzt und Amerika viermal soviel, nämlich 74. Das erste von diesen 74 (Jefferson spricht vom Tapir; d. Hrsg.) wiegt mehr als die ganze Reihe der europäischen zusammengenommen. Die Tabelle widerlegt somit die zweite Behauptung, daß die Tiere der neuen Welt alle nach einem kleineren Maßstab gebildet seien, insoweit sich die Behauptung auf europäische Tiere stützte.

Die dritte Tabelle umfaßt diejenigen Vierfüßler, die in beiden Ländern Haustiere sind. Daß einige von diesen in gewissen Gegenden von Amerika ihre ursprüngliche Größe eingebüßt haben, ist zweifellos wahr, und der Grund dafür liegt auf der Hand. In einem dünn besiedelten Land reichen die natürlichen wilden Produkte der Wälder und Wiesen aus, um die zahmen Tiere des Farmers mit geringer Beihilfe von seiner Hand in den strengen Jahreszeiten zu unterhalten. Er findet es daher bequemer, sie aus den Händen der Natur in diesem vernachlässigten Zustand anzunehmen, als sie durch Pflege und besseres Futter, was ihn viel Arbeit kosten würde, in ihrer ursprünglichen Größe zu erhalten. Wenn sie daher bei diesem dürftigen Unterhalt ausarten, so ist dies weiter nichts, als was sie in manchen Gegenden Europas erfahren, wo die Armut des Bodens oder des Besitzers ihnen nicht reichliches Futter gewähren kann. Dies ist die einheitliche Wirkung einer und derselben Ursache, mag sie nun auf dieser oder jener Seite der Erdkugel wirken.

Auch kann man mit Wahrheit behaupten, daß in jenen Ländern Amerikas und bei solchen Einzelpersonen, wo notwendigerweise dieselbe Aufmerksamkeit auf die Fütterung verwandt wird wie in Europa, die Pferde, Rinder, Schafe und Schweine des einen Kontinents so groß sind wie die des anderen. Es gibt sogar besondere, verbürgte Fälle, daß einige Leute sich aus England gutes Zuchtvieh kommen ließen und dessen Größe durch sorgfältige Pflege im Laufe einiger Jahre verbesserten. Um einen fairen Vergleich zwischen den beiden Ländern anzustellen, reicht es nicht, Tiere zusammenzubringen, die man für die Durchschnittsgröße ihrer Gattung hält, weil ein Irrtum in der Bestimmung dieser mittleren oder gewöhnlichen Größe das Ergebnis des Vergleichs abändern würde. So betrachtet d'Aubenton ein Pferd von fünf Fuß vier Zoll Höhe und 400 Pfund nach französischem Gewichtsmaß als ein Pferd mittlerer Größe. In Amerika hält man das für ein kleines Pferd. Man muß deshalb die Extremfälle zu Hilfe nehmen. Derselbe Anatom zergliederte ein Pferd, das nach französischem Maß fünf Fuß neun Zoll hoch war, was nach englischem Maß sechs Fuß ein Zoll ausmacht. Das ist fast sechs Zoll höher als alles, was ich an Pferden gesehen habe. Nimmt man also an, ich hätte die größten Pferde gesehen, so müßte man daraus schließen, daß unsere ausgeartet seien oder daß wir unsere Zucht mit einer kleineren Rasse betrieben.

In Connecticut und Rhode Island, wo die Witterung für den Graswuchs günstig ist, hat man junge Stiere geschlachtet, die 2500, 2200 und 2100 Pfund netto wogen, und solche von 1800 Pfund Gewicht sind häufig. Ich habe ein Schwein gesehen, das nach Absonderung des Blutes, der Gedärme und der Borsten 1050 Pfund wog. Ehe man es schlachtete, wog es über 1200 Pfund, und doch war dieses Schwein wahrscheinlich mehr als fünfzig Generationen von der europäischen Rasse entfernt. Ich habe glaubwürdige Zeugnisse von einem anderen, das brutto 1100 Pfund gewogen hat.

Unter den zahmen Tieren sind die Esel in Amerika am meisten vernachlässigt worden, denn sie werden selbst im strengsten Winter nicht in Ställen untergebracht oder gefüttert. Dennoch sind sie größer als jene, die d'Aubenton gemessen hat mit 3 Fuß $7\frac{1}{4}$ Zoll, 3 Fuß 4 Zoll und 3 Fuß $2\frac{1}{2}$ Zoll, von denen letzterer nur 215 Pfund wog. Diese verringerte Größe entstand in Europa vermutlich durch eben die Vernachlässigung, die eine ähnliche Wirkung bei uns hervorbrachte. Da, wo man sie in Amerika sorgfältig gepflegt hat, haben sie beinahe die Größe des Pferdes erreicht, und zwar nicht durch Hitze und Trockenheit, sondern durch gutes Obdach und reichliches Futter. Ziegen hat man in Amerika ebenfalls sehr vernachlässigt; sie sind aber dennoch fruchtbar, vermehren sich zwei- bis dreimal im Jahr und bringen bis zu fünf Zicklein zur Welt. Diesen Umstand zu Amerikas Gunsten hat auch Buffon wahrgenommen. Ihr größtes Gewicht kann ich nicht angeben. Ein großes Schaf wiegt bei uns 100 Pfund. Dabei muß ich bemerken, daß d'Aubenton einen Bock von 62 Pfund von mittlerer Größe nennt. Die äußersten Grenzen des Wachstums bei diesen und anderen zahmen Tieren von Amerika zu bestimmen würde Informationen erfordern, über die kein einzelner Mensch verfügt. Die wirklich bekannten und in der dritten Tabelle angegebenen Gewichte reichen jedoch aus, um zu der Schlußfolgerung zu gelangen, daß das amerikanische Klima bei gleicher Pflege und Fütterung gestattet, die aus Europa stammenden zahmen Tiere in ihrer ursprünglichen Größe zu erhalten, und folglich den dritten Satz des Herrn von Buffon, daß die zahmen europäischen Tiere durch das amerikanische Klima ausarten, zu widerlegen.

Sein letzter Satz, daß es verhältnismäßig wenig Tierarten in Amerika gibt, ist nicht minder irrig, wie man aus allen Tabellen zusammen ersehen kann. Aus diesen ergibt sich, daß in Amerika hundert eigentümliche Spezies existieren. Buffon nimmt für den gesamten Erdball ungefähr die doppelte Anzahl an. Von diesen stellen Europa, Asien und Afrika ungefähr 126, nämlich die 26 Amerika und Europa gemeinsamen sowie 100, die in Amerika nicht vorkommen. Folglich sind die amerikanischen Spezies im Verhältnis zu den übrigen Teilen der Erde wie 100 zu 126 oder vier zu fünf. Da aber der übrige Teil des Erdbodens doppelt so groß ist wie Amerika, würde die genaue Proportion nur etwa wie vier zu acht sein.

Bisher habe ich diese Hypothese nur in bezug auf die tierische Schöpfung betrachtet. Herr von Buffon meint aber, man könne sie auch auf den Menschen von Amerika, sowohl den Ureinwohner als den Eingewanderten, ausdehnen. *[Ersterer stellt zu dieser Hypothese nach Meinung des Herrn von Buffon keine Ausnahme dar: «Obwohl der Wilde der neuen

* Die innerhalb eckiger Klammern stehenden Textpassagen sind in der alten deutschen Übersetzung nicht enthalten und aus dem amerikanischen Original nachträglich ergänzt und neu übersetzt worden.

Welt etwa von derselben Größe ist wie die Menschen in unserer Welt, genügt dies nicht, um eine Ausnahme von der allgemeinen Tatsache zu bilden, daß auf jenem Kontinent alle Lebewesen kleiner geworden sind. Der Wilde ist schwächlich und hat kleine Fortpflanzungsorgane; er hat weder Haare noch Bart und keinerlei Leidenschaftlichkeit für seine weiblichen Wesen. Obwohl er geschwinder ist als der Europäer, weil er den schnellen Lauf besser gewöhnt ist, hat er andererseits einen nicht so starken Körper; er ist außerdem weniger empfindsam, jedoch furchtsamer und feiger. Er hat kein Feuer, keine Geistesaktivität; seine körperliche Betätigung ist weniger Übung oder freiwillige Bewegung als vielmehr eine notwendige, vom Mangel verursachte Handlung. Von Hunger und Durst befreit, verlöre er das aktive Prinzip all seiner Bewegungen; er würde tölpelhaft herumstehen oder sich tagelang hinlegen. Es gibt keine Notwendigkeit, weiter nach dem Grund für die isolierte Lebensweise dieser Wilden und nach ihrem Abscheu vor der Gesellschaft zu suchen: Der kostbarste Funke des Feuers der Natur ist ihnen versagt geblieben; ihnen fehlt die Leidenschaftlichkeit für ihre weiblichen Wesen, und folglich fehlt ihnen die Liebe für ihre Mitmenschen. Da sie diese stärkste und zarteste aller Gefühlsregungen nicht kennen, sind ihre sonstigen Gefühle ebenfalls kalt und matt. Sie lieben ihre Eltern und ihre Kinder kaum; die intimsten aller Bindungen, die familiären Bande, halten sie daher nur locker zusammen. Zwischen den einzelnen Familien gibt es überhaupt keine Bindungen; aus diesem Grund haben sie keinen Umgang miteinander, kein Gemeinwesen und keine gesellschaftlichen Entwicklungen. Die körperliche Liebe stellt ihre einzige Moral dar; ihr Herz ist aus Eis, ihr Umgang kalt, und ihre Verhaltensweisen sind schroff. Sie betrachten ihre Weiber bloß als Bedienstete für sämtliche Arbeiten oder als Lasttiere, denen sie ohne zu überlegen die Jagdbeute aufladen und die sie gnadenlos und ohne Dankesschuld zwingen können, Aufgaben zu erledigen, die oft über ihre Kräfte gehen. Sie haben nur wenige Kinder und geben kaum acht auf sie. Überall zeigt sich der ursprüngliche Defekt: Sie sind gleichgültig, weil sie kaum sexuelle Anlagen besitzen, und diese Gleichgültigkeit gegenüber dem anderen Geschlecht ist der grundlegende Defekt, der ihr Wesen schwächt, dessen Entwicklung verhindert und, indem er die Lebenskeime selbst zerstört, gleichzeitig die Gemeinschaft entwurzelt. Der Mensch bildet hier keine Ausnahme von der allgemeinen Regel. Die Natur hat ihn, indem sie ihm die Kraft der Liebe verweigerte, schlimmer behandelt und tiefer erniedrigt als jedes Tier.» In der Tat ein betrübliches Bild, von dem ich jedoch um der Ehre der Menschennatur willen annehmen möchte, daß es keinem Original entspricht.]

Von den Indianern Südamerikas weiß ich nichts, denn die Fabeln, die man über sie verbreitet hat, verdienen es nicht, Wissen genannt zu werden. Sie sind etwa so zuverlässig wie die Fabeln des Aesop, wie mich meine eigenen Beobachtungen unterschiedlicher Menschen, weißer, roter und schwarzer, und die betreffenden Schriften aufgeklärter, in einem aufgeklärten Volk lebender Autoren gelehrt haben.

Der nordamerikanische Indianer ist mehr in meiner Nähe, und ich kann teils aus eigener Erfahrung, teils durch Informationen von wohlunterrichteten Personen über ihn urteilen.[42] Dank dieser Quellen vermag ich im Gegensatz zu jener Darstellung zu sagen, daß es dem Indianer gegenüber seinem Weib nicht mehr an Glut oder an Kraft fehlt als dem Weißen bei einer Einschränkung auf dieselbe Nahrung und Lebensart, und daß er tapfer ist, wenn es bei einer Unternehmung auf Tapferkeit ankommt. Durch seine Erziehung sieht er den höchsten Ruhm darin, den Feind durch List und bei eigener Unversehrtheit zu vernichten. Vielleicht ist dies die eigentliche Natur, während uns die Erziehung lehrt, Gewalt mehr zu schätzen als List. Er verteidigt sich gegen eine ganze Schar von Feinden und läßt sich immer eher töten, als daß er sich ergibt, und sei es den Weißen gegenüber, von denen er weiß, daß sie ihn gut behandeln werden.[43] In anderen Situationen tritt er dem Tod ebenfalls mit Gleichmut entgegen und erträgt Folterungen mit einer Festigkeit, die unter uns kaum der religiöse Enthusiasmus zu geben vermag. Seine Kinder liebt er auf das zärtlichste; er sorgt für sie und ist ihnen gegenüber äußerst nachsichtig. Ebenso zeigt er viel Gefühl in allen anderen Verbindungen, welches aber, wie bei uns, allmählich schwächer wird, je weiter diese sich vom Mittelpunkt entfernen. In der Freundschaft ist er lebhaft* und ungewöhnlich treu. Obwohl sie sich gewöhnlich bemühen, über alle Wechselfälle des Lebens erhaben zu sein, so hat man doch sogar Krieger die bittersten Tränen über den Verlust ihrer Kinder vergießen sehen. An Lebhaftigkeit und Geistesaktivität fehlt es ihnen so wenig wie uns, wie ihre Liebe zur Jagd und zum Spiel beweist. Ihre Weiber müssen freilich schwere Arbeit verrichten, doch dies geschieht bei jedem rohen Volk. Bei diesen gilt Gewalt als Gesetz. Darum tyrannisiert das stärkere Geschlecht das schwächere. Nur die Zivilisation setzt die Weiber

---

* Hiervon sah man ein ungewöhnliches Beispiel im Falle des Obristen Byrd, der zu der Nation der Cherokee geschickt wurde, um mit ihnen einige Geschäfte zu erledigen. Es traf sich, daß einige unbändige Menschen unter unseren Landsleuten gerade zwei von jener Nation erschlagen hatten. Es wurde daher im Rat der Cherokees vorgeschlagen, den Obristen Byrd als Rache für den Tod ihrer Landsleute zu töten. Ein gewisser Häuptling unter ihnen namens Silouee hatte bei einer besonderen Gelegenheit mit dem Obristen Bekanntschaft gemacht und Freundschaft geschlossen. Er besuchte ihn nun jede Nacht in seinem Zelt und munterte ihn auf, sich nicht zu fürchten, daß man ihn töten würde. Nach vieltägigen Beratungen fiel der Beschluß entgegen Siloueés Erwartung dahingehend aus, daß Byrd getötet werden solle. Einige Krieger wurden schon als Scharfrichter losgeschickt. Silouee begleitet sie und stellte sich, als sie das Zelt betraten, vor den Obristen Byrd und sagte zu den Kriegern: «Dieser Mann ist mein Freund. Ehe ihr ihn erreicht, müßt ihr mich töten.» Hierauf kehrten die Krieger zurück, und die Ratsversammlung hatte so viel Achtung vor Siloueés Freundschaftsgefühl, daß sie ihren Beschluß abänderte.[44]

wieder in ihre ursprünglichen Rechte der Gleichheit ein. Diese lehrt uns zuerst, unsere selbstsüchtigen Leidenschaften zu unterdrücken und bei anderen jene Rechte zu respektieren, die wir selbst schätzen. Wären wir ebenso roh, würden unsere Weiber ebenso unterdrückt werden. Bei ihnen ist der Mann schwächer als bei uns, dagegen sind die Weiber stärker als die unsrigen, weil ihre Weiber und unsere Männer Arbeit gewöhnt und durch sie geformt sind. Bei beiden Völkern ist dasjenige Geschlecht das körperlich schwächere, das meist untätig ist. Ein amerikanischer Wilder hat aus eben dem Grunde kleine Hände und schwache Knöchel, aus dem ein Lastträger starke Beine und Schenkel hat.

Buffon macht außerdem den Einwurf, die indianischen Weiber brächten weniger Kinder zur Welt als die unsrigen. Aber auch dies liegt an den Umständen und nicht an ihrer natürlichen Beschaffenheit. Da die Weiber meist die Männer auf ihren kriegerischen Expeditionen und ihren Jagdpartien begleiten, ist das Kindergebären für sie äußerst lästig. Es heißt daher, bei ihnen sei es Brauch, mit Hilfe gewisser Gewächse einen Abort herbeizuführen; dies habe auch die Wirkung, sie eine Zeitlang vor einer neuen Empfängnis zu schützen. Während ihrer Expeditionen sind sie unzähligen Gefahren und Mühseligkeiten ausgesetzt sowie größtem Hunger. Selbst in ihrer Heimat müssen sie sich bei ihrer Ernährung einen beträchtlichen Teil des Jahres auf die Ausbeute des Waldes verlassen; das heißt, sie erleben jedes Jahr eine Hungersnot. Nun kommen bei allen Tieren, wenn deren Weibchen schlecht oder gar nicht ernährt werden, die Jungen um. Und wo beide Geschlechter Mangel leiden, wird der Fortpflanzungstrieb weniger wirksam und die Vermehrung geringer. Die Natur hat also der größeren Ausbreitung der wilden Tiere die beiden Hindernisse Mangel und Gefahr entgegengesetzt, und zu diesen gesellen sich bei den Wilden Arbeit und freiwilliger Abort. Man darf sich also nicht wundern, wenn ihre Vermehrung geringer als unsere ist. Wo das Futter reichlich ist, sieht man auf einem Bauerngut mehr Vieh, als eine ganze Waldgegend an wilden Büffeln enthält. Ebendiese indianischen Weiber bringen, wenn sie mit europäischen Kaufleuten verheiratet sind, die sie und ihre Kinder gut ernähren, ihnen schwere Arbeit ersparen und sie geschützt an einem festen Wohnsitz unterbringen, eben soviele Kinder zur Welt wie die Europäerinnen. Es gibt Beispiele, daß sie so ein Dutzend Kinder großgezogen haben.

[Einst herrschte in diesem Land der unmenschliche Brauch, die Indianer zu Sklaven zu machen; die Spanier hatten nach der Entdeckung Amerikas damit begonnen. Bei uns ist es eine bekannte Tatsache, daß die versklavten Indianerinnen eine ebenso zahlreiche Nachkommenschaft zur Welt brachten und großzogen wie die Weißen oder Schwarzen, unter denen sie lebten. –] Es heißt, die Indianer hätten keine so starke Behaarung wie die Weißen, den Kopf ausgenommen. Objektive Beweise dafür sind schwer zu beschaffen. Bei ihnen hält man es für eine Schande, einen haarigen

Körper zu haben. Die Indianer sagen, es mache sie den Schweinen ähnlich, daher reißen sie jedes Haar, sobald es erscheint, sorgfältig aus. Aber die Händler, die ihre Weiber heiraten und sie überreden, diese Gewohnheit aufzugeben, behaupten, daß die Natur bei ihnen ebenso wie bei den Weißen wirkt. Selbst wenn die schwächere Behaarung eine Tatsache wäre, ist die Schlußfolgerung, die man daraus zieht, nicht zwingend. Neger haben bekanntlich weniger Haare als die Weißen und sind dennoch weit hitziger.

[Wenn die Kälte und das feuchte Klima jedoch Vorkehrungen der Natur sind, um Tiergattungen kleiner zu machen, erhebt sich folgende Frage: Warum setzte sie deren Wirksamkeit in bezug auf die Physis des Menschen der Neuen Welt plötzlich außer Kraft, dem der Graf zubilligt, er sei «etwa von derselben Größe wie der Mensch unserer Hemisphäre», und ließ deren Einfluß auf seine moralischen Anlagen einwirken? Wie wurde diese «Kombination aus den Elementen und anderen physikalischen Ursachen, die dem Wachstum der Tierwelt in dieser neuen Welt so entgegensteht, dieses Hindernis für die Entwicklung und Entstehung großer Keime» dergestalt beseitigt, daß der menschliche Körper seine angemessenen Dimensionen erreichen konnte? Und durch welchen unvorstellbaren Prozeß wurde ihre Aktivität ausschließlich auf seinen Geist gelenkt? Um der Wahrheit näher zu kommen und zu einer gerechten Einschätzung der schöpferischen Kraft der Indianer und ihrer Geistesgaben zu gelangen, fehlt es noch an Tatsachen, und man muß auch große Zugeständnisse machen wegen ihrer Lebensumstände, die lediglich eine Ausübung bestimmter Talente erfordern. Tun wir dies, dann werden wir wahrscheinlich feststellen, daß die Indianer geistig wie auch körperlich nach demselben Plan geformt sind wie der «Homo sapiens Europaeus».]

Da die Prinzipien ihres Gemeinwesens jeden Zwang ausschließen, können sie zu ihrer Pflicht und zu großen Unternehmungen nur durch persönlichen Einfluß und Überredung bewogen werden. Daher sind Beredsamkeit in der Ratsversammlung sowie Tapferkeit und Geschicklichkeit im Krieg bei ihnen von überragender Bedeutung. Auf diese Eigenschaften sind also all ihre Bestrebungen gerichtet. Von ihrer Tapferkeit im Krieg haben wir Beweise genug, da wir sie selbst erfahren haben. Von ihren rednerischen Talenten aber sind die Beispiele seltener, weil sie diese hauptsächlich in ihren eigenen Ratsversammlungen abgeben. Dennoch haben wir einige glanzvolle Beweise. Ich kann die ganzen Reden von Demosthenes und Cicero oder die jedes noch berühmteren Redners anrufen, wenn Europa berühmtere hervorgebracht hat, eine einzige Passage aufzuzeigen, welche die Rede Logans, eines Häuptlings der Mingos, an Lord Dunmore, den damaligen Gouverneur des virginischen Staates, überträfe.[45]

Im Frühjahr des Jahres 1774 wurde von Indianern vom Stamme der Shawnees am Ohio an einigen Grundbesitzspekulanten ein Raub verübt. Die Weißen jener Gegend machten sich, wie es bei ihnen Brauch war, auf, um diese Untat summarisch zu bestrafen. Captain Michael Cresap, ein Mann, der wegen vieler an diesen schuldlosen Leuten verübter Mordtaten berüchtigt war, sammelte einen Haufen und zog voll Rachedurst den Kanhaway hinunter. Unglücklicherweise entdeckten sie ein Kanu mit Weibern und Kindern und einem einzigen unbewaffneten Mann, das vom entgegengesetzten Ufer abstieß und herüberkam, ohne daß die Insassen eine Feindseligkeit von seiten der Weißen geahnt hätten. Sogleich versteckte sich Cresap mit seinen Leuten am Ufer; sie nahmen in dem Augenblick, in dem das Kanu das Land erreichte, so genau Ziel, daß alle zusammen tot hingestreckt wurden. Zufällig handelte es sich dabei um die Familie Logans, der sich immer als ein treuer Freund der Weißen ausgezeichnet hatte.[46] Um so mehr entfachte dies sein Verlangen nach Rache. In dem nachfolgenden Krieg war er einer der ersten und tätigsten. Im Herbst desselben Jahres kam es an der Mündung des Großen Kanhaway zwischen den vereinigten Kriegern der Shawnees, Mingos und Delawares und einer Abteilung der virginischen Miliz zu einer Entscheidungsschlacht. Die Indianer wurden geschlagen und sahen sich gezwungen, um Frieden zu bitten. Logan aber ließ sich nicht dazu herab, als Bittsteller zu erscheinen. Damit es aber an der Zuverlässigkeit eines Vertrages, von dem sich ein so großer Häuptling wie Logan ausschloß, keine Zweifel geben sollte, übersandte er durch einen Boten folgende Rede an Lord Dunmore:

«Ich fordere jeden weißen Mann auf zu sagen, ob er jemals hungrig in Logans Hütte gekommen ist und von diesem kein Fleisch erhalten hat; ob er je frierend und nackt kam und dieser ihn nicht kleidete. Während des letzten langen und blutigen Krieges blieb Logan untätig in seiner Hütte als ein Verfechter des Friedens.[47] Meine Liebe zu den Weißen war so groß, daß meine Landsleute im Vorbeigehen mit Fingern auf mich zeigten und sagten: ‹Logan ist der Freund der weißen Männer.› Ich hatte sogar gedacht, ich lebte mit Euch zusammen, wären nicht die Untaten eines einzigen Mannes gewesen. Im vergangenen Frühjahr ermordete der Obrist Cresap kaltblütig und ohne Veranlassung alle Verwandten Logans und schonte nicht einmal meine Weiber und Kinder. Nun fließt kein Tropfen meines Blutes mehr in den Adern eines lebendigen Geschöpfes. Dies rief mich auf zur Rache. Ich habe sie gesucht. Ich habe viele getötet, und ich habe meine Rachgier reichlich gesättigt. Meines Vaterlandes wegen freut mich der Strahl des Friedens. Aber gebt nicht dem Gedanken Raum, daß meine Freude von der Furcht herrühre. Logan hat nie Furcht empfunden. Er würde keine Kehrtwendung machen, um sein Leben zu retten. Denn wer ist da, um Logan zu betrauern? Niemand.»

Ehe wir die Indianer wegen mangelnder Geistesgaben verurteilen, müssen wir berücksichtigen, daß sie die Wissenschaften noch nicht kennen. Vergleichen wir sie in ihrem jetzigen Zustand mit den Europäern nördlich der Alpen, als die römischen Waffen und

Künste zuerst dieses Gebirge überquerten, wäre der Vergleich nicht richtig, denn damals waren jene Gegenden Europas voller Menschen, und eine große Zahl bringt immer Wetteifer hervor sowie die Möglichkeit von Verbesserungen, und jede zieht eine andere nach sich. Und doch kann ich zu Recht fragen: Wie viele gute Dichter, wie viele fähige Mathematiker und wie viele große erfinderische Köpfe in den Künsten und Wissenschaften hatte der nördlich der Alpen liegende Teil Europas damals hervorgebracht? Und erst sechzehn Jahrhunderte später brachte er einen Newton hervor. Ich will zwar nicht leugnen, daß es Verschiedenheiten in den Menschenrassen gibt; sie weichen sowohl in der Körper- wie in der Geisteskraft voneinander ab. Ich möchte nur einen Zweifel anmelden, ob die Größe und die Eigenschaften der Tiere (Jefferson meint hier allgemeiner «Lebewesen»; der Hrsg.) von der Seite des Atlantiks abhängen, auf der zufälligerweise ihre Nahrung wächst oder welche die Elemente hervorbringt, aus denen sie zusammengesetzt sind. [Hat sich die Natur etwa als Parteigängerin für die eine oder die andere Seite des Atlantiks einspannen lassen? Ich werde den Verdacht nicht los, daß zur Unterstützung dieser Theorie viel Eloquenz und wenig gesundes Vernunftdenken aufgeboten wurden, daß es sich um einen jener Fälle handelt, in denen die Urteilskraft von einer blühenden Phantasie übertölpelt wurde.] Denn bei aller Achtung vor dem gefeierten Zoologen habe ich in diesem Fall den Eindruck, daß er einen Irrtum begünstigt, indem er ihm seine glühende Einbildungskraft und seine bezaubernde Sprache geliehen hat.

So weit führt der Graf Buffon seine neue Theorie über den Hang der Natur, alle ihre Hervorbringungen auf unserer Seite des Atlantiks zu verkleinern. Diese Theorie auch auf die von Europa herübergekommenen Weißen auszudehnen, war dem Abbé Raynal vorbehalten.[48] «Man muß sich wundern,» sagt er, «daß Amerika noch keinen guten Dichter, keinen fähigen Mathematiker, kein großes Genie in irgendeiner Kunst oder Wissenschaft hervorgebracht hat.» Wenn wir als Volk erst so lange existiert haben werden wie die Griechen, als sie Homer hervorbrachten oder die Römer den Vergil oder die Franzosen den Racine und Voltaire und die Engländer ihren Shakespeare und Milton, und dieser Vorwurf uns dann noch treffen sollte, wollen wir untersuchen, woher es kommt, daß die anderen europäischen Völker und anderen Gegenden der Erde noch immer keinen großen Dichter aufweisen können. Im Krieg haben wir einen Washington gehabt, dessen Ansehen heilig sein wird, solange man die Freiheit verehrt; sein Name wird der Zeit trotzen und in kommenden Zeitaltern einen angemessenen Platz unter den berühmtesten Persönlichkeiten der Welt einnehmen, wenn jene elende Philosophie längst vergessen sein wird, die ihn unter die Entartungen der Natur einreihen wollte. In der Physik haben wir einen Franklin, dem wir die wichtigsten Entdekkungen verdanken, der die Philosophie mehr bereichert und mit sinnreicheren Erklärungen vieler Naturphänomene beschenkt hat als irgendein anderer in unserem Zeitalter. Ebenso darf Rittenhouse keinem lebenden Astronomen nachstehen; den Geisteskräften nach muß er an der ersten Stelle stehen, denn er ist Autodidakt. Als Künstler hat er in der Mechanik so viele Beweise seiner Genialität geliefert, wie die ganze Erde aufzuweisen vermag. Er hat zwar keine Welt erschaffen, doch ist er in der Nachahmung dem Urbild näher gekommen als irgendein Mensch, der bis auf diesen Tag je gelebt hat.* Wie in der Philosophie und in der Kriegskunst könnte man auch in der Regierungskunst, in der Beredsamkeit, in der Malerei sowie in der bildenden Kunst zeigen, daß Amerika, obgleich nur ein Säugling unter den Nationen, vielversprechende Beweise genialer Schöpferkraft gegeben hat [– auch solche, die die besten Gefühle des Menschen wecken, seiner Freiheit eine Grundlage schaffen und ihn zum Glück hinführen; sie sind von edlerer Art als die des Untertanen, welche nur den Zweck haben, ihm die Zeit zu vertreiben.] Wir vermuten deshalb, daß dieser Vorwurf ebenso unbegründet wie ungerecht ist und daß Amerika zu der Zahl der großen Männer, die unser Zeitalter schmücken, seinen vollen Anteil beiträgt. Vergleichen wir Ameri-

* Es gibt mehrere Methoden, die Wahrheit unkenntlich zu machen. Das Planetensystem-Modell von Rittenhouse führt die falsche Bezeichnung Orrery, und der von Godfrey, einem Amerikaner, erfundene Quadrant, mit dessen Hilfe die Europäer den Erdball bereisen, wird Hadleys Quadrant genannt.[49]

ka mit jenen Ländern, in denen die Künste die trefflichsten Vorbilder und die Wissenschaften ihre besten Hilfsmittel besitzen, nämlich Frankreich und England, dann rechnen wir folgendermaßen:

Die Vereinigten Staaten haben drei Millionen Einwohner, Frankreich hat zwanzig Millionen, und die Britischen Inseln haben zehn. Wir haben einen Washington, einen Franklin und einen Rittenhouse hervorgebracht. Frankreich müßte daher auf jedem dieser Gebiete ein halbes Dutzend große Männer stellen und Großbritannien halb soviel. Vielleicht besitzt Frankreich diese wirklich. Wir sind ja eben erst mit ihm bekannt geworden, und unsere Bekanntschaft gibt uns bislang hohe Vorstellungen vom Genius seiner Einwohner. Es hieße zu viele von ihnen beleidigen, wollte man einen Voltaire, einen Buffon, die Gruppe der Enzyklopädisten, den Abbé Raynal etc. etc. besonders erwähnen.

Was England anbetrifft, so hat der gegenwärtige Krieg so lange alle Verbindungen mit Großbritannien abgeschnitten, daß wir nicht imstande sind, den Zustand der Wissenschaften in diesem Land richtig einzuschätzen. Der Geist, mit dem es den Krieg führt, ist das einzige Beispiel, das wir vor Augen haben; er scheint weder der legitime Abkömmling der Wissenschaften noch der Kultur zu sein. Die Sonne von Englands Ruhm neigt sich jetzt rasch ihrem Untergang zu. Seine Philosophie ist über den Kanal geflohen, seine Freiheit über den Atlantik, und der Staat selbst scheint sich jener furchtbaren Auflösung zu nähern, deren Ausgang keine menschliche Weisheit vorhersehen kann.

Nachdem ich eine kurze Übersicht der Mineralien, Pflanzen (in der deutschen Fassung ausgeklammert; der Hrsg.) und vierfüßigen Tiere geliefert habe und durch eine stolze Theorie verleitet worden bin, letztere mit denen von Europa zu vergleichen und den Vergleich auf die Menschen auszudehnen, will ich nun zu den übrigen Teilen dieses Kapitels übergehen.

Zwischen 90 und 100 unserer Vögel sind von Catesby beschrieben worden. Seine Zeichnungen sind, was Form und Haltung betrifft, besser als ihr Kolorit, welches meist zu grell ist. Es handelt sich um die in der folgenden Tabelle aufgeführten Virginischen Vögel:

---

* Die Zahlen in den folgenden Tabellen verweisen auf Band und Seitenzahl in den Werken von Catesby und Buffon. Der Franzose hat in seinem vielbändigen Werk zur Naturgeschichte mehrere Bände der Darstellung der Vogelwelt gewidmet.

Linnes Benennung	Catesbys Benennung
Lanius tyrannus	Muscicapa corona rubra
Vultur aura	Buteo specie Gallo-pavonis
Falco leucocephalus	Aquila capite albo
Falco sparverius	Accipiter minor
Falco columbarius	Accipiter palumbarius
Falco furcatus	Accipiter cauda furcata
	Accipiter piscatorius
Strix asio	Noctua aurita minor
Psittacus Caroliniensis	Psitticus Caroliniensis
Corvus cristatus	Pica glandaria, caerulea, cristata
Oriolus Baltimore	Icterus ex aureo nigroque varius
Oriolus spurius	Icterus minor
Gracula quiscula	Monedula purpurea
Cuculus Americanus	Cuculus Caroliniensis
Picus principalis	Picus maximus rostro albo
Picus pileatus	Picus niger maximus, capite rubro
Picus erythrocephalus	Picus capite toto rubro
Picus auratus	Picus major alis aureis
Picus Carolinus	Picus ventre rubro
Picus pubescens	Picus varius minimus
Picus villosus	Picus medius quasi-villosus
Picus varius	Picus varius minor ventre luteo
Sitta Europaea	Sitta capite nigro Sitta capite fusco
Alcedo alcyon	Ispida
Certhia pinus	Parus Americanus lutescens
Trochilus colubris	Mellivora avis Caroliniensis
Anas Canadensis	Anser Canadensis
Anas bucephala	Anas minor purpureo capite
Anas rustica	Anas minor ex albo et fusco vario
Anas discors	Querquedula Americana variegata
Anas discors b.	Querquedula Americana fusca
Anas sponsa	Anas Americanus cristatus elegans

	Namen dieser Vögel in Virginien	Buffon
1. 55	Tyrant, Field martin	8. 398
1. 6	Turkey buzzard	1. 246
1. 1	Bald Eagle	1. 138
1. 5	Little hawk, Sparrow hawk	
1. 3	Pigeon hawk	1. 338
1. 4	Forked tail hawk	1. 286. 312
1. 2	Fishing hawk	1. 199
1. 7	Little owl	1. 141
1. 11	Parrot of Carolina, Perroquet	11. 383
1. 15	Blue jay	5. 164
1. 48	Baltimore bird	5. 318
1. 49	Bastard Baltimore	5. 321
1. 12	Purple jackdaw, Crow blackbird	5. 134
1. 9	Carolina cuckow	12. 62
1. 16	White bill woodpecker	13. 69
1. 17	Larger red-crested woodpecker	13. 72
1. 20	Red-headed woodpecker	13. 83
1. 18	Gold winged woodpecker, Yucker	13. 59
1. 19	Red bellied woodpecker	13. 105
1. 21	Smallest spotted woodpecker	13. 113
1. 19	Hairy woodpecker, Speck, woodpecker	13. 111
1. 21	Yellow bellied woodpecker	13. 115
1. 22	Nuthatch	10. 213
1. 22	Small Nuthatch	10. 214
1. 69	Kingfisher	13. 310
1. 61	Pinecreeper	9. 433
1. 65	Humming bird	11. 16
1. 92	Wild goose	17. 122
1. 95	Buffel's head duck	17. 356
1. 98	Little brown duck	17. 413
1.100	White face teal	17. 403
1. 99	Blue wing teal	17. 405
1. 97	Summer duck	17. 351

Linnes Benennung	Catesbys Benennung
	Anas Americanus lato rostro
Mergus cucullatus	Anas cristatus
Colymbus podiceps	Prodicipes minor rostro vario
Ardea Herodias	Ardea cristata maxima Americana
Ardea violacea	Ardea stellaris cristata Americana
Ardea caerulea	Ardea caerulea
Ardea virescens	Ardea stellaris minima
Ardea aequinoctialis	Ardea alba minor Caroliniensis
	Ardea stellaris Americana
Tantalus loculator	Pelicanus Americanus
Tantalus alber	Numenius albus
Tantalus fuscus	Numenius fuscus
Charadrius vociferus	Pluvialis vociferus
Haematopus ostralegus	Haematopus
Rallus Virginianus	Gallinula Americana
Meleagris Gallopavo	Gallopavo Sylvestris
Tetrao Virginianus	Perdix Sylvestris Virginiana
	Urogallus minor, or a kind of Lagopu
Columba passerina	Turtur minimus guttatus
Columba migratoria	Palumbus migratorius
Columba Caroliniensis	Turtur Caroliniensis
Alauda alpestris	Alauda gutture flavo
Alauda magna	Alauda magna
	Sturnus niger alis superne rubentibus
Turdus migratorius	Turdus pilaris migratorius
Turdus rufus	Turdus ruffus
Turdus polyglottos	Turdus minor cinereo albus non macu
	Turdus minimus
Ampelis garrulus b.	Garrulus Caroliniensis
Loxia Cardinalis	Coccothraustes rubra
Loxia caerulea	Coccothraustes caerulea

	Namen dieser Vögel in Virginien	Buffon
1. 96	Blue wing shoveler	17. 275
1. 94	Round crested duck	15. 437
1. 91	Pied bill dopchick	15. 383
3. 10	Largest crested heron	14. 113
1. 79	Crested bittern	14. 134
1. 76	Bue heron, Crane	14. 131
1. 80	Small bittern	14. 142
1. 77	Little white heron	14. 136
1. 78	Brown bittern, Indian hen	14. 175
1. 81	Wood pelican	13. 403
1. 82	White curlew	15. 62
1. 83	Brown curlew	15. 64
1. 71	Chattering plover, Kildee	15. 151
1. 85	Oyster Catcher	15. 185
1. 70	Soree, Ral-bird	15. 256
xtio.	Wild turkey	3. 178. 229
3. 12	American partridge, American quail	4. 237
3. 1	Pheasant, Mountain partridge	3. 409
1. 26	Ground dove	4. 404
1. 23	Pigeon of passage, Wild pigeon	4. 351
1. 24	Turtle, Turtle dove	4. 401
1. 32	Lark, Sky lark	9. 79
1. 33	Field lark, Large lark	6. 59
1. 13	Red winged starling, Marsh blackbird	5. 293
1. 29	Fieldfare of Carolina, Robin redbreast	{ 5. 426 9. 257
1. 28	Fox coloured thrush, Thrush	5. 449
1. 27	Mocking bird	5. 451
1. 31	Little thrush	5. 400
1. 46	Chatterer	6. 162
1. 38	Red bird. Virginia nightingale	6. 185
1. 39	Blue gross beak	8. 125

Linnes Benennung	Catesbys Benennung
Emberiza hyemalis	Passer nivalis
Emberiza oryzivora	Hortulanus Caroliniensis
Emberiza ciris	Fringilla tricolor
Tanagra cyanea	Linaria caerulea
	Passer culus
	Passer fuscus
Fringilla erythrophthalma	Passer niger oculis rubris
Fringilla tristis	Carduelis Americanus
	Fringilla purpurea
Muscicapa crinita	Muscicapa cristata ventre luteo
Muscicapa rubra	Muscicapa rubra
Muscicapa ruticilla	Ruticilla Americana
Muscicapa Caroliniensis	Muscicapa vertice nigro
	Muscicapa nigrescens
	Muscicapa fusca
	Muscicapa oculis rubris
Motacilla Sialis	Rubicula Americana caerulea
Motacilla regulus	Regulus cristatus
Motacilla trochilus b.	Oenanthe Americana pectore luteo
Parus bicolor	Parus cristatus
Parus Americanus	Parus fringillaris
Parus Virginianus	Parus uropygeo luteo
	Parus cucullo nigro
	Parus Americanus gutture luteo
	Parus Caroliniensis
Hirundo Pelasgia	Hirundo cauda aculeata Americana
Hirundo purpurea	Hirundo purpurea
Caprimulgus Europaeus α.	Caprimulgus
Caprimulgus Europaeus β.	Caprimulgus minor Americanus

	Namen dieser Vögel in Virginien	Buffon
1. 36	Snow bird	8. 47
1. 14	Rice bird	8. 49
1. 44	Painted finch	7. 247
1. 45	Blue linnet	7. 122
1. 35	Little sparrow	7. 120
1. 34	Cowpen bird	7. 196
1. 34	Towhe bird	7. 201
1. 43	American goldfinch, Lettuce bird	7. 297
1. 41	Purple finch	8. 129
1. 52	Crested flycatcher	8. 379
1. 56	Summer red bird	8. 410
1. 67	Red start	{ 8. 349 9. 259
1. 66	Cat bird	8. 372
1. 53	Black-cap flycatcher	8. 341
1. 54	Little brown flycatcher	8. 344
1. 54	Red-eyed flycatcher	8. 337
1. 47	Blue bird	9. 308
3. 13	Wren	10. 58
1. 50	Yellow-breasted chat	6. 96
1. 57	Crested titmouse	10. 181
1. 64	Finch creeper	9. 442
1. 58	Yellow rump	10. 184
1. 60	Hooded titmouse	10. 183
1. 62	Yellow-throated creeper	
1. 63	Yellow titmouse	9. 431
3. 8	American swallow	12. 478
1. 51	Purple martin, House martin	12. 445
1. 8	Goatsucker, Great bat	12. 243
3. 16	Whip-poor Will	12. 246

Außer diesen leben in Virginien folgende Vögel
The Royston crow (corvus cornix, Krähe) Crane (ardea canadensis, Kranich) House swallow (hirundo rustica, Hausschwalbe) Ground swallow (hirundo riparia, Uferschwalbe) Greatest grey eagle (der größte graue Adler) Smaller turkey buzzard, with a feathered head (Kleiner puterartiger Geier mit einem befiederten Kopf) Greatest owl, or night hawk (große Eule) Wethawk, which feeds flying (Habicht, der fliegend sein Futter nimmt) Raven (Rabe) Water pelican of the Mississippi Swan (Schwan) Loon (Seetaucher) Cormorant (Kormoran) Duck and Mallard (Ente und Stockente) Widgeon (Pfeifente) Sheldrake, or Canvas back (Brandente) The Black head Ballcoot Springtail Didapper, or Dopchick Spoon billet duck Water-witch Water-pheasant Mow-bird Blue peter Water wagtail (Bachstelze) Yellow-legged snipe (gelbfüßige Schnepfe) Squatting snipe (Sumpfschnepfe) Small plover (Kiebitz) Whistling plover (Regenpfeifer) Woodcock (Waldschnepfe)

Ich will noch eine seltene Anomalie der Natur hinzufügen, die manchmal unter den von Afrika herbeigeschafften Negern auftritt. Diese haben, obwohl sie selbst schwarz sind, in vereinzelten Fällen weiße Kinder, die Albinos genannt werden. Ich habe selbst vier von diesen gekannt und besitze glaubwürdige Berichte über drei weitere. Die bei allen gemeinsam auftretenden Erscheinungen sind folgende: Sie haben eine blasse, leichenartig weiße Farbe ohne Beimischung von Rot oder farbigen Flecken; ihr Haar ist ebenso weiß, kurz, grob und geringelt wie bei Negern. Sie sind wohlgebildet, stark, gesund, vollkommen in allen Sinnen mit Ausnahme des Sehvermögens und stammen von Eltern ab, die sich nicht mit Weißen vermischt haben. Drei von diesen Albinos waren Schwestern, die vom selben Vater und derselben Mutter noch zwei schwarze Schwestern hatten. Die jüngste der drei wurde in ihrem zwölften Jahr vom Blitz erschlagen. Die älteste Schwester starb mit etwa 27 Jahren im Wochenbett nach der Geburt ihres zweiten Kindes. Die mittlere lebt noch bei völliger Gesundheit und hat, wie die ältere, Kinder von einem schwarzen Mann, die ebenfalls schwarz sind. Diese sind ungemein scharfsinnig, begreifen leicht und antworten schnell. Ihre Augen sind in immerwährender, zitternder Bewegung, sind sehr schwach und leiden stark bei Sonnenschein; bei Nacht aber sehen sie besser als wir. Sie gehören einem gewissen Oberst Skipwith von Cumberland. Das vierte Beispiel ist eine Negerin, deren Eltern aus Guinea kamen und drei weitere Kinder von ihrer eigenen Farbe hatten. Sie ist sommersprossig und hat ein so schwaches Sehvermögen, daß sie ständig einen Hut tragen muß, doch kann sie bei Nacht besser sehen als bei Tage. Sie hatte von einem Neger ein Albinokind, das aber nur wenige Wochen alt wurde. Sie gehört dem Oberst Carter von Albemarle. Eine Person dieser Art besitzt auch ein Herr Butler unweit Petersburg. Sie ist stark gebaut und gesund und hat eine tiefschwarze Tochter von einem schwarzen Mann. Über ihr Sehvermögen ist mir nichts bekannt.

Ein Herr Lee aus Cumberland hat einen männlichen Albino. Seine Augen sind zitternd und schwach. Er ist groß und nun schon bei Jahren. Er ist der einzige männliche Albino unter den mir bekannt gewordenen Fällen. Was auch immer der Grund für diese Hautkrankheit sein mag, so scheint sie beim weiblichen Geschlecht häufiger aufzutreten als beim männlichen. Zu den oben angeführten Fällen kann ich noch einen Neger hinzufügen, den ich selbst gekannt habe; er stammt von schwarzen Eltern und wurde schwarz geboren. Als er ein Kind war, erschien auf seinem Kinn ein weißer Fleck. Dieser griff um sich, bis der Junge ein Mann war; er bedeckte das Kinn, die Lippen, eine Wange, die Kinnlade und den Hals auf dieser Seite. Er ist vom Weiß der Albinos, ohne die geringste Beimischung von Rot, und ist seit einigen Jahren unverändert geblieben. Der Mann ist dabei stark und gesund, und die Farbveränderung war von keiner merklichen Krankheit begleitet.

Von unseren Fischen und Insekten gibt es noch keine vollständige Beschreibung. Im Catesby findet man mehr davon als in jedem anderen Werk. Viele sind auch in Sir Sloanes «Jamaika» beschrieben, da wir sie mit dieser Insel gemeinschaftlich besitzen.[50] Die Honigbiene ist bei uns nicht heimisch. Margraf erwähnt zwar eine Gattung Honigbienen in Brasilien[51], diese haben jedoch keinen Stachel und unterscheiden sich deshalb von den unsrigen, die den europäischen völlig gleichen. Die Indianer teilen mit uns die Überlieferung, daß sie aus Europa herübergebracht worden sind. Aber wann und von wem, ist nicht bekannt. Die Bienen haben sich im allgemeinen etwas früher als die weißen Siedler im Land ausgebreitet; die Indianer nennen sie deshalb die Fliegen der weißen Männer und betrachten ihr Auftreten als einen Beweis für das Näherrücken der Weißen. Hier könnte man fragen, wie weit nördlich man diese Insekten findet. Aus Scheffers Informationen[52], daß die Lappländer eine auf gewisse Art zubereitete Fichtenrinde anstelle mit Zucker gesüßter Speisen verwenden, schließe ich, daß es in Lappland keine Bienen gibt, denn Honig wäre sonst ein weit besseres Substitut als die zubereitete Fichtenrinde. Kalm meldet uns, die Honigbiene könne die Kälte eines kanadischen Winters nicht überstehen. Dies ist eine weitere Bestätigung des von Graf Buffon zuerst bemerkten Faktums: daß man nur diejenigen Tiere in beiden Weltteilen antrifft, die die Kälte jener Gegenden vertragen können, wo beide wahrscheinlich miteinander verbunden sind.

7.

Über das Klima in Virginia

Ich glaube, daß es meinen Lesern nicht unangenehm sein wird, zur Beurteilung des Klimas in Virginien einige Daten zu erhalten.[53] Journale über die Regenmengen und die Hitzegrade sind so langweilig, so wirr und gehen gewöhnlich auch so sehr ins Detail, daß sich keine allgemeinen und klaren Vorstellungen davon ableiten lassen. Ich habe daher im Laufe von fünf Jahren, nämlich von 1772 bis 1777 gemachte Observationen herangezogen, den Durchschnitt von jedem Monat des Jahres genommen und diese Werte in eine Tabelle eingetragen, wobei ich noch eine analytische Übersicht der Winde für denselben Zeitraum hinzugefügt habe.

Für den Zeitraum von 1772 bis 1777 habe ich den in jedem Monat gefallenen Regen getrennt aufgeführt, dann addiert und den Durchschnitt errechnet. Ferner wurde die kälteste und die wärmste Temperatur von jedem Tag verzeichnet und hieraus für die Jahre des Untersuchungszeitraums ein Durchschnitt für die größte Kälte und größte Hitze dieses Tages errechnet. Danach habe ich aus den Durchschnittswerten für jeden Tag eines Monats einen allgemeinen Monatsdurchschnitt errechnet. Ich habe auch zwei- bis dreimal täglich die Windrichtung festgestellt. Zusammengezählt beliefen sich alle diese Beobachtungen zum Beispiel im Monat Januar während des gesamten Zeitraums auf 337 Beobachtungen. Bei 73 von diesen Beobachtungen kam der Wind von Norden, bei 47 von Nordost. Man kann also leicht erkennen, welche Winde in dem betreffenden Monat vorherrschen. Oder, wenn man die Beobachtungen für den gesamten Zeitraum nimmt, die sich auf 3698 belaufen, stellt man fest, daß der Wind in 611 Fällen aus dem Norden, in 558 aus dem Nordosten kam, und so fort.

Obwohl aus diesen Beobachtungen hervorgeht, daß wir Niederschläge von 47 Zoll jährlich haben, was beträchtlich mehr ist als die gewöhnliche Regenmenge in Europa, schließe ich aus den von mir gesammelten Informationen, daß wir hier einen weit größeren Anteil sonnigen Wetters haben, als es dort gibt. Vermutlich wird man feststellen, daß es in den mittleren Teilen von Europa doppelt soviel bewölkte Tage gibt wie in den Vereinigten Staaten von Amerika. Ich nenne die mittleren Teile von Europa, weil ich mit den nördlichen und südlichen weniger vertraut bin.

Bei einem ausgedehnten Land muß man natürlich erwarten, daß das Klima nicht überall gleich ist. Hier ist besonders bemerkenswert, daß, je weiter man auf demselben Breitengrad nach Westen kommt, das Klima kälter wird, als ob man nach Norden ginge. Dies dauert an, bis man die Spitze der Alleghenies erreicht, die die höchste Gegend zwischen dem Meer und dem Mississippi darstellen. In derselben Breite ist es von dort an bis an den Mississippi genau umgekehrt. Und wenn man dem Zeugnis der Reisenden Glauben schenken kann, wird es dort wärmer, als es auf derselben Breite an der Küste ist. Ihre Angaben erhalten durch die Pflanzen und Tiere Gewicht, die dort in freier Natur gedeihen und sich vermehren, während sie hier ohne Hilfe nicht fortkommen. So wachsen zum Beispiel Catalpas (Trompetenbaum, der Name stammt vom indianischen Kutuhlpa; der Hrsg.) wild am Mississippi bis zum 37. Breitengrad, und Schilf bis zum 38. Breitengrad. Papageien bleiben sogar den Winter über am Sioto in einer Breite von 39 Grad. Im Sommer des Jahres 1779, als das Thermometer in Monticello auf 90 Grad Fahrenheit und in Williamsburg auf 96 Grad stand, stieg es in Kaskaskia bis auf 110 Grad. Vielleicht trug der Berg, der dieses Dorf gegen Norden schützt, etwas zu dieser Hitze bei. Die Temperaturunterschiede der Luft zwischen der Meeresküste oder der Chesapeake Bay und den Alleghenies hat man noch nicht untersucht. Man hat aber doch gleichzeitige Beobachtungen in Williamsburg oder in der umliegenden Gegend und in Monticello angestellt, welches auf der östlichsten Reihe der Berge liegt, die man das südwestliche Gebirge nennt, und zwar dort, wo der Rivanna dieses durchschneidet. Und aus diesen kann man die unterschiedliche Beschaffenheit der Luft in diesen Gegenden erkennen. Diesen Beobachtungen zufolge beträgt der Unterschied zwischen Williamsburg und den nächstgelegenen Bergen etwa 6 ⅛ Grad nach Fahrenheits Thermometer. Doch muß man auch die unterschiedliche

Breite dieser Orte mit in Erwägung ziehen, denn der letztere ist im 38° 8′ 17″ oder 52′ 22″ nördlicher als der erste. Nach gleichzeitigen Observationen über fünf bis sechs Wochen hinweg beträgt der beinahe unveränderte Unterschied in der Höhe des Quecksilbers im Barometer an diesen beiden Orten 0.784 eines Zolls, denn soviel leichter war die Atmosphäre in Monticello, nämlich $\frac{1}{37}$ ihres ganzen Gewichts. Doch muß man noch bemerken, daß der Berg von Monticello 500 Fuß senkrecht über den unten strömenden Fluß erhaben ist. Diese Lage ist beinahe in der Mitte zwischen unseren nördlichen und südlichen Grenzen sowie zwischen der Chesapeake Bay und den Alleghenies und daher am geeignetsten, um die Durchschnittstemperatur unseres Klimas zu ersehen. Williamsburg aber liegt viel zu weit in der südöstlichen Ecke, um einen richtigen Begriff von unserer Witterung zu geben.

Weit bemerkenswerter ist jedoch der Unterschied, welcher zwischen den Winden herrscht, die in den verschiedenen Gegenden des Landes am häufigsten wehen. Die folgende Tabelle gibt eine Übersicht der vorherrschenden Winde in Williamsburg und Monticello. Man hat neun Monate währende Beobachtungen in Monticello auf vier Hauptstriche reduziert, nämlich Nordost, Südost, Südwest und Nordwest, da diese Windstriche zu unserer Küste, unseren Bergen und Flüssen entweder im rechten Winkel oder parallel sind.

	Nordost	Südost	Südwest	Nordwest	Summe
Williamsburg	127	61	132	101	421
Monticello	32	91	126	172	421

Hieraus ersieht man, daß der Südwestwind an beiden Orten gleich häufig ist; ferner, daß der Nordostwind am häufigsten an der Meeresküste und der Nordwestwind am meisten im Gebirge weht. Die subjektiv empfundenen wie auch die objektiven Unterschiede zwischen diesen Winden sind beträchtlich. Der Nordostwind ist dergestalt mit Dünsten beschwert, daß die Salzsieder bemerkt haben, daß ihre Kristalle nicht anschießen wollen, solange er weht. Er ist empfindlich kalt, schwer und drückt auf die Lebensgeister. Dagegen ist der Nordwestwind trocken, kühlend, elastisch und aufheiternd. Die östlichen und südöstlichen Winde stellen sich gewöhnlich am Nachmittag ein. Nach der Erinnerung heute lebender Menschen dringen sie viel weiter ins Land hinein als ehedem. Früher kamen sie nicht viel weiter als bis Williamsburg; jetzt sind sie in Richmond häufig anzutreffen und erstrecken sich zuweilen sogar bis zum Gebirge hin. Sie verlieren jedoch meist ihre Feuchtigkeit, bevor sie so weit kommen. Werden die Wälder weiter ausgehauen, so dringen sie wahrscheinlich noch weiter nach Westen vor.

Wenn man in den gemäßigten und warmen Monaten des Jahres ins Freie geht, stößt man zuweilen auf warme Luftmassen, die in zwei bis drei Sekunden vorüberziehen und dem Beobachter nicht einmal Zeit lassen, ihre Wärmegrade festzustellen. Nur nach dem Gefühl geurteilt, scheinen sie ungefähr die Temperatur des menschlichen Körpers zu haben. Einige mögen wohl auch etwas wärmer sein. Die Luftmassen haben einen horizontalen Durchmesser von ungefähr 20 bis 30 Fuß. Von ihrer Höhe weiß man nichts, wahrscheinlich sind es jedoch kugelförmige Körper, die der Wind forttreibt. Wie sie aber entstehen, woher sie kommen und woraus sie bestehen, weiß man noch nicht. Man kann sie keinem Vulkan zuschreiben, weil es bei uns keine gibt. Im Winter, wenn die Farmer große Feuer anzünden, um ihre Felder zu räumen, trifft man sie nicht an. Auch sind sie nicht auf das Frühjahr beschränkt, wenn wir Feuer haben, die sich über ganze Grafschaften erstrecken; dabei wird das von den Bäumen gefallene Laub verbrannt. Sie treten zu häufig und zu allgemein auf, als daß sie von einem zufälligen Feuer herrühren könnten. Ich bin überzeugt, daß man ihre Ursache in der Atmosphäre selbst suchen muß. Um diese Untersuchung zu erleichtern, habe ich bisher lediglich folgende konstante Begleiterscheinungen feststellen können: eine trockene Luft; eine Temperatur, die mindestens so warm ist wie im Herbst und im Frühling, und ein mäßiger Luftstrom. Am häufigsten sind diese Luftmassen gegen Sonnenuntergang; um die Tagesmitte sind sie selten, und am Morgen sind sie nie vorhanden.

Die Abweichungen im Luftdruck betragen, so das Wetterglas sie angibt, nicht einmal zwei Zoll des

Quecksilbers. Während einer zwölfmonatigen Beobachtung in Williamsburg beliefen sich die extremen Werte auf 29 und 30,86 Zoll, so daß der Unterschied 1,86 Zoll betrug. Bei den neunmonatigen Beobachtungen in Monticello waren die Extreme 28,48 und 29,69 Zoll, die gesamte Abweichung 1,21 Zoll. Ein angesehener Mann, der sein Wetterglas seit vielen Jahren beobachtet, versichert mir, die Abweichung mache nie zwei Zoll aus. Gleichzeitige Observationen in Williamsburg und Monticello beweisen, daß die Abweichungen der Schwere der Luft an diesen beiden Orten gleichzeitig auftreten und übereinstimmend sind.

Der Wechsel von der Hitze zur Kälte und von der Kälte zur Hitze ist bei uns sehr schnell und sehr beträchtlich. Man hat etwa festgestellt, daß das Quecksilber in Fahrenheits Thermometer innerhalb von dreizehn Stunden von 92 Grad auf 47 Grad gefallen ist.

Ich setze voraus, daß die vorhergehenden Angaben über die Durchschnittstemperatur der Luft keinen falschen Eindruck vermittelt, wenn darin nur der gewöhnliche Grad der Hitze und Kälte eines jeden Monats angegeben wird und nicht die außergewöhnlichen Fälle. Im August des Jahres 1766 stieg in Williamsburg das Quecksilber in Fahrenheits Thermometer auf 98 Grad, was 29⅓ Reaumur entspricht. Im Januar 1780 stand am selben Ort das Quecksilber auf 6 Grad, was 11½ unter Null von Reaumur entspricht. Dies kann man, glaube ich, beinahe als den äußersten

Grad der Hitze und Kälte in diesem Teil des Landes betrachten.* Hinsichtlich der Kälte trifft dies sicherlich zu, denn damals war der York River bei Yorktown so fest zugefroren, daß man ihn zu Fuß überqueren konnte. Dieser Umstand beweist, daß es damals kälter war als im Winter 1740/41, welcher der kalte Winter genannt wurde, an dem der York River jedoch dort nicht zufror. In jenem Jahr 1780 war die Chesapeake Bay vom Eingang bis an die Mündung des Potomac ebenfalls fest zugefroren. In Annapolis, wo das Wasser zwischen den einander am nächsten liegenden Landspitzen eine Breite von fünfeinviertel Meilen hat, war das Eis von einem Ufer zum anderen durchgängig fünf bis sieben Zoll dick, so daß dort beladene Wagen verkehren konnten. Diese hohen Hitze- und Kältegrade waren damals sehr beschwerlich für uns, und man hielt sie für eine starke Belastung des menschlichen Körpers. Und doch hätte ein Bewohner Sibiriens sie für eine kaum wahrnehmbare Abweichung gehalten. Denn man sagt uns, daß in jenem Land in Jeniseitz (Jenissejsk) in 58° 27′ der Breite das Quecksilber im Jahr 1735 in Fahrenheits Thermometer bis auf 126 Grad unter Null gefallen sei. Auch bedienen sich die Einwohner zwei- bis dreimal

* In Paris stand das Quecksilber in Reaumurs Thermometer im Jahr 1753 auf 30½ über Null, und 1776 war es 16 unter Null. Die äußersten Grade von Hitze und Kälte sind also in Paris größer als in Williamsburg, welches doch im heißesten Teil von Virginien liegt.

wöchentlich geheizter Badestuben, in denen sie sich zwei Stunden lang aufhalten; deren Atmosphäre treibt das Quecksilber bis auf 135 Grad über Null. Neuere Versuche zeigen, daß der menschliche Körper in erhitzten Räumen, deren Temperatur nach Reaumur 140 Grad beträgt, welches 347 Grad Fahrenheit entspricht und die Hitze kochenden Wassers um 135 Grad übersteigt, überdauern kann. Das Hereinbrechen des Frostes im Herbst und sein Verschwinden im Frühjahr scheint nicht nur von dem Grad der Kälte abzuhängen, noch weniger von dem Umstand, daß die Lufttemperatur auf dem Gefrierpunkt steht. Denn man hat häufige Beispiele von Reif, wenn das Thermometer auf 47 Grad stand; dieser hat, als es auf 48 Grad stand, die jungen Maispflanzen getötet, und man hat sogar Beispiele, daß es bei 54 Grad Reif gab. Noch härtere Fröste und sogar Eis hat man erlebt, als das Thermometer auf 38½ stand, welches 6½ über dem Gefrierpunkt liegt. Daß sich noch andere Umstände mit der Kälte vereinigen müssen, um Nachtfröste hervorzubringen, ersieht man auch daraus, daß sich diese in den höchsten Gegenden der Berge, wo es doch unstreitig kälter als in den Ebenen ist, beträchtlich später im Herbst einfinden und im Frühjahr eher aufhören als in den Ebenen. Ich habe so starkes Frostwetter erlebt, daß Hickorybäume in der Gegend von Monticello erfroren, und dennoch wurden die zarten Fruchtblüten nicht beschädigt, die sich damals auf den höheren Gegenden der Berge zeigten. In den vierzig Jahren der Besiedelung gab es dort erst zweimal einen allgemeinen Ausfall bei den Früchten; hingegen ist das Obst in der umliegenden Gegend in den letzten sieben Jahren nur zweimal geraten. Oft sind Tabakpflanzen, welche aus den Wurzeln derjenigen wachsen, die man im Sommer abgeschnitten hat, um Weihnachten grün. Wahrscheinlich ist das Fehlen des Taus die wahre Ursache, warum der Frost auf den Bergen so wenig Schaden anrichtet. Daß aber der Tau auf den Bergen selten fällt, weiß ich aus zwölfjähriger Beobachtung; in diesem Zeitraum habe ich im Sommer keine Spuren davon gesehen. Der strenge Frost in der Mitte des Winters beweist, daß die Gegend des Taus sich in dieser Jahreszeit über die Bergspitzen hinaus erstreckt; im Sommer hingegen müssen die Dünste, ehe sie diese Höhe erreichen, schon so verdünnt sein, daß sie sich nach Sonnenuntergang nicht mehr sammeln und Tau bilden können.

Man kann die Beschaffenheit unseres Klimas vielleicht noch genauer bestimmen, indem man die Pflanzen anführt, die hier wachsen, aber doch zuweilen bei sehr strengen Frösten erfrieren. Dies sind Feigen, Granatäpfel, Artischocken und europäische Walnüsse. In gelinden Wintern bedürfen der Kopfsalat und die Endivie keines Schutzes, meist brauchen sie jedoch eine leichte Abdeckung. Ich glaube nicht, daß man den Mangel an langem Moos, an Rohr, Myrten und Sumpflorbeerbäumen (Swamp Laurel), an stacheligem Holunder (Holly) und an Zypressen in höher gelegenen Gebieten einem höheren Grad der Kälte zuschreiben kann; auch habe ich nie erfahren, daß sie in den niederen Gegenden je durch die strengste Kälte gelitten hätten. Selbst den kalten Winter von 1779/1780 ertrug die Aloe im Freien bei Williamsburg.

Unser Klima verändert sich indessen sehr merklich. Sowohl die Hitze als auch die Kälte sind sogar nach der Erinnerung von Personen mittleren Alters gemäßigter geworden. Der Schnee fällt nicht mehr so häufig und nicht so hoch. In den tiefer gelegenen Gegenden bleibt er nur zwei oder drei Tage, selten eine Woche lang liegen. Ehedem, so erinnert man sich, fiel oft wesentlich mehr, und er bedeckte den Boden lange Zeit. Die alten Leute sagen, daß er gewöhnlich jedes Jahr drei Monate lang gelegen habe. Damals gab es selten einen Winter, in dem nicht alle Flüsse zugefroren waren; jetzt geschieht dies kaum einmal. Diese Veränderung hat im Frühjahr einen verhängnisvollen und den Früchten sehr abträglichen Wechsel zwischen Wärme und Kälte zuwege gebracht. In den Jahren 1741 bis 1769 trat der Fall nicht ein, daß Früchte in der Gegend um Monticello durch den Frost gelitten hätten. Der beständige Schnee führte zu einer so strengen Kälte, daß alle Knospen geschlossen blieben, bis die Sonne im Frühjahr ein so merkliches Übergewicht erlangt hatte, daß sie den Schnee schmolz und die Knospen während ihrer Entwicklung vor allen Gefahren der wiederkehrenden Kälte schützen konnte. Auch verursachte das Schmelzen des im Winter angehäuften Schnees jene damals so gewöhnlichen Überschwemmungen unserer Flüsse, die jetzt so selten eintreten.

Da ich Gelegenheit gehabt habe, die besondere Lage von Monticello in anderen Zusammenhängen zu erwähnen, will ich noch hinzufügen, daß die Höhe des Ortes es erlaubt, von dort aus eine Naturerscheinung zu beobachten, die zu Lande sehr selten, zur See aber häufig vorkommt und welche die Seeleute Looming nennen. Die Physik steht bei dieser Erscheinung hinter den Seeleuten nach, denn sie hat das Phänomen nicht benennen, geschweige denn ergründen können. Die Hauptwirkung besteht darin, daß entfernte Objekte – gegen alle Gesetze der Optik – in der Nähe zu sein scheinen. Ich kenne selbst ein Beispiel aus Yorktown, wo man nach Osten hin eine unbegrenzte Aussicht auf die See hat und wo ein kleines Boot mit drei Menschen in einer großen Entfernung für ein Schiff mit drei Masten gehalten wurde. Wie dieses Phänomen auf See in Erscheinung tritt, kann ich nicht genau sagen. In Monticello aber ist es häufig zu sehen. Nach Süden zu liegt in einer Entfernung von etwa 40 Meilen ein einsamer Berg, dessen natürliche Gestalt ein regelmäßiger Kegel ist. Sobald sich aber das sogenannte Looming einstellt, verliert er sich manchmal fast ganz am Horizont, zuweilen steigt er höher und spitzer in die Luft; manchmal scheint er halbkugelig, dann wieder sind beide Seiten senkrecht, die Oberseite flach und so breit wie die Unterseite. Kurz, der Berg erscheint bisweilen in den sonderbarsten Gestalten, und dies gelegentlich nacheinander am selben Morgen. Die Blue Ridge Mountains werden zuerst in einer Entfernung von etwa 100 Meilen gegen Nordosten sichtbar und ziehen, wenn sie sich in einer geraden Linie bis auf zwanzig Meilen genähert haben, vorbei und weiter nach Südwesten. Das Phänomen zeigt sich auf diesem Gebirge zuerst aus einer Entfernung von 50 Meilen und setzt sich fort, soweit dieses sichtbar ist. Einen besonderen Zustand im Gewicht, der Feuchtigkeit oder der Wärme der Atmosphäre, der dies hervorbringen könnte, habe ich nicht festgestellt. Der einzig konstante Umstand ist, daß es nur am Morgen auftritt und bei mindestens 40 oder 50 Meilen entfernten Objekten. In diesem letzteren Punkt, vielleicht auch in beiden, unterscheidet es sich vom Looming auf See. Aus der Strahlenbrechung (refraction) kann man diese Verwandlung nicht erklären. Diese verändert nur die Verhältnisse der Länge und Breite, Basis und Höhe, wobei die allgemeinen Umrisse bleiben. So kann ein Kreis elliptisch erscheinen, ein Kegel höher oder niedriger, doch keines der bisher bekannten Brechungsgesetze kann einen Kreis in ein Viereck oder einen Kegel in eine Kugel verwandeln.

8.

Von der Anzahl der Einwohner

Die folgende Tabelle zeigt die Anzahl der Personen, welche zur Errichtung unserer Kolonie in ihrem Anfangsstadium eingeführt wurden, dann den Zensus der Einwohner zu verschiedenen Zeitpunkten, den ich unseren Geschichtsschreibern und amtlichen Dokumenten entnahm, je nachdem ich Zeit und Gelegenheit gehabt hatte, beide zu untersuchen. Aufeinanderfolgende Zahlen innerhalb eines Jahres zeigen verschiedene Zeitpunkte in dem betreffenden Jahr an. Die Zählungen habe ich in zwei verschiedenen Kolonnen aufgeführt, da manchmal alle Einwohner erfaßt wurden, manchmal nur die Zehntbaren (tythes).[54] Diese Bezeichnung gilt bei uns für alle frei Geborenen männlichen Geschlechts über sechzehn Jahre und für alle Sklaven über diesem Alter von beiden Geschlechtern. Eine genauere Untersuchung unserer Archive würde diese Geschichte unserer Bevölkerung mit weiteren Angaben über einzelne Zeitabschnitte vollständiger und vollkommener machen. Die auf der folgenden Seite angegebenen Zahlen können uns jedoch in den Stand setzen, mit ziemlicher Genauigkeit das Ausmaß unseres Bevölkerungszuwachses zu berechnen.

Jahr	Eingeführte Kolonisten	Zählung der Einwohner	Zählung der Zehntbaren
1607	100/120	40	
1608	70	130	
1609	16	490/60	
1610	150	200	
1611	3 Schiffslad./300		
1612	80		
1617		400	
1618	200/40	600	
1619	1216		
1621	1300		
1622		3800/2500	
1628		3000	
1632			2000
1644			4822
1645			5000
1652			7000
1654			7209
1700			22000
1748			82100
1759			105000
1772			153000
1782		567614	

Während der Kindheit der Kolonie, als die Einwohnerzahl klein war, machten Kriege, die Einführung neuer Kolonisten und andere zufällige Ereignisse die Vermehrung schwankend und unregelmäßig. Vom Jahr 1654 an wird sie jedoch ziemlich gleichförmig, da die Importation neuer Kolonisten durch die Auflösung der Compagnie größtenteils wegfiel[55] und die Einwohner zu zahlreich wurden, um durch Kriege mit den Indianern merklich beeinträchtigt zu werden. Wenn wir daher von diesem Zeitpunkt ausgehen, so finden wir, daß unsere Zehntbaren sich bis zum Jahr 1772 von 7209 auf 153 000 vermehrt haben. Der ganze Zeitraum umfaßt 118 Jahre und ergibt alle 27¼ Jahre eine Verdoppelung der ganzen Anzahl. Die in der Zwischenzeit vorgenommenen Zählungen von 1700, 1748 und 1759 sind ebenfalls Beweise für die Einheitlichkeit der Vermehrung. Sollte unsere Bevölkerung weiter in dem Maße wie bisher zunehmen, so können wir innerhalb von 95 Jahren sechs bis sieben Millionen Einwohner haben. Wenn wir nun annehmen, daß unser Land zukünftig einmal durch den Meridian an der Mündung des Großen Kanhaway begrenzt werden würde (unterhalb welchem, wie man schon früher gemutmaßt hat, 64 491 Quadratmeilen liegen), so hätten wir auf jede englische Quadratmeile 100 Einwohner, was beinahe eine ebenso starke Bevölkerungsdichte wie in Großbritannien ergibt.

An dieser Stelle möchte ich die Gelegenheit ergreifen, einige Zweifel vorzutragen. Amerikas gegenwärtiger Wunsch ist, durch die Aufnahme möglichst vieler Fremder eine schnell wachsende Bevölkerung hervorzubringen. Ob wir aber hierbei nach guten politischen Grundsätzen handeln? Der angenommene Vorteil ist eine Vermehrung der Volksmenge. Nun wollen wir einmal von der Annahme ausgehen, daß wir in diesem Staat innerhalb eines Jahres unsere Bevölkerungszahl durch den Import von Fremden verdoppeln könnten, und dies ist gewiß mehr, als selbst der eifrigste Verfechter der Einwanderung je erwarten kann. Dennoch werden wir mit einer verdoppelten Einwohnerzahl irgendeinen bestimmten Grad der Bevölkerung nur 27¼ Jahre früher erreichen als ohne fremde Hilfe. Wir wollen zum Beispiel annehmen, viereinhalb Millionen wären für unseren Staat eine hinlängliche Bevölkerung; so würde es dennoch 54½ Jahre erfordern, um mit einer verdoppelten Anzahl dahin zu gelangen, und nicht mehr als 81¾ Jahre, wenn wir uns bloß auf die natürliche Vermehrung verlassen, wie man aus dieser Tabelle ersehen kann:

Jahr	Von der derzeitigen Bevölkerungszahl ausgehend	Von einer verdoppelten Bevölkerungszahl ausgehend
1781	567 614	1 135 228
1808¼	1 135 228	2 270 456
1835½	2 270 456	4 540 912
1862¾	4 540 912	–

In der ersten Reihe stehen Zeiträume von 27¼ Jahren; in der zweiten ist unsere jeweilige Anzahl, wenn wir uns nur unter uns vermehren; in der dritten steht, was unsere Anzahl zum selben Zeitpunkt sein würde, wenn wir mit einer verdoppelten Bevölkerungszahl begännen. Ich habe nur zum Exempel die Zahl von viereinhalb Millionen Einwohnern angenommen, obgleich ich überzeugt bin, daß dies eine größere Anzahl wäre, als das Land bei dem vielen unbestellbaren Land, das es enthält, ernähren und kleiden kann, wenn nicht in der Qualität der Ernährung eine merkliche Veränderung stattfindet.

Sollte es denn aber gar keine Unzuträglichkeiten geben, die man gegen die von der Einführung der Fremden zu erwartenden Vorteile stellen könnte? Das Glück derer, welche das Band der Gesellschaft vereint, erfordert, daß sie so viel wie möglich in allen Sachen harmonieren, die sie miteinander auszumachen haben. Da die Regierung der einzige Zweck des gesellschaftlichen Zusammenschlusses ist, muß diese mit gemeinschaftlicher Zustimmung aller Mitglieder geführt werden. Jede Regierungsform hat ihre eigenen Grundsätze. Die unsrigen sind vielleicht eigentümlicher als die von irgendeiner anderen Regierungsform auf der Welt. Es handelt sich um eine Zusammensetzung aus den freiheitlichsten Prinzipien der englischen Verfassung mit anderen, die aus dem Naturrecht und aus der natürlichen Vernunft abgeleitet sind. Nichts kann diesen mehr zuwider sein als die Grundsätze uneingeschränkter Monarchien. Und doch müssen wir von diesen die größte Anzahl Emigranten erwarten. Diese bringen natürlicherweise die

Grundsätze der Regierung, die sie verlassen und die sie von Jugend an eingesogen haben, mit; oder wenn sie diese verwerfen, geschieht es gewöhnlich, um sie gegen die äußerste Zügellosigkeit zu vertauschen. Denn gewöhnlich geht man von einem Extrem zum entgegengesetzten über, und es wäre ein wahres Wunder, wenn sie gerade bei der gemäßigten Freiheit stehenblieben.

Diese Grundsätze überliefern sie nun zusammen mit ihrer Sprache ihren Kindern. Im Verhältnis zu ihrer Anzahl werden sie auch an der Gesetzgebung teilnehmen. Sie werden derselben ihren Geist mitteilen, ihren natürlichen, rechtmäßigen Gang abändern und eine heterogene, unzusammenhängende Masse daraus machen. Für die Wahrheit dieser Behauptung kann ich mich auf die schon während dieses Krieges gemachten Erfahrungen berufen. Sollten sich solche Vermutungen auch nicht mit Sicherheit bestätigen, so sind sie doch möglich, sogar wahrscheinlich.

Ist es nicht weit sicherer, wegen einer erwünschten oder zu erwartenden Bevölkerungszahl sich noch 27¼ Jahre zu gedulden? Und wird unsere Regierungsform alsdann nicht homogener, friedfertiger und dauerhafter sein? Man stelle sich vor, zwanzig Millionen republikanische Amerikaner tauchten plötzlich in Frankreich auf: In welchem Zustand befände sich jenes Königreich? Wenn es sich in einem turbulenteren, weniger glücklichen und schwächeren Zustand befände, dann dürfen wir auch annehmen, daß die Erhöhung unserer gegenwärtigen Einwohnerzahl mit einer halben Million Fremden hier eine ähnliche Wirkung hervorbringen würde.

Wenn die Fremden sich von selbst einfinden, so können sie alle Vorrechte des Bürgers beanspruchen, aber ich bezweifle, ob es ratsam ist, sie durch außerordentliche Ermunterungen ausdrücklich einzuladen. Ich fordere aber keineswegs, daß man dies bis auf die nützlichen Handwerker ausdehnen sollte; um diese herbeizuschaffen, soll man keine Kosten scheuen. Nach einiger Zeit werden sie sich dem Pflug und der Hacke zuwenden, und mittlerweile haben sie uns ihre nützlichen Künste gelehrt. Beim Ackerbau liegt der Fall anders. Dieser ist nicht allein aus Mangel an Kenntnissen schlecht beschaffen; es kommt daher, daß wir so viel Land haben, daß wir es verschwenden können, wie es uns einfällt. In Europa hat man das Ziel, das Land so einträglich wie möglich zu machen, weil man einen Überfluß an Arbeitern hat. Bei uns aber muß man das Beste aus der Arbeit machen, weil das Land im Überfluß vorhanden ist.

Da ich die Zahlen für das Jahr 1782 nicht aus einer vollständigen Zählung der Einwohner ermittelt habe, muß ich hier erläutern, wie ich dazu gekommen bin. Man wird gleichzeitig das Verhältnis zwischen den Freien und den Sklaven ersehen können. Für jenes Jahr wurden folgende (auf Seite 200 aufgeführte) Verzeichnisse besteuerbarer Artikel eingereicht.

Aus den acht Grafschaften Lincoln, Jefferson, Fayette, Monongalia, Yohogania, Ohio, Northampton und York wurden gar keine Listen eingereicht. Um die

53 289	freie Personen männlichen Geschlechts über 21 Jahre
211 698	Sklaven, von jedem Alter und Geschlecht
23 766	in den Verzeichnissen nicht bestimmte Personen; vermutlich aber besteuerbare (titheable) Sklaven
195 439	Pferde
609 734	Stück Rindvieh
5126	Wagenräder
191	Weinhäuser

Anzahl der Sklaven zu ermitteln, die man statt der 23 766 besteuerbaren hätte angeben sollen, muß man erwähnen, daß einige Beobachtungen anläßlich einer früheren Zählung vermuten lassen, die Anzahl derer unter und über sechzehn Jahren sei einander fast gleich. Man muß also diese Zahl doppelt nehmen und zu den obigen 211 698 noch 47 532 hinzufügen. Dann erhalten wir die Zahl von 259 230 Sklaven jeden Alters und Geschlechts. Um aber die Anzahl der freien Einwohner zu ermitteln, müssen wir die Bemerkung wiederholen, daß die Anzahl derer über und unter sechzehn Jahren beinahe gleich ist. Weil aber in der Zahl 53 289 alle Personen männlichen Geschlechts zwischen sechzehn und einundzwanzig Jahren fehlen, müssen wir diese durch Mutmaßungen ergänzen. Eine frühere Untersuchung ergab, daß ein Drittel unserer Miliz, das heißt Mannspersonen zwischen sechzehn und fünfzig Jahren, unverheiratet war. Da bei uns früh geheiratet wird, begeht man keinen großen Irrtum mit der Annahme, daß die Unverheirateten in unserer Miliz gerade die zwischen sechzehn und einundzwanzig sind. Denn wenn es auch junge Leute gibt, die erst nach dem 21. Jahr heiraten, so gibt es ebensoviele, die dies früher tun. Da aber die Männer über fünfzig Jahren auch nicht unter der Miliz erfaßt sind, wollen wir annehmen, daß die Unverheirateten oder die Mannspersonen zwischen sechzehn und einundzwanzig ein Viertel der Gesamtzahl über sechzehn ausmachen; dann erhalten wir folgende Zahlen:

53 289	freie Mannspersonen über 21 Jahre alt
17 763	freie Mannspersonen zwischen 16 und 21 Jahren
71 052	freie Mannspersonen unter 16 Jahren
142 104	freie Weibspersonen von jedem Alter
284 208	Einwohner von jedem Alter
259 230	Sklaven von jedem Alter
543 438	Einwohner, die acht Grafschaften nicht eingerechnet, aus denen keine Listen vorhanden waren. In diesen acht Distrikten waren in den Jahren 1779 und 1780 an Miliz 3161 Mann, folglich
3 161	freie Mannspersonen über 16 Jahre alt
3 161	unter 16 Jahren
6 322	freie Weibspersonen
12 644	freie Einwohner.

Um die Anzahl der Sklaven zu finden, wollen wir sagen: Wie sich 284 208 zu 259 230 verhält, so verhält sich zu 12 644 die Zahl 11 532. Wenn wir die dritte dieser Zahlen mit der ersten zusammenzählen und die vierte mit der zweiten, erhalten wir

296 852	freie Einwohner
270 762	Sklaven
567 614	Einwohner von jedem Alter, Geschlecht und Stand.

Die Anzahl der freien Einwohner aber verhält sich zu den Sklaven beinahe wie elf zu zehn. Doch vermehren sich unsere Sklaven bei der gelinden Behandlung, die sie erfahren, und bei der gesunden, obgleich groben Kost ebenso stark oder noch stärker als die Weißen. Während der königlichen Regierung wurde einmal ein Gesetz eingeführt, das die Einfuhr von Sklaven mit einer solchen Gebühr beschwerte, daß es beinahe einem Verbot gleichkam. Aber dieses gute Gesetz wurde von einer unbesonnenen Versammlung unter dem Einfluß besonderer Umstände widerrufen. Diese Widerrufung erhielt in Großbritannien freudige Genehmigung, und alle Versuche und Kunstgriffe nachfolgender Versammlungen (und sie kamen selten zusammen, ohne derartige Bemühungen anzustellen) waren fruchtlos. Gleich in der ersten Sitzung unter republikanischen Herrschaftsinstitutionen wurde ein Gesetz zur dauernden Verhütung der Sklaveneinfuhr verabschiedet. Es wird größtenteils das Wachstum dieses großen politischen und moralischen Übels hemmen, bis die Gemüter unserer Mitbürger reif geworden sind, um die gänzliche Befreiung des menschlichen Geschlechts zu bewirken.*

---

* Dies ist wirklich nachher in der Provinz Virginien geschehen, und nach den neuesten über die Neger hier gemachten Gesetze ist jeder neu aus Afrika herübergebrachte Sklave frei, und der Käufer muß nebst dem Verkäufer, wenn ein solcher eben gehandelt worden, eine Geldstrafe bezahlen.

9.

Von der Anzahl und dem Zustand der Miliz, den regulären Truppen und der Besoldung

Folgendes ist der Zustand der Miliz, den Listen von 1780 und 1781 entnommen bis auf die mit einem Sternchen gekennzeichneten Distrikte, deren Erhebungen etwas älter sind:

Lage	Distrikte	Miliz
Westlich der Alleghenies	Lincoln	600
4458	Jefferson	300
	Fayette	156
	Ohio	
	Monongalia	*1000
	Washington	* 829
	Montgomery	1071
	Greenbriar	502
Zwischen den Alleghenies	Hampshire	930
und den	Berkeley	*1100
Blue Ridge Mountains	Frederick	1143
7673	Shenando	* 925
	Rockingham	875
	Augusta	1375
	Rockbridge	* 625
	Botetourt	* 700

Lage	Distrikte	Miliz
Zwischen den	Loudoun	1746
Blue Ridge Mountains	Fauquier	1078
und den	Culpeper	1513
Tide Waters	Spotsylvania	480
18 828	Orange	* 600
	Louisa	603
	Goochland	* 550
	Fluvanna	* 296
	Albemarle	873
	Amherst	896
	Buckingham	* 625
	Bedford	1300
	Henry	1004
	Pittsylvania	* 725
	Halifax	*1139
	Charlotte	612
	Prince Edward	589
	Cumberland	408
	Powhatan	330
	Amelia	*1125
	Lunenburg	677
	Mecklenburg	1100
	Brunswic	559
Zwischen dem	Greensville	500
Jamesfluß	Dinwiddie	750
und Carolina	Chesterfield	655
6959	Prince George	382
	Surry	380
	Sussex	* 700
	Southampton	874
	Insel Wight	* 600
	Nansemond	* 644
	Norfolk	* 880
	Princess Anne	* 594

Lage	Distrikte	Miliz
Zwischen den York- und Jamesflüssen 3009	Henrico	619
	Hannover	796
	Neukent	* 418
	Charles City	286
	James City	235
	Williamsburg	129
	York	* 244
	Warwick	* 100
	Elisabeth City	182
Zwischen York und dem Rappahanock 3269	Caroline	805
	King William	436
	King & Queen	500
	Essex	468
	Middlesex	* 210
	Gloucester	850
Zwischen dem Rappahanock und dem Potomac 4137	Fairfax	652
	Prince William	614
	Stafford	* 500
	King George	483
	Richmond	412
	Westmoreland	544
	Northumberland	630
	Lancaster	302
Ostküste 1638	Accomac	*1208
	Northampton	* 430
Gesamte Miliz des Staates		49971

Jede körperlich taugliche freie Mannsperson zwischen sechzehn und fünfzig Jahren wird zur Miliz eingezogen. In jeder Grafschaft werden Kompanien gebildet und aus diesen wieder ein Bataillon oder mehrere, je nach der Anzahl in der Grafschaft. Sie werden wie im regulären Dienst von Obristen und Subalternoffizieren befehligt. In jedem Distrikt gibt es einen Befehlshaber (Lieutenant of the County), der die ganze Miliz seiner Grafschaft befehligt, aber im Felde nur den Rang eines Obristen hat. Generaloffiziere haben wir nicht, außer im Kriege. Der Gouverneur steht an der Spitze der militärischen und der zivilen Gewalt. Das Gesetz befiehlt jedem Milizsoldaten, sich mit den im regulären Dienst üblichen Waffen zu versehen. Man hat aber dieses Gesetz nie genau beachtet, und die in ihrem Besitz befindlichen Waffen sind so oft zur Ausrüstung der regulären Truppen verwendet worden, daß die Miliz in den tiefer gelegenen Gegenden des Landes gänzlich unbewaffnet ist. In den mittleren Teilen des Landes ist vielleicht der vierte oder fünfte Teil mit Schießgewehren versehen, die zur Abwehr von Raubtieren angeschafft worden sind; auf der westlichen Seite der Blue Ridge Mountains haben die meisten Gewehre mit gezogenem Lauf. Der Sold unserer Miliz wie unserer regulären Truppen entspricht dem in der Kontinentalarmee üblichen Sold. Der Zustand unserer regulären Truppen, die aus dem Kontinentalkongreß zur Verfügung gestellten Einheiten und einem Teil eines Bataillons unserer Staatstruppen bestehen, ist so schwankend, daß man darüber nichts Bestimmtes sagen kann. Ebenso geht es mit allen übrigen Truppen des Kontinentalkongresses, was nur zu gut bekannt ist.[56]

Von der Seemacht läßt sich ebensowenig sagen. Vor dem Krieg mit England hatten wir drei Schiffe von sechzehn Kanonen, eines mit vierzehn, fünf kleine Galeeren und zwei oder drei bewaffnete Boote. Sie waren gemeinhin so schlecht bemannt, daß sie nicht zum Dienst taugten. Seit sich der Feind in den Besitz unserer Flüsse gesetzt hat, ist uns, glaube ich, nur ein einziges bewaffnetes Boot übriggeblieben.

10.

Beschreibung der Indianer im virginischen Staat

Zu der Zeit, als unsere Kolonie zuerst besiedelt wurde, nämlich um das Jahr 1607, war das Land von der Küste bis zu den Gebirgen und vom Potomac bis zu den südlichsten Armen des James River von mehr als vierzig verschiedenen Indianerstämmen bewohnt. Von diesen waren die Powhatans, die Mannahoacs und die Monacans die mächtigsten. Die Stämme zwischen der Küste und den Wasserfällen der Flüsse lebten in Eintracht miteinander und waren alle den Powhatans zugetan, die ihr Bindeglied darstellten. Die Stämme am Ursprung des Potomac und des Rappahanock hielten zu den Mannahoacs, und die am Oberlauf des James River zu den Monacans. Doch die Monacans und ihre Freunde führten gegen die Powhatans einen gemeinschaftlichen und immerwährenden Krieg. Man sagt, die Powhatans, Mannahoacs und Monacans hätten so völlig verschiedene Sprachen gehabt, daß sie sich zur Verrichtung ihrer Geschäfte der Dolmetscher bedienen mußten. Hieraus läßt sich aber nicht schließen, daß dies bei allen Stämmen der Fall gewesen war; wahrscheinlich redete jeder die Sprache derjenigen Nation, der er angehörte, was wir aus vielen Beispielen wissen.

Vielleicht gab es einst drei verschiedene Völker, die

sich in der Folge in so viele kleinere Stämme aufteilten. Dies rührt daher, daß sie sich nie Gesetzen, den Zwängen irgendeiner Gewalt oder irgendeiner Art von Regierung unterwarfen. Ihre Sitten und das angeborene Gefühl von Recht und Unrecht, welches jeder wie den Geschmacks- und Tastsinn besitzt, sind das einzige Gesetz. Ein Verstoß dagegen wird mit Verachtung oder mit Verbannung aus der Gesellschaft bestraft; wo der Fall schwerwiegend ist, etwa bei Mord, ahnden die nächsten Anverwandten des Opfers das Verbrechen. So unvollkommen eine solche Art der Zwangsgewalt nun auch sein mag, so sind doch Verbrechen unter ihnen höchst selten, und man könnte fragen, was besser wäre: kein Gesetz wie unter den wilden Amerikanern oder zu viele Gesetze wie bei den gesitteten Europäern? Mich dünkt, die Entscheidung würde für das erstere ausfallen, insofern nämlich die Schafe allein glücklicher sind als unter Aufsicht der Wölfe. Man wird aber sagen, daß große Gesellschaften nicht ohne Regierung bestehen können. Darum trennen die Wilden sie in mehrere kleine.

Das Gebiet der Powhatans und ihrer Bundesgenossen (Jefferson spricht von der «Powhatan confederacy»; der Hrsg.) südlich des Potomac umfaßte etwa 8000 englische Quadratmeilen, 30 Stämme und 2400 Krieger. Der Captain Smith[57] sagt, innerhalb 60 Meilen von Jamestown habe es 5000 Menschen gegeben, darunter 1500 Krieger. Das Verhältnis der Krieger zu allen Bewohnern war also wie drei zu zehn. Die Genossenschaft der Powhatans hätte also ungefähr 8000

Einwohner umfaßt, was eine Person pro Quadratmeile ausmachte und ungefähr den zwanzigsten Teil unserer jetzigen Bevölkerung in diesem Gebiet darstellte und den hundertsten Teil der Bevölkerung auf den Britischen Inseln. Außer diesen gab es noch die Nottoways, die am Nottoway River lebten, die Meherrins und Tuteloes am Meherrin River, die mit den Indianern von Carolina, wahrscheinlich mit den Chowanocs, verbunden waren.

Die folgenden Tabellen enthalten eine Aufstellung dieser verschiedenen Stämme nach ihren «Konföderationen» und ihren Siedlungsgebieten und geben die Zahl ihrer Krieger an, soweit sie bekannt waren, als wir zum ersten Mal mit ihnen in Berührung kamen. Die Zahlen für einige Stämme sind noch einmal gemäß dem Stand des Jahres 1669 aufgeführt, als das Parlament einen Versuch machte, sie zu ermitteln. Wahrscheinlich ist letztere Zahlenangabe unzureichend, stützt sich da und dort auf Vermutungen; eine weitere Vertiefung in die Akten könnte vielleicht mehr numerische Details ans Tageslicht bringen.

Was die melancholisch stimmende Fortsetzung ihrer Geschichte gewesen ist, kann freilich aus dem Zensus von 1669 durchaus herausgelesen werden; wir entdecken nämlich, daß die dort angeführten Stämme in einem Zeitraum von 62 Jahren auf etwa ein Drittel ihrer früheren Zahl zurückgegangen waren. Alkoholische Getränke, Blattern, Krieg und Einschränkungen ihres Gebiets (ein wichtiger Umstand für ein

NORDEN

WESTEN

	Stämme	Stammesgebiete	Siedlungszentrum	Krieger 1607	Krieger 1669
	MANNAHOACS				
Zwischen Potomac und Rappahanoc	Whonkenties	Fauquier			
	Tegninaties	Culpeper			
	Ontponies	Orange			
	Tauxitanians	Fauquier			
	Hassinungaes	Culpeper			
Zwischen Rappahanoc und York	Stegarakies Shackakonies Mannahoacs	Orange Spotsylvania Stafford Spotsylvania			
	MONACANS				
Zwischen York und James	Monacans	James River oberhalb der Wasserfälle	Nebenfluß des James River		30
	Monasiccapanoes	Louisa, Fluvanna			
Zwischen James und Carolina	Monahassanoes	Bedford, Buckingham			
	Massinacacs Mohemenchoes	Cumberland Powhatan			
Ostküste					

SÜDEN

NORDEN

	POWHATANS	
	Stämme	Stammesgebiete
Zwischen Potomac und Rappahanoc	Tauxenents	Fairfax
	Patówomekes	Stafford, King George
	Cuttatawomans	King George
	Pissasecs	King George, Richmond
	Onaumanìents	Westmoreland
	Rappahànocs	Richmond County
	Moràughtacunds	Lancaster, Richmond
	Secacaonies	Northumberland
	Wighcocòmicoes	Northumberland
	Cuttatawomans	Lancaster
Zwischen Rappahanoc und York	Nantaughtacunds	Essex, Caroline
	Màttapomènts	Mattapony River
	Pamùnkies	King William
	Wèrowocòmicos	Gloucester
	Payànkatanks	Piankatank River
Zwischen York und James	Youghtanunds	Pamunkey River
	Chickahòminies	Chickahominy River
	Powhatàns	Henrico
	Arrowhàtocs	Henrico
	Wèanocs	Charles City
	Paspahèghes	Charles City, James City
	Chìskiacs	York
	Kecoughtáns	Elizabeth City
Zwischen James und Carolina	Appamàttocs	Chesterfield
	Quiocohànocs	Surry
	Wàrrasqeaks	Isle of Wight
	Nansamònds	Nansamond
	Chèsapeaks	Princess Anne
Ostküste	Accohanocs	Accom, Northampton
	Accomàcks	Northampton

SÜDEN

Siedlungszentrum	Krieger 1607	Krieger 1669	unter dem Namen	
Bei General Washington	40		Matchotics.	
Patowmac Creek	200		U. Matchodic.	
Bei Lamb Creek	20	60	Nanzaticos.	
Oberhalb Leeds Town	–		Nanzatico.	
Nomony River	100		Appamatox	
Rappahanoc Creek	100	30	Matox	
Moratico River	80	40	Totuskeys	
Coan River	30			
Wicocomico River	130	70		
Corotoman	30			
Port Tobacco Creek	150	60		
- - - - - - -	30	20		
Romuncock	300	50		
Bei Rosewell	40			
Turk's Ferry, Grimesby	55			
- - - - - - -	60			
Orapaks	250	60		
Powhatan, Mayos	40	10		
Arrohatocs	30			
Weynoke	100	15		
Sandy point	40			
Chiskiac	45	15		
Roscows	20			
Bermuda Hundred	60	50		1669
Bei Upper Chipoak	25	3 Pohics	Nottoways	
Warrasqueac			Meherrics	90
An der Mündung d. westl. Arms	200	45	Tuteloes	50
Am Lynhaven River	100			
Accohanoc River	40			
Bei Cheritons	80			

OSTEN

Volk, das grundsätzlich von spontanen Hervorbringungen der Natur lebt) hatten schreckliche Verwüstungen unter ihnen angerichtet, welche die natürliche Vermehrung unter den bei ihnen verbreiteten ungünstigen Umständen (gemeint ist die relativ häufig auftauchende Unfruchtbarkeit der Indianerfrauen; der Hrsg.) nicht ausgleichen konnte.

Daß ihnen hier das Land gewaltsam entrissen worden sei, trifft nicht in dem Maße zu, wie man annimmt. Ich finde bei unseren Geschichtsschreibern und in den Akten immer wieder Beweise für Kaufbriefe, die einen beträchtlichen Teil der tiefer gelegenen Gebiete Virginias betreffen, und man würde bei sorgfältiger Suche vermutlich noch mehr finden. Was das höher gelegene Land betrifft, so ist bekannt, daß es durch untadelige Kaufkontrakte erworben wurde.

Westlich von all diesen Stämmen, jenseits der Berge, wohnten in einem Gebiet, das sich bis zu den Großen Seen erstreckte, die Massawomecs, eine mächtige Konföderation (die sogenannten «Fünf Nationen»; der Hrsg.), die mit den Powhatans und Manahoacs in immerwährendem Krieg lebten. Sie waren wahrscheinlich die Vorfahren derjenigen Stämme, die gegenwärtig unter dem Namen der «Sechs Nationen» bekannt sind (nach dem Anschluß der Tuscarora an die Mohawk, Oneida, Onondaga, Cayága und Seneca zwischen 1715–18; der Hrsg.).

Von der späteren Geschichte dieser Stämme läßt sich jetzt nur noch wenig bestimmen. Um das Jahr 1661 zogen die Chickahominies an den Mattapony River. Noch im Jahr 1685 wohnte ihr Anführer zusammen mit den Häuptlingen von jedem Stamm der Pamunkies und Mattaponies dem Friedensschluß von Albany bei.[58] Dies scheint das letzte Kapitel in ihrer Geschichte gewesen zu sein. Sie behielten jedoch ihren Namen bis 1705 bei und vermischten sich schließlich mit den Pamunkies und Mattaponies. Von den letzteren sind nur noch drei oder vier Männer übrig, in deren Adern jedoch mehr Negerblut als indianisches fließt. Ihre Sprache ist verlorengegangen. Sie haben sich durch freiwillige Veräußerungen auf ungefähr 50 Morgen Land eingeschränkt, die am Ufer des Mattapony River liegen. Bisweilen haben sie sich auch den Pamunkies angeschlossen, die von ihnen nur zehn Meilen entfernt wohnen. Diese bestehen jetzt auch nur noch aus zehn bis zwölf Mann, die noch ziemlich frei von Vermischung mit Fremden sind. Die Älteren unter ihnen behalten ihre Sprache noch einigermaßen bei, die jetzt die letzte Spur der Sprache der Powhatans auf Erden darstellt. Sie besitzen ungefähr 300 Morgen sehr fruchtbares Land am Pamunkey-Fluß, welches so vollkommen von Wasser umgeben ist, daß ein einziges Tor ausreicht, um den Zugang nach außen zu verschließen. Von den Nottoways ist kein Mann mehr vorhanden. Einige wenige Weiber sind der ganze Überrest dieses Stammes; sie wohnen am Nottoway River in der Grafschaft Southampton auf sehr fruchtbaren Ländereien. Vor langer Zeit wurden einige Landstriche bezeichnet und für diese Stämme bestimmt; durch Gesetze wurde geregelt, daß ihnen davon nichts entzogen wurde. Gewöhnlich hat man für sie Treuhänder ernannt, deren Pflicht es war, ihre Interessen wahrzunehmen und sie gegen alle Beleidigungen und Beeinträchtigungen zu schützen.

Viele andere Stämme, von denen man seit einiger Zeit nichts mehr weiß, haben sich vermutlich nach Westen zurückgezogen und mit den «Fünf Nationen» (den Massawomecs; der Hrsg.) vereint. Von den Tuscaroras ist bekannt, daß sie im Jahr 1712 als die sechste Nation aufgenommen wurden (1712/13 wurden die Tuscaroras aus den beiden Carolinas – Nord- und Südcarolina – vertrieben und schlossen sich nach ihrer Ansiedlung in New York dem Irokesenbund an; der Hrsg.)

Von indianischen Monumenten ist keine Spur vorhanden, denn ich möchte mit dieser Benennung nicht gerne Pfeilspitzen, Steinbeile, steinerne Pfeifen und halb geformte Figuren beehren. Von groß angelegten Arbeiten läßt sich nichts aufweisen, was nur so viel Aufwand an Kräften erforderte wie ein gewöhnlicher Graben zur Entwässerung eines Feldes – bis auf die sogenannten Barrows, die man hier in allen Gegenden häufig findet. Diese gibt es in den verschiedensten Größen; sie bestehen teils aus Erde, teils aus losen Steinen. Daß es sich um Bestattungsplätze handelt, war offenkundig, doch konnte man sich nicht einigen, bei welchen Anlässen sie wohl errichtet worden waren. Einige glaubten, sie enthielten die Gebeine von Kriegern, die am Ort der Beisetzung in einer

INDIANER BEIM FISCHFANG

Schlacht den Tod gefunden hatten. Einige schrieben ihre Entstehung der unter den Indianern herrschenden Gewohnheit zu, an bestimmten Zeitpunkten die Gebeine all ihrer wo auch immer begrabenen Toten zusammenzutragen. Andere wieder hielten die Barrows für die allgemeinen Begräbnisplätze bei Städten, die es vermutlich in ihrer Nähe gegeben habe. Die Beschaffenheit der Erde, die man dort vorfand, bestätigte diese Meinung, denn gewöhnlich waren die aus Erde gebauten Barrows im weichsten und fruchtbarsten Wiesengelände am Ufer der Flüsse. Auch hatte man eine mündliche Überlieferung, die von den Ureinwohnern stammen soll, daß die Indianer, wenn sie eine Stadt anlegten, den ersten Toten aufrecht hinstellten und mit so viel Erde umgaben, daß er abgestützt und bedeckt wurde. Wenn der zweite starb, wurde ein schmaler Graben zum ersten gegraben und der Tote an diesen gelehnt. worauf die Abdeckung wiederhergestellt wurde. Da sich einer dieser Begräbnishügel in meiner Nachbarschaft befand, wollte ich Gewißheit erlangen, ob eine von diesen Meinungen und welche begründet sei.[59] Zu diesem Zweck öffnete ich ihn und untersuchte ihn gründlich. Er lag am Unterlauf des Rivanna, etwa zwei Meilen oberhalb der Mündung seines wichtigsten Nebenflusses und gegenüber einigen Hügeln, auf denen eine indianische Stadt gestanden hatte. Er hatte eine kugelförmige Gestalt, war unten etwa 40 Fuß im Durchmesser und hatte eine Höhe von etwa zwölf Fuß gehabt, die nun durch den Pflug auf etwa siebeneinhalb reduziert worden war, da man das Gelände schon seit etwa zwölf Jahren bebaut hatte. Früher war er mit zwölf Zoll dicken Bäumen bedeckt, und unten war rund herum eine fünf Fuß breite und ebenso tiefe Aushöhlung, aus der man die Erde zur Aufschüttung des Hügels genommen hatte.

Zuerst grub ich an der Oberfläche an verschiedenen Stellen und stieß in Tiefen von drei bis sechs Zoll auf Ansammlungen von Menschenknochen. Diese lagen ohne die geringste Ordnung in allen möglichen Richtungen, so daß man vermuten konnte, sie seien dort aus einem Korb hineingeschüttet und dann mit Erde bedeckt worden. Die am häufigsten vorhandenen Knochen waren Schädel, Kinnbacken, Zähne, Armknochen, Lendenknochen, Beine, Füße und Hände. Nur wenige Rippen waren da, einige Gelenke des Halses und des Rückgrats und nur ein einziges *os sacrum* (Kreuzbein; der Hrsg.). Die Schädel waren so weich, daß sie gewöhnlich bei der Berührung zerfielen; die anderen Gebeine waren härter. Man fand auch einige Zähne, die kleiner waren als bei erwachsenen Personen, sowie einen Schädel, der auf den ersten Blick von einem Kind zu stammen schien; er zerfiel aber, als er herausgenommen wurde, und konnte nicht genau untersucht werden. Ferner fand man eine Rippe, ein Überbleibsel von der Kinnlade einer halb erwachsenen Person, eine Kindesrippe und an einer anderen Stelle einen Teil der Kinnlade eines Kindes, welches noch nicht gezahnt hatte. Da dies ein eindeutiger Beweis war, daß man hier auch Kinder begraben hatte und diese Hügel folglich nicht die Überreste der in einer Schlacht Gefallenen enthielten, richtete ich meine besondere Aufmerksamkeit darauf. Es war ein Teil der rechten unteren Kinnlade. Der Knochen selbst war noch ganz fest und ungefähr in der Gegend des Eckzahns abgebrochen. Die obere Seite, wo die Zahnhöhlen entstanden wären, war ganz glatt. Dieser Knochen war weiß, alle übrigen sandfarben. Die Kinderknochen waren vermutlich wegen ihrer Weichheit rascher zerfallen, und dies mag der Grund sein, weshalb man hier so wenige fand.

Nun grub ich senkrecht in den Hügel, um seinen inneren Bau zu erforschen. Diese Öffnung war ungefähr drei Fuß von der Mitte, ging ganz bis auf den Grund, nämlich auf die Erdoberfläche der Umgebung, und war so breit, daß ein Mensch ganz hindurchgehen konnte, um beide Seiten zu betrachten. Ganz unten lagen Gebeine, darüber Steine, die von einer eine Meile entfernten Klippe zu stammen schienen; dann folgte ein großer Zwischenraum aus Erde, dann wieder Gebeine und so weiter. An einem Ende des Abschnitts konnte man deutlich vier Schichten Knochen unterscheiden, an den anderen aber nur drei; auch paßten die Schichten des einen Teils nicht mit denen des anderen zusammen. Nach meiner Schätzung mochten etwa tausend Gerippe in dem Hügel ruhen. Die der Oberfläche nächstgelegenen Gebeine waren am wenigsten verwest, und es waren keine Spuren von Kugeln, Pfeilen oder anderen Waffen zu finden.

Jedermann wird sogleich einsehen, daß dies kein Ort der im Kriege Gefallenen sein konnte, ebensowenig die gemeinschaftliche Grabstätte einer Stadt, wo alle Leichen aufrecht und aneinandergelehnt hingestellt wurden. Die Anzeichen deuten auf eine Entstehung durch die üblichen, oben erwähnten Knochensammlungen hin: daß also die erste Sammlung auf die nackte Erdoberfläche hingeschüttet, mit Steinen bedeckt und mit Erde zugedeckt wurde; darüber kam wieder eine Schicht, die nach der jeweiligen Anzahl der Knochen mehr oder weniger Raum einnahm und wieder mit Erde bedeckt wurde, und so weiter. Diese Meinung wird noch wahrscheinlicher durch die Anzahl der Knochen; durch ihre ungeordnete Lage; daß sie in verschiedenen Schichten übereinander liegen, und daß diese nicht überall zusammenpassen. Ferner scheint der unterschiedliche Grad der Verwesung, den die Gebeine in den Schichten erlitten hatten, auf verschiedene Zeitpunkte der Bestattung hinzudeuten. Und schließlich sind auch Kinderknochen dabei.

Bei welchen Gelegenheiten diese Hügel auch immer errichtet worden sein mögen, so sind sie doch unter den Indianern weithin bekannt. Denn vor ungefähr dreißig Jahren ging eine Gruppe von ihnen durch die Gegend, in welcher dieser Hügel liegt, besuchte denselben, ohne vorher Erkundigungen einzuziehen, und verweilte dort einige Zeit mit Anzeichen der Betrübnis; dann kehrte sie wieder zu der Landstraße zurück, von der sie sich etwa ein halbes Dutzend Meilen entfernt hatte, um an diesen Ort zu kommen. Am

Unterlauf des südlichen Arms des Shenandoah liegt ein weiterer Begräbnishügel, der diesem sehr ähnlich ist. Bei beiden hat man innerhalb der letzten zwölf Jahre den Baumbestand gerodet und sie dann urbar gemacht, wodurch sie beträchtlich an Höhe verloren und an Breite gewonnen haben; wahrscheinlich werden sie mit der Zeit ganz verschwinden. Einen dritten Begräbnishügel findet man in den Blue Ridge Mountains nördlich von Wood's Gap; er besteht aus aufgeschütteten kleinen Steinen.

Woher diese ursprünglichen Bewohner Amerikas stammen, ist lange ein Gegenstand der Untersuchung gewesen. Vor langer Zeit gemachte Entdeckungen haben gezeigt, daß eine Überfahrt von Europa nach Amerika selbst in der Kindheit der Schiffahrt möglich war, indem man von Norwegen nach Island, von Island nach Grönland und von Grönland nach Labrador fuhr. Der erste Übergang ist der weiteste, und da bekannt ist, daß dieser schon in den frühesten Zeiten häufig unternommen wurde, läßt sich ebenso leicht vermuten, daß man die anderen ebenfalls gewagt hat. Zweitens haben neuere Entdeckungen von Captain Cook[60] längs der Küsten von Kalifornien und Kamtschatka bewiesen, daß, wenn die beiden Kontinente Asien und Amerika überhaupt getrennt sind, dann nur durch eine Meerenge, so daß auch von dieser Seite her Bewohner nach Amerika gelangt sein können; die Ähnlichkeit der Indianer von Amerika mit den östlichen Bewohnern Asiens scheint auch die Meinung zu bestätigen, daß die ersteren Abkömmlinge der letzteren oder die letzteren solche der ersteren sind – die Eskimos ausgenommen, die allen Umständen nach von den Grönländern abstammen müssen, und diese kommen wahrscheinlich aus den nördlichen Gegenden der Alten Welt. Eine hinlängliche Kenntnis ihrer besonderen Sprachen würde der sichere Beweis ihrer Abstammung sein, wie sich auch damit immer der beste Nachweis einer Affinität von Nationen führen läßt.[61] Wie viele Jahrhunderte sind nicht schon verflossen, seit sich die Engländer, Holländer, Deutschen, Schweizer, Norweger, Dänen und Schweden von ihrem gemeinschaftlichen Stamm getrennt haben, und wieviel mehr müssen noch vergehen, ehe die Beweise ihres gemeinsamen Ursprungs, die in der Sprache zu finden sind, verschwinden? Aus diesem Grund ist es sehr zu bedauern, daß schon viele Stämme der Indianer gänzlich ausgestorben sind, ohne daß man Sorge getragen hätte, auch nur die allgemeinen Grundzüge ihrer Sprache aufzubewahren.

[Würde man von allen in Nord- und Südamerika gesprochenen Sprachen Wörterverzeichnisse anlegen und die Benennungen für die in der Natur am häufigsten vorkommenden Objekte festhalten, welche bei jedem barbarischen oder zivilisierten Volk vorhanden sein müssen, außerdem die Flexionsformen ihrer Substantive und Verben sowie ihre Rektions- und Konkordanzprinzipien; würde man diese Unterlagen sodann in allen öffentlichen Bibliotheken verfügbar machen, so hätten die in den Sprachen der Alten Welt versierten Personen jetzt oder zu einem späteren Zeitpunkt Gelegenheit zu vergleichenden Studien und könnten den besten Nachweis hinsichtlich der Abstammung dieses Teils der menschlichen Rasse führen. (Man wird feststellen, daß es im Vokabular mehrerer Sprachen eine bemerkenswerte Ähnlichkeit bei den Zahlen gibt, obwohl in anderen Bereichen nicht die geringste Spur einer Übereinstimmung vorhanden ist. Ist ein Stamm im Erfinden eines Zählsystems weiter vorangekommen als seine Nachbarn, führt die offensichtliche Nützlichkeit der Methode dazu, daß die Stämme der Umgegend diese sofort übernehmen, wobei sie lediglich solche klanglichen Modifikationen vornehmen, die hinsichtlich der gewohnten Aussprachefrom ihrer eigenen Sprache eine Anpassung schaffen.)]

So unvollkommen auch unsere Kenntnis der amerikanischen Sprachen ist, so wissen wir doch genug, um folgende Tatsachen zu entdecken: Wenn wir sie nach den Ursprachen ordnen und dasselbe mit den Sprachen der roten Völker (Jefferson spricht von «red men», der Hrsg.) in Asien tun, so findet man wahrscheinlich zwanzig dieser sogenannten Ursprachen in Amerika gegen eine, die Asien aufzuweisen hat. Die Aufspaltung einer Sprache in verschiedene Dialekte kann das Werk einiger Menschenalter sein; um aber zwei Dialekte so weit voneinander zu entfernen, daß keine Spur ihres gemeinsamen Ursprungs sichtbar bleibt, ist ein gewaltiger Zeitraum erforderlich, der nicht viel kürzer sein dürfte als das Alter, welches man dem ganzen Erdboden zuzuschreiben pflegt. Da man nun aber eine größere Verschiedenheit dieser Ursprachen unter den roten Menschen von Amerika als unter denen von Asien bemerkt, so ist dies ein Beweis, daß erstere weit älter als letztere sind.

[Ich fahre nun fort mit einer Auflistung der Nationen und der Anzahl der Ureinwohner, soweit diese noch in nennenswerter und unabhängiger Form existieren. Da es angesichts ihrer nicht festgelegten Gebietsgrenzen schwierig wäre, nur diejenigen aufzuführen, die sich innerhalb bestimmter Grenzen aufhalten, und ein Überblick allgemeinerer Art nicht unerwünscht sein mag, werde ich in Form eines Verzeichnisses von den in den Vereinigten Staaten oder in ihrer unmittelbaren Umgebung sich aufhaltenden Stämmen die berücksichtigen, deren Namen und Zahlen mir bekannt sind. Diese Angaben stammen aus vier verschiedenen Listen. Die erste wurde im Jahr 1759 von General Stanwix für George Croghan aufgestellt, dem stellvertretenden Bevollmächtigten für Indianerangelegenheiten unter Sir William Johnson. Die zweite hat ein bekannter französischer Händler zusammengestellt, der sich viele Jahre unter den Indianern aufhielt, sie erschien im Anhang von Colonel Bouquets gedrucktem Bericht über seine Expedition von 1764. Die dritte stammt von Captain Hutchins, der die meisten Stämme im Jahr 1768 dienstlich besuchte, um ihre Stärke festzustellen. Die vierte Liste stellte John Dodge, der bei den Indianern Handel trieb, im Jahr 1779 zusammen (die Zahlen mit * beruhen auf anderweitigen Informationen).]

Nördlich und westlich der Vereinigten Staaten

Stämme	Croghan 1759	Bouquet 1764	Hutchins 1768	Wo sie sich aufhalten
Oswegatchies	–	–	100	In Swagatchy am St. Lorenz-Strom
Connasedagoes	–	–	} 300	Bei Montreal
Cohunnewagoes	–	200		
Orondocs	–	–	100	Bei Trois Rivières
Abenakies	–	350	150	Bei Trois Rivières
Little Algonkins	–	–	100	Bei Trois Rivières
Michmacs	–	700	–	St. Lorenz-Strom
Amelistes	–	550	–	St. Lorenz-Strom
Chalas	–	130	–	St. Lorenz-Strom
Nipissins	–	400	–	Am Oberlauf des Ottawa River
Algonquins	–	300	–	Am Oberlauf des Ottawa River
Round heads	–	2500	–	Rivière aux Têtes boules an der Ostseite des Oberen Sees
Messagues	–	2000	–	Huron-See und Oberer See
Christinaux, Kris	–	3000	–	Lake Christinaux

Assinaboes	–	1500	–	Lake Assinaboes
Blancs oder Barbus	–	1500	–	
Sioux of the Meadows		2500		Am Oberlauf des Mississippi
Sioux of the Woods	10000	1800	10000	und westlich des Flusses
Sioux		–		
Ajoues	–	1100	–	Nördlich der Padoucas
Panis (weiße)	–	2000	–	Südlich des Missouri
Panis (sommersprossige)	–	1700	–	Südlich des Missouri
Padoucas	–	500	–	Südlich des Missouri
Grandes Eaux	–	1000	–	
Canses	–	1600	–	Südlich des Missouri
Osages	–	600	–	Südlich des Missouri
Missouris	400	3000	–	Am Missouri
Arkanzas	–	2000	–	Am Arkansas
Caouitas	–	700	–	Östlich der Alibamous

Innerhalb der Grenzen der Vereinigten Staaten

Stämme	Croghan 1759	Bouquet 1764	Hutchins 1768	Dodge 1779	Wo sie sich aufhalten
Mohocks	–		160	100	Mohocks River
Onèidas	–		300		An der Ostseite des Oneida-Sees und an den Oberläufen des Susquehanna
				400	
Tuscaròras	–		200		Zwischen den Onèidas und den Onondàgoes
Onondàgoes	–	1550	260	230	Beim Onondago-See
Cayùgas	–		200	220	Am Cayagu-See in der Nähe des nördlichen Armes des Susquehanna
Sènecas	–		1000	650	An den Ufern des Susquehanna, des Ontario sowie am Oberlauf des Ohio
Aughquàgahs	–	–	150	–	Östlicher Arm des Susquehanna sowie am Aughquagah
Nánticocs	–	–	100	–	Utsanango, Chagtnet und Owegy am Ostarm des Susquehanna
Mohìcons	–	–	100	–	In denselben Gegenden
Conòies	–	–	30	–	In denselben Gegenden
Sapòonies	–	–	30	–	In Diahago und in anderen Dörfern entlang des nördlichen Armes des Susquehanna

Mùnsies	–	–	150	*150	In Diahago und in anderen Dörfern entlang des nördlichen Armes des Susquehanna
Delawares oder Linnelinopies	–	–	150	*500	In Diahago und in anderen Dörfern entlang des nördlichen Armes des Susquehanna
Delawares oder Linnelinopies	600	600	600		Zwischen dem Ohio und dem Erie-See sowie an den Armen des Beaver Creek, Cayahoga und Muskingham
Shàwanees	400	500	300	300	Am Sioto und an den Armen des Muskingham
Mìngoes	–	–	–	60	An einem Arm des Sioto
Mohìccons	–	–		* 60	
Cohunnewagos	–	–	300	–	Bei Sandusky
Wyandots	300	300		180	Bei Fort St. Joseph's und Detroit
Wyandots			250		
Twightwees	300	–	250	–	Miami River bei Fort Miami
Miamis	–	350	–	300	Miami River nahe Fort St. Joseph
Ouiàtonons	200	400	300	*300	An den Ufern des Wabash bei Fort Quiatonon
Piànkishas	300	250	300	*400	An den Ufern des Wabash bei Fort Ouiatonon

Stämme	Croghan 1759	Bouquet 1764	Hutchins 1768	Dodge 1779	Wo sie sich aufhalten
Shàkies	–	–	200	–	An den Ufern des Wabash bei Fort Ouiatonon
Kaskaskias	– }	600	300	–	Bei Kaskaskia
Illinois	400 }		300		Bei Cahokia. Identisch mit den Mitchigamis?
Piorias	–	800	–	–	Werden am Illinois River Pianrias genannt, was wohl Piorias bedeuten soll
Pouteòtamies	–	350	300	450	Bei St. Joseph's und Fort Detroit
Ottàwas	–	–	550	*300	Bei St. Joseph's und Fort Detroit
Chippawas	–	–	200	–	An der Saguinam Bay des Huron-See
Ottàwas	–	–		–	An der Saguinam Bay des Huron-See
Chippawas	–	–	400	–	Bei Michillimakinac
Ottàwas	2000	5900	250	5450	Bei Michillimakinac
Chippawas	–	–	–	–	Bei Fort St. Mary am Oberen See
Chippawas	–	–	–	–	Einige weitere Dörfer am Ufer des Oberen Sees, Zahlen unbekannt
Chippawas	–	–	–	–	Bei Puans Bay am Michigan-See
Shakies	200	400	550	–	Bei Puans Bay am Michigan-See
Mynonàmies	–	–	–	–	Bei Puans Bay am Michigan-See

Ouisconsings	–	550	–	–	Ouisconsing River
Kickapous	660	300	–	250	
Otogamies, Foxes	–	–	–	–	
Màscoutens	–	500	4000	–	Am Michigan-See und zwischen ihm und dem Mississippi
Miscòthins	–	–	–	–	
Outimacs	–	–	–	–	
Musquakies	200	250	–	250	
Sioux (östliche)	–	–	–	500	An den östlichen Quellen des Mississippi und auf den Inseln des Oberen Sees
			Galphin 1768		
Cherokees	1500	2500	3000	–	Westliche Gebiete von North Carolina
Chickasaws	–	750	500	–	Westliche Gebiete von Georgia
Catawbas	–	150	–	–	Am Catawba River in South Carolina
Chacktaws	2000	4500	6000	–	Westliche Gebiete von Georgia
Upper Creeks	–	–	3000	–	Westliche Gebiete von Georgia
Lower Creeks	–	1180			
Natchez	–	150	–	–	
Alibamous	–	600	–	–	Alibama River in den westlichen Gebieten von Georgia

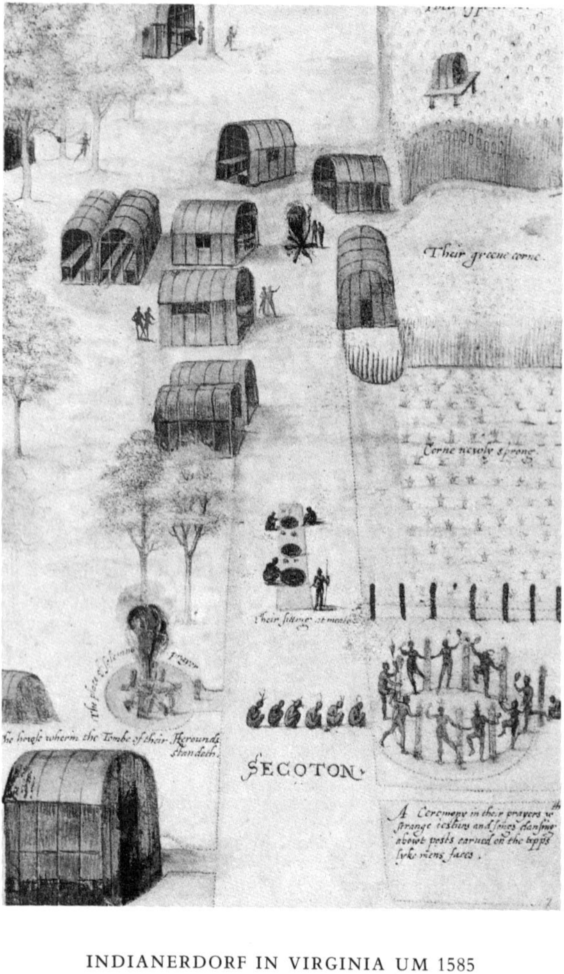

INDIANERDORF IN VIRGINIA UM 1585

Die folgenden Stämme werden ebenfalls erwähnt

Nach Croghan		
Lezar	400	Von der Mündung des Ohio bis zur Mündung des Wabash
Webings	200	Am Mississippi unterhalb der Shakies
Ousasoys Grand Tuc	4000	Am White Creek, einem Nebenfluß des Mississippi
Linways	1000	Am Mississippi
Nach Bouquet		
Les Puans	700	Bei Puans Bay
Folle avoine	350	Bei Puans Bay
Ouanakina	300	Vermutlich Stämme der Creeks
Chiakanessou	350	
Machecous	800	
Souikilas	200	
Nach Dodge		
Mineamis	2000	Nordwestlich des Michigan-Sees, am Oberlauf des Mississippi sowie bis hin zum Oberen See
Piankishas Mascoutins Vermillions	800	Am Wabash und in dessen Nähe zum Illinois hin

Da ich vermutete, daß es sich hier lediglich um andere Benennungen für bereits aufgeführte Stämme handeln könnte, habe ich sie nicht in die vorangegangenen Tabellen aufgenommen. Sie erscheinen hier getrennt und sollten noch genauer erforscht werden. Die Unterschiede bei den Zahlenangaben zu einzelnen Stämmen gehen manchmal auf unzureichende Informationen zurück, manchmal auf gewisse Mißverständnisse bei Siedlungen desselben Namens.

II.

Von den Grafschaften, Städten, Stadtgebieten und Dörfern

Die Distrikte oder Grafschaften sind schon im neunten Kapitel vorgekommen. Es sind 74, und hinsichtlich der Größe und der Bevölkerungszahl gibt es große Unterschiede. Von diesen liegen 35 an den Flutgewässern (Tide waters, also im Küstenbereich; der Hrsg.), 23 im Mittelland zwischen dem ersten Bereich und den Blue Ridge Mountains, acht zwischen den Blue Ridge Mountains und den Alleghenies und schließlich weitere acht westlich der Alleghenies.

Durch eine andere Gliederung wird der Staat in Kirchspiele unterteilt, die meist von gleichem Umfang sind wie die Grafschaften. Zuweilen enthält eine Grafschaft jedoch mehr als einen Pfarrbezirk und ein Pfarrbezirk mehr als eine Grafschaft. Diese Einteilung bezog sich auf die Religion des Staates, da ehedem in jedem Pfarrbezirk ein Prediger der anglikanischen Kirche mit einem festen Gehalt eingesetzt war. Die Sorge für die Armen war der zweite Grund für die Einteilung der Pfarrbezirke.

Wir haben keine Stadtgebiete (Townships).* Da unser Land überall von schiffbaren Strömen durch-

---

* So heißen in Neuengland und anderen nördlichen Provinzen Distrikte von 36 englischen Quadratmeilen oder 23 000 Acres,

schnitten wird und wir, anstatt den Handel aufsuchen zu müssen, ihn vor der Türe finden, lag darin vermutlich einer der Gründe dafür, daß wir keine bedeutenden Städte haben. Selbst Williamsburg, das bis zum Jahr 1780 Regierungssitz war, hatte nie mehr als 1800 Einwohner; Norfolk, die volkreichste unserer Städte, enthielt nicht über 6000 Seelen. Folgende sind unsere Städte oder vielmehr unsere Dörfer oder Flecken:

Am James River und seinen verschiedenen Armen Norfolk, Portsmouth, Hampton, Suffolk, Smithfield, Williamsburg, Petersburg, Richmond (der gegenwärtige Regierungssitz), Manchester, Charlottesville, New London;

am York River York, Newcastle, Hannover;

am Rappahannock Urbanna, Portroyal, Fredericksburg und Falmouth;

am Potomac und dessen Armen Dumfries, Colchester, Alexandria, Winchester, Staunton;

am Ohio Louisville.

Es gibt zwar noch andere Orte, wo die Gesetze wie bei einigen der vorhergehenden bestimmt haben, daß Städte entstehen sollen; aber die Natur hat das Gegenteil befohlen, daher verdienen sie nicht, genannt zu werden. Norfolk wird wahrscheinlich der Mittel-

---

worin sich die Neuanbauenden teilen, nachdem 6⅔ des Ganzen für den Geistlichen, die Kirche und Schulen abgezogen sind. (Unter «township» ist überdies eine Verwaltungseinheit zu verstehen, die, von Staat zu Staat verschieden, teils unseren Stadtkreis-, teils den Landkreisstrukturen gleicht; der Hrsg.)

punkt allen Handels in der Chesapeake Bay und den dahin fließenden Gewässern werden; ein acht bis zehn Meilen langer Kanal wird auch allen Handel des Albemarle-Sundes und seiner Flüsse dahin führen. Auf Norfolk folgen die Städte an Flußmündungen, in welchen sich die Flut auswirkt, nämlich Petersburg am Appamattox, Richmond am James River, Newcastle am York River, Alexandria am Potomac und Baltimore am Patapsco. Diese werden die Waren an die kleineren Handelsplätze im Lande verteilen. Zufallsbedingte Umstände könne diese natürlichen Gegebenheiten jedoch abändern, und nie geschieht dies häufiger als beim Aufstieg oder Niedergang der Städte.

12.

Von der Verfassung des Staates und seinen verschiedenen Freibriefen

Durch Freibriefe vom 25. März 1584 bevollmächtigte die Königin Elisabeth Sir Walter Raleigh, nach entfernten heidnischen, nicht von Christen bewohnten Ländereien zu suchen; sie belehnte ihn mit allem Land in zweihundert Meilen Umkreis von jenen Orten, an denen sich seine Leute im Zeitraum von sechs Jahren häuslich niederlassen würden. Dabei behielt sie sich und ihren Nachfolgern nur die Oberherrschaft vor sowie den fünften Teil alles Goldes und Silbers, welches sie dort entdecken würden.

Sir Walter sandte sogleich zwei Schiffe aus, welche die Insel Wococon bei Northcarolina besuchten, und im folgenden Jahr wurden sieben Schiffe mit 107 Mann losgeschickt, die sich auf der Insel Roanoke im 35° 50′ nördlicher Breite niederließen.[62] An diesem Ort, sagt man, habe sich Okisko, König der Weopomeiocs, in einer Vollversammlung seines Volkes zum Vasallen der Königin von England und nach ihr des Sir Walter Raleigh erklärt. Im Jahr 1586 wurden weitere 50 Mann Verstärkung abgeschickt, im folgenden Jahr noch 150. Mit diesen letzteren sandte Sir Walter einen Gouverneur samt zwölf Assistenzräten und einem Brief, der die Gründung einer Körperschaft vorsah; er befahl ihnen, sich an der Chesapeake Bay niederzulassen. Sie landeten jedoch bei Hatorask. Im Jahr 1588 war schon wieder eine Flotte mit neuen Kolonisten und allerlei Bedürfnisartikeln ausgerüstet; die Königin hielt sie aber zurück, um sie der spanischen Armada entgegenzustellen. Sir Walter sah sich nun genötigt, nachdem er 40 000 Pfund Sterling[63] auf diese Unternehmung verwandt, manche Behinderungen von seiten der Königin erfahren und nie die mindeste Unterstützung erhalten hatte, andere zu bewegen, ihr Geld auf diese Art anzulegen. Er gewährte Thomas Smith und anderen in Anbetracht verschiedener Summen, die sie dazu hergaben, durch einen am 7. März 1589 unter dem Signum Sir Walter Raleigh, Gouverneur von Assamacomoc (wahrscheinlich Acomac) oder Wingadacoia oder Virginien ausgefertigten Freibrief siebenjährige Handelsfreiheit mit seinem neuen Land, ganz ohne Zölle und Abgaben, den fünften Teil des zu entdeckenden Goldes und Silbers ausgenommen. Er setzte mit ihnen und ihren damals in Virginien befindlichen Gehilfen fest, daß er den im Jahr 1587 erteilten Inkorporationsbrief mit allen ihm von der Königin zugestandenen Privilegien, Gerichtsbarkeiten, Regalien und Vorrechten bestätigen wolle.

Fünfmal schickte Sir Walter kleine Flotten aus, von denen die letzte im Jahr 1602 ankam, denn im darauffolgenden Jahr wurde er angeklagt und eingekerkert, was all seinen Bemühungen um seine aufkeimende Kolonie ein Ende setzte. Genaues über das Schicksal seiner Kolonisten hat man nie erfahren, und es ist ungewiß, ob sie von den Wilden ermordet oder unter diese aufgenommen wurden.

In der Folge fanden sich einige Herren und Kaufleute, welche glaubten, der Sir Walter Raleigh zugestandene Freibrief sei durch die ihm gemachte Anschuldigung aufgehoben worden. Ohne allzu genau zu untersuchen, ob das Urteil eines englischen Gerichtshofes auf Ländereien Einfluß haben könnte, die nicht unter seiner Gerichtsbarkeit standen, suchten sie bei König Jakob I. um einen neuen Freibrief über Virginien für sich selbst nach. Dieser fertigte auch unter dem 9. März 1607 eine Schenkung an Sir Thomas Gates und andere aus, kraft derer eine Niederlassung in Jamestown errichtet und in der Folge auch aufrechterhalten wurde. Diese Verleihung hat aber keine weitere Bedeutung, da sie durch eine dem Grafen Salisbury und anderen gegebene Urkunde desselben Königs am 23. Mai 1609 aufgehoben wurde. Diese erhielten unter dem Namen einer Gesellschaft von Londoner Einwohnern, die eine Kolonie in Virginien errichten wollten («Company of adventurers and planters of the City of London for the first colony in Virginia»; der Hrsg.), für sich und ihre Nachfolger alle Ländereien in Virginien von Point Comfort an 200 Meilen nach Norden längs der Küste und von derselben Landspitze 200 Meilen gen Süden, nebst der ganzen Gegend zwischen diesen Grenzen landeinwärts nach Westen und Nordwesten, von einem Meer zum anderen und allen Inseln innerhalb hundert Meilen von der Küste, mit allen Vorrechten, Privilegien, Gerichtsbarkeiten, Regalien und anderen dazugehörenden Vorteilen. Dabei behielt sich der König nur die Oberherrschaft und den fünften Teil des zu entdekkenden Goldes und Silbers vor.

Zugleich wurde in England ein Rat zum Besten der Kolonie errichtet, dessen Mitglieder durch die Mehrheit der Stimmen der Teilhaber des Unternehmens gewählt und abgesetzt werden konnten. Dieses Ratsgremium sollte den Gouverneur und alle anderen Offizianten der neuen Kolonie ernennen und nach Gutdünken auch absetzen, die Gesetze, Regierungsform und Verwaltung einrichten, die nicht allein innerhalb der Kolonie verbindlich sein sollten, sondern auch in den Meeren und Gewässern bei der Hin- und Rückreise. Der Rat ermächtigte diese Regierung, alle, die sich freiwillig in die Kolonie begeben wollten, dorthin zu bringen, und er befreite sie auf immer von allen Zöllen und Abgaben auf alle aus- und einzuführenden Waren, nur den Zoll von fünf Prozent ausgenommen, der auf alle in das britische Herrschaftsgebiet eingeführten Waren erlegt werden mußte. Auch konnten nach Bezahlung dieser fünf Prozent ebendiese Waren binnen dreizehn Monaten wiederum nach irgendeinem Land ohne die mindeste Abgabe ausgeführt werden. Sie konnten Krieg führen gegen alle, die sie behelligen wollten. Und überhaupt erhielten die Bewohner der Kolonie alle Rechte britischer Untertanen, als wären sie in England geboren und ansässig, und in allen Fällen, in denen die ihnen bewilligten Privilegien und Freiheiten in Zweifel gezogen würden, sollte die Auslegung immer zum Besten der Kolonisten gemacht werden.

In der Folge verlieh ihnen der König am 12. März 1612 alle Inseln zwischen dem 30. und 41. Breitengrad und innerhalb 300 Seemeilen von den der Compagnie geschenkten Ländereien, jedoch mit der Einschränkung, daß sie nicht schon das Eigentum eines anderen christlichen Fürsten oder Staates wären oder innerhalb der Grenzen der nördlichen Kolonie* lägen.

Vermöge der ihr erteilten Ermächtigungen beschloß die Compagnie, die Regierungsform von Virginien festzusetzen, und errichtete am 24. Juli 1621 zwei Landeskollegien. Das eine trug die Bezeichnung Staatsrat und sollte vom Schatzmeister, dem Rat von England und der Compagnie ernannt und von Zeit zu Zeit verändert werden. Sein Amt sollte darin bestehen, dem Gouverneur bei der Erledigung seiner Pflichten mit Rat und Tat zur Seite zu stehen. Das zweite Landeskollegium führte den Namen Allgemeine Versammlung; diese sollte vom Gouverneur einmal jährlich oder auch öfter zusammengerufen werden und aus dem Staatsrat und zwei Bürgern (burgesses, der historische Begriff für Abgeordnete; der Hrsg.) jeder Stadt, jedem Hundert (das heißt Be-

* Unter der nördlichen Kolonie versteht Herr Jefferson das nachherige Neu-England, das mit Virginien zu gleicher Zeit, vorzüglich in der heutigen Provinz Neuhampshire und Massachusetts-Bay, angebaut wurde und einer besonderen Gesellschaft, der sogenannten Plymouth-Compagnie, gehörte.[64]

zirk) oder jeder Aussiedlung bestehen, die von den jeweiligen Einwohnern gewählt werden sollten. In dieser Versammlung sollten alle Angelegenheiten durch Stimmenmehrheit entschieden werden. Doch wurde dem Gouverneur ein Veto vorbehalten. Die Versammlung sollte alle wichtigen und dringenden Angelegenheiten untersuchen, die das allgemeine Wohl des Staates betrafen, und alle nötigen Verfügungen treffen, Gesetze für die Regierung der Kolonie machen und dabei soviel wie möglich die Gesetze Englands nachahmen. Doch sollten die Gesetze nicht gültig sein, ehe sie nicht in einer vierteljährlich stattfindenden Versammlung des Rats der Compagnie in England bestätigt und mit ihrem gemeinschaftlichen Siegel unterzeichnet wären. Hinwiederum sollten, wenn einmal die Regierung der Kolonie vollständig eingerichtet und gefestigt wäre, die Verordnungen des Rats in England für die Kolonie nicht verbindlich sein, wenn sie nicht in der Allgemeinen Versammlung genehmigt würden.

Der König und die Compagnie entzweiten sich aber bald. Teils mit Gewalt, teils auf Grund von Rechtsnormen entriß man ihr alle ihre Verleihungen ohne Entschädigung, nachdem sie ohne die geringste Unterstützung von seiten der Regierung 100 000 Pfund Sterling auf die Errichtung der Kolonie Virginien verwendet hatte. König Jakob ließ alle ihre Rechte am 15. Juli 1624 durch eine Proklamation aufheben, und König Karl I. übernahm die Verwaltung selbst. In der Kolonie hatte jede der beiden Parteien ihre Anhänger. Im ganzen nahm das Volk jedoch wenig Anteil an der Auseinandersetzung. Da drei verschiedene Parteien an den Freibriefen interessiert waren, glaubte man, daß die Vorfälle zwischen der ersten und der zweiten auf die dritte keinen Einfluß haben könnten. Wenn der König die Rechte der Compagnie an sich riß, kämen sie ohne Vermehrung oder Verminderung nur in andere Hände, und die Rechte des Volkes blieben, wie sie waren. Sie blieben aber nicht lange so. Der nördliche Teil des Landes wurde den beiden Lords Baltimore und Fairfax verliehen, und ersterer erhielt auch das Vorrecht einer besonderen Gerichtsbarkeit und Regierung.[*65]

Im Jahr 1650 war das Parlament der Auffassung, es sei in alle Rechte des abgesetzten Königs sowohl außerhalb als auch innerhalb des Landes eingetreten[66], und maßte sich auch eine Herrschaft über die Kolonie an; es untersagte durch ein Gesetz den Einwohnern den auswärtigen Handel. Diese Übernahme der Ausübung der königlichen Gewalt war die erste Veranlassung zu der Oberherrschaft, welche sich das Parlament in der Folge über diese und andere britische Kolonien anmaßte, und brachte jenen fatalen Präze-

* Weil die virginischen Kolonisten sich damals nur längs des Jamesflusses ausgebreitet hatten, weil sie das ihnen vom 34. bis zum 41. Grad nördlicher Breite verliehene Land nicht bebauen konnten und also der größte Teil wüst lag, schenkte Karl I. 1632 alles Land vom Vorgebirge Watkins bis zum Delaware dem Lord Baltimore, und dort bildete sich in der Folge die heutige Provinz Maryland.

denzfall zuwege, an dem es sich in mancherlei Hinsicht auch dann weiterhin orientierte, als es (durch die Wiedereinsetzung der Stuarts in Person Karls II.; der Hrsg.) sich wieder auf die ihm zustehenden Funktionen zurückgezogen hatte. Als nun die Kolonie, die sich weiterhin Cromwell und dem Parlament widersetzt hatte, im Jahr 1651 genötigt wurde, sich zu unterwerfen, versuchte sie dennoch durch eine feierliche Konvention ihre vornehmsten Rechte zu sichern, die ich, da sie nie gedruckt worden ist, hier aus dem Protokoll wiedergeben will[67]:

[«ARTIKEL, vereinbart und beschlossen in James Cittie (Jamestown) in Virginia zum Zwecke der Unterwerfung und Übernahme jener Niederlassung unter die Herrschaft und Regierungsgewalt des Commonwealth von England von den vom englischen Parlament ernannten Bevollmächtigten des Staatsrates sowie von der Großen Versammlung, bestehend aus dem Gouverneur, dem Rat und den Bürgerrepräsentanten jenes Landes.]

1. Die Niederlassung Virginien und alle Einwohner derselben sollen dem republikanischen Staat von England (er bestand von 1649–1660; der Hrsg.) nach allen dort bestehenden Gesetzen unterwürfig und gehorsam bleiben und erkennen diese Unterwerfung als eine freiwillige Handlung, die weder erzwungen noch durch die Eroberung des Landes aufgenötigt worden ist. Auch sollen sie alle Vorrechte und Freiheiten als freigeborene Engländer genießen.

2. Soll die Allgemeine Versammlung wie ehedem zusammentreten und alle Virginien betreffenden Angelegenheiten verrichten, insofern in derselben nichts gegen den Freistaat von England und die dort eingeführten Gesetze vorgenommen wird.

3. Soll die gänzliche Indemnität in Rücksicht auf alle Handlungen, Worte und Schriften, die gegen das Parlament von England unternommen und ausgestoßen wurden, stattfinden.

4. Soll Virginien seine alten, durch Freibriefe früherer Könige bestimmten Grenzen behalten und bei dem Parlament wegen eines neuen Freibriefes gegen alle, die seine Rechte einzuschränken gesucht haben, einkommen.

5. Sollen alle mit dem Kolonie-Siegel unterzeichneten, von irgendeinem der vorhergehenden Gouverneure ausgefertigten Landverleihungen rechtskräftig bleiben.

6. Soll das ehemals verliehene Privilegium, daß jedermann, der zur Kolonie herüberkommt, 50 Morgen Land erhält, wie zuvor in Wirksamkeit bleiben.

7. Sollen die Einwohner von Virginien eben wie die Einwohner von England nach allen Weltgegenden freien Handel führen, den Gesetzen des Freistaates gemäß, und Virginien soll mit allen englischen Ansiedlungen in Amerika gleiche Vorteile genießen.

8. Soll Virginien von sämtlichen Zöllen, Auflagen und Abgaben gänzlich frei sein, und keine sollen ohne Zustimmung der Allgemeinen Versammlung auferlegt werden. Auch sollen ohne ihre Einwilligung kei-

ne Festungen und sonstigen Schutzwehren erbaut oder Garnisonen unterhalten werden.*

9. Sollen dem Land zum Unterhalt der gegenwärtig vorhandenen Flotte keine Gelder abgefordert werden.

10. Sollen zur weiteren Entwicklung des Landes im gehörigen Gehorsam alle Einwohner nach einer zu diesem Ende ausgefertigten Parlamentsakte auf dieses Abkommen verpflichtet werden. Und allen, die sich weigern, diese Huldigungsakte zu unterschreiben, soll man ein Jahr Zeit lassen, um mit Hab und Gut Virginien zu räumen, und in dieser Zwischenzeit sollen sie dieselben Rechte wie die übrigen genießen.

11. Soll der Gebrauch des anglikanischen Gebetbuches ein weiteres Jahr gestattet werden, vorausgesetzt, die Mehrheit der Kirchengemeinden stimmt zu. Jedoch soll alles, was auf die Könige und ihre Regie-

* Bisher glaubte man nur, und selbst die Verteidiger der Nordamerikaner in ihrem Streit mit England wußten es nicht anders, daß Maryland allein mit seiner Charter von allen Abgaben an die Krone befreit wäre. Nach dieser bisher in Europa unbekannten Urkunde genoß Virginien nicht nur ebenso diese Freiheit, sondern diese auch in einem größeren Umfang. Denn die Befreiung Marylands läßt sich so auslegen, daß Karl I. nur allen Abgaben oder Gefällen (Steuern auf unterschiedliche Formen des Einkommens und Eigentums; der Hrsg.) entsagte, welche seine Vorfahren von den Handelsgesellschaften gezogen hatten, nicht aber den Abgaben, welche die Nordamerikaner als britische Untertanen den Parlamentsbewilligungen zufolge bezahlen mußten. Bei Virginien hingegen entsagte das Parlament ausdrücklich allen Geldforderungen, die ohne Genehmigung der Provinzialregierung beschlossen werden möchten.

rung Bezug hat, nicht öffentlich gebraucht werden. Auch sollen die Prediger, wenn sie sich nicht strafbar machen, noch das folgende Jahr ihre Stellen behalten und alle ihnen zugesicherten Gehälter oder Vereinbarungen gewissenhaft ausbezahlt und erfüllt bekommen.

12. Soll niemand künftig eines Menschen Vieh im Namen der Compagnie in Anspruch nehmen, es sei denn, daß solches jemandem von ihr anvertraut oder ihm ohne ihren Auftrag veräußert worden sei.

13. Sollen alle Munition, alles Pulver und alle Gewehre, sofern nicht zum Privatgebrauch dienend, gegen Entschädigungszusagen abgeliefert werden.

14. Sollen alle Waren, welche die Holländer oder andere hierhergebracht und schon ausgeliefert haben, nicht konfisziert werden.

15. Sollen die geringen Pachtzinsen, die der vorige König uns auf sieben Jahre zugestanden hat, bestätigt werden.

16. Sollen die diese Artikel unterschreibenden Parlamentsbevollmächtigten sich und die Ehre des Parlaments für die genaue Erfüllung derselben verpflichten. Ebenso unterschreiben und verpflichten sich dadurch die ganze Kolonie, der derzeitige Gouverneur, der Rat und die Bürgerrepräsentanten.

Richard Bennett, William Claiborne, Edmund Curtis.[68]

Diese Artikel wurden von den Bevollmächtigten des Staatsrates für die Republik England am 12. März 1651 besiegelt und unterschrieben.»

Hierauf folgen die besonderen Artikel, die lediglich die Personen und das Eigentum des Gouverneurs und des Gouverneursrates betreffen, und nach diesen noch ein besonderer Abschnitt[69]:

[«Ein Indemnitätsbeschluß, ausgefertigt bei der Unterwerfung des Landes.

Als wir, die im Auftrag des englischen Parlaments vom Staatsrat ernannten Bevollmächtigten, eine Flotte und Streitmacht vor Jamestown in Virginia gebracht hatten, um jene Kolonie unter den Gehorsam des Commonwealth von England zu bringen, mußten wir feststellen, daß von dem Gouverneur und dem Land eine Streitmacht aufgeboten war, um sich der besagten Flotte zu widersetzen. Da hierbei die Gefahr der völligen Vernichtung der Niederlassung bestand, wurden zur Gefahrenverhütung die Bürgerrepräsentanten sämtlicher Niederlassungen zusammengerufen, damit sie ihren Rat und ihre Hilfe beitrügen. Nach langer und ernster Debatte und in trauriger Betrachtung des großen Elends und der sicheren Zerstörung, die dem ganzen Land so unmittelbar drohten, haben wir, die besagten Bevollmächtigten, es für angebracht gehalten und geruht und die Bitte erfüllt, entsprechende Artikel zu unterzeichnen und unter unseren Händen, Siegeln sowie durch unseren Eid zu bestätigen. Außerdem erklären wir kraft der uns vom Parlament und dem Commonwealth von England als Bevollmächtigten verliehenen Autorität, daß wir den allgemeinen Artikeln zufolge einen Akt der Indemnität und der Amnestie erlassen haben an alle Bewohner dieser Kolonie für alle Worte, Taten oder Schriften, die gesprochen, ausgeführt oder geschrieben wurden gegen das Parlament oder den Commonwealth von England oder gegen irgendeine andere Person vom Anfang der Welt bis zu diesem Tage. Und dies haben wir getan, auf daß alle Bewohner der Kolonie ruhig und sicher unter dem Commonwealth von England leben mögen. Und wir versprechen, daß das Parlament und das Commonwealth von England all unsere Transaktionen bestätigen und erfüllen wird. Bestätigt durch unsere Unterschriften und Siegel am 12. März 1651.

Richard Bennet (Siegel)
Wm. Claiborne (Siegel)
Edm. Curtis (Siegel).»]

Die Kolonie war der Auffassung, daß ihr durch diese feierliche Übereinkunft, die sie mit den Waffen in der Hand geschlossen hatte, die ursprünglichen Grenzen ihrer Ländereien, ihr freier Handel, die Befreiung von allen Steuern außer denjenigen, die ihre eigene Versammlung beschloß, sowie die Ausschließung aller militärischen Gewalt unverletzlich zugesichert wären. Dennoch wurde die Konvention in jedem dieser Punkte von den nachfolgenden Königen und Parlamenten verletzt und sind andere, aber ähnlich gefährliche Verfassungsübertretungen begangen worden. Ihre Allgemeine Versammlung, welche aus dem

Staatsrat und den Bürgerrepräsentanten bestand und mit Stimmenmehrheit entschied, wurde in zwei Häuser aufgeteilt, wodurch der Staatsrat eine Vetoposition gegen die Gesetze der Versammlung erhielt.* Berufungen vor ihrem obersten Gericht, welches nach einem Gesetz der Allgemeinen Versammlung in der letzten Instanz entschied, wurden in der Folge willkürlich nach England überstellt und dort vor dem König und seinem Staatsrat neu verhandelt. Statt der ihnen zugestandenen 400 Meilen längs der Seeküste gab es innerhalb von dreißig Jahren allmählich eine Herabsetzung bis auf etwa 100 Meilen. Ihr Handel mit fremden Nationen wurde gänzlich unterdrückt und der nach England mit unzähligen Abgaben beschwert. Doch ist es unnütz, in dem ganzen Zeitraum der amerikanischen Geschichte die einzelnen Beleidi-

* Nach Herrn Jeffersons Meinung bestand vor der Restauration in Virginien nur *eine* Allgemeine Versammlung, welche die Landesregierung gemeinschaftlich führte und aus dem Gouverneur, seinem Rat und den Repräsentanten der Einwohner bestand. Hernach aber wurde diese Versammlung geteilt und die sogenannte königliche Regierung eingeführt. Dieser zufolge entstanden drei Regierungskollegien: der Gouverneur, der Rat von Virginien und die Assembly oder Versammlung der Volksrepräsentanten. Alle drei mußten einig sein, wenn etwas für das Ganze beschlossen werden sollte, und nun hing das Volk oder die Assembly von den beiden anderen ab oder der vom König ernannte Gouverneur und Rat konnten die Beschlüsse der Volksversammlung aufheben und ungültig machen, wenn darin etwa Bestimmungen wider das Ansehen des englischen Hofes enthalten waren.

gungen zusammenzusuchen; man kann sie von jeder Art und in jedem Grade in dem kurzen Zeitraum der Regierung des jetzigen Königs von England so zusammengedrängt finden, daß sich daraus die planmäßige Absicht dartun läßt, alle unsere natürlichen, vertraglichen und Charterrechte als bloße Nichtigkeiten zu betrachten.

Folgendes ist nur ein kurzer Auszug der ersten fünfzehn Jahre seiner Regierung: Die Kolonien wurden mit äußeren und inneren Steuern* belegt; ihre wesentlichen Interessen wurden einigen Privatpersonen in England geopfert; ihre Legislaturen wurden aufgelöst, ihre Freibriefe für ungültig erklärt; die Verfahren vor Geschworenengerichten wurden aufgehoben; man unterwarf ihre Personen einer Transportation über das Atlantische Meer und dem Verfahren vor einer fremden Gerichtsbarkeit; ihre Bitten um Behebung der Beschwerden blieben unbeantwortet; sie selbst wurden in den Ratsversammlungen des Mut-

---

* Während des Streits zwischen England und Nordamerika über das Taxationsrecht des englischen Parlaments unterschieden die Amerikaner immer zwischen äußeren und inneren Steuern. Erstere nannten sie solche Abgaben, welche die Kolonisten nicht gezwungen wurden zu bezahlen, sondern vermeiden konnten, zum Beispiel Abgaben auf ihnen zugeführte Waren, die am Ausfuhrort erhoben wurden. Wer dergleichen Waren nicht kaufte, bezahlte auch nichts. Innere Abgaben wurden ihrer Meinung nach dem Volk gegen seinen Willen aufgebürdet, und es konnte sie nicht vermeiden, wie die Akzise (eine Verbrauchssteuer; der Hrsg.) auf Lebensmittel, Stempelgeld usw.

terlandes und an den Höfen Europas als feige Memmen verleumdet. Und endlich sandte man bewaffnete Truppen her, um Gehorsam gegen all diese Ungerechtigkeiten zu erzwingen. Es blieb ihnen nur die Wahl zwischen Widerstand und bedingungsloser Unterwerfung. Sie wählten die Waffen, erklärten sich zu unabhängigen Staaten, vereinigten sich zu einer großen Republik und versprachen, einander mit ihrer ganzen Macht zu unterstützen. Jeder Staat errichtete für sich eine neue Regierungsform.

Bei uns finden sich die folgenden Grundlagen: Die ausübende Gewalt ist einem Gouverneur anvertraut, welcher jährlich gewählt wird und in sieben Jahren dieses Amt nicht mehr als dreimal verwalten darf. Ein Rat von acht Mitgliedern unterstützt ihn bei der Ausübung seiner Tätigkeiten. Die Judikative ist zwischen mehreren Gerichtshöfen aufgeteilt, was später noch genauer erläutert wird. Die gesetzgebende Macht wird von zwei Versammlungen (Houses of Assembly) ausgeübt; die eine heißt Abgeordnetenversammlung (The house of delegates) und besteht aus jeweils zwei Mitgliedern für jede Grafschaft, die jährlich von den Bürgern, die auf die Dauer ihres Lebens ein Gut von 100 Morgen unbewohnten Landes oder 25 Morgen mit einem Haus darauf oder ein Haus beziehungsweise ein Stück Land in einer Stadt besitzen, gewählt werden. Die zweite Versammlung heißt Senat und besteht aus 24 Mitgliedern, die von denselben Wählern alle vier Jahre bestellt werden, die zu diesem Zweck auf 24 Distrikte verteilt sind. Die Zustimmung beider Versammlungen ist notwendig, um einem Gesetz Gültigkeit zu verleihen. Sie ernennen auch den Gouverneur und den Staatsrat, die Richter in den oberen Gerichtshöfen, Rechnungsprüfer, den Kronanwalt, den Schatzmeister, den Registrator (oberster Beamter des Grundbuchamtes) sowie die Abgeordneten zum Kongreß. Weil wir nun auch die Zerstückelung unseres Staates nie genehmigt, sondern dagegen vielmehr beständig Einwendungen und Beschwerden vorgebracht haben, so wurden jetzt, um künftig allen Uneinigkeiten vorzubeugen und die Harmonie unserer gungen Konföderation nicht zu stören, die verschiedenen Landverleihungen an Maryland, Pennsylvanien und die beiden Carolinas bestätigt.

Diese Verfassung wurde zu einer Zeit bestimmt, als wir in der Regierungskunst neu und unerfahren waren. Sie war auch die erste unter den Vereinigten Staaten. Man darf sich daher nicht wundern, daß durch Zeit und Erfahrung große Mängel in derselben sichtbar geworden sind.[70]

Erstens haben die meisten Männer im Staate, die zu dessen Erhaltung und Sicherheit beitragen, bei der Gesetzgebung gar keine Repräsentanten, indem die Listen der wahlberechtigten Personen nicht die Hälfte derer enthalten, die man in dem Verzeichnis der Miliz oder der Steuereinnehmer findet.

Zweitens ist das Gewicht der Stimmen derer, die an der Wahl teilnehmen, sehr ungleich verteilt. So schickt zum Beispiel die Grafschaft Warwick, die nur hundert Mann Miliz stellt, ebenso viele Repräsentanten ins Delegiertenhaus wie die Grafschaft Loudon, welche 1746 stellen muß. Folglich hat jeder einzelne Mann in Warwick ebensoviel Einfluß wie siebzehn in Loudon. Da man aber vermuten könnte, daß durch eine gleiche Vermischung der kleinen Grafschaften mit den großen im ganzen Lande jedwede Gefahr der Ungerechtigkeit für einzelne seiner Teile zu verhindern wäre, wollen wir den ganzen Staat in Distrikte einteilen und das Verhältnis von Land, Soldaten und der Anzahl der Repräsentanten in jedem dieser Distrikte aufzeigen:

	Quadratmeilen	Miliz	Abgeordnete	Senatoren
Zwischen der Meeresküste und den Wasserfällen der Flüsse	11 205	19 012	71	12
Zwischen den Wasserfällen und den Blue Ridge Mountains	18 759	18 828	46	8
Zwischen den Blue Ridge Mountains und den Alleghenies	11 911	7673	16	2
Zwischen den Alleghenies und dem Ohio	79 650	4458	16	2
Summe	121 525	49 971	149	24

Ein Blick auf diese Tabelle macht jeden Kommentar überflüssig. Man ersieht daraus sofort, daß 19 000 Mann, die unterhalb der Wasserfälle wohnen, die

Hälfte des Senats besitzen und daß ihnen nur vier Stimmen fehlen, um ständig die Mehrheit in der Abgeordnetenversammlung zu haben. Und diese ihnen fehlenden Stimmen werden durch ihre Lage nahe am Regierungssitz mehr als ausgeglichen, indem ihre Mitglieder natürlich mit ungleich größerer Bequemlichkeit und Pünktlichkeit den Versammlungen beiwohnen können und werden. Diese 19 000, die in einem Teil des Landes wohnen, schreiben 30 000 anderen, die in einer anderen Gegend leben, Gesetze vor und besetzen die wichtigsten Ämter der Exekutive und Judikative. Aufgrund der Besonderheit ihrer Situation und ihrer Verhältnisse werden auch ihre Interessen oft sehr abweichend sein.

Drittens ist der Senat vermöge seiner Beschaffenheit zu gleichartig mit der Abgeordnetenversammlung. Da beide von denselben Wählern zu gleicher Zeit und aus denselben Klassen gewählt werden, muß die Auswahl natürlich auf ähnlich beschaffene Personen fallen. Die Absicht aber, warum man verschiedene Gesetzgebungskammern errichtet, ist, daß man dadurch den Einfluß unterschiedlicher Interessen und verschiedener Grundsätze einführen will. Die britische Verfassung, sagt man, stütze sich auf die Redlichkeit der Gemeinden (also der Abgeordneten des House of Commons oder Unterhauses; der Hrsg.) und die Weisheit der Lords. Und dies wäre allerdings eine sehr vernunftgemäße Stütze, wenn nur die Redlichkeit käuflich und die Weisheit erblich wären. In einigen der amerikanischen Staaten werden die Abgeordneten und Senatoren so gewählt, daß erstere die Personen und letztere das Eigentum im Staate vertreten. Bei uns aber bahnen sich Reichtum und Weisheit gleichermaßen den Weg in beide Versammlungen. Wir erhalten daher durch diese Aufteilung der gesetzgebenden Macht nicht alle Vorteile, die eine gehörige Mischung verschiedener Grundsätze hervorbringen kann und die doch allein die Übel, welche aus ihrer Zwietracht entstehen können, wiedergutzumachen imstande wären.

Viertens führt sich letztlich alle Staatsgewalt, neben der gesetzgebenden auch die ausführende und die richterliche Gewalt, auf die Legislativkörperschaft zurück. Sie allesamt in denselben Händen zu vereinen erfüllt exakt die Definition despotischer Herrschaftsweise. Man gewinnt dadurch nichts, daß diese Gewalt in den Händen vieler und nicht eines einzigen ist. 173 Despoten sind gewiß ebenso furchtbar wie einer, und wer an der Wahrheit dieses Satzes zweifelt, darf nur die Augen auf die Republik Venedig richten.[71] Ebensowenig nutzt es, daß wir sie selbst gewählt haben. Dem Despotismus in jeder Gestalt (Jefferson spricht vom «elective despotism», für den er nicht gekämpft habe; der Hrsg.) wünschten wir zu entgehen, und die Regierungsform, die wir suchten, sollte nicht allein auf freien Grundsätzen beruhen, sondern auch die Gewalt derselben zwischen politischen Körperschaften sollte so aufgeteilt und ausgewogen sein, daß keine ihre gesetzmäßigen Grenzen überschreiten könnte, ohne sogleich von der anderen zurückgehalten zu werden. Daher legte der Konvent, durch den unsere Verfassung bestimmt wurde[72], den Satz zugrunde, daß die gesetzgebende, ausübende und richterliche Gewalt so voneinander abgesondert und getrennt werden müßten, daß niemand zur selben Zeit Herrschaftsbefugnisse über mehr als eine dieser Gewalten ausüben sollte. Man sorgte aber nicht dafür, daß die Barriere zwischen diesen Gewalten hoch genug war. Man hat die Judikative und die Mitglieder der Exekutive im Hinblick auf ihre Besoldung, manche von ihnen bezüglich ihres Verbleibens im Amte, von der Legislative abhängig gemacht. Wenn diese letztere sich daher die Rechte der beiden ersteren anmaßt, so wird wahrscheinlich kein Widerstand entstehen; und sollte er doch entstehen, so wäre er doch immer fruchtlos, weil diese Macht ihren Maßnahmen immer die Form eines allgemeinen Parlamentsaktes geben könnte, welchen die anderen Staatsgewalten beachten müssen. Aus diesem Grunde haben sie (die Mitglieder der Legislative; der Hrsg.) auch oft über Sachen entschieden, die einer gerichtlichen Auseinandersetzung hätten überlassen werden sollen, und die Leitung der ausübenden Gewalt ist ihnen, solange ihre Sitzungen dauern, ganz geläufig und alltäglich geworden. Dies geschieht jedoch ohne böse Absichten.

Die jetzigen Mitglieder haben die redlichsten Gesinnungen. Sooft sie ihre Grenzen überschreiten, geschieht dies aus eigener Unachtsamkeit oder durch die Kunstgriffe anderer Personen. Und dies wird wahrscheinlich noch öfter geschehen, doch wird es nicht mehr von langer Dauer sein. Die Menschen lernen nur allzu rasch, einen eigennützigen Gebrauch von jedem Recht und jeder Befugnis zu machen, die sie besitzen oder sich anmaßen. Man wird bald entdecken, daß der Reichtum und die Freiheit des Staates, die man drei verschiedenen Zweigen der Staatsgewalt anzuvertrauen glaubte, die sich aber unvermuteterweise in den Händen eines einzigen zusammenfinden, unerschöpfliche Quellen der Bereicherung und Herrschaft für ihre Besitzer werden können. Mit Geld, sagte Cäsar, wollen wir uns Menschen verschaffen und mit Menschen Geld. Auch kann sich die jetzige Versammlung nicht auf die Redlichkeit ihrer eigenen Absichten stützen und sich schmeicheln, daß eine uneingeschränkte Gewalt deshalb niemals mißbraucht werde, weil sie selbst nicht zu diesem Mißbrauch neige.[73] [Die Vertreter der Legislative sollten ihre Blicke auf jene nicht allzu ferne Zeit richten, wenn die Herrschenden in diesem Land wie in jenem, vor dem wir unseren Ursprung herleiten, von Korruption befallen sein werden und diese durch die ganze Gesellschaft verbreiten; wenn sie die Stimmen der Bürger kaufen und sie den Preis zahlen lassen werden. Die menschliche Natur ist auf beiden Seiten des Atlantik dieselbe; und sie wird hier wie dort von denselben Ursachen beeinflußt. Man muß sich gegen Korruption und Tyrannei schützen, ehe sie von uns Besitz ergriffen haben. Besser den Wolf aus der Schafherde heraushalten als darauf vertrauen, man könne ihm Zähne und Klauen ziehen, nachdem er eingebrochen ist.] Was diese Betrachtung wichtiger macht, ist der Umstand, daß

fünftens die Legislative selbst die Verfassung abändern kann. Als die Versammlungen (Assemblies) abgeschafft wurden[74], war es notwendig, an ihrer Stelle irgendeiner anderen Körperschaft die gewöhnlichen Regierungsgeschäfte und die Sorge für unsere Verteidigung zu übergeben. Man führte daher die sogenannten Konvente ein, die aus jeweils zwei Abgeordneten für jede Grafschaft bestanden und nach dem Plan der ehemaligen Bürgerversammlung (House of Burgesses) in einer Kammer zusammenkamen, an deren Stelle sie traten. Anfänglich wurden sie zu jeder Sitzung von neuem gewählt. Aber im März 1775 schlugen sie dem Volk vor, einen Konvent zu wählen, der ein Jahr lang im Amt bleiben solle. Dies geschah im April 1775, und im Juli wurde eine Verordnung ausgefertigt, künftig alle Jahre die Abgeordneten im April zu ernennen. Es ist aber bekannt, daß damals noch an keine Trennung von Großbritannien oder die Errichtung einer republikanischen Regierungsform gedacht wurde. Deshalb kann ein Konvent, der im Rahmen dieser Verordnung gewählt wurde, nicht für Zwecke gewählt worden sein, die in den Köpfen derer gar nicht existierten, die diese Verordnung machten.[75]

[Gemäß dieser Verordnung wurde im April 1776 bei der alljährlichen Wahl ein Konvent für jenes Jahr bestimmt. Die Unabhängigkeit und die Einrichtung neuer Herrschaftsinstitutionen waren auch damals noch längst nicht Gegenstand des Denkens der breiten Bevölkerung. Ein Auszug aus der Flugschrift «Common Sense» war zwar im Februar in den virginischen Zeitungen erschienen, und Exemplare der Flugschrift selbst waren in einige wenige Hände gelangt.[76] Doch der Gedanke war der Masse des Volkes im April noch nicht nähergebracht worden, und noch weniger kann davon die Rede sein, daß man sich zu seinen Gunsten ausgesprochen hätte. Genausowenig wie die Gesetzgeber im Juli 1775 konnten im April 1776 die Wähler, die nicht an die Unabhängigkeit oder an die Errichtung einer fortdauernden Republik dachten, im Sinn haben, diesen Delegierten irgendwelche anderen Kompetenzen zu übertragen als die der gewöhnlichen Gesetzgebung. Insoweit eine temporäre Organisation von Herrschaftsinstitutionen notwendig war, um unserer Opposition Energie zu verleihen, war ihre Einrichtung gültig. Sie erhielt jedoch bei ihrer Schaffung keine andere Machtbefugnis, als jeder Legislative vorher oder nachher verliehen wurde. Sie konnte daher kein Gesetz verabschieden, das die Macht anderer gesetzgebenden Versammlungen überstieg.

Wenn die gegenwärtige Versammlung irgendein Gesetz verabschiedet und erklärt, dieses könne von künftigen Versammlungen nicht widerrufen werden, ist die Deklaration nichts als ungültig und das Gesetz wie andere Gesetze aufhebbar. Bis jetzt richteten sie die Herrschaftsinstitutionen ohne weitergehende

Autorisierung durch eine Verordnung namens «Constitution or Form of Government» ein. Diese Verordnung maßt sich keine andere Autorität an als die übrigen Verordnungen derselben Sitzungsperiode; sie behauptet nicht, daß sie unablösbar sein solle, daß andere Gesetzgeber sie nicht abändern können, daß sie die Befugnisse jener übersteigen solle, die, wie man wußte, dieselbe Macht haben würden. Nicht nur das Schweigen des Gesetzeswerks ist ein Beweis dafür, daß man dachte, es sei abänderbar, sondern auch die eigene Praxis des Konvents: Er selbst, der im Herbst jenes Jahres mit dem neuen Senat als «House of Delegates» in einer Generalversammlung tagte, verabschiedete Versammlungsakte, die im Widerspruch zu seiner Verordnung zur Einrichtung von Herrschaftsinstitutionen standen; und jede spätere Versammlung hat das gleiche getan. Ich kann deshalb ruhig die Auffassung vertreten, daß die Verfassung selber durch die gewöhnliche Legislative abänderbar ist.

Obwohl diese Meinung auf dem elementaren gesunden Menschenverstand gegründet zu sein scheint, wird doch von manchen Personen das Gegenteil behauptet.

Zum einen weil, so sagen sie, die Konvente mit jedweder Macht ausgestattet waren, die erforderlich war, um eine wirksame Opposition gegen Großbritannien zu erreichen. Doch um dieses Argument zu vervollständigen, müßten sie fortfahren und hinzufügen, daß keine wirksame Opposition gegen Großbritannien erreicht werden konnte, ohne dauerhafte und durch den Gesetzgeber unabänderliche Herrschaftsinstitutionen zu errichten. Das ist jedoch nicht wahr. Eine Opposition, die früher oder später ein Ende haben sollte, bedürfte keiner fortdauernden, sie weiter tragenden Institution; und von Institutionen, die bei auftretenden Mängeln verbesserungsfähig sind, konnte man einen ebenso wirksamen Widerstand erwarten wie von unabänderlich falschen. Daneben waren die Versammlungen (assemblies) ebenso mit aller für den Widerstand erforderlichen Macht ausgestattet wie die Konvente. Wenn zu dieser Macht deshalb in dem einen Fall das Gestalten der Herrschaftsinstitutionen gehörte, so war es in dem anderen ebenso. Daher können sowohl die Versammlungen als auch die Konvente die Herrschaftsinstitutionen gestalten, das heißt, sie dürfen die betreffende Verordnung abändern.

Zum anderen machen sie geltend, daß man, wenn der Konvent beabsichtigt hätte, daß dieses Dokument abänderbar sein sollte wie die anderen Verordnungen, es eine Verordnung genannt hätte. Man nannte es jedoch *constitution,* was kraft dieses Begriffes bedeutet «ein Akt, der die Macht der gewöhnlichen Legislative übersteigt». Ich antworte darauf, daß *constitutio, constitutum, statutum, lex* austauschbare Begriffe sind. «*Constitution* nennt man das, was von dem Herrscher gemacht ist; eine Verordnung *(ordinance),* was von Kaisern in neuer Fassung geschrieben wurde oder verfügt wurde. *Statute* bedeutet dasselbe wie Gesetz.»[77] *Constitution* und *statute* waren ursprünglich Begriffe des Zivilrechts und wurden von Ekklesiasten in das englische Recht eingeführt. Daher werden in dem Status 25. Hen. 8. c. 19. § 1[78] *«Constitutions and ordinances»* als Synonyme verwendet. Der Begriff *constitution* hat viele andere Bedeutungen in der Physik und in der Politik, doch in der Jurisprudenz bedeutet er, wann immer er auf einen Akt der Legislative angewandt wird, unveränderlich Statut, Gesetz oder Verordnung, und darum geht es. Es kann daher aus dieser Benennung kein Schluß gezogen werden hinsichtlich einer anderen Bedeutung.

Ganz im Gegenteil, wir könnten folgern, daß man durch die Verwendung eines mit Verordnung oder Statut synonymen Begriffs beabsichtigte, es solle eine Verordnung oder ein Statut sein. Doch welche Konsequenz hat die ursprüngliche Bedeutung, wenn ihre Befugnisse in Abrede gestellt werden? Erhielt man, sofern man die Absicht hatte, mehr zu tun, als man zu tun befugt war, Macht? Nicht der Name, sondern die Autorität macht einen Akt bindend. Lord Coke sagt[79]: «Ein Artikel des Statuts 11 R. 2. c. 5., demzufolge niemand versuchen solle, irgendeine damals gemachte Verordnung rückgängig zu machen, wird außer Kraft gesetzt, da eine solche Einschränkung gegen die Jurisdiktion und die Befugnis des Parlaments gerichtet ist» (4. inst. 42.), und fährt sodann fort: «... verschiedene Parlamente haben versucht, nachfolgende Parlamente einzuschränken, konnten dies jedoch nie bewirken, denn das nachfolgende Parlament hatte jeweils die Macht, das vorangegangene im Ganzen oder in Teilen seiner Gesetze abzuschaffen, aufzuheben, zu modifizieren, zu erläutern oder für ungültig zu erklären, ohne Rücksicht auf irgendwelche Worte der Einschränkung, des Verbots oder der Strafandrohung seitens des früheren. Denn in den Gesetzen des Parlaments gilt die Maxime: *‹weil nachfolgende Gesetze frühere gegenteilige Gesetze nichtig machen›*» (4. inst. 43.).

Um den magischen Zauber zu beseitigen, der in dem Wort *constitution* vermutet wird, wollen wir es in die Definition übersetzen, welche es von denen erhalten hat, die es als über der Macht des Gesetzes stehend betrachten. Wir wollen annehmen, statt «Wir, die gewöhnliche Legislative, führen eine Verfassung ein» hätte der Konvent gesagt: «Wir, die gewöhnliche Legislative, führen einen *über die Macht der gewöhnlichen Legislative hinausgehenden Akt* ein.» Zeigt sich hier nicht die Absurdität eines solchen Versuches?

Das Volk aber, sagen sie, habe es stillschweigend geduldet, und dadurch habe es eine über den Gesetzen stehende Autorität erhalten. Es ist wahr, daß das Volk nicht dagegen rebelliert hat. War es für das Volk etwa eine Zeit, um sich rebellierend zu erheben? Sollte man eine wohlüberlegte Duldung in schwieriger Zeit nun als Bestätigung eines jeden illegalen Vorgangs in jenem Zeitraum deuten? Überdies, weshalb sollten sie rebellieren? Sie hatten bei einer jährlichen Wahl Delegierte für ein Jahr bestimmt, welche die gewöhnlichen Befugnisse der Legislative ausüben und die große Auseinandersetzung bewältigen sollten, in die sie verwickelt waren. Diese Delegierten dachten, die Auseinandersetzung ließe sich am besten durch die Einrichtung von Herrschaftsinstitutionen bewältigen. Sie beschlossen deshalb unter anderem eine Verordnung zur Errichtung einer politischen Herrschaftsordnung. Sie maßten sich nicht an, diese immerwährend und unabänderlich zu nennen. Sie wußten gut, daß sie dazu keine Befugnis hatten, daß wir sie nicht zu diesem Zweck gewählt hatten und die Wahl zu einem Zeitpunkt geschehen war, an dem wir keinen derartigen Zweck in Betracht ziehen konnten. Wäre eine unabänderliche Form von Herrschaftsinstitutionen in Erwägung gezogen worden, hätten wir vielleicht ganz andere Leute gewählt. Deshalb gab es für das Volk keinen Grund, sich rebellierend zu erheben.

Doch zu welchen gefährlichen Weiterungen wird dieses Argument führen? Hat die stillschweigende Duldung der Kolonien gegenüber den verschiedenen von Großbritannien in unseren Anfängen durchgeführten Hoheitsakten diese Akte bestätigt und so weitgehend mit der Autorität des Volkes ausgestattet, daß sie unabänderlich geworden sind, unser gegenwärtiger Widerstand also falsch wäre? Muß sich das Volk bei jeder unbevollmächtigten Machtausübung der Legislative rebellierend erheben, damit sein Schweigen nicht als Preisgabe seiner Befugnisse ausgelegt wird? Wenn dem so ist, wie viele Rebellionen hätten wir denn bereits haben müssen? Bestimmt eine für jede Sitzungsperiode der Versammlung. Die anderen Staaten der Union waren der Meinung, daß das

Volk Personen mit besonderen Machtbefugnissen delegieren müsse, um eine politische Ordnungsform zu schaffen, die durch gewöhnliche Legislativentscheidungen nicht verändert werden kann. Demgemäß haben sie besondere Konvente bestimmt, die ihre Herrschaftsinstitutionen gestalten und festlegen sollen. Deshalb sollten die Einzelpersonen, die in diesem Lande die gegenteilige Meinung vertreten, mit der nötigen Bescheidenheit annehmen, daß sie unrecht haben und das übrige Amerika recht hat. Doch wenn es auch nur die Möglichkeit gäbe, daß sie sich irren, wenn zumindest ein berechtigter Zweifel an der Gültigkeit der Verordnung zur Einrichtung der Herrschaftsinstitutionen besteht, ist es dann nicht besser, diesen Zweifel auszuräumen, indem man eine Grundlage schafft, die niemand in Frage stellen kann? Angenommen, sie haben recht, werden wir nur die unnötige Mühe haben, einmal im Konvent zusammenzukommen. Wenn sie unrecht haben, setzen sie uns der Gefahr aus, überhaupt keine fundamentalen Rechte zu haben. Es stimmt, dies ist nicht die Zeit, um über Herrschaftsinstitutionen nachzusinnen. Solange in unseren Eingeweiden ein Feind sitzt, ist es das oberste Ziel, ihn zu verjagen. Doch wenn dies getan sein wird, wenn der Friede errichtet ist und wir die Muße haben, die Rechte, für die wir Blut geopfert haben, in guten Formen zu bewahren, soll niemand so träge sein, sich der weiteren Mühe zu entziehen, sie dahin zu stellen, wo Fragen sie nicht mehr erreichen. Wenn noch etwas erforderlich wäre, um zu der Überzeugung zu gelangen, es sei dringend erforderlich, zu gegebener Zeit einen Konvent einzuberufen, der unsere Herrschaftsinstitutionen festlegt, dann sei es die Überlegung, daß

sechstens die Versammlung eine Befugnis besitzt, das Quorum ihrer eigenen Körperschaft festzulegen, welche für uns gesetzgebend tätig wird. Nach der Errichtung der neuen Form hielten sie sich an das *Recht der Mehrheit,* das im Gewohnheitsrecht wie auch im allgemeinen Rechtsempfinden verankert ist.[80] Es ist dies das natürliche Recht einer jeden Versammlung von Menschen, deren Quorum für Entscheidungen nicht durch irgendein anderes Gesetz festgelegt ist.[81] Eine Zeitlang hielt unsere Legislative die Anwesenheit einer Mehrheit ihrer Gesamtzahl für erforderlich, um ein Gesetz zu verabschieden. Doch das britische Parlament legt sein eigenes Quorum fest; unsere früheren Versammlungen legten ihr eigenes Quorum fest, und ein Präzedenzfall zugunsten einer Machtbefugnis ist stärker als hundert, die dagegen sprechen. Die Delegiertenversammlung (House of delegates) hat deshalb auch kürzlich beschlossen, daß während der gegenwärtigen gefährlichen Invasion vierzig Mitglieder ein Abgeordnetenhaus darstellen, welches an die Arbeit gehen kann. Dabei war die Befürchtung ausschlaggebend, kein beschlußfähiges Haus zusammenbringen zu können. Diese Gefahr konnte sie jedoch nicht autorisieren, etwa ein Haus zu nennen, das keines war; und wenn sie dafür eine Zahl festlegen dürfen, so dürfen sie auch eine andere festlegen, bis es seine grundlegende Eigenschaft verliert, eine repräsentative Körperschaft zu sein. Wenn dieser Beschluß nach der gegenwärtigen Invasion seine Gültigkeit verliert, wird man vermutlich die frühere Regelung wieder aufleben lassen, denn zur Zeit gibt es keine bösen Absichten. Man hat sich jedoch zu der Machtbefugnis bekannt, das eigene Quorum festzulegen, und hat so einen Präzedenzfall geschaffen. Von vierzig wird man die Zahl auf vier herabsetzen können, und von vier auf einen; von einem Haus zu einem Komitee, von einem Komitee zu einem Vorsitzenden oder Sprecher, und auf diese Weise kann mit Hilfe von Formalien, die man für nicht regelwidrig hält, insgeheim eine Oligarchie oder Monarchie eingesetzt werden. Alle schlechten Beispiele stammen von guten ab; doch wenn die Macht zu den Unwissenden oder zu den nicht so Guten kommt, wird das neue Beispiel von den Würdigen und Geeigneten zu den Unwürdigen und Ungeeigneten geleitet. Wenn man also in Betracht zieht, daß es keinen gesetzlichen Hinderungsgrund für die Übernahme aller legislativen, exekutiven und gerichtlichen Gewalt durch die Versammlung gibt und daß diese Gewalt in die Hände des kleinsten Delegationsrestes gelangen kann, dann wird das Volk doch wohl sagen, und seine Abgeordneten werden es, solange es noch ehrliche Abgeordnete hat, entsprechend beraten: Man sollte keine Akte als Gesetze anerkennen, die nicht von der Delegiertenmehrheit beraten und befürwortet worden sind.

Zählt man die Schwächen der Verfassung (constitution) auf, wäre es falsch, das mitzuzählen, was nur auf Irrtümern bestimmter Personen beruht. Im Dezember 1776, als unsere Lage sehr bedrohlich war, wurde in der Delegiertenversammlung vorgeschlagen, einen *Diktator* zu schaffen, der mit aller legislativen, exekutiven und gerichtlichen Gewalt, sowohl im zivilen wie im militärischen Bereich, auszustatten sei über Leben und Tod, über unsere Menschen und über unseren Besitz. Und im Juni 1781 wurde, ebenfalls unter widrigen Umständen, derselbe Antrag erneut gestellt, und zu seiner Verabschiedung fehlten nur ein paar Stimmen. Ein Mensch, der sich auf diese Auseinandersetzung aus reiner Freiheitsliebe und aus einem verletzten Rechtsgefühl eingelassen hat; der entschlossen war, jedes Opfer zu bringen, jeder Gefahr zu begegnen, um jene Rechte auf einer festen Grundlage neu zu errichten; der nicht die Absicht hatte, sein Blut und seine Kraft herzugeben für den elenden Zweck, einen Herren gegen einen anderen einzutauschen, sondern die Gewalt des Regierens in eine Vielzahl von Händen seiner Wahl legen wollte, so daß ihn in Zukunft niemandes korrupter Wille unterdrücken würde – er muß bestürzt und voll Abscheu sein, wenn er erfährt, daß ein beträchtlicher Teil jener Vielzahl erwogen hatte, alles in eine einzige Hand zu legen und ihn statt einem konstitutionellen Monarchen einem despotischen auszuliefern!

Wie mißbraucht und wie unnütz müssen seine Bemühungen und Opfer erscheinen, wenn er immer noch durch eine einzige Abstimmung gezwungen werden kann, sich einem Mann zu Füßen zu legen! Im Namen Gottes, woher haben sie diese Macht abgeleitet? Etwa von unseren alten Gesetzen? Kein derartiges kann zum Vorschein gebracht werden. Etwa aus irgendeinem ausdrücklichen oder implizierten Prinzip in unserer neuen Verfassung? Jede ausdrücklich festgeschriebene oder implizierte Einzelheit steht dazu in vollem Widerspruch. Das grundlegende Prinzip lautet, daß der Staat als Gemeinwesen (commonwealth) regiert werden soll. Es wird eine republikanische Staatsform errichtet und unter der Bezeichnung *Prärogative* (prerogative) die Ausübung aller von den Gesetzen nicht definierten Gewalt verboten; auf diese Grundlage wird das ganze System unserer Gesetze gestellt, und es wird, indem sie zu einem Ganzen vereint werden, bestimmt, daß sie gemeinsam stehen oder fallen sollen; und es wird keine Vorkehr getroffen für Umstände oder auch deren Entstehungsmöglichkeit, zu denen sie aufgehoben werden sollten – nein, keinen Augenblick lang.

Unsere alten Gesetze erklären ausdrücklich, daß diejenigen, die lediglich selbst Delegierte sind, Machtbefugnisse, welche bei ihrer Ausübung Urteilskraft und Integrität erfordern, nicht an andere delegieren dürfen. Oder wurde der Antrag (auf Einrichtung einer temporären Diktatur; der Hrsg.) eingebracht aufgrund eines angenommenen Rechts seitens der Antragsteller, sie dürften ihren Posten in einem Augenblick der Gefährdung aufgeben? Dieselben Gesetze verbieten die Aufgabe jenes Postens, selbst bei gewöhnlichen Gelegenheiten; und um so mehr eine Überleitung der Macht in andere Hände und andere Formen ohne eine Befragung des Volkes. Sie lassen niemals die Vorstellung zu, daß das Volk wie Schafe oder Vieh ohne einen Appell an seinen eigenen Willen von Hand zu Hand weitergereicht werden darf.

Geschah es aus der Notwendigkeit des Falles heraus? Notwendigkeiten, die eine Herrschaftsinstitution auflösen, leiten deren Autorität nicht an eine Oligarchie oder an eine Monarchie weiter. Sie werfen die Machtbefugnisse in die Hand des Volkes zurück, das diese delegiert hatte, und überlassen es den Individuen, sich selbst weiterzuhelfen. Ein Anführer kann sich anbieten, aber nicht sich aufzwingen oder ihnen aufgezwungen werden. Noch viel weniger kann ihr Nacken unter sein Schwert gebeugt, ihr Atem nach seinem Willen oder seiner Laune angehalten werden. Die Notwendigkeit, die solche gewaltigen Auswirkungen nach sich zieht, sollte zumindest offensichtlich und unwiderstehlich sein. Doch in beiden Fällen, in denen dies befürchtet oder uns vorgespiegelt wurde, wurde es durch das Ereignis selbst Lügen gestraft. Es wurde auch durch die vorangegangene Erfahrung unserer Bruderstaaten Lügen gestraft, von denen verschiedene mit viel größeren Schwierigkeiten fertig geworden waren, ohne ihre Herrschaftsinstitutionen aufzugeben.

Als der Antrag erstmals gestellt wurde, hatte Massachusetts gerade sogar eine bloße Komitee-Regierung für ausreichend erachtet, um es durch eine Invasion zu bringen. Wir hingegen hatten zum Zeitpunkt der Antragstellung unter keiner Invasion zu leiden. Als der zweite gestellt wurde, waren zu dem erwähnten Beispiel Rhode Island, New York, New Jersey und Pennsylvanien hinzugekommen; in diesen allen hatte man die republikanische Staatsform angemessen gefunden, um die härtesten Prüfungen durchzustehen. Existierte lediglich in diesem Staat so wenig Tugend, daß Furcht in die Herzen der Menschen gebracht werden mußte, die zum Motiv ihrer Anstrengungen und zum Prinzip ihrer Herrschaftsinstitutionen werden sollte? Der Gedanke allein war Verrat am Volk, war Verrat an der Menschheit im allgemeinen; es war, als machte man die Ketten für immer fest, die den Nacken der Menschen hinunterziehen, indem man ihren Unterdrückern einen Beweis gab, den diese im ganzen Universum herumposaunt hätten – von der schwachköpfigen Unfähigkeit der republikanischen Regierungsform, sie in der Zeit drückender Gefahr vor Schaden zu bewahren. Jene, die sich das Recht anmaßen, die Zügel der Regierung aus der Hand zu geben, müssen sicher sein, daß die Herde, die sie weiterleiten zum Rutenbündel und Beil des Diktators, den Hals auf den Block legen wird, sobald er mit dem Kopf nickt.

Doch wenn unsere Versammlungen in unserem Volk eine solche Resignation vermutet haben, dann haben sie sich, so hoffe ich, in seinen Charaktereigenschaften getäuscht. Ich bin der Meinung, daß die

Herrschaftsinstitutionen, statt angesichts der Schwierigkeiten für größere Anstrengungen gewappnet und gestärkt worden zu sein, zurückgeschraubt worden wären auf die stümperhafte Maschinerie der Grafschaftskomitees, die für Verwaltungszwecke eingerichtet sind, bis ein Konvent hätte einberufen und seine Räder wieder in regelmäßige Bewegung hätten gesetzt werden können.

Was war dies doch für ein schrecklicher Augenblick, eine derart peinliche Angelegenheit in die Welt zu setzen, die Verbundenheit unserer Landsleute mit der republikanischen Regierungsform auf die Probe zu stellen! Die Wohlmeinenden unter den Befürwortern dieser Maßnahme (und die meisten von ihnen waren wohlmeinend, denn ich kenne sie persönlich, sie waren Mitstreiter für die Sache des Volkes gewesen und hatten oft die Lauterkeit ihrer Prinzipien unter Beweis gestellt) waren in ihrem Urteil verführt worden durch das Beispiel einer antiken Republik, deren Verfassung und Umstände grundlegend verschieden gewesen waren. Sie hatten diesen Präzedenzfall in der Geschichte Roms gesucht, denn nur dort war er zu finden, und dort hatte er sich schließlich auch als verhängnisvoll erwiesen. Sie hatten ihn von einer durch bitterste Zwietracht und Tumulte erschütterten Republik übernommen, in der die Regierung über ein wildes, von Armut und Elend zur Verzweiflung getriebenes Volk aus einer strengen, gefühllosen Aristokratie bestand. Die Tumulte konnten auch unter den schwierigsten Umständen nicht besänftigt werden, sondern erst durch die allgewaltige Hand eines einzelnen Despoten. Ihre Verfassung erlaubte deshalb die Einrichtung eines temporären Tyrannen unter der Bezeichnung Diktator; und dieser temporäre Tyrann wurde nach wenigen Erprobungen eine Dauereinrichtung. Sie wandten den Präzedenzfall mißbräuchlich auf ein Volk an, das zur Milde disponiert war, das Prüfungen geduldig ertrug, das in freiheitlichem Geist vereint und seinen Anführern zugetan war.

Doch wenn sich aus der Verfassung des römischen Staates für den Senat eine Machtbefugnis ableiten ließ, alle Rechte dem Willen eines einzelnen Mannes unterzuordnen, folgt dann daraus, daß die Versammlung von Virginia dieselbe Autorität hatte? Welche Klausel in unserer Verfassung hat im Wege einer Ersatzverfügung für alle nicht anderweitig geregelten Fälle die römische Lösung eingesetzt? Oder wenn sie nach Belieben jede andere Herrschaftsform übernehmen dürfen, um nach Präzedenzfällen über uns zu herrschen: Für welche Unterdrückung ließe sich denn kein Präzedenzfall finden in dieser Welt des *Krieges aller Menschen gegen alle Dinge?* –

Wenn ich nach den Grundlagen für diesen Antrag suche, vermag ich keine zu finden, die auch nur einen Anschein des Rechts oder der Vernunft vorweisen können, sondern nur den schon zuvor entwickelten Defekt: daß, da es keine Schranke zwischen den legislativen, exekutiven und gerichtlichen Zweigen der Staatsgewalt gibt, die Legislative sich des Ganzen bemächtigen kann; daß danach, wenn sie dazuhin berechtigt ist, ihr eigenes Quorum festzulegen, dieses Quorum auf eine Person reduziert werden mag, die sie vielleicht als Vorsitzenden, Sprecher oder Diktator bezeichnet oder mit sonst einem Namen benennt, der ihr gefällt.

Unsere Lage ist in der Tat gefahrvoll, und ich hoffe, daß meine Landsleute das spüren und zu gegebener Zeit das richtige Heilmittel anwenden werden: Es besteht aus einem Konvent, welcher die Verfassung verankert, ihre Fehler verbessert, die verschiedenen Einrichtungen des Staatswesens durch bestimmte Gesetze in eine solche Ordnung zusammenfügt, daß bei einer Überschreitung dieser Ordnung ihre Akte für nichtig erklärt werden sollen; welcher (durch geeignete institutionelle Vorkehrungen; der Hrsg.) einen Appell an das Volk (oder mit anderen Worten eine Rebellion) bei jedem Eingriff in seine Rechte unnötig macht auf die Gefahr hin, daß seine stillschweigende Duldung als Absicht gedeutet werden möge, diese Rechte aufzugeben.[82]]

13.

Von der Handhabung der Gerechtigkeit und den Gesetzen[83]

Der Staat ist in Grafschaften unterteilt. In jeder Grafschaft sind Magistratspersonen angestellt, die den Titel Friedensrichter führen, je nach der Größe des Distrikts zwischen acht und 33 oder 40 an der Zahl sind und zu den redlichsten und einsichtsvollsten Einwohnern gehören. Sie werden von ihren Mitbürgern nominiert, erhalten aber ihre Bestallung vom Gouverneur und dienen ohne Entgelt. Diese Magistratspersonen haben sowohl die Kriminal- als auch die Zivilgerichtsbarkeit in Händen. Haben sie allein über eine Rechtsfrage zu befinden, entscheiden sie allein; bedingt die Angelegenheit aber auch eine Tatsachenerhebung, muß sie vor ein Geschworenengericht gebracht werden. Betrifft die Sache aber ein Faktum und die Anwendung der Gesetze zugleich, so urteilen die Geschworenen über ersteres und überlassen die rechtliche Entscheidung den Richtern.

Diese Aufteilung hängt jedoch nur von ihrem beiderseitigen Ermessen ab. Sollte aber eine Rechtsfrage die allgemeine Freiheit betreffen oder der Richter in einer Angelegenheit unter dem Verdacht der Befangenheit stehen, so entscheiden die Geschworenen sowohl über das Faktum als auch über die Anwendung der Gesetze. Sollten die Geschworenen irren, so ist eine zufällige Entscheidung gegen Recht oder Gesetze für den Staat weniger gefährlich und der unterlegenen Partei lange nicht so nachteilig, als wenn sie im Rahmen eines durchregulierten und gleichförmigen Systems getroffen wird. In der Tat ist es besser, eine Sache durchs bloße Ungefähr entscheiden zu lassen als von einem Richter, dessen Verstand in besonderen Fällen von diesen oder jenen Beweggründen regiert und geleitet wird.

Denn der gesunde Menschenverstand von zwölf ehrlichen Männern bietet immer noch eine bessere Chance für eine gerechte Entscheidung als das Risiko gleichsam einer Art Würfelspiel. Die Richter lassen ihre Entscheidung durch den Sheriff oder Coroner* der Grafschaft oder durch Gerichtsbedienstete vollstrecken, die sie selbst ernennen. Begeht ein freier Mann ein Vergehen gegen den Staat, muß er, sofern es keine Felonie** ist, sich beim Friedensrichter verbür-

* Der Coroner ist in England eine Gerichtsperson, die die Freisassen jeder Grafschaft wählen und von denen gewöhnlich vier in jeder Grafschaft dieses Amt auf Lebenszeit bekleiden. Das Amt besteht hauptsächlich darin, die Todesursache zu untersuchen, wenn jemand ermordet worden oder plötzlich oder im Gefängnis gestorben ist. Der Coroner muß aber immer den Leichnam vor sich haben oder *super visum corporis* richten. Auch muß er einen entdeckten Mörder zur weiteren Untersuchung verhaften lassen.

** Nach englischem Gesetz werden alle Verbrechen in Hochverrat, geringen Verrat und Felonie unterteilt. Zur letzten Klasse werden solche Verbrechen gerechnet, die nur mit der Einziehung der Güter bestraft werden; dazu kommt aber gewöhnlich

gen, vor Gericht auf die Klage oder Anzeige zu antworten. Hat er Felonie begangen, so wird er arretiert und eine Versammlung von Friedensrichtern seinetwegen einberufen. Finden ihn diese bei der Untersuchung schuldig, wird er ins Gefängnis des Obergerichts gebracht, vor letzterem hernach durch eine Grand Jury, nämlich durch 24 Geschworene, gerichtet, von denen aber mindestens dreizehn gleicher Meinung sein müssen. Halten ihn diese ebenfalls für schuldig, so richten ihn zuletzt zwölf Geschworene der Grafschaft, in der das Verbrechen begangen wurde; diese erklären einmütig und ohne eine weitere Appellationsmöglichkeit, ob er freigesprochen oder verurteilt werden soll. Ist der Verbrecher aber ein Sklave, so kann das Grafschaftsgericht das Endurteil über ihn fällen. Indessen hat der Gouverneur bei allen diesen Vergehen, Hochverrat ausgenommen, die Macht, Begnadigungen zu erteilen. Bei Hochverrat kann eine Begnadigung nur von der Legislative (General Assembly) ausgesprochen werden.

In Zivilsachen liegt die Rechtsprechung in Fällen von hohem oder geringem Wert mit Ausnahme solcher, die vor die Admiralitätsgerichte gehören, bei den Friedensrichtern. Diese Gerichtsbarkeit hat zwei Teile. Es kann nämlich ein Einzelrichter an jedem Ort und zu jeder Zeit Streitigkeiten entscheiden, wenn sie

---

eine lebenslange Gefängnisstrafe. Zu dieser Gattung werden unter anderem gezählt: Falschmünzerei, Desertion, Raub, Notzucht usw.

im Wert unter 4 1/6 Dollar liegen, und auch die Exekution darüber verfügen. Betrifft der Streit aber Dinge von größerem Wert, so muß er vom Grafschaftsgericht entschieden werden. Dieses besteht aus mindestens vier Friedensrichtern, die sich im Gerichtshof ihrer Grafschaft an einem bestimmten Tag eines jeden Monats versammeln. Nach ihrer Entscheidung kann man, wenn der Streitwert über zehn Pfund Sterling[84] liegt oder Rechtstitel auf Ländereien beziehungsweise Grenzziehungen strittig sind, an einem der oberen Gerichtshöfe Berufung einlegen.

Wir haben drei Obergerichte, nämlich das Hohe Kanzleigericht, das Allgemeine Gericht und das Admiralitätsgericht. Die beiden ersteren nehmen Appellationen von den Grafschaftsgerichten entgegen und haben auch eine originäre Rechtsbefugnis in Fällen, wo der Streitwert zehn Pfund Sterling und mehr beträgt oder vom Rechtstitel auf Ländereien oder von Grenzziehungen die Rede ist. Die Rechtsprechung des Admiralitätsgerichts ist rein originärer Natur. Das Hohe Kanzleigericht besteht aus drei Richtern; das Allgemeine Gericht aus fünf und das Admiralitätsgericht aus drei. Die beiden ersten Gerichte halten ihre Sitzungen zu bestimmten Zeiten in Richmond ab, das Kanzleigericht zweimal im Jahr und das Allgemeine Gericht zweimal für Zivil- und Kriminalsachen, außerdem aber noch zweimal allein für besondere Kriminalfälle; das Admiralitätsgericht hingegen hält seine Sitzungen in Williamsburg ab, wann immer ein Streitfall beizulegen ist.

Es gibt ein oberstes Gericht, welches Appellationsgericht (Court of Appeals) genannt wird und aus den Richtern der vorher erwähnten drei Obergerichte besteht*, die sich zweimal im Jahr zu bestimmten Zeiten in Richmond versammeln. Dieses Gericht nimmt Berufungen in Zivilsachen von den drei oberen Gerichten entgegen und entscheidet in letzter Instanz, hat aber sonst keine eigene Gerichtsbarkeit.

Wenn zwischen zwei Fremden einer Nation, die mit den Vereinigten Staaten verbündet ist, Streitigkeiten entstehen, so werden sie von dem Konsul ihres Staates entschieden oder, wenn beide Parteien zustimmen, von den gewöhnlichen Gerichtshöfen. Ist unter den Streitenden aber nur ein Fremder, so muß die Sache vor den einheimischen Gerichten ausgemacht werden. Ist sie aber bei einem Grafschaftsgericht anhängig gemacht worden, so kann der Ausländer sie vor das Allgemeine Gericht oder das Kanzleigericht bringen, die die Sache bei der ersten Sitzung entschei-

* Auch dieses Appellationsgericht ist nach einem englischen geformt, nämlich der sogenannten Exchequerkammer. An diese geht die Appellation von den drei hohen britischen Gerichtshöfen, und die Mitglieder derselben sind ebenfalls die Oberrichter von England. Doch mit dem Unterschied, daß diejenigen Oberrichter, vor deren Gerichtshof die Sache anhängig gewesen, von der Exchequerkammer ausgeschlossen sind. Will man also in England von einer in der sogenannten King's Bench gesprochenen Sentenz appellieren, so besteht die Exchequerkammer aus den vier Richtern des Hofes der allgemeinen Prozesse und ebenso vielen Mitgliedern des Schatzkammergerichtes.

den müssen, was auch zu geschehen hat, falls sie dort ihren Anfang genommen hat. In Fällen, wo es um Leben oder Tod geht, haben Ausländer das Recht, von einer Jury abgeurteilt zu werden, die je zur Hälfte aus Ausländern und Einheimischen besteht.

Alle öffentlichen Rechnungsabschlüsse werden von einem Rechnungshof (Board of Auditors) abgenommen, der drei von der Legislative ernannte Mitglieder hat, von denen zwei die Geschäfte allein verrichten dürfen. Jeder einzelne Bürger aber, der mit den Entscheidungen des Rechnungshofes unzufrieden ist, kann sich an die zuständigen Obergerichte wenden.

Von den Gesetzen

Die Allgemeine Versammlung (General Assembly) wurde, wie schon erwähnt, durch Stiftungsbriefe vom 9. März 1607 im vierten Regierungsjahr Jakobs I. konstituiert. Die Gesetze von England scheinen durch gemeinschaftliche Einwilligung der Kolonisten übernommen worden zu sein, was leicht zu bewerkstelligen war, da sie noch wenige waren und nahe beisammen wohnten. Doch haben wir von dieser Übernahme keinen anderen Beweis als den ihrer Praktizierung bis zum Jahr 1661, als sie durch einen Beschluß dieser Versammlung ausdrücklich angenommen wurden, jedoch mit der Einschränkung, daß «unterschiedliche Umstände» sie nicht unanwendbar machen. Nach dieser Annahme wurde in unseren Gerichtshöfen in der Regel nach dem englischen Common Law und nach den Statuten aus der Zeit vor dem vierten Regierungsjahr Jakobs verfahren. Doch sollten keine britischen Statuten jüngeren Datums gültig sein, wenn wir in denselben nicht ausdrücklich genannt wären, sagten die Richter und andere Anhänger der Krone; diejenigen aber, die freier dachten, sagten, sie sollten nicht gelten, ob wir nun darin genannt wären oder nicht.

Es wird nicht nötig sein, hier etwas über die englischen Gesetze zu sagen, da diese in englischen Veröffentlichungen zugänglich sind. Es sind ihnen aber in der Folge durch die Legislative in Virginien eine Anzahl Verordnungen hinzugefügt worden, von denen wir einige, die von dem britischen Modell abweichen, anführen wollen:

Schuldner, die außerstande sind, ihre Schulden zu bezahlen, aber redlich ihr ganzes Eigentum den Gläubigern überlassen haben, werden auf freien Fuß gesetzt; ihre Person wird auf immer von aller Haft für diese früheren Schulden freigesprochen, doch fällt alles in der Folge erlangte Eigentum den Gläubigern anheim, bis deren Forderungen befriedigt sind.

Die Armen, die sich nicht selbst ernähren können, werden durch eine von allen Zehntpflichtigen ihres Kirchspiels zu erbringende Abgabe versorgt. Diese Abgabe erheben und verwalten in jedem Kirchspiel zwölf Personen, die *vestrymen*[85] heißen und ursprünglich von den im Kirchspiel ansässigen Haushaltsvorständen gewählt wurden; später aber besetzten sie frei gewordene Plätze nach eigener Wahl. Gewöhnlich nimmt man dazu die umsichtigsten Farmer, die im Kirchspiel so verteilt sind, daß jeder von ihnen eine Gegend genau vor Augen hat. Sie sind mit den Einzelheiten und den wirtschaftlichen Umständen des häuslichen Lebens vertraut und finden in ihrer Menschenliebe, der Achtung ihrer Nachbarn und der darin liegenden Auszeichnung Beweggründe genug zur gewissenhaften Erfüllung ihrer Pflicht.

Diejenigen Armen, die weder Eigentum, Verwandte noch Kraft zum Arbeiten haben, werden bei guten Farmern in Kost gegeben, denen man jährlich eine bestimmte Summe zahlt. Andere, die sich noch einigermaßen helfen können oder von ihren Verwandten eine gewisse, jedoch zum Unterhalt nicht hinreichende Unterstützung erhalten, bekommen Zuschüsse, so daß sie bequem in ihren eigenen Wohnungen oder bei ihren Verwandten leben können. Vagabunden, die kein Eigentum oder Gewerbe haben, von dem sie leben können, werden in Arbeitshäuser gebracht, wo sie gut gekleidet, ernährt und untergebracht werden, dabei aber arbeiten müssen. Eine ähnliche Form der Armenfürsorge ist in allen amerikanischen Staaten anzutreffen, und von Savannah bis nach Portsmouth wird man auch selten einen Bettler sehen. In den größeren Städten sieht man sie wohl zuweilen, dies sind aber gewöhnlich Ausländer, die nie einen festen Wohnsitz in einem Kirchspiel eingerichtet haben.

Einen geborenen Amerikaner habe ich noch nie auf den Gassen oder den Landstraßen betteln sehen. Hier kann jeder leicht seinen Unterhalt finden, und wenn einer durch Unglücksfälle gezwungen wird, sich auf die Freigebigkeit anderer zu verlassen, so sind die Einrichtungen seines Vaterlandes so wohltätig und so sicher, daß es keinem einfallen kann, ihnen zu entsagen und als Landstreicher herumzuirren.

Auch wenn sie krank sind, ist ihre Lage im Hause eines gutherzigen Farmers, wo jedermann bestrebt ist, ihnen kleine Leckereien zu bringen, die ihr kranker Appetit fordert, und, wenn die Umstände es erfordern, bei ihnen im Wechsel die Nächte zu wachen, gewiß ungleich besser als in einem allgemeinen Hospital, wo die Kranken, die Sterbenden und die Toten in denselben Zimmern und oft sogar in denselben Betten zusammengedrängt liegen. Die mit allgemeinen Hospitälern verbundenen Nachteile sind so groß, daß sie nicht durch alle Sorgfalt bei der Medizin und der Diät aufgewogen werden. Die Natur und gute Pflege erhalten eine weit größere Anzahl Menschen am Leben, mit weit geringeren Kosten und weniger Mißständen. Lediglich ein Teil des Krankenhauswesens fehlt bei uns, nämlich eine Einrichtung für schwere chirurgische Fälle. Bei solchen Fällen ist der Vorteil ganz unzweideutig, und doch ist es nicht möglich, in jedem Kirchspiel einen fähigen Chirurgen zu finden. Man müßte daher ausschließlich für solche Patienten entsprechende Anstalten errichten.

Eheschließungen geschehen entweder mittels eines besonderen Trauscheins, der bei minderjährigen Personen von der höchsten Magistratsperson der Grafschaft nach Überprüfung der Zustimmung der Eltern oder Vormünder ausgestellt wird, oder nach öffentlicher Ankündigung an drei verschiedenen Sonntagen in einem Gotteshaus des Kirchspiels, in dem beide Parteien wohnen. Die Trauung kann durch irgendeinen Geistlichen einer christlichen Glaubensgemeinschaft geschehen, der vom Gerichtshof der Grafschaft zuvor dazu bestellt worden ist. Quäker und Mennoniten aber sind von allen diesen Vorschriften befreit und können Trauungen nach den Gesetzen ihrer Sekten vollziehen.

Ein Ausländer, der einer nicht mit uns in offenem Kriegszustand befindlichen Nation angehört, wird dadurch naturalisiert, daß er seinen Wohnsitz in diesen Staat verlegt und einen Treueid ablegt; dies verschafft ihm alle Rechte des Bürgers. Staatsbürger können sich dieser Eigenschaft entledigen, indem sie in einer feierlichen Erklärung oder vor einem öffentlichen Gericht bekanntgeben, daß sie ihr Vaterland zu verlassen gedenken und nicht länger Bürger dieses Staates sein wollen.

Veräußerungen von Ländereien müssen bei dem Gericht der Grafschaft, in dem sie liegen, registriert werden, sonst sind sie, was die Gläubiger oder zukünftige Käufer betrifft, ungültig.

Sklaven werden durch Erbschaft und als Mitgift wie Ländereien übertragen. Fallen sie vom Vater an den Sohn, ist letzterer gehalten, seinen Geschwistern einen gleichen Anteil ihres Wertes in Geld auszuzahlen. Sklaven wurden während der Monarchie genauso wie Ländereien als unveräußerliches Erbgut behandelt; durch ein Gesetz des ersten republikanischen Parlaments sind aber Erben, gegenwärtige wie zukünftige, mit völlig ungebundener Herrschaft über die (bislang) unveräußerliche Sache ausgestattet worden.

Wechselbriefe tragen von ihrem Datum an zehn Prozent Zinsen. In keinem anderen Fall wird es jedoch jemandem erlaubt, für ein Darlehen mehr als fünf Prozent Jahreszinsen zu nehmen. Spielschulden sind ungültig, und tatsächlich zur Tilgung solcher Schulden entrichtete Beträge kann der Auszahler, wenn sie sich auf mehr als 40 Shilling belaufen, innerhalb von drei Monaten zurückfordern oder ein anderer nach dieser Zeit.

Tabak, Mehl, Rindfleisch, Schweinefleisch, Teer, Pech und Terpentin müssen vor dem Export von dazu bestellten Personen kontrolliert werden.

Die Errichtung neuer Eisenhämmer und Mühlen wird durch allerlei Privilegien gefördert; dabei wird jedoch dafür gesorgt, daß die Dämme kein Hindernis für die Schiffahrt darstellen. Bei verschiedenen Gelegenheiten hat die Allgemeine Versammlung auch eine große Bereitwilligkeit gezeigt, diejenigen zu unterstützen, welche die großen Wasserfälle des James River und des Potomac schiffbar machen wollen. Bis jetzt ist keines von beiden Zielen erreicht worden.

Es gibt auch Gesetze, welche die Erhaltung und Veredelung der nützlichen Tiere wie Pferde, Rinder und Hirsche sowie die Ausrottung der schädlichen, so der Wölfe, Eichhörnchen, Krähen und Amseln, bezwecken. Gesetze tragen auch für die Gesundheit der

Bürger Sorge, indem sie verdächtige Schiffe, die in den Staaten ankommen, Quarantäne zu halten nötigen und Leuten, die mit ansteckenden Krankheiten behaftet sind, Verhaltensregeln vorschreiben.

Während der allerersten Anfänge der Besiedlung Virginiens erwarb man Ländereien, indem man in der Allgemeinen Versammlung darum nachsuchte. Wenn das erbetene Land nicht mehr in den Händen der Indianer war und die Versammlung das Ersuchen billigen konnte, überließ sie das Land dem Bittsteller; hatten es die Indianer aber noch nicht abgetreten, mußte der Kolonist zuerst ihre Rechte erkaufen. Die Zuverlässigkeit dieses Kaufkontrakts wurde sodann durch Erkundigungen bei den indianischen Eigentümern untersucht; war die Versammlung überzeugt, daß alles redlich und ehrlich zugegangen war, untersuchte man, ob das Ersuchen vernünftig war und mit den Richtlinien übereinstimmte; je nachdem, wie das Ergebnis lautete, wurde der Antrag genehmigt oder abgelehnt. In einigen Fällen vergab auch die Gesellschaft (gemeint ist die Virginia Company; der Hrsg.) Ländereien unabhängig von der Versammlung.

Als die Kolonie wuchs und Einzelgesuche um Land rasch zunahmen, belastete es die Allgemeine Versammlung zu stark, jeden Einzelfall zu prüfen und die Schenkung auszufertigen. Sie hielt es daher für ratsamer, allgemeine Regeln aufzustellen, nach denen alle Verleihungen ausgefertigt werden sollten, und überließ es dem Gouverneur, diese Regeln anzuwenden und Verleihungen vorzunehmen. Diese allgemeinen

Boden- und Grundeigentumsgesetze wurden von Zeit zu Zeit revidiert, wenn sie sich als unvollkommen erwiesen. Diesen Gesetzen zufolge mußte ein Privatmann, der ein Stück Land zu besitzen wünschte, dieses von einem dazu bestellten Beamten untersuchen und ausmessen lassen. Die Breite mußte ein bestimmtes Verhältnis zur Länge haben. Die Verleihung mußte vom Gouverneur unterzeichnet werden, und die Ländereien mußten in einem festgelegten Zeitraum auf bestimmte Weise kultiviert werden.

Durch diese Vorschriften erhielt der Staat auch das ausschließliche Recht, sich von den Indianern Ländereien abtreten zu lassen; ihnen zufolge konnte der Landverkauf von Indianern an Privatleute keine Rechtstitel schaffen, welche die Gesetze anerkannten. In der Folge schloß der Staat oder die Krone daher von Zeit zu Zeit neue Kaufkontrakte mit den Indianern, und der Gouverneur verteilte die so erworbenen Ländereien in kleineren Parzellen nach den oben erwähnten Regeln, von denen weder er noch die Krone abweichen durften. Landverleihungen an Privatleute, bei denen die gesetzlichen Vorschriften nicht eingehalten worden waren, wurden stets für null und nichtig erklärt.

Seit der Errichtung unserer neuen Regierungsform ist es etwas anders. [Wer jetzt Ländereien, die sich noch niemand angeeignet hat, zu besitzen wünscht, zahlt an den Schatzmeister eine der Fläche angemessene Summe. Dann legt er die Quittung des Schatzmeisters den Rechnungsprüfern der Staatskasse vor, welche daraufhin die Summe auf der Debetseite des Schatzmeisters eintragen und den Grundbuchbeamten anweisen, dem Betreffenden eine Bescheinigung für sein Land zu geben. Mit dieser Bescheinigung vom Grundbuchamt geht er zum Vermessungsbeamten der Grafschaft, in welcher das von ihm gewünschte Land liegt. Dieser vermißt es und händigt ihm genaue Angaben in Form eines Zertifikats aus, welches der Betreffende dem Grundbuchamt vorlegt. Dort wird eine Landzuweisungsurkunde ausgestellt, die der Gouverneur unterschreibt. Dadurch wird der Betreffende uneingeschränkter Eigentümer des Landes. Er kann es vertraglich oder testamentarisch übertragen, an wen er will; ist kein Testament vorhanden, so hat er es seinen Erbberechtigten hinterlassen.]

Da viele der während der Monarchie geltenden Gesetze lediglich auf jene Regierungsform Bezug hatten oder Grundsätzen huldigten, die mit dem republikanischen Geist unvereinbar sind, hat die erste Volksvertretung, die nach der Errichtung des Freistaats zusammentrat, einem Komitee aufgetragen, den ganzen Kodex durchzugehen, ihn in eine gehörige Form zu bringen und der Versammlung vorzulegen. Diese Arbeit wurde von drei Herren ausgeführt, doch wird man vermutlich keine Folgen davon sehen, bis der wiederhergestellte Frieden den Gesetzgebern mehr Muße verschafft.[86]

[Der Revision lag folgender Plan zugrunde: Das englische ‹Common law›, also jener Teil des englischen Rechts, der schon vor den ältesten vorhandenen

Statuten existierte, bildet die Grundlage der Arbeit. Zu versuchen, dieses Gewohnheitsrecht schriftlich zusammenzufassen, hielt man für gefährlich; es sollte deshalb den bekannten Fundstellen entnommen werden. Notwendige Änderungen in diesem Recht sowie in denjenigen britischen Statuten und denjenigen Parlamentsakten, die beibehalten werden sollten, faßte man in 126 neue Gesetze. Dabei wurde eine möglichst einfache Ausdrucksweise angestrebt.]

Die wichtigsten Änderungsvorschläge sind:

Die Gesetze des Erbrechts sollen so verändert werden, daß die Güter eines Mannes, der ohne Testament stirbt, zu gleichen Teilen auf alle seine Kinder oder andere Erben aufgeteilt werden können.

Die Sklaven sollen wie anderes bewegliches Vermögen unter die nächsten Anverwandten verteilt werden können.

Alle öffentlichen Ausgaben, seien es solche des Staates, eines Kirchspiels oder einer Grafschaft, so zum Beispiel zur Unterhaltung der Armen, zum Bau von Brücken oder Gerichtshäusern und dergleichen, müssen durch Auflagen auf die Bürger nach dem Vermögen eines jeden aufgebracht werden.

Beauftragte für den Unterhalt der öffentlichen Verkehrswege sollen angestellt und die Personen entschädigt werden, durch deren Güter neue Straßen gezogen werden.

Die Regeln müssen genau bestimmt werden, nach denen ein Ausländer Bürger und ein Bürger Ausländer werden kann.

Die Religionsfreiheit muß auf einen unerschütterlich festen Grund gestellt werden.[87]

Alle Sklaven, die nach der Verabschiedung der Gesetzesvorlage geboren werden, sollen für frei erklärt werden.[88] [In dem von den Revisoren vorgelegten Gesetzentwurf selbst ist dieser Vorschlag nicht enthalten. Es wurde jedoch ein entsprechender Zusatz gefertigt, welcher der Legislative zu dem Zeitpunkt unterbreitet werden sollte, an dem der Gesetzentwurf zur Behandlung ansteht. Des weiteren wurde festgelegt, daß Sklaven bis zu einem bestimmten Alter bei ihren Eltern bleiben und dann auf öffentliche Kosten je nach ihrer Begabung im Ackerbau, in der Geisteswissenschaft oder in der Naturwissenschaft unterrichtet werden sollen, bis die weiblichen achtzehn und die männlichen einundzwanzig Jahre alt wären. Dann sollen sie an einem Platz angesiedelt werden, den die Zeitumstände am geeignetsten erscheinen ließen, wobei sie mit Waffen, Haushalts- und Handwerksgeräten, Saatgut, Paaren von nützlichen Haustieren usw. losgeschickt und als freie, unabhängige Menschen erklärt würden; unsere Verbundenheit und unser Schutz sollte ihnen gewährt werden, bis sie Kraft erlangt haben würden. Gleichzeitig sollten Schiffe in andere Teile der Welt ausgeschickt werden nach einer gleich großen Zahl weißer Bewohner. Um sie zur Einwanderung hierher zu bewegen, sollte ein entsprechender Ansporn geboten werden.

Man wird wahrscheinlich fragen: Warum nicht die Schwarzen hierbehalten und in den Staat eingliedern, um auf diese Weise die Kosten zu sparen, die anfallen, wenn weiße Siedler importiert werden, um die Lükken zu füllen? Tief verwurzelte Vorurteile bei den Weißen, zehntausend Erinnerungen der Schwarzen an die ihnen zugefügten Verletzungen; neue Provokationen, die wirklichen, naturgeschaffenen Unterschiede und viele andere Umstände würden uns aufteilen in Parteien und Erschütterungen verursachen, die wahrscheinlich nie enden würden, es sei denn, die eine oder die andere Rasse wäre ausgelöscht.

Zu diesen Einwänden politischer Natur könnten andere hinzugefügt werden, die das Physische und Moralische betreffen. Der erste Unterschied, der uns auffällt, ist die Farbe. Ob das Schwarz des Negers in der netzartigen Membran zwischen der Haut und der Oberhaut sitzt oder in der Oberhaut selbst; ob es mit der Farbe des Blutes zusammenhängt, mit der Farbe der Gallenflüssigkeit oder mit der Farbe eines sonstigen Sekrets – der Unterschied ist in der Natur festgelegt und ist genauso real, als wenn sein Sitz und Ursprung uns besser bekannt wären. Und ist dieser Unterschied bedeutungslos? Ist er nicht die Grundlage für ein größeres oder geringeres Maß an Schönheit in den beiden Rassen? Sind nicht die feinen Mischungen von Rot und Weiß, die Ausdrucksformen jeder Leidenschaft durch größere oder geringere Farbüberflutung bei der einen jener ewigen Monotonie vorzuziehen, welche im Gesichtsausdruck der anderen Rasse vorherrscht, in jenem unverrückbaren schwarzen Schleier, der alle Emotionen verhüllt? Man füge wallendes Haar, eine elegantere Symmetrie der Form hinzu und deren eigenes Urteil zugunsten der Weißen, das sie dadurch erklären, daß sie ihnen den Vorzug geben, so einheitlich wie der Orang-Utan schwarze Frauen den eigenen Weibchen vorzieht. Den Umstand überlegener Schönheit hält man bei der Vermehrung unserer Pferde, Hunde und anderen Haustiere für beachtenswert; warum nicht bei der des Menschen?

Neben denen der Farbe, der Gestalt und dem Haar gibt es noch andere körperliche Merkmale, die einen Unterschied der Rasse beweisen. Sie haben weniger Haare im Gesicht und am Körper. Sie scheiden weniger durch die Nieren aus und mehr durch die Drüsen der Haut, was ihnen einen sehr starken und widerwärtigen Geruch gibt. Durch diesen Grad der Transpiration können sie Hitze besser und Kälte schlechter ertragen als die Weißen. Vielleicht mag sie auch ein Unterschied in der Struktur des Atmungsapparats, den ein findiger Experimentator[89] als hauptsächlichen Regulator animalischer Wärme entdeckt hat, außerstande gesetzt haben, beim Einatmen soviel von jenem Gas der Außenluft zu entnehmen oder sie beim Ausatmen dazu zwingen, mehr davon abzugeben.

Sie scheinen weniger Schlaf zu benötigen. Nach der schweren Arbeit des Tages wird ein Schwarzer durch das geringste Amüsement dazu gebracht, bis Mitternacht oder noch länger aufzubleiben, obwohl er weiß, daß er beim ersten Morgengrauen fort muß. Sie sind zumindest genauso tapfer und noch abenteuerlustiger.

Aber dies rührt vielleicht von einem Mangel an Vorausschau her, der sie daran hindert, eine Gefahr zu sehen, bevor sie gegenwärtig ist. Ist sie da, stehen sie diese nicht mit größerer Kaltblütigkeit oder Stetigkeit durch als die Weißen.

Sie sind leidenschaftlicher hinter ihren weiblichen Wesen her; doch die Liebe scheint bei ihnen eher ein heftiges Verlangen zu sein als eine sanfte, zarte Mischung aus Empfindungsvermögen und Sinnenreizen. Ihre Kümmernisse sind vergänglich. Jene zahllosen Heimsuchungen, die es zweifelhaft erscheinen lassen, ob der Himmel uns das Leben aus Gnade oder aus Zorn gegeben hat, werden seltener empfunden und rascher vergessen. Im allgemeinen scheint ihr Dasein mehr an Sinnesempfindungen als an Reflektion zu partizipieren. Dem muß ihr Hang zugeschrieben werden zu schlafen, wenn sie ohne Ablenkungen sind oder während der Arbeitszeit ohne Beschäftigung. Ein Tier, dessen Körper ruht und welches nicht nachdenkt, muß den selbstverständlichen Hang zum Schlafen haben.

Bei Vergleichen hinsichtlich ihrer Fähigkeiten des Erinnerns, des Vernunftdenkens und der Imagination scheint mir, daß sie, was das Gedächtnis angeht, den Weißen ebenbürtig sind; im Vernunftdenken sind sie weit unterlegen, denn ich glaube, es ließe sich kaum einer finden, der fähig wäre, den Forschungen des Euklid nachzuspüren und sie zu begreifen; was die Vorstellungskraft anbetrifft, sind sie stumpf, fade und abnorm. Es wäre unfair, zum Zwecke dieser Untersuchung bis nach Afrika zurückzugehen. Wir wollen sie hier betrachten, auf einer Ebene mit den Weißen, wo die Fakten, nach denen man sich ein Urteil bildet, nicht zweifelhafter Natur sind. Es wird richtig sein, große Zugeständnisse zu machen wegen des Unterschieds in der Lage, der Erziehung, der Konversation und in der Sphäre, in der sie sich bewegen.

Viele Millionen von ihnen wurden nach Amerika gebracht oder hier geboren. Die meisten von ihnen waren in der Tat auf den Ackerbau, ihre eigene Wohnung und den Umgang mit ihresgleichen beschränkt. Doch mögen viele in der Lage gewesen sein, sich die Konversation ihrer Herren zunutze zu machen; vielen wurden handwerkliche Fertigkeiten beigebracht, und sie waren deshalb immer mit den Weißen in Verbindung. Manche erhielten eine Allgemeinbildung, und alle haben in Ländern gelebt, wo die Geistes- und Naturwissenschaften in beträchtlichem Ausmaß kultiviert werden; sie haben Beispiele der besten Werke aus Übersee vor Augen gehabt.

Die Indianer, die keine derartigen Vorteile hatten, schnitzen in ihre Pfeifen oft Figuren, die nicht ohne künstlerische Gestaltung und Verdienst sind. Sie fertigen Kreidezeichnungen eines Tieres, einer Pflanze oder eines Landes und beweisen so, daß in ihrem Geist ein Keim existiert, welcher nur noch gepflegt werden muß. Sie verblüffen mit Beispielen der sublimsten Redekunst, welche beweisen, daß ihr Vernunftdenken und ihre Empfindungsfähigkeit stark sind, ihre Phantasie leuchtend und erhaben. Doch noch nie konnte ich feststellen, daß ein Schwarzer einen Gedanken äußerte, welcher über dem Niveau einer einfachen Erzählung lag, nie habe ich auch nur eine elementare Spur von Malerei oder Bildhauerei gesehen.

In der Musik sind sie allgemein begabter als die Weißen: sie haben ein akkurates Gehör für die Melodie und den Takt, und man hat festgestellt, daß sie fähig sind, sich kleine Stücke auszudenken. Ob sie dem Komponieren einer längeren melodischen Folge oder komplizierter Harmonien gewachsen sind, muß sich noch erweisen.

Das Elend steht oft Pate bei den bewegendsten Werken der Poesie. Unter den Schwarzen gibt es weiß Gott genug Elend, doch keine Poesie. Die Liebe ist der eigentümliche Antrieb des Dichters. Ihre Liebe ist heiß, doch entfacht sie nur die Sinne und nicht die Phantasie. Die Religion hat in der Tat eine Phyllis Whately[90] hervorgebracht, doch konnte sie keinen Poeten erschaffen. Die unter ihrem Namen veröffentlichte Dichtung entzieht sich der Kritik. Die Helden der «Dunciad» stehen zu ihr im selben Verhältnis wie Herkules zum Verfasser jener Dichtung.

Ignatius Sancho[91] ist verdienstvoller Dichtung näher gekommen, doch erweisen seine Briefe dem Herzen mehr Ehre als dem Kopf. Sie atmen reinste Überschwenglichkeit von Freundschaft und allgemeiner Philanthropie und zeigen, welch ein Grad von letzterer durch starken religiösen Eifer angesammelt werden mag. Seine Höflichkeitsbezeugungen glücken ihm oft; sein Stil ist unbeschwert und familiär, außer wenn er Wortkünsteleien zur Schau trägt. Doch seine Vorstellungskraft ist wild und extravagant, entrinnt unaufhörlich jeder Zügelung durch Vernunft und Geschmack und hinterläßt im Zuge ihres Umherschweifens Gedankengänge, die so unzusammenhängend und exzentrisch sind wie die Bahn eines Meteors am Himmel. Seine Themen hätten ihn oft zu einem Prozeß nüchterner Überlegung hinführen sollen, doch sehen wir stets, daß er praktische Beispiele durch Empfindungen ersetzt. Im ganzen gestehen wir ihm zwar den ersten Platz unter denjenigen seiner Hautfarbe zu, die sich dem öffentlichen Urteil gestellt haben, doch wenn wir ihn mit den Schriftstellern der anderen Rasse vergleichen, unter denen er gelebt hat, insbesondere mit der Gruppe der Briefschreiber, in der er sich angesiedelt hat, sind wir gezwungen, ihn ganz unten auf der Liste einzutragen. Bei dieser Kritik wird unterstellt, daß die unter seinem Namen veröffentlichten Briefe echt sind und von keiner fremden Hand Verbesserungen erfahren haben – Punkte, die sich nicht ohne weiteres klären lassen würden.

Die körperlichen und geistigen Vervollkommnungen der Schwarzen, in erster Linie durch ihre Vermischung mit den Weißen, ist von jedermann beobachtet worden und beweist, daß ihre Minderwertigkeit nicht bloß die Auswirkung ihrer Lebensbedingungen ist. Wir wissen, daß bei den Römern, besonders um das Zeitalter des Augustus herum, die Lage der Sklaven viel beklagenswerter war als die der Schwarzen auf dem amerikanischen Kontinent. Die Geschlechter wurden in getrennte Wohnungen gesperrt, da es einen Herrn mehr kostete, ein Kind aufzuziehen, als eines zu kaufen. Cato verlangte von seinen Sklaven einen bestimmten Preis für eine sehr begrenzte Nachsicht in dieser Angelegenheit.[92] Doch in diesem Lande vermehren sich die Sklaven so rasch wie die freien Bewohner. Ihre Situation und ihre Manieren lassen den Umgang der Geschlechter miteinander zu.

Derselbe Cato verkaufte aus einem Prinzip der Wirtschaftlichkeit heraus stets seine kranken und bejahrten Sklaven. Einem Herrn, der sein Landgut besucht, verkündet er als Richtschnur, seine alten Ochsen, seine alten Wagen, seine alten Werkzeuge, die alten und erkrankten Sklaven sowie alles andere, was nutzlos geworden ist, zu verkaufen: «Vendat boves vetulos, plaustrum vetus, ferramenta vetera, servum senem, servum morbosum, et si quid aliud supersit vendat.»[93] Die amerikanischen Sklaven können dies nicht bei ihnen zugefügtem Unrecht und Beleidigungen aufzählen. Es war die allgemeine Praxis, auf der Insel Äsculapis im Tiber erkrankte Sklaven auszusetzen, deren Heilung zu mühselig zu werden drohte.[94]

Kaiser Claudius gab in einem Edikt solchen die Freiheit, die sich erholten; wenn aber eine Person sie eher töten als aussetzen wolle, sollte dies als Totschlag betrachtet werden. Sie auszusetzen ist ein Verbrechen, für welches es bei uns kein Beispiel gegeben hat; und sollte es den Tod zur Folge haben, würde es als Kapitalverbrechen bestraft werden.

Es wird uns von einem gewissen Vedius Pollio erzählt, der in der Gegenwart des Augustus einen Sklaven seinen Fischen zum Fraß vorwerfen wollte, weil dieser ein Glas zerbrochen hatte.[95]

Bei den Römern war Folter die normale Methode, von ihren Sklaven Aussagen zu erhalten. Hier hat man es für besser erachtet, sich nie auf ihre Aussagen einzulassen. Wenn ein Herr getötet worden war, verurteilte man in Rom alle seine Sklaven, die sich im selben Haus oder in Rufweite befunden hatten, zum Tode. Hier trifft die Bestrafung nur den Schuldigen, und gegen ihn wird ein ebenso genauer Beweis verlangt wie gegen einen freien Mann.

Und doch waren bei den Römern trotz all dieser und anderer abschreckender Vorfälle deren Sklaven oft die größten Künstler. Sie leisteten auch in den Naturwissenschaften Hervorragendes, insoweit sie meist als Tutoren der Kinder ihrer Herren beschäftigt waren. Epiktet, Terenz und Phaedrus waren Sklaven. Aber sie waren von der Rasse der Weißen. Es ist also nicht ihre Lage, sondern es ist die Natur, die den Unterschied geschaffen hat.

Ob weitere Beobachtungen die Annahme, daß die Natur bei den Geistesgaben nicht so freigebig war, nun bestätigen werden oder nicht: Ich glaube, man wird finden, daß sie ihnen bei den Herzensgaben Gerechtigkeit widerfahren ließ. Jener Hang zum Stehlen, mit dem man sie gebrandmarkt hat, muß ihrer Lage zugeschrieben werden und keiner Verkommenheit des Moralgefühls. Ein Mensch, zu dessen Gunsten es keine Eigentumsrechte gibt, fühlt sich wahrscheinlich nicht so stark gebunden im Hinblick auf Gesetze, die zugunsten anderer erlassen wurden.

Wenn wir in eigener Sache argumentieren, betrachten wir es als fundamentale Tatsache, daß Gesetze Rechte auf Gegenseitigkeit geben müssen, um gerecht zu sein; daß sie ohne diese nur willkürliche Verhaltensregeln sind, die auf Gewalt und nicht auf das Gewissen gegründet sind. Dies ist ein Problem, das ich dem Sklavenbesitzer zur Lösung vorlege: Wurden die religiösen Gebote gegen die Verletzung des Eigentums nicht sowohl für ihn als auch für seinen Sklaven ausgesprochen? Und darf der Sklave deshalb nicht dem ein bißchen etwas nehmen, der ihm alles genommen hat, so wie er den erschlagen darf, der ihn erschlagen will? Daß ein Wechsel der Beziehungen, in die ein Mensch hineingestellt ist, seine Vorstellungen vom moralisch Richtigen und Falschen ändern, ist weder neu noch für die Schwarzen bezeichnend. Homer sagt uns, daß es vor 2600 Jahren der Fall war:

Ἥμισυ γάϱ τ' ἀϱετῆς ἀπσαίνυται εὐϱύοπα Ζεὺς
ἀνέϱσς, εὖτ' ἄν μιν κατά δούλισν ῆμαϱ ἕλησιν.

Es nimmt der weitumblickende Zeus
dem Manne die Hälfte seines Werts,
wenn ihn der Tag der Knechtschaft ergriffen hat.[96]

Doch die Sklaven, von denen Homer spricht, waren Weiße. Trotz dieser Überlegungen, die ihre Achtung gegenüber den Eigentumsgesetzen schwächen müssen, finden wir bei ihnen zahlreiche Beispiele einer überaus starken Integrität und ebenso viele von Mildtätigkeit, Dankbarkeit und unerschütterlicher Treue wie bei ihren aufgeklärteren Herrn.

Die Meinung, daß sie in den Fähigkeiten der Vernunft und der Vorstellungskraft minderwertig seien, darf nur mit starkem Zweifel vorgetragen werden. Um eine allgemeine Schlußfolgerung zu rechtfertigen, bedarf es vieler Untersuchungen, selbst solcher, bei denen der Forschungsgegenstand dem Anatomieskalpell, optischen Linsen und der Analyse durch Feuer oder durch Lösungsmittel ausgesetzt wird. Wieviel mehr ist dies nötig, wo wir doch keine Substanz, sondern eine Fähigkeit untersuchen; wo sie sich doch den Forschungen aller Sinne entzieht; wo ihre Existenzbedingungen verschiedenartig sind und unterschiedlich zusammengesetzt; wo die Auswirkungen der Anwesenden oder Abwesenden einer Kalkulation trotzen. Und wo, möchte ich auch als einen sehr heiklen Umstand hinzufügen, unsere Schlußfolgerung doch eine ganze Menschenrasse degradieren würde aus dem Rang in der Skala der Wesen, den ihnen ihr Schöpfer vielleicht verliehen hat.

Als Vorwurf an uns muß gesagt werden, daß wir zwar eineinhalb Jahrhunderte lang die Rassen der schwarzen und der roten Männer vor Augen gehabt haben, sie aber noch nie als Subjekte der Naturgeschichte betrachtet haben. Ich trage es deshalb nur als einen Verdacht vor, daß die Schwarzen, ob sie nun ursprünglich eine ausgeprägte Rasse waren oder durch Zeit und Umstände dazu gemacht wurden, gegenüber den Weißen sowohl in körperlicher als auch geistiger Hinsicht minderwertig sind. Es widerspricht nicht der Erfahrung, wenn man annimmt, daß verschiedene Spezies derselben Gattung oder Varietäten derselben Spezies unterschiedliche Eigenschaften besitzen. Wird nicht ein Freund der Naturgeschichte, der die Staffelungen in allen Tierrassen mit einem philosophischen Blick betrachtet, eine Bemühung entschuldigen, sie im Bereich des Menschen so unterschiedlich zu belassen, wie die Natur sie gebildet hat?

Dieser bedauerliche Unterschied der Farbe und vielleicht der Fähigkeit bildet für die Emanzipation dieser Menschen ein mächtiges Hindernis. Viele ihrer Fürsprecher, die zwar der Freiheit der Menschennatur zum Sieg verhelfen möchten, sind auch darauf bedacht, deren Würde und Schönheit zu bewahren. Durch die Frage «Was soll denn mit ihnen geschehen?» in Verlegenheit gebracht, verbünden sich manche von ihnen mit solchen, die nur von gemeinem Geiz umgetrieben werden. Bei den Römern erforderte die Emanzipation nur eine Anstrengung. Der befreite Sklave durfte sich vermischen, ohne daß er das Blut seines Herrn befleckt hätte. Doch bei uns ist eine zweite, in der Geschichte unbekannte Anstrengung erforderlich. Wird er befreit, muß er so weit entfernt werden, daß keine Vermischung möglich ist.

Der revidierte Kodex sieht des weiteren zwischen Verbrechen und deren Bestrafung Angemessenheit vor.[97] Dies wird nach Abstufungen versucht:

I. Verbrechen, deren Bestrafung das *Leben* betrifft

1. Hochverrat:	Tod durch Erhängen Verlust von Grundbesitz und Vermögen an das Gemeinwohl
2. Leichterer Verrat:	Tod durch Erhängen und Zergliederung Verlust der Hälfte des Grundbesitzes und des Vermögens an Vertreter der betreffenden Partei
3. Mord: durch Gift	Tod durch Gift Verlust der Hälfte wie zuvor
im Duell	Tod durch Erhängen und Zurschaustellung, falls Herausforderer Verlust der Hälfte wie zuvor, im Falle der herausgeforderten Partei jedoch an das Gemeinwohl
auf andere Weise	Tod durch Erhängen Verlust der Hälfte wie zuvor
4. Totschlag:	Im Wiederholungsfall als Mord.

II. Verbrechen, deren Bestrafung die *Gesundheit* betrifft

1. Vergewaltigung: 2. Sodomie:	Verstümmelung
3. Zum Krüppel schlagen: 4. Entstellung:	Vergeltung sowie Verlust der Hälfte des Grundbesitzes und des Vermögens an den Geschädigten

III. Verbrechen, die mit *Zwangsarbeit* zu bestrafen sind

1. Erstmaliger Totschlag:	7 Jahre Zwangsarbeit für die Öffentlichkeit Verlust der Hälfte wie bei Mord
2. Geldfälschung:	6 Jahre Zwangsarbeit Verlust des Grundbesitzes und des Vermögens an das Gemeinwohl

3. Brandstiftung: 4. Wegnahme von Seefahrzeugen:	5 Jahre Zwangsarbeit dreifache Reparation
5. Raub: 6. Nächtlicher Einbruch:	4 Jahre Zwangsarbeit doppelte Reparation
7. Einbruchsdiebstahl: 8. Pferdediebstahl	3 Jahre Zwangsarbeit Reparation
9. Schwerer Diebstahl:	2 Jahre Zwangsarbeit Reparation, Pranger
10. Leichter Diebstahl:	1 Jahr Zwangsarbeit Reparation, Pranger
11. Vorgebliche Hexenkünste:	Untertauchen im Wasser Peitschenhiebe
12. Entschuldbarer Totschlag: 13. Suizid: 14. Apostasie, Häresie:	Zu bedauern, nicht zu bestrafen

Es wird vorgeschlagen, strafrechtliche Privilegien für Geistliche abzuschaffen; sofern jedoch ein Urteil gegen den Angeklagten ergeht, steht es dem Gericht frei, einen neuen Prozeß zuzulassen. Keine Verurteilung wegen Kapitalverbrechen oder Hochverrat soll als Folge zu einer fortdauernden Entrechtung oder zu einer Einschränkung des Nachlaßrechts führen. Sklaven sollen im Falle eines Vergehens, das bei anderen mit Zwangsarbeit bestraft wird, nach Afrika oder anderswohin transportiert werden, je nach den Zeitumständen, und dort weiterhin in Sklaverei gehalten werden. Rigorose Disziplin wird für die zu Zwangsarbeit Verurteilten vorgeschlagen.]

Ein weiteres Ziel der Gesetzesrevision besteht darin, im Volke für eine allgemeine Verbreitung von Wissen zu sorgen.[98] Es ist vorgesehen, jede Grafschaft in kleine Distrikte (Hundreds) von fünf bis sechs Quadratmeilen zu unterteilen und in jedem eine Schule für den Unterricht im Lesen, Schreiben und Rechnen zu errichten. Der Lehrer muß von dem Hundred ernährt werden, und jedermann im Distrikt soll dann berechtigt sein, seine Kinder drei Jahre lang unentgeltlich zur Schule zu schicken und danach beliebig lang gegen Bezahlung.

Diese Schulen müssen unter einem Aufseher stehen, welcher jährlich den begabtesten Knaben aussuchen soll unter denen, deren Eltern arm sind, um ihnen einen weiterführenden Unterricht zu ermöglichen. Er soll dann auf eine jener höheren Schulen geschickt werden, von denen in verschiedenen Gegenden des Landes zwanzig errichtet werden sollen; dort soll Unterricht in Griechisch, Latein, Geographie und Höherer Mathematik erteilt werden. Diese ausgesuchten Knaben soll man ein bis zwei Jahre zur Probe an den höheren Schulen behalten und dann unter ihnen den Begabtesten auswählen, der weitere sechs Jahre bleiben soll; die übrigen werden zurückgeschickt. Auf diese Weise werden jährlich zwanzig der besten Köpfe von den schlechten abgesondert und auf öffentliche Kosten soweit unterrichtet, wie dies in den höheren Schulen möglich ist.

Die Hälfte von ihnen müßte am Ende der sechsjährigen Erziehung die Anstalt verlassen; unter diesen könnte man vermutlich die zukünftigen Lehrer der höheren Schulen finden. Die andere Hälfte soll wegen ihrer besonderen Fähigkeiten und Anlagen für drei Jahre nach Williamsburg zum William-and-Mary-College geschickt werden, um dort wissenschaftliche Fächer ihrer Wahl zu studieren; dessen Lehrangebot soll nach einem neuen Vorschlag erweitert und auf alle nützlichen Wissenschaften ausgedehnt werden. Das Ergebnis dieses ganzen Erziehungssystems würde sein, daß alle Kinder im Staat Lesen, Schreiben und Rechnen lernen, daß jährlich zehn Kinder gute Fähigkeiten in Griechisch, Latein, Geometrie und Höherer Mathematik erhielten, daß wiederum zehn weitere, noch begabtere, zu diesen Fächern ihren Neigungen gemäß auch noch bestimmte Wissenschaften hinzugefügt haben würden und daß der wohlhabendere Teil der Bevölkerung die Möglichkeit hätte, auf eigene Kosten seine Kinder in Schulen zu schicken.

Die allgemeinen Ziele dieses Gesetzes sind, jedem eine Erziehung zu verschaffen, die seinen Fähigkeiten, seinem Alter und seinem Stande entspricht und zu seiner Freiheit und Glückseligkeit hinführt. Besondere Einzelheiten waren nicht Sache des Gesetzes, dafür müssen die Aufseher Sorge tragen. Da die kleinen Schulen der Hundreds die erste Stufe der Erziehung sind, auf der die große Masse des Volkes seinen Unterricht erhält, werden die Fundamente für die zukünftige Ordnung bei ihnen gelegt. Anstatt das Alte und das Neue Testament den Kindern in einem Alter in die Hand zu legen, in dem ihre Urteilskraft für religiöse Fragen noch nicht ausreicht, müßte man ihr Gedächtnis mit den nützlichsten Fakten aus der griechischen, römischen, europäischen und amerikanischen Geschichte füllen. Auch könnte man ihnen die ersten moralischen Grundbegriffe beibringen; diese werden, wenn sie bei gestärkter Urteilskraft weiterentwickelt werden, die Menschen lehren, wie sie die größte Glückseligkeit erreichen können – indem sie nämlich erkennen, daß diese nicht von dem Stand abhängt, in welchen der Zufall sie eingefügt hat, sondern daß sie stets das Resultat eines guten Gewissens, guter Gesundheit, der Betätigung sowie der Freiheit in allen rechtmäßigen Bestrebungen ist.

Jene, denen entweder der Reichtum ihrer Eltern oder die staatliche Förderung eine umfassendere Bildung ermöglicht, werden sodann die Höheren Schulen besuchen und Fremdsprachen lernen. Ich höre, daß das Studium der griechischen und der lateinischen Sprache in Europa immer seltener betrieben wird. Ich kann nicht beurteilen, was die dortigen Sitten und Beschäftigungen erfordern, doch wäre es für uns sehr töricht, in diesem Fall ihrem Beispiel zu folgen. Es gibt einen gewissen Zeitraum im Leben, etwa vom achten bis zum fünfzehnten oder sechzehnten Jahr, in dem der Geist und der Körper für anstrengende und anhaltende Beschäftigungen noch nicht stark genug sind. Werden sie dennoch dazu angehalten, so werden sie frühzeitig ein Opfer voreiliger Anstrengungen, die zwar das Vergnügen gewähren, eine frühe Geistesreife der Kinder zu bewundern, aber in der Folge auch Kummer bereiten, da in einem Alter, in dem die Söhne Männer sein sollten, eine Rückkehr zur Kindheit stattfindet. In diesem Zeitraum ist das Gedächtnis höchst aufnahmefähig und offen für Eindrücke, und da das Erlernen von Sprachen meist aus Gedächtnisleistung besteht, scheint es mir genau das passende zu sein für die Stärken dieses Lebensabschnittes, der außerdem zum Erwerb der nützlichsten alten und neuen Sprachen lang genug ist. Ich behaupte nicht, Sprachen seien gleichbedeutend mit Wissenschaftlichkeit. Sie sind nur ein Instrument zum Erlangen derselben. Aber die Zeit ist nicht verloren, die man zum Erwerb der Werkzeuge für künftige Tätigkeiten verwendet, und zwar um so weniger, als man den Kindern zu diesem Zweck Bücher in die Hand geben würde, denen sie sowohl nützliche Tatsachen als auch gute Prinzipien entnehmen können. Läßt man diesen Zeitraum ungenutzt verstreichen, wird der Geist so lethargisch und kraftlos wie der ihn umgebende Körper, wenn man diesem keine Übung erlaubt. Die genaue Übereinstimmung von Körper und Geist in der Entwicklungs- und in der Zerfallsphase ist so offensichtlich, daß wir keinen Fehler machen, wenn wir vom einen auf das andere schließen.

Sobald die Kinder das richtige Alter erreicht haben, sollen sie von der Höheren Schule auf die Universität geschickt werden, um auf dieser dritten Stufe die ihnen gemäßen Wissenschaften zu studieren.

Durch den Teil unseres Plans, der die Auswahl der

begabtesten Knaben aus den ärmeren Schichten des Volkes vorschlägt, hoffen wir, dem Staat die Talente zu verschaffen, welche die Natur ebenso freigebig unter die Armen wie unter die Reichen verteilt hat, die jedoch ungenutzt verkümmern, wenn wir sie nicht suchen und pflegen.

Die wichtigste und rechtmäßigste Absicht dieses Gesetzes ist jedoch die, die Menschen zu verläßlichen Bewahrern ihrer Freiheit zu machen. Zu diesem Zweck sollen sie in den Schulen der ersten Stufe, in denen sie ihre ganze Erziehung erhalten werden, hauptsächlich historische Lektüre betreiben. Indem die Geschichte sie von der Vergangenheit unterrichtet, ermöglicht sie ihnen, über die Zukunft zu urteilen; durch die Geschichte lernen sie, die Erfahrung fremder Nationen und voriger Zeiten zu nutzen, die Handlungen und Absichten anderer Menschen zu beurteilen; sie werden befähigt, die Herrschsucht hinter jeder ihrer Masken zu erkennen und ihre Anschläge zu vereiteln. In jeder Herrschaftsform auf Erden gibt es Spuren menschlicher Schwäche sowie Keime der Korruption und der Verderbtheit; diese werden von der Verschlagenheit entdeckt, und die Boshaftigkeit öffnet sie ungerührt, kultiviert sie und macht sie sich zunutze. Jeder Staat artet ohnehin aus, wenn die Regierung bloß in den Händen der höheren Stände liegt. Das Volk selbst ist der sicherste Bewahrer seiner Freiheit. Aber damit auch dieses zuverlässig sein möge, muß sein Geist bis zu einem gewissen Grad aufgeklärt sein.

So wesentlich dies auch sein mag, ist es doch nicht alles, was erforderlich ist. Eine Verbesserung der Verfassung muß der öffentlichen Erziehung zu Hilfe kommen. Der Einfluß auf die Herrschaftsinstitutionen muß von allen Bürgern ausgeübt werden können. Wenn jedes Individuum, aus dem die ganze Masse besteht, an der höchsten Autorität teilhat, wird der Staat in Sicherheit sein. Denn kein Privatreichtum reicht aus, um die ganze Masse zu bestechen, und öffentliche Mittel können nicht anders als durch Auflagen auf das Volk herbeigeschafft werden; in diesem Fall müßte also jeder Bürger seinen eigenen Preis bezahlen. In Großbritannien ist die Regierung korrumpiert worden, weil nur einer von zehn berechtigt ist, Parlamentsmitglieder zu wählen. Die Verkäufer der jeweiligen Regierung sparen dadurch neun Zehntel der Unkosten. [Man dachte, der Korruption sei Einhalt geboten durch eine Beschränkung des Wahlrechts auf einige der wohlhabenderen Staatsbürger, doch würde man die Korruption wirksamer eindämmen, wenn man jenes Recht auf eine so große Zahl von Menschen ausdehnte, die den Mitteln der Bestechung trotzen könnten.]

Schließlich gibt es im Rahmen dieser Revision in einem Gesetzentwurf den Vorschlag, eine öffentliche Bibliothek und Gemäldesammlung zu gründen, indem jährlich eine gewisse Summe für Bücher, Gemälde und Statuen veranschlagt wird.

14.

Von den Universitäten und öffentlichen Anstalten, den Landstraßen und Gebäuden

Das William-and-Mary-College ist die einzige öffentliche Pflanzschule der Gelehrsamkeit in diesem Land. Es wurde zur Zeit des Königs William und der Königin Mary gegründet[99], die der Anstalt 20000 Morgen Land schenkten und einen Penny von jedem Pfund an Steuer, die auf gewisse, aus Virginien und Maryland exportierte Tabaksorten zu erbringen war. Das Parlament gewährte ihm auch durch ein Gesetz eine Zeitlang eine Abgabe, die auf eingeführte alkoholische Getränke sowie auf den Export von Häuten und Pelzwerk erhoben wurde. Alle diese Einnahmen machten jährlich mehr als 3000 Pfund Sterling aus.

Die Gebäude sind aus Backstein und bieten gerade genug Raum für etwa hundert Studenten. Nach dem Stiftungsbrief sollte die Anstalt zwanzig Aufsehern unterstellt sein, die auch ihre Gesetzgeber wären, und sollte ferner einen Präsidenten und sechs Professoren haben, denen Körperschaftsrechte verliehen wurden. Sie hatten auch einen Repräsentanten im Parlament. Dem Stiftungsbrief gemäß wurden Professuren für die griechische und die lateinische Sprache, für Mathematik, für Moralphilosophie sowie zwei für Theologie eingerichtet. Durch ein ansehnliches Legat des Mr. Boyle in England wurde noch eine sechste

WILLIAM-AND-MARY-COLLEGE

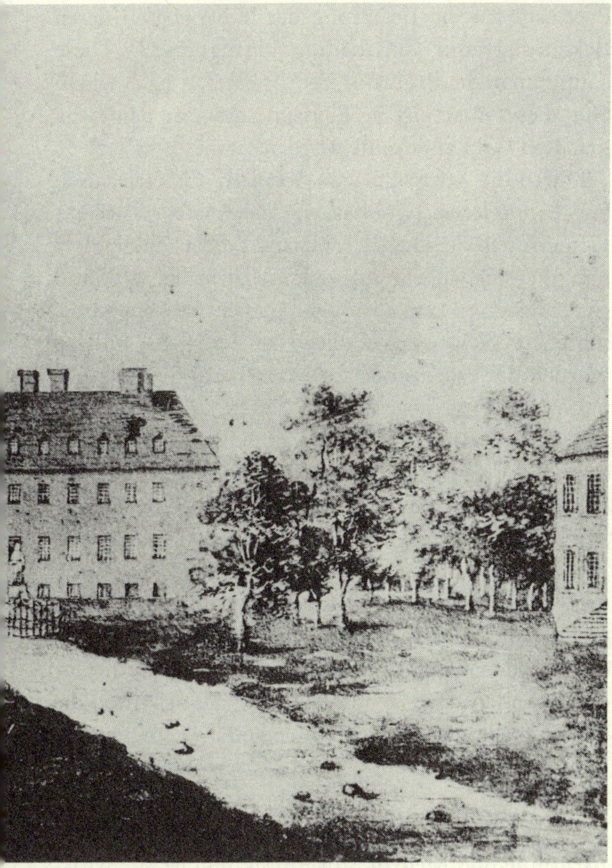

Professur für die Belehrung der Indianer und deren Bekehrung zum Christentum hinzugefügt.[100] Diese nannte man die Professur von Brafferton nach einem Gut dieses Namens in England, das mit dem vermachten Geld angekauft worden war.

Durch die Zulassung von Schülern, die Griechisch und Latein lernen wollten, war die Anstalt rasch mit Kindern gefüllt. Diesen Umstand fanden junge Herren, die sich zu einem wissenschaftlichen Studium entschlossen hatten, abstoßend und entwürdigend. Es schreckte sie ab, das College zu besuchen, und so wurden die Professuren für Mathematik und Moralphilosophie, die viel Nutzen hätten stiften können, fast völlig überflüssig. Auch waren die Einkünfte bald erschöpft, weil man diejenigen unterbrachte, die lediglich Rudimente von Wissenschaftlichkeit erwerben wollten. Nach dem Beginn der gegenwärtigen Revolution faßten die Kuratoren, welche die durch den Stiftungsbrief bestimmte Verfassung des College nicht abändern und keine neuen Professuren errichten durften, den Beschluß, wenigstens bei den Studienfächern Änderungen vorzunehmen.[101] Sie schafften die beiden theologischen Lehrstühle und die Professur für Griechisch und Latein ab und setzten andere an ihre Stelle, so daß sie jetzt wie folgt beschaffen sind: je eine Professur für Rechtswissenschaft und Politik; für Anatomie und Medizin; für Physik und Mathematik; für Moralphilosophie, Natur- und Völkerrecht und die Schönen Künste; für die neueren Sprachen; außerdem die von Brafferton.

Man hat auch vorgeschlagen, sich, sobald die Gesetzgebung diesen Punkt berücksichtigen kann, die Befugnis zu erwirken, die Anzahl der Lehrstühle zu vermehren, sowohl um die schon vorhandenen weiter aufzugliedern, als auch um neue Wissenschaftszweige hinzuzufügen. Zu den in den europäischen Universitäten schon üblichen Lehrstühlen müßte man einen für die alten Sprachen und die Literatur des Nordens hinzufügen wegen ihrer Verbindung mit unserer eigenen Sprache, unseren Gesetzen und Sitten wie auch mit unserer Geschichte.[102] Den Sinn und Zweck der Brafferton-Stiftung könnte man weit besser erreichen, wenn man eine ständige Mission bei den Indianerstämmen unterhielte. Diese müßte neben dem Unterricht in der christlichen Religion ihre Traditionen, Gesetze, Gebräuche, Sprachen und andere Umstände sammeln, aus denen man ihre Verbindungen untereinander oder ihre Abstammung von anderen Nationen erforschen könnte. Hätte man dieses Ziel bei einem Stamm erreicht, so könnten die Missionare zum nächsten gehen.

Die Landstraßen stehen unter der Aufsicht der Grafschaftsgerichte, die von einem der Obergerichte, dem «General Court», kontrolliert werden. Sie veranlassen den Bau neuer Landstraßen, wo sie dies für erforderlich halten. Die Einwohner der Grafschaft werden zu diesem Zweck nach Distrikten aufgeteilt, und jeder Distrikt hält einen bestimmten Teil der öffentlichen Straßen in Ordnung. Alle Brücken, die ohne Hilfe von Sachverständigen erbaut werden können, sollen erbaut werden. Ist aber der Fluß so beschaffen, daß eine fachmännisch konstruierte Brücke erforderlich ist, so stellt das Gericht auf Kosten der gesamten Grafschaft Arbeiter ein. Übersteigt das Projekt jedoch die Möglichkeiten der Grafschaft, wendet man sich an die Legislative, welche entweder Privatpersonen den Bau überträgt und ihnen die Freiheit gibt, von allen Reisenden ein bestimmtes Brückengeld zu erheben, oder einem anderen Vorschlag ihre Genehmigung erteilt.

Fähren sind nur an denjenigen Orten erlaubt, die vom Gesetz ausdrücklich bestimmt sind, und das Fährgeld ist festgelegt. Weinhäuser («Tavernen») erhalten von den Gerichten eine Lizenz; diese legen auch von Zeit zu Zeit die Preise fest.

Die Privatgebäude werden selten aus Stein oder Ziegeln errichtet; die meisten sind aus Balken und Brettern gezimmert und mit Kalk getüncht. Man kann sich schlechterdings nichts Häßlicheres, Unbequemeres und – zum Glück – Vergänglicheres vorstellen. Man hat zwei oder drei Grundrisse, und nach einem von diesen sind, je nach der Größe, die meisten Häuser im Staat erbaut. Die ärmsten Leute bauen Hütten aus Balken, die sie waagerecht übereinanderlegen; die Zwischenräume füllen sie mit Schlamm aus. Diese sind im Winter wärmer und im Sommer kühler als die kostspieligen Bauten aus verschaltem Holzwerk. Nur bei den Häusern der Wohlhabenden findet man Gärten, denn nur diese bemühen sich, Gemüse anzupflanzen, wenn auch kaum Obst. Die Ärmeren kümmern sich weder um das eine noch um das andere und ernähren sich hauptsächlich von Milch und Fleisch, was um so weniger zu entschuldigen ist, als das Klima die pflanzliche Ernährung sowohl der Gesundheit als auch der Annehmlichkeit halber notwendig macht und auch für den Obstanbau günstig ist.

Die einzigen erwähnenswerten öffentlichen Gebäude sind das Capitol, das Palais, das College und das Hospital für Wahnsinnige; alle diese Gebäude befinden sich in Williamsburg, das bis vor kurzem Regierungssitz gewesen ist.[103] Das Capitol ist ein leichtes, luftiges Gebäude; es hat an der Vorderseite einen Portikus aus zwei Säulenordnungen, von denen die untere, dorische, ziemlich richtige Proportionen und Ornamente hat, nur sind die Interkolumnien zu groß. Die obere Säulenreihe ist ionisch und für die untere, auf der sie ruht, viel zu klein; die Verzierungen passen nicht zu der Säulenordnung und sind auch untereinander nicht richtig proportioniert.[104] Sie wird von einem Giebel bekrönt, der im Verhältnis zu seiner Ausdehnung zu hoch ist. Ungeachtet all dieser Fehler ist es doch in architektonischer Hinsicht das ansehnlichste Gebäude, das wir besitzen. Das Palais hat äußerlich nichts Beeindruckendes, innen ist es geräumig und bequem.[105] Es liegt schön und könnte dank des dazu gehörenden Grund und Bodens ein sehr geschmackvoller Wohnsitz werden. Das College[106] und das Hospital[107] sind rohe, unförmige Backsteinklumpen,

ANSICHT VON RICHMOND

die man nur an den Dächern als Gebäude erkennen kann.

Außer diesen gibt es keine öffentlichen Gebäude bis auf die Kirchen und die Gerichtshöfe; bei ihnen war man nicht auf Eleganz bedacht. Es wäre in der Tat nicht leicht, einen Versuch zur Eleganz durchzuführen, da es kaum einen Arbeiter gibt, der eine Säulenordnung zeichnen könnte. Der Genius der Baukunst scheint dieses Land mit seinem Fluch belegt zu haben.

Privatleute lassen oft mit großen Kosten Gebäude errichten. Diesen Symmetrie und Geschmack zu geben würde nicht mehr kosten, sondern nur eine andere Anordnung der Baumaterialien und der Verbindung der Teile erfordern. Es würde oft weniger kosten als der barbarische Zierat, mit dem diese Gebäude überhäuft sind. Doch leider sind die grundlegenden Elemente der Kunst unbekannt, und wir haben kein einziges Gebäude, das so weit fehlerfrei wäre, um einen Begriff davon zu geben. Da die Architektur zu den Schönen Künsten und damit nach der neuen Regelung zur Abteilung eines Professors des College gehört, kann vielleicht dort ein Funke in die Seele eines jungen Menschen von natürlichem Geschmack fallen, seine Fähigkeiten entflammen und dadurch eine Reformation dieser schönen und nützlichen Kunst hervorbringen.

Doch wird alles, was man auf diese Weise tun kann, wenig dauernden Nutzen stiften, solange das unselige Vorurteil bestehen bleibt, daß Häuser aus Backstein oder aus anderen Steinen ungesünder seien als hölzerne. Man bemerkt an den Wänden der ersteren bei regnerischem Wetter häufig eine Art Tau, und die offensichtlichste Erklärung dafür lautet, daß der Regen durch die Mauern gedrungen sei. Folgende Fakten beweisen jedoch, daß diese Erklärung auf einem Irrtum beruht: Erstens erscheint dieser Tau auf den Wänden, auch wenn es nicht geregnet hat, sondern lediglich die Luft feucht ist. Zweitens zeigt er sich sowohl an den Trennwänden als auch an den Außenmauern. Drittens ebenfalls auf Gehwegen aus Stein oder Ziegeln. Viertens ist dieser Tau um so stärker, je dicker die Mauern sind; das Gegenteil müßte der Fall sein, um die erwähnte Annahme zu rechtfertigen.

Gießt man kaltes Wasser in ein steinernes oder gläsernes Gefäß, setzt sich außen sogleich Tau an; dies geschieht bei einem hölzernen Gefäß nicht. Man vermutet im ersteren Fall nicht, daß Wasser durch das Gefäß gedrungen sei, sondern daß es sich aus der Luft der Umgebung niedergeschlagen hat, so wie die feuchten Dunstteilchen, die aus dem Helm eines Destillierkolbens durch das Kühlfaß gehen, sich aus der Luft, in der sie schweben, niederschlagen und an der Innenfläche des Kühlfasses ansetzen. Mauern aus Ziegeln oder Steinen wirken jedoch in diesem Fall wie ein Kühlfaß. Sie sind kalt genug, um die in der Luft des Zimmers schwebende Feuchtigkeit bei ausreichender Konzentration zu verflüssigen. Dies ist jedoch bei Holzwänden nicht der Fall.

Nun fragt sich aber, welche Luft gesünder ist: die, in welcher diese Feuchtigkeit schwebt, oder jene, der sie entnommen ist? In beiden Fällen ist leicht Abhilfe zu schaffen. Man braucht nur, wenn die Luft feucht ist, ein kleines Feuer im Zimmer anzuzünden, um zu verhüten, daß die Dünste sich niederschlagen; und dieses in den heißen wie auch in den kalten Jahreszeiten wirksame Mittel ist bei einem hölzernen Haus ebenso notwendig wie bei einem steinernen.

Ich will deswegen nicht behaupten, Regen dränge nie durch Backsteinmauern. Ich habe sogar selbst ein Beispiel davon gesehen. Bei uns geschieht es jedoch nur an den nördlichen und östlichen Hauswänden nach einem Sturm aus Nordost, denn nur ein solcher hält lange genug an, um den Regen durch die Mauern dringen zu lassen. Dies geschieht jedoch zu selten, als daß man diese Häuser als ungesund bezeichnen könnte. In einem Haus, dessen Mauern aus gut gebrannten Ziegelsteinen und gutem Mörtel bestehen, habe ich in zwölf bis fünfzehn Jahren nur zweimal erlebt, daß der Regen durchdrang. Die Einwohner von Europa, die hauptsächlich in Häusern aus Stein oder Backstein wohnen, sind gewiß so gesund wie die von Virginien. Diese Häuser haben auch den Vorteil, daß sie im Sommer kühler und im Winter wärmer sind als die hölzernen. Sie sind überdies, wo Kalk vorhanden ist, beim Neubau billiger, außerdem weit dauerhafter.

Dieser letzte Umstand macht es sehr wichtig, das Vorurteil bei unseren Landsleuten auszurotten. Ein

Land, dessen Gebäude aus Holz sind, kann sich nie merklich weiterentwickeln. Die Lebensdauer von Holzhäusern schätzt man auf fünfzig Jahre. Also wird unser Land nach jedem halben Jahrhundert eine Tabula rasa, und wir müssen wieder ganz von vorn anfangen. Bestehen die Gebäude jedoch aus dauerhaften Materialien, ist jedes neuerbaute Haus eine tatsächliche und beständige Errungenschaft für den Staat, weil es ihn ziert und mithilft, seinen Wert zu erhöhen.

15.

Von den Maßnahmen, die hinsichtlich der Güter und des Besitzes der ehemaligen Rebellen, Tories genannt, ergriffen wurden

Die passende Definition eines Tory ist: ein Verräter in Gedanken, doch nicht in der Tat. Mit den Gesetzen kamen sie nur dann in Konflikt, wenn sie sich weigerten, dem Staat den Treueid zu leisten. Den betreffenden Personen wurden eine Zeitlang doppelte, dann dreifache Abgaben auferlegt; schließlich wurden ihnen Erstattungen zugestanden, und man stellte sie auf eine Stufe mit treuen Staatsbürgern. Als Beweis für die Milde unserer Regierung und die Einigkeit unserer Bürger ließe sich anführen, daß der Krieg nun fast sieben Jahre gewütet und dennoch keine einzige Hinrichtung wegen Verrat stattgefunden hat.

In diesem Abschnitt will ich darlegen, welche Maßnahmen hinsichtlich britischen Eigentums ergriffen wurden. Seine Besitzer stehen auf einer viel gerechteren Grundlage als die Tories. Nach unseren Gesetzen, die in dieser Hinsicht mit den englischen übereinstimmen, kann kein Fremder bei uns Ländereien besitzen, und kein feindlicher Ausländer kann vor Gericht eine Forderung wegen Geld oder anderer beweglicher Güter geltend machen. Von Ausländern erworbene oder in deren Besitz befindliche Ländereien fallen an den Staat, und wenn ein feindlicher Ausländer eine Klage einreicht, um Geld oder andere bewegliche Güter zurückzuerhalten, kann der Beklagte vorbringen, daß der Kläger ein feindlicher Ausländer sei. Dadurch verliert dieser sein Recht auf die Schuld in den Händen des Gegners.

Durch unsere Trennung von Großbritannien wurden britische Untertanen bei uns zu Ausländern. Sie verloren selbstverständlich die Ansprüche auf ihre Ländereien, und ihre Schuldforderungen waren nicht beitreibbar. Das Parlament hat verschiedentlich Gesetze gemacht, um ihr Eigentum zu sichern. Anfänglich wurden ihre Ländereien, ihre Sklaven und anderes Eigentum auf ihren Farmen beschlagnahmt und von Personen kommissarisch übernommen, die meist Freunde oder Beauftragte der Eigentümer waren. Reingewinne mußten in die Staatskasse einbezahlt werden. Allen, die britischen Untertanen Geld schuldeten, wurde gestattet, dies ebenfalls in die Staatskasse einzubezahlen. Das auf diese Weise zugeflossene Geld sollte, so wurde erklärt, Eigentum der britischen Untertanen bleiben und, sofern es vom Staat verwendet wurde, rückzahlbar sein, es sei denn, ungebührliches Verhalten von seiten Großbritanniens ließe eine Sperrung geraten erscheinen.

Schon damals hatte, von der republikanischen Seite unbemerkt, eine gewisse Wertminderung eingesetzt. Große Summen wurden von den Schuldnern einbezahlt. Später kam vom Parlament, welches dem Grundsatz treu blieb, daß kein Fremder Ländereien im Staat besitzen dürfe, die Anordnung, alles britische

Eigentum solle verkauft werden. Da man nun den Verlauf der Wertminderung und die dadurch entstehenden Verluste wahrnahm, wurde als Gegenmaßnahme angeordnet, den Erlös von Verkäufen in den damaligen Wert von Tabak umzurechnen und die Festlegung der Wertrelation künftig der Legislative zu überlassen. Durch diese Entscheidung ist die Erstattungsfrage problematischer denn je geworden. Im Mai 1780 wurde durch eine weitere Verordnung die Möglichkeit aufgehoben, britischen Untertanen geschuldete Summen in die Staatskasse einzubezahlen.

16.

Von den verschiedenen im Staate geduldeten Religionen

Die ersten Siedler in diesem Land emigrierten aus England und gehörten der englischen Hochkirche an (der anglikanischen Kirche oder Church of England; der Hrsg.), welche damals einen glänzenden Sieg über alle anderen Glaubensgemeinschaften davongetragen hatte.[108] Da sie bald die Macht besaßen, Gesetze zu erlassen und auszuführen, zeigten sie in diesem Land dieselbe Unduldsamkeit wie ihre presbyterianischen Brüder, die in die nördlichen Gegenden ausgewandert waren.[109]

Die armen Quäker flüchteten damals vor der Verfolgung in England. Sie erblickten in den neuen Ländern Asylstätten bürgerlicher und religiöser Freiheit, doch sie fanden, daß diese nur der herrschenden Sekte Freiheit gewährten. Verschiedene Verordnungen der virginischen Versammlung aus den Jahren 1659, 1662 und 1693 hatten eine Weigerung der Eltern, ihre Kinder taufen zu lassen, unter Strafandrohung gestellt, hatten gesetzwidrige Zusammenkünfte von Quäkern verboten, hatten Schiffskapitänen Strafen angedroht, die einen Quäker in den Staat brachten, und hatten angeordnet, daß alle hier befindlichen und noch eintreffenden Quäker gefangengesetzt werden sollten, bis sie sich bereit erklärten, das Land zu verlassen. Sie bestimmten für die erste und die zweite Rückkehr eine milde Bestrafung, aber für die dritte die Todesstrafe. Durch diese Verordnungen wurde auch allen untersagt, Zusammenkünfte der Quäker in oder nahe bei ihren Häusern zu dulden, sie einzeln zu beherbergen oder Bücher zu verbreiten, die ihre Lehren enthielten. Wenn es hier im Gegensatz zu Neuengland dennoch zu keinen Exekutionen kam, so hat man dies wahrlich nicht der Mäßigung der Kirche oder dem Geist der Gesetzgebung zu verdanken, sondern lediglich gewissen historischen Umständen, die uns nicht überliefert worden sind.

Die Anglikaner blieben etwa ein Jahrhundert lang im ungestörten Besitz des Landes. Andere Meinungen schlichen sich dann allmählich ein, und da die große Sorgfalt der Regierung, ihre eigene Kirche aufrechtzuerhalten, die Geistlichkeit gleichgültig und sorglos gemacht hatte, waren zu Anfang der jetzigen Revolution schon zwei Drittel des Volkes «Dissenters» (Sektierer, Nonkonformisten; der Hrsg.) geworden. Die Gesetze waren zwar noch immer drükkend für sie, doch der Eifer der einen Partei hatte sich bis zur Mäßigung abgekühlt, während der Mut der anderen einen achtunggebietenden Grad der Entschlossenheit erreicht hatte.

Die gegenwärtige Gesetzeslage im Hinblick auf die Religion ist wie folgt: Der Konvent vom Mai 1776 hat es in seiner Menschenrechtserklärung für eine Wahrheit und ein natürliches Recht erklärt, daß die Religionsausübung frei sein müsse. Als er aber auf der

Grundlage dieser Erklärung die neue Regierungsform einrichten wollte, wurden die in der Menschenrechtserklärung deklarierten Prinzipien[110] nicht aufgegriffen und durch Gesetzeskraft geschützt; vielmehr wurden alle Punkte, die unsere Religionsfreiheit begründeten, übergangen und beiseite gelassen. Derselbe Konvent widerrief jedoch, als er im Oktober 1776 in Gestalt der neuen Legislative zusammenkam, alle Parlamentsakte, die es für strafbar erklärt hatten, in Religionsangelegenheiten irgendwelche Meinungen aufrechtzuerhalten, den Kirchgang zu unterlassen und eine besondere Art des Gottesdienstes durchzuführen. Außerdem wurden die Gesetze aufgehoben, nach welchen die Geistlichen ein bestimmtes Gehalt erhielten, und dies wurde im Oktober 1779 auf immer bestätigt.

So wurde die gesetzliche Religionsunterdrückung aufgehoben, und es blieben jetzt nur noch die vom Common Law oder durch unsere Parlamentsverordnungen auferlegten Unterdrückungsmaßnahmen. Nach dem Common Law war Häresie ein Kapitalverbrechen, das mit Verbrennen bestraft wurde. Die Definition wurde den geistlichen Richtern überlassen, die auch das Urteil sprachen, bis eine Verordnung aus dem ersten Regierungsjahr der Königin Elisabeth (1558/59; der Hrsg.) diese Befugnis einschränkte, indem erklärt wurde, daß nichts als Ketzerei gelten solle, was nicht in den kanonischen Büchern der Schrift als solche festgestellt sei oder durch eine der vier ersten allgemeinen Kirchenkonzile oder durch ein anderes Konzil, welches seine Meinung auf eindeutige Aussagen der Bibel stützen könne.

Da die so umrissene Ketzerei einen Verstoß gegen das Common Law darstellt, gehört sie einer Parlamentsakte vom Oktober 1777 zufolge vor das Allgemeine Gericht. Es wird nämlich erklärt, daß die Rechtsprechung dieses Gerichts sich auf alle Angelegenheiten des Common Law erstrecken soll. Kraft einer Verordnung unserer Versammlung aus dem Jahr 1705 wird jeder in der christlichen Religion erzogene Mensch, der die Existenz eines Gottes oder der Dreieinigkeit leugnet oder behauptet, es gebe mehr als einen Gott, oder der die Wahrheit der christlichen Religion und den göttlichen Ursprung der Schrift leugnet, beim ersten Vergehen dadurch bestraft, daß man ihn für unfähig erklärt, irgendein geistliches, ziviles oder militärisches Amt oder eine entsprechende Beschäftigung auszuüben. Beim zweiten Vergehen darf er keine Klage erheben, keine Erbschaft und kein Vermächtnis annehmen, weder Vormund, Testamentsvollstrecker oder Verwalter sein und wird außerdem mit drei Jahren Gefängnis ohne die Möglichkeit einer Freilassung gegen Kaution bestraft. Da das Sorgerecht eines Vaters gegenüber seinen Kindern in den Gesetzen begründet ist, die ihm die Vormundschaft einräumen, und man einem Ketzer eben diese nimmt, so kann man ihm natürlich auch seine Kinder wegnehmen und durch Gerichtsbeschluß orthodoxeren Menschen anvertrauen. Dies ist eine kurze Übersicht der religiösen Sklaverei, welcher sich ein Volk, das

Leben und Besitz zur Errichtung seiner bürgerlichen Freiheit wagte, noch immer freiwillig unterwirft.[III]

[Der Irrtum, die Tätigkeit des Geistes sei genauso wie die Handlungen des Körpers dem Zwang der Gesetze unterworfen, scheint noch nicht hinlänglich ausgeräumt zu sein. Unsere Herrscher können jedoch eigentlich nur über solche natürlichen Rechte Amtsgewalt besitzen, die wir ihrem Urteil unterworfen haben.

Die Gewissensrechte haben wir nie ihrem Urteil unterworfen, wir könnten dies auch nicht. Für sie sind wir unserem Gott gegenüber verantwortlich. Die legitimen Befugnisse von Herrschaftsinstitutionen erstrecken sich nur auf solche Schritte, die anderen gegenüber schädlich sind. Es schädigt mich jedoch nicht, wenn mein Nachbar behauptet, es gebe zwanzig Götter oder gar keinen Gott. Das leert mir nicht die Taschen und bricht mir kein Bein.

Wenn es heißt, auf sein Zeugnis könne man sich in einem Gerichtshof nicht verlassen, dann mag man es verwerfen, auch wenn er dadurch ein Stigma erhält. Nötigung kann ihn schlimmer machen, indem sie ihn zum Heuchler, doch niemals zu einem wahrhaftigeren Menschen macht. Sie kann zu einer störrischen Verfestigung seiner Irrtümer führen, doch wird sie diese nie kurieren.

Vernunft und freier Informationsaustausch sind die einzigen wirksamen Mittel gegen den Irrtum. Läßt man die Zügel locker, dann werden diese beiden die wahre Religion unterstützen, indem sie jede falsche vor ihren Richterstuhl bringen und mit forschenden Fragen der Nachprüfung unterziehen. Sie sind die natürlichen Feinde des Irrtums, und nur des Irrtums. Hätte der römische Staat Informationsaustausch nicht zugelassen, hätte das Christentum nie eingeführt werden können. Hätte es in der Reformationszeit keinen freien Meinungsfluß gegeben, wären die Auswüchse des Christentums nicht beseitigt worden. Wenn man ihn jetzt einschränkte, würde man die gegenwärtigen Mißstände beschützen und neue fördern.

Wäre es Sache von Herrschaftsinstitutionen, uns unsere Medizin und unsere Diät zu verordnen, wären unsere Leiber in dem Zustand, in dem unsere Seelen gegenwärtig sind. So wurden in Frankreich einst Brechmittel als Medizin und Kartoffeln als Nahrungsmittel verboten. Herrschaftsinstitutionen sind ebenso fehlbar, wenn sie in der Physik Systeme festschreiben. Galilei wurde zur Inquisition geschickt, weil er bestätigt hatte, daß die Erde ein kugelförmiger Körper sei; die Regierung hatte erklärt, die Erde sei so flach wie ein Brett, und Galilei mußte seinem Irrtum abschwören. Dieser Irrtum setzte sich jedoch schließlich durch, die Erde wurde ein Globus; und Descartes erklärte, sie werde von einem Wirbel um ihre Achse gedreht. Der Staat, in dem er lebte, war weise genug, um zu erkennen, daß es sich dabei nicht um ein Problem der zivilen Rechtsprechung handelte, sonst wären wir alle von Staats wegen in Wirbel verwickelt worden. Tatsächlich ist von den Wirbeln nichts übriggeblieben, und Newtons Prinzip der Gravitation ist jetzt auf der Basis der Vernunft fester etabliert, als es der Fall gewesen wäre, wenn Herrschaftsinstitutionen eingeschritten wären und es zu einem notwendigen Glaubensartikel gemacht hätten.

Man hat der Vernunft und dem Experiment freien Lauf gelassen, und der Irrtum ist vor ihnen geflohen. Allein der Irrtum benötigt die Unterstützung der Herrschaftsinstitutionen. Die Wahrheit kann auf eigenen Beinen stehen. Wird die Meinung dem Zwang unterworfen, wer sind dann die Inquisitoren? Fehlbare Menschen; Männer, die von üblen Leidenschaften, von privaten wie auch öffentlichen Beweggründen regiert werden. Und warum sie dem Zwang unterwerfen? Um Einheitlichkeit zu schaffen. Ist aber eine einheitliche Meinung wünschenswert? So wenig wie Uniformität der Gesichter und der Statur. Man könnte das Prokrustesbett einführen und, weil große Männer die kleinen schlagen könnten, uns alle entweder durch Zurechtstutzen oder Ausdehnen gleich groß machen.

Meinungsunterschiede sind in der Religion von Vorteil. Die verschiedenen Religionsgemeinschaften üben gegeneinander das Amt eines Censor morum aus. Ist Einheitlichkeit erreichbar? Millionen unschuldiger Männer, Frauen und Kinder sind seit der Einführung des Christentums verbrannt, gefoltert, mit Geldstrafen belegt und eingekerkert worden, doch sind wir der Einheitlichkeit keinen Zentimeter näher gekommen. Was hat denn der Zwang bewirkt? Die eine Hälfte der Welt wurde zu Narren und die andere

Hälfte zu Heuchlern. Die Gaunerei und der Irrtum wurden überall auf der Erde unterstützt. Überlegen wir doch, daß diese von tausend Millionen Menschen bewohnt wird. Daß diese sich wahrscheinlich zu tausend verschiedenen Religionssystemen bekennen. Daß das unsere nur eines jener tausend ist. Daß, wenn es nur ein richtiges geben kann und unseres es wäre, wir wünschten, daß die 999 irrgläubigen Religionssysteme im Schoße der Wahrheit versammelt würden.

Doch gegen eine solche Mehrheit können wir dies nicht mit Gewalt durchsetzen. Vernunft und Überzeugungskraft sind die einzigen praktikablen Instrumente. Um diesen Platz zu schaffen, muß freier Meinungsaustausch praktiziert werden. Und wie können wir das von anderen wünschen, wenn wir ihn uns selbst verweigern? Ein jeder Staat hat doch, sagt ein Inquisitor, irgendeine Religion etabliert. Keine zwei, sage ich, haben dieselbe etabliert. Ist dies ein Beweis für die Unfehlbarkeit dieser Einrichtungen?]

Wie wenig eine herrschende Religion notwendig ist, beweisen unsere Schwesterstaaten Pennsylvanien und New York, die schon lange ohne irgendeine verordnete Religion auskommen. Als sie den Versuch wagten, war er neu und zweifelhaft. Er ist über alle Erwartungen gelungen. Die beiden Staaten florieren ungemein. Die Religion wird geehrt, freilich in verschiedener Gestalt, aber alle sind gut und reichen hin, um Frieden und Ordnung zu erhalten. Sollte eine Sekte entstehen, deren Lehren den guten Sitten zuwiderliefen, dann kann sich die Vernunft frei entfalten;

sie argumentiert und gibt der Lächerlichkeit preis, ohne den Staat damit zu behelligen. Bei ihnen gibt es nicht mehr Übeltäter als bei uns.

Sie haben auch nicht stärker unter Religionsstreitigkeiten zu leiden. Im Gegenteil, ihre Harmonie ist unvergleichlich, und man kann dies, da sie sich sonst von keiner Nation auf Erden unterscheiden, nur der grenzenlosen Toleranz zuschreiben. [Sie haben die erfreuliche Entdeckung gemacht, daß die Methode, religiöse Dispute zum Schweigen zu bringen, darin besteht, von ihnen keine Notiz zu nehmen. Wir sollten diesem Experiment ebenfalls freien Lauf lassen und, solange wir dazu in der Lage sind, jene tyrannischen Gesetze abschaffen.

Es stimmt, durch den Geist der Zeit sind wir immer noch gegen sie abgesichert. Ich bezweifle, ob die Menschen dieses Landes eine Hinrichtung wegen Häresie auf sich nehmen würden oder drei Jahre Gefängnis wegen Nichtbegreifens der Mysterien der Dreifaltigkeit. Ist aber auf den Geist des Volkes stets unweigerlich Verlaß? Herrscht er? Ist dies die Art von Schutz, die wir für die Rechte, die wir aufgeben, erhalten? Der Geist der Zeit mag sich überdies ändern, wird sich ändern. Unsere Herrscher werden korrupt werden, unser Volk nachlässig. Ein einzelner Fanatiker mag als Verfolger den Anfang machen, und bessere Männer werden seine Opfer sein.

Es kann nicht oft genug wiederholt werden, daß die beste Zeit für die Festlegung wesentlicher Rechte auf einer gesetzlichen Grundlage gegeben ist, solange unsere Herrscher ehrlich und wir selbst einig sind. Vom Schluß dieses Krieges an wird es mit uns abwärts gehen. Später wird es nicht nötig sein, das Volk fortwährend um Unterstützung zu ersuchen. Man wird es deshalb vergessen und seine Rechte mißachten. Es wird sich selbst vergessen, nur nicht in der ausschließlichen Fähigkeit, Geld zu machen, und wird nie daran denken, sich zu vereinen, um eine gebührende Beachtung seiner Rechte zu bewirken. Deshalb werden die Ketten, die am Schluß dieses Krieges nicht abgeschüttelt werden, noch lange auf uns lasten; sie werden immer schwerer gemacht werden, bis unsere Rechte neu aufleben oder mit einem Zucken erlöschen werden.]

17.

Von den Umgangsformen

(Hier folgt der in der amerikanischen Ausgabe als 18. Kapitel aufgeführte Abschnitt «Manners», das in der alten deutschen Ausgabe ausgelassen wurde, möglicherweise deshalb, weil Jefferson schon in früheren Passagen vereinzelt auf die moralischen Auswirkungen der Sklaverei hingewiesen hat.)

[Es ist schwer, einen Standard festzulegen, mit dessen Hilfe sich die Umgangsformen einer Nation prüfen ließen, sei er nun großzügig oder peinlich genau. Es ist für einen Einheimischen noch schwieriger, die Umgangsformen seiner eigenen Nation, die ihm durch Gewohnheit vertraut sind, an diesem Standard zu messen.

Ohne Zweifel muß es dadurch, daß unter uns Sklaverei existiert, einen unglückseligen Einfluß auf die Verhaltensformen unseres Volkes geben. Der gesamte Umgang zwischen dem Herrn und dem Sklaven ist eine dauernde Umsetzung der ungestümsten Gemütsbewegungen, des gnadenlosen Despotismus auf der einen Seite und entwürdigender Unterwerfungen auf der anderen. Unsere Kinder sehen dies und lernen, es nachzuahmen, denn der Mensch ist ein zur Nachahmung neigendes Tier.

Diese Eigenschaft ist der Keim seiner gesamten Erziehung. Von der Wiege bis zum Grabe lernt er, das zu tun, was er andere machen sieht. Wenn ein Elternteil weder in seiner Philantropie noch in seiner Eigenliebe ein Motiv finden kann, um die ausschweifenden Temperamentsausbrüche gegenüber seinem Sklaven zu zügeln, sollte es stets ausreichen, daß sein Kind anwesend ist. Der Vater oder die Mutter tobt, das Kind schaut zu und merkt sich die Zornesgebärde, setzt im Kreise jüngerer Sklaven dieselbe Miene auf, läßt seinen schlimmsten Gemütsbewegungen freien Lauf und kann, indem es so großgezogen, erzogen und täglich in Tyrannei eingeübt wird, schließlich nur durch abscheuliche Eigentümlichkeiten geprägt werden.

Der Mensch muß als ein Wunder gelten, der seine Umgangsformen und seine Moral von einer Korrumpierung durch solche Umstände freihalten kann. Und mit welchem Fluch müßte man den Staatsmann belegen, der, indem er zuläßt, daß die eine Hälfte der Bürger so auf den Rechten der anderen herumtrampelt, jene in Despoten verwandelt und diese in Feinde; der die Moral der einen Hälfte vernichtet und die Vaterlandsliebe der anderen. Wenn es nämlich für einen Sklaven auf dieser Welt ein Land geben kann, dann wird es keinesfalls dasjenige sein, in dem er geboren wird, um für einen anderen zu leben und zu arbeiten; ein Land, in dem er seine natürlichen Anlagen verschütten und nach Kräften zum Verschwinden der menschlichen Rasse beitragen muß, da er sonst seine eigenen elenden Lebensbedingungen an die endlosen Generationen weitergibt, die von ihm abstammen.

Zusammen mit der Moral dieser Menschen wird ihr Fleiß zerstört. Denn in einem warmen Klima wird niemand selbst arbeiten, der einen anderen für sich arbeiten lassen kann. Dies entspricht dermaßen der Wahrheit, daß man nur einen sehr kleinen Teil der Sklavenbesitzer jemals hart arbeiten sieht. Kann man aber die Freiheitsrechte einer Nation als gesichert betrachten, wenn wir deren einzige feste Grundlage entfernt haben, nämlich eine Überzeugung im Denken des Volkes, daß diese Freiheiten ein Geschenk Gottes sind? Daß gegen sie zu verstoßen den Zorn Gottes erregt?

Ich zittere in der Tat um mein Land, wenn ich daran denke, daß Gott gerecht ist, daß seine Gerechtigkeit nicht ewig schlummern kann; daß schon in Anbetracht der Zahlenverhältnisse und der Unwägbarkeit der Natur eine neue Drehung des Glücksrads und eine Umkehrung der Situation in den Bereich des Möglichen gehört und daß diese Umkehrung durch ein übernatürliches Einwirken wahrscheinlich werden mag! Denn es gibt nichts im Wesen des Allmächtigen, das in einer solchen Auseinandersetzung für uns spräche.

Es ist aber unmöglich, Zurückhaltung zu üben und gleichzeitig zu diesem Thema politische, moralische sowie natur- und menschheitsgeschichtliche Überlegungen anzustellen. Wir müssen uns mit der Hoffnung zufriedengeben, daß diese Überlegungen sich zum Denken eines jeden Zugang verschaffen werden. Ich glaube, ein Wandel ist schon spürbar seit den Anfängen unserer gegenwärtigen Revolution. Der Geist des Herren verschwindet allmählich, der des Sklaven erhebt sich aus dem Staub, wenn sich seine Lebensumstände mildern; und der Weg wird, so hoffe ich, unter dem Schutze des Himmels bereitet zu einer völligen Emanzipation, die auf geordnete Weise mit Zustimmung der Herren durchgeführt werden wird und nicht durch deren Vernichtung.]

18.

Vom gegenwärtigen Zustand der Manufakturen sowie des inländischen und ausländischen Handels

Unser inländischer Handel ist nie von Bedeutung gewesen, und der ausländische hat seit Kriegsbeginn sehr gelitten. Während dieses Zeitraums haben wir die notwendigsten Kleidungsstücke zu Hause selbst hergestellt. Unser Baumwollzeug kann den Vergleich mit europäischen Manufakturwaren aushalten, doch alle aus Wolle, Flachs oder Hanf hergestellten Stoffe sind sehr grob, unansehnlich und unschön. Unser Hang zum Ackerbau ist so stark und unsere Vorliebe für ausländische Waren so entschieden, daß wir uns gewiß, sei es nun klug oder nicht, so bald wie möglich wieder mit dem Anbau der Rohstoffe abgeben und diese gegen feinere Manufakturwaren, als wir sie selber herzustellen imstande sind, eintauschen werden.

[Die Volkswirtschaftler Europas haben es zum Prinzip erhoben, daß jeder Staat sich bemühen sollte, für sich selbst zu fabrizieren. Und dieses Prinzip übertragen wir wie viele andere nach Amerika, ohne zu überlegen, daß andere Umstände oft zu anderen Ergebnissen führen können. In Europa ist das Land entweder bestellt oder dem Landwirt verschlossen. Man muß deshalb zwangsläufig, nicht aus freier Wahl, bei

Manufakturen Zuflucht suchen, um den Bevölkerungsüberschuß zu ernähren. Wir haben jedoch unermeßlich viel Land, das den fleißigen Bauern einlädt. Ist es daher am klügsten, alle unsere Bürger mit der Kultivierung des Bodens zu beschäftigen, oder sollte eine Hälfte abberufen werden, um für die andere Manufaktur- oder Gewerbetätigkeiten auszuüben? Jene, die mit dem Erdboden arbeiten, sind das erwählte Volk Gottes, wenn er je ein erwähltes Volk hatte, in dessen Busen er seine besondere Lagerstätte großer und wahrer Tugend eingerichtet hat. Das ist der Brennpunkt, in dem er jenes heilige Feuer lebendig erhält, das andernfalls vom Erdboden verschwinden könnte.

Ein Zerfall der Moral bei der Mehrheit der Bauern ist ein Phänomen, für welches es in keinem Zeitalter und in keiner Nation ein Beispiel gibt. Es ist vielmehr das Kennzeichen derer, die für ihren Lebensunterhalt nicht auf den Himmel, auf ihren eigenen Boden und ihren Fleiß vertrauen wie der Landmann, sondern von den Launen ihrer Kunden abhängen. Abhängigkeit führt zu Willfährigkeit und Käuflichkeit, schnürt dem Keim der Tugend die Luft ab und schafft geeignete Werkzeuge für die Ränke des Ehrgeizes. Dieser Prozeß, die natürliche Fortentwicklung und Konsequenz der Gewerbetätigkeiten, ist vielleicht dann und wann durch Zufallsumstände verlangsamt worden; doch im allgemeinen ist das Verhältnis, in dem die Gesamtzahl von Bürgern aller anderen Stände in einem Staat zur Zahl seiner Bauern steht, gleichzeitig das Verhältnis ungesunder und gesunder Teile und ein brauchbares Barometer, mit dem sich der Grad der Verderbtheit feststellen läßt. Solange wir also Land zur Bearbeitung haben, wollen wir niemals wünschen, daß unsere Bürger an einer Werkbank beschäftigt sind oder einen Spinnrocken drehen. Zimmerleute, Maurer und Schmiede werden in der Landwirtschaft benötigt; doch sollten, was den allgemeinen Manufakturbetrieb angeht, unsere Werkstätten in Europa bleiben. Es ist besser, Vorräte und Material zu den dortigen Arbeitern hinzuschaffen, als diese zu den Vorräten und zum Material zu bringen – und mit ihnen ihre Verhaltensweisen und Prinzipien. Der durch den transatlantischen Rohstofftransport entstehende Verlust wird wettgemacht werden durch Glück und dauerhafte Herrschaftseinrichtungen. Der Mob großer Städte trägt etwa soviel zur Unterstützung sauberer Herrschaftsinstitutionen bei, wie Wunden zur Kraft des menschlichen Körpers beitragen. Die Verhaltensweisen und der Geist eines Volkes sind es, die eine Republik kraftvoll erhalten. Eine Degeneration in den Verhaltensweisen und im Geist ist ein Krebsgeschwür, das sich bald zum Kern der Gesetze und der Verfassung durchfrißt.]

Ehe der jetzige Krieg anfing, war unsere Ausfuhr in durchschnittlichen Jahren gemäß den sichersten Informationen, die ich erlangen konnte, folgendermaßen beschaffen:

Waren	Quantität	Preis in Talern	Summe in Talern
Tabak	55 000 Oxh.[112] zu 1000 Pf.	30 per Oxh.	1 650 000
Weizen	800 000 Scheffel.	5/6 per Sch.	666 666 2/3
Mais	600 000 Scheffel	1/3 per Sch.	200 000
Schiffe	–	–	100 000
Masten, Bretter, Fachwerk,	–	–	
Latten, Stäbe,	–	–	66 666 2/3
Teer, Pech, Terpentin	30 000 Fässer	1 1/3 per Faß.	40 000
Pelzwerk, namentl. Hirsche, Biber, Otter, Bisamratte, Racoon u. Fuchsfelle	180 Oxh. zu 600 Pf.	1 1/2 d. Pfund.	42 000
Schweinefleisch	4000 Fässer	10 per Faß	40 000
Leinsamen, Hanf,	–	–	
Baumwolle, Stein-	–	–	8 000
kohle, Roheisen	–	–	6 666 2/3
Erbsen	5 000 Scheffel	2/3 per Sch.	3 333 1/3
Rindfleisch	1 000 Fässer	3 1/3 per Faß	3 333 1/3
Stör, White Shad, Hering	–	–	3 333 1/3
Branntwein von Pfirsichen, Äpfeln und Whiskey	–	–	1 666 2/3
Pferde	–	–	1 666 2/3
Diese Summe macht in virginischem Gelde spanische Taler, nach englischem aber 850 000 Pf. Sterl. oder 607 142 Guineen.			2 833 333 1/3

Im Jahr 1758 exportierten wir 70000 Oxhoft[112] Tabak, und dies ist die größte Menge, welche dieses Land je in einem Jahr hervorgebracht hat. Zu Beginn des Krieges war der Tabakanbau schon stark zurückgegangen und der Weizenanbau an seine Stelle getreten; in Friedenszeiten wird er noch weiter abnehmen müssen. Ich vermute, daß sich bei dieser Pflanze, die zum Gedeihen viel Hitze braucht, die Veränderung unseres Klimas bereits bemerkbar macht. Noch mehr braucht sie jedoch einen ungewöhnlich fruchtbaren Boden, und der Erlös, den der Tabak auf den Märkten einbringt, ist nicht so beschaffen, daß der Pflanzer zur Bodenverbesserung Dünger verwenden könnte. Wenn Virginien und Maryland die einzigen Produzenten wären, würde der Preis wegen des Aufwands sicherlich steigen und den Pflanzer in die Lage versetzen, diese Schwierigkeiten zu überwinden und seinen Lebensunterhalt zu verdienen. Jetzt aber wird in der westlichen Gegend am Mississippi und in der Mitte von Georgia ebenfalls Tabak angebaut; der neue, fruchtbare Boden und die heiße Sonne werden dazu beitragen, daß die beiden Staaten unterboten werden können und sie den Tabakanbau aufgeben müssen. Dies wird für sie ein heilsamer Zwang sein, denn der Tabakanbau hat viel Elend hervorgebracht. Den damit Beschäftigten bringt er eine dauernde Anstrengung, welche die natürliche Belastbarkeit übersteigt.

Es werden kaum Nahrungsmittel angebaut, daher sind die Menschen und das Vieh auf diesen Farmen schlecht ernährt. Dabei wird noch der Boden schnell erschöpft.[113] Mit dem Weizenanbau ist es gerade umgekehrt. Die Erde wird von grünen Pflanzen bedeckt, die sie fruchtbar erhalten. Die Arbeitenden werden reichlich ernährt und brauchen ihre Kräfte nur mäßig einzusetzen, außer zur Erntezeit. Die Zucht von Arbeits- und Schlachttieren gedeiht, und überall herrscht Überfluß und Zufriedenheit. Es ist weit leichter, hundert Scheffel Weizen zu erzeugen als zehn Zentner Tabak, und der Weizen bringt mehr ein.

Der Kornwurm ist bei uns allerdings ein großes Hindernis für den Getreideanbau. Man kennt jedoch Gegenmittel. So ist zum Beispiel zum Ausbrüten der Eier eine gewisse Wärme, vergleichbar mit der Lufttemperatur eines normalen Sommers, erforderlich. Würde man also unterirdische Kornspeicher oder dergleichen erfinden, die niedrigere Temperaturen aufweisen, könnte man dem Übel beikommen. Eine höhere Temperatur als die zum Ausbrüten erforderliche tötet den Schädling ebenfalls. Bei diesem Verfahren verfehlen wir jedoch leicht das Ziel und verursachen Fäulnis. Diese wird durch Hitze, Feuchtigkeit und die Außenluft hervorgebracht. Könnte man einen von diesen Faktoren entfernen, würden die anderen beiden nicht schaden.

Die Hitze brauchen wir, deshalb muß die Feuchtigkeit oder die äußere Luft entfernt werden. Ersteres hat man erreicht, indem man das Getreide in einer Ziegelbrennerei der Hitze des Feuers aussetzte und ihm so alle Feuchtigkeit entzog. Letzteres kann man dadurch bewerkstelligen, daß man das Getreide in Fässer schüttet, mit einer Kalkschicht bedeckt und die Fässer verschließt. Die dabei entstehende Hitze reicht aus, um die Eier abzutöten. Die Feuchtigkeit bleibt zwar erhalten, doch die Außenluft hat keinen Zutritt. Man hat noch eine subtilere Methode versucht, nämlich eine mittlere Temperatur, die die Eier abtötet, ohne Fäulnis zu verursachen. Man ließ nämlich das Getreide gleich nach der Ernte dreschen und schüttete es zusammen mit der Spreu in großen Haufen auf; diese erhitzen sich so weit, daß die meisten Eier abgetötet werden, und die Spreu verhindert eine Temperatur, bei der Fäulnis entstehen könnte. Alle diese Methoden setzen jedoch der Menge, die der Farmer anbauen kann, enge Grenzen und geben anderen Ländern, die nicht unter diesem Insekt zu leiden haben, die Gelegenheit, ihn zu unterbieten. Daher fehlt noch manches, bis der Weizenanbau die Tabakpflanzung ganz verdrängen kann.

Der Weizenanbau hat auch den Vorteil, daß unser Weideland vermehrt wird und die Zucht von Araberpferden mit sehr ansehnlichem Gewinn betrieben werden könnte. Die Erfahrung zeigt, daß gerade unser Klima in Amerika das geeignete ist, weil diese Tiere hier nicht ausarten. Nach Süden hin fehlt es wegen der großen Hitze an Weideland, und im Norden sind die Winter für das kurzhaarige Fell, die Empfindlichkeit und die Konstitution dieser Pferderasse zu streng. Tiere, die man in ein unfreundliches Klima schafft, verändern entweder ihre Natur und erhalten einen neuen Schutz gegen die neuen Schwierigkeiten, mit denen sie kämpfen müssen, oder sie vermehren sich schlecht und sterben aus. Wir haben hier für die Zucht dieser Pferde schon eine gute Grundlage, da wir eine große Anzahl besitzen und die Leute ihnen den Vorzug vor allen anderen geben. In unserem und in dem südlicheren Klima sind sie wegen ihrer starken Lunge und ihrer Ausdauer bei Hitze sogar als Zugtiere für den Pflug und den Wagen geeignet. Gegen Norden hin werden sie jedoch nur als Reitpferde und für leichte Fuhrwerke reicher und vornehmer Personen verwendbar sein, und zwar dank ihrer Schnelligkeit und ihrer Schönheit.

Außer der Pferdezucht können wir noch viele andere Dinge an die Stelle des Tabakanbaus setzen, zum Beispiel Baumwolle in den östlichen Gegenden des Staats sowie Hanf und Flachs in den westlichen.

Es ist schwer vorherzusagen, welche Artikel des Bedarfs, der Bequemlichkeit und des Luxus wir nicht erzeugen können und deshalb zwangsläufig aus anderen Ländern importieren müssen. Denn alles, was unempfindlicher ist als der Olivenbaum und so widerstandsfähig wie der Feigenbaum, gedeiht bei uns im Freien. Zucker, Kaffee und Tee fallen in der Tat nicht in diesen Bereich, und solange die Gewohnheit diese für den reicheren Teil unserer Bürgerschaft unentbehrlich macht, werden wir sie wohl aus den Ländern, die sie hervorbringen, holen müssen.[114]

19.

Von den Maßen, den Gewichten und dem Wert des im Umlauf befindlichen Geldes

Unsere Maße und Gewichte sind dieselben wie in England, wo sie durch Parlamentsakte bestimmt wurden. Wie es kam, daß sowohl in diesem Staat wie auch in den anderen amerikanischen Staaten der Nennwert des gemünzten Geldes von dem in England abweicht, kann ich nicht mit Sicherheit sagen.[115] Alles, was ich hierüber finde, ist, daß im Jahr 1632 unsere Bürgerversammlung (das «House of Burgesses», Vorläufer des späteren Delegiertenhauses; der Hrsg.) den Staatsrat von England um eine um 25 Prozent abgewertete Münze ersuchte; daß der Tauschhandel mit Tabak im Jahr 1645 verboten wurde und der Wert des spanischen Peso auf sechs Shilling als Standard der einheimischen Währung festgesetzt wurde; daß schließlich im Jahr 1655 diese spanische Münze auf fünf Shilling heruntergesetzt wurde.

Im Jahr 1680 überreichte die Bürgerversammlung dem König eine Bittschrift, derzufolge er in einer Proklamation von 1683 den Wert der französischen Ecus, der Reichstaler[116] und der Pesos auf sechs Shilling festsetzte sowie den Wert der Münze von Neuengland auf einen Shilling. In den Jahren 1710, 1714, 1727 und 1762 wurden weitere Vorschriften erlassen, von denen die folgende Tabelle einen Überblick bietet:

	1710	1714	1727	1762
Guineen	–	26 Shilling	–	–
Engl. ungerändertes Gold, franz. und span. Gold, Sequinen, arab. Gold, portug. Moidor	–	5 Shilling pro Pennyweight*	–	–
Gemünztes deutsches Reichsgold	–	5 Shilling pro Pennyweight	–	4 Shilling 3 Pence pro Pennyweight
Engl. gerändertes Silbergeld im Verhältnis zu einer Krone	–	5 Shilling 10 Pence	6 Shilling 3 Pence	–
Pesos aus Mexiko, Sevilla und Pillar; flandr. Ducatons, franz. Ecus, portug. Crusaden	3¾ Pence pro Pennyweight	–	4 Pence pro Pennyweight	–
Perustücke, Kreuztaler und alte Reichstaler	3¾ Pence pro Pennyweight	–	3¾ Pence pro Pennyweight	–
altengl. ungerändertes Silbergeld	–	3¾ Pence pro Pennyweight	–	–

* Pennyweight: englisches Pennygewicht (1/20 Unze = 1,555 g)

Das erste Symptom der Entwertung unseres jetzigen Papiergeldes war, daß man den Silberdollar für sechs Shilling verkaufte; zuvor war er nur fünf Shilling neun Pence wert gewesen. Das Parlament erhöhte seinen Wert daraufhin durch ein Gesetz auf sechs Shilling. Da der Dollar wahrscheinlich die Währungseinheit von Amerika werden wird, weil er auch in einigen anderen Staaten zu diesem Wert im Umlauf ist und dies die Umrechnung in Pfund und Shilling erleichtert, scheint dieser Wert bequemer zu sein als der vorige. Da diese besondere Münze nun aber höher steht als alle anderen, nämlich im Verhältnis 133⅓ zu 125 und 16 zu 15, wird es nötig sein, die anderen in ebendiesem Verhältnis zu erhöhen.

20.

Von den öffentlichen Ausgaben und Einkünften

Da der Nennwert dieser beiden Posten durch den beständigen und schnellen Wertverfall unseres Papiergeldes ebenso rasch und unablässig wechselt, ist es ganz unmöglich, darüber etwas Zuverlässiges zu sagen. Wir finden uns bei jedem Versuch betrogen, weil sich der Wert des Papiergeldes von der Zeit der Festlegung einer Steuer bis zu ihrem tatsächlichen Eingang verringert hat.

Es wird daher befriedigender sein zu untersuchen, was für Einkünfte wir haben könnten, wenn wir die Mittel finden werden, das einzusammeln, was das Volk entbehren kann. Ich schätze das gesamte abgabenfähige Eigentum in diesem Staat auf 100 Millionen Dollar oder 30 Millionen Pfund nach unserem Geld.

Eine Abgabe von einem Prozent wäre im Vergleich mit allem, was wir bisher bezahlt haben, eine sehr schwere Besteuerung. Ich glaube jedoch, daß alle, die gut wirtschaften und sich auf Sparsamkeit verstehen, eineinhalb Prozent zahlen und dennoch bequem leben könnten, ohne ihr Kapital anzutasten, und daß das Volk sich, um den gegenwärtigen Kampf zu unterstützen, fügen würde. Wir können also annehmen, daß wir imstande wären, zwischen einer Million und eineinhalb Millionen Dollar oder 300 000 bis 450 000 Pfund in virginischem Geld jährlich einzunehmen.

Über unsere Ausgaben läßt sich ebenso schwer eine genaue Feststellung treffen. Die Besoldungen sind meist in Papiergeld angesetzt, und da es fortwährend Wertveränderungen gibt, bemüht sich das Parlament in jeder Sitzungsperiode, durch neue Korrekturen die betreffenden Summen mit dem wirklichen Wert, den sie haben sollten, in Übereinstimmung zu bringen. Ich will daher auf der folgenden Seite die Beträge in wirklicher Münze angeben, zu dem Wert, auf dem sie zu halten man sich bemüht.

Hierunter sind, wie man sieht, Ausgaben für das Militär nicht inbegriffen. Diese wechseln mit der tatsächlichen Truppenstärke und werden in Friedenszeiten wahrscheinlich wenig oder nichts betragen. Ebenso sind hier die Schulden des Staates nicht mitgerechnet; sie vermehren sich, während ich dies schreibe, daher können sie auch nicht genau angegeben werden. Auch die Unterhaltskosten der Armen sind nicht mit aufgeführt, da es sich lediglich um freiwillige Leistungen handelt, die nicht den Staatsausgaben zugeschlagen werden können. Wenn wir auch noch die für die Geistlichkeit bestimmten 25 000 Dollar abziehen, die ebensowenig zur Staatsverwaltung gehören, kostet unser ganzer Regierungsapparat nur 225 000 Dollar.

Wenn man dies auf die tatsächliche Einwohnerzahl unseres Landes aufteilt, so zahlt jeder für den Schutz seines Eigentums und seiner Person sowie für die an-

Auf das Jahr gerechnete Kosten	in Dollars
Die jährlichen Unkosten der Legislative betragen etwa	20 000
das Gehalt des Gouverneurs	3 333⅓
der Staatsrat kostet	10 666⅔
seine Schreiber	1 166⅔
elf Richter	11 000
der Kanzleischreiber	1 661⅔
der Attorney General (der Kronanwalt)	1 000
drei Rechnungsprüfer (Auditors) und ein Fiskal (Solicitor)	5 333⅓
ihre Schreiber	2 000
der Schatzmeister	2 000
seine Schreiber	2 000
der Stockmeister des öffentlichen Gefängnisses	1 000
der öffentliche Buchdrucker	1 666⅔
Schreiber bei den Untergerichten	43 333⅓
Öffentliche Erhebung (Public levy); diese dient hauptsächlich zur Bestreitung der Unkosten der Kriminaljustiz	40 000
Grafschaftliche Erhebung für Brücken, Gerichtshäuser, Gefängnisse usw.	40 000
Mitglieder des Kongresses	7 000
Quote zur Zivilliste der Vereinigten Staaten, angesetzt auf ⅙ von 78 000 Dollar	13 000
Unkosten der Erhebung: 6 Prozent der obigen Summe	12 310
Die Geistlichen erhalten nur freiwillige Beiträge, im Durchschnitt etwa ⅛ vom Zehnten bei 200 000 Zehntbaren	25 000
Einmalige Ausgaben, um eine runde Summe zu erhalten	1 7 523⅓
	250 000 Dollar
	oder 53 751 Guineen

deren Vorteile eines freien Regierungssystems zwei Fünftel eines Dollars. Verteilt man die öffentlichen Einkünfte Großbritanniens auf dieselbe Weise, kommt man für jedes Individuum auf eine sechzehnmal größere Summe. Wenn wir nun auch von den eineinhalb Millionen Dollar, von denen wir annehmen, die Einwohner könnten sie jährlich ohne Schwierigkeiten aufbringen, doppelt so hohe Regierungsunkosten abziehen, so kann dieser Staat dennoch zum Unterhalt einer Bundesarmee, zur Bezahlung der Bundesschulden, zum Anlegen von Straßen, zum Ausräumen von Flüssen, zur Verbesserung der Seehäfen und anderen nützlichen Arbeiten jährlich eine Million Dollar aufbringen.

Nach der Berechnung dessen, was wir aufbringen könnten, wollen wir noch einige Worte über die Verwendung dieser Summen hinzufügen für den Fall, daß wir uns nach der Beendigung des gegenwärtigen Krieges und nach der Bezahlung der dabei entstandenen Schulden je mit irgendeiner europäischen Nation messen sollten. Dies müßte tunlichst vermieden werden. Da wir jung sind und ein ganzes Land vor uns liegen haben, das wir mit Menschen und mit Glück füllen sollten, müssen wir unsere gesamte Schaffenskraft auf dieses Ziel richten, ohne den kleinsten Teil auf Bemühungen zu verschwenden, uns wechselseitig zu zerstören. Es sollte unser Bestreben sein, mit allen Nationen in Frieden und Eintracht zu leben, selbst mit derjenigen, die uns auf das äußerste beleidigt hat – sobald wir uns gegen sie durchgesetzt haben.

Dabei erfordert es unser Interesse, dem Handel Tür und Tor zu öffnen, ihn aller Fesseln zu entledigen und jedem völlige Freiheit zu geben, in unsere Häfen zu bringen, was ihm beliebt; dieselbe Freiheit wollen wir für uns in ihren Häfen bewirken.

Nie ist so viel falsche Rechenkunst verschwendet worden wie dabei, Nationen zu überreden, daß es in ihrem Interesse liege, Kriege zu führen. Wenn das Geld, das verschwendet wurde, um am Ende eines langwierigen Krieges eine kleine Stadt oder ein unbedeutendes Gebiet hinzuzugewinnen oder das Recht, hier Holz zu fällen und dort Fische zu fangen, für die Verbesserung des vorhandenen Besitzes ausgegeben würde, für den Straßenbau, die Schiffbarmachung von Flüssen, den Bau von Häfen, die Weiterentwicklung der Küste und die Beschäftigung der untätigen Armen, so würde dadurch ein Volk viel stärker, reicher und glücklicher werden. Dies, so hoffe ich, wird unsere Weisheit sein.[117]

Und um die Gelegenheit zum Führen eines Krieges so weit wie möglich auszuräumen, wäre es vielleicht besser für uns, den Ozean aufzugeben, da dort in erster Linie Zusammenstöße mit anderen Nationen drohen. Wir sollten es anderen überlassen, das herbeizuschaffen, was wir brauchen, und das fortzutransportieren, was wir erübrigen können. Dies würde uns Europa gegenüber unverwundbar machen, indem kein Teil unseres Eigentums ihm zur Beute angeboten würde und alle unsere Bürger sich mit der Bebauung des Bodens beschäftigten.

Ich wiederhole: Wer den Boden bestellt, ist der tugendhafteste und unabhängigste Bürger. Es bliebe immer noch Zeit genug, zur See Zuflucht zu nehmen, wenn das Land nicht mehr allen Arbeit gewähren kann. Doch die Gewohnheit fesselt unsere Landsleute schon an den Handel. Sie werden ihn trotz allem führen, und daher werden Kriege unser Los sein. Das Klügste, was uns noch übrigbleibt, ist, diejenigen Kriege zu vermeiden, die durch unsere eigenen Torheiten und Ungerechtigkeiten entstehen könnten, und für die übrigen die besten Vorbereitungen zu treffen.

Wie müßten diese Vorbereitungen wohl beschaffen sein? Eine Landarmee taugt nicht zum Angriff und wäre zur Verteidigung nicht das sicherste Mittel. Zu beiden Zwecken ist das Meer der Schauplatz, auf dem wir einem europäischen Feind begegnen müssen. Auf diesem Element müssen wir eine gewisse Macht besitzen. Flotten zu unterhalten wie die größeren europäischen Mächte wäre töricht und eine schlimme Verschwendung der Kräfte unseres Landes. [Ein solches Vorhaben würde auf unsere Häupter jene Last der Militärausgaben häufen, die den europäischen Arbeiter ohne Abendessen zu Bett gehen läßt und sein Brot mit dem Schweiß seiner Stirn tränkt.]

Es würde ausreichen, wenn wir uns gegen Übergriffe jener europäischen Nationen schützen könnten, die eine schwache Seemacht haben, denn es gibt Umstände, die selbst die mächtigeren uns gegenüber schwächen. Die Vorsehung hat ihre reichsten und wehrlosesten Besitzungen in unsere unmittelbare Nähe gelegt; der kostbarste Handel muß genau an unseren Küsten vorbeiziehen. Um diesen zu beschützen oder uns anzugreifen werden sie nie mehr als einen kleinen Teil ihrer Seemacht über den Atlantik schikken. Die Gefahren, die ihnen hier von den Elementen drohen, sind zu gut bekannt, wie auch die größeren Gefahren zu Hause, falls ein Unglück ihre gesamte Flotte träfe. Sie können uns daher nur mit kleinen Geschwadern angreifen. Es reicht deshalb aus, wenn wir gerade so stark sind, um diesen zu widerstehen.

Selbst eine kleinere Streitmacht als die gegnerische wird durch die Schnelligkeit, mit der wir einen Rückschlag wettmachen können, gleichwertig oder überlegen sein, da die Verluste der anderen Seite erst ersetzt werden können, wenn es zu spät ist. Eine kleine Marinestreitmacht reicht also für uns aus, und sie ist auch notwendig.[118] Wie groß diese sein müßte, will ich nicht bestimmen. Immerhin sollte sie keinesfalls so groß sein, wie unsere Kräfte es erlaubten.

Nehmen wir an, die Million Dollar (oder 300 000 Pfund), die Virginien jährlich entbehren könnte, würde zur Errichtung einer Marine verwendet werden. Die Beiträge eines einzigen Jahres würden ausreichen, um eine Streitmacht mit 300 Kanonen zu bauen, auszurüsten, zu bemannen und in See stechen zu lassen. Wenn die übrigen Bundesgenossen sich im selben Umfang einsetzten, würden gleichzeitig weitere 1500 Kanonen bereitgestellt, so daß die Beiträge eines Jahres eine Marinestreitmacht von 1800 Kanonen schaffen würden. Die englischen Linienschiffe führen im Durchschnitt 76 Kanonen, ihre Fregatten 38. 1800 Kanonen würden also eine Flotte von 30 Schiffen bilden, von denen 18 Linienschiffe und 12 Fregatten sein könnten. Wenn man im Durchschnitt, wie in England, für jede Kanone acht Mann rechnet, so würden die jährlichen Unkosten für jede Kanone, Verpflegung, Kleidung, Sold und gewöhnliche Reparaturen inbegriffen, 1280 Dollar betragen oder 2 304 000 für die gesamte Flotte. Ich nenne dies lediglich als den möglichen Aufwand eines Jahres, ohne zu bestimmen, ob mehr oder weniger als die Kräfte eines Jahres so verwendet werden müßten.

Der Wert unserer Ländereien und unserer Sklaven verdoppelt sich jedoch in zwanzig Jahren. Dies geschieht durch die Vermehrung unserer Sklaven, die Ausbreitung der Bebauung und die steigende Nachfrage nach Ländereien. Folglich werden wir dann auch imstande sein, doppelte Auflagen aufzubringen.

(Das abschließende Kapitel wurde hier ausgelassen. Darin verweist Jefferson auf einige Werke, die sich mit der Geschichte von Virginien befassen, und fügt eine Auflistung wichtiger Staatspapiere und Dokumente an, deren Inhalt den Gang der Entwicklung in der Kolonie maßgeblich geprägt hat. Der Hrsg.)

Appendix 1 (2)

(Jefferson hat der ersten Ausgabe der «Notes» von 1785 zwei, der Stockdale-Edition von 1787 drei Appendices beigefügt. Im ersten Anhang sind Bemerkungen abgedruckt, die ein hoher Beamter des Kontinentalkongresses und enger Bekannter Jeffersons, der in Irland geborene Charles Thomson aus Philadelphia, nach der Lektüre der «Notes» gemacht hat. Sie erschienen Jefferson so bedeutsam, daß er sie auszugsweise seinen «Notes» beigegeben hat. Der zweite und dritte Anhang ist hier beigefügt. Der Hrsg.)
[Im Sommer des Jahres 1783 erwartete man, daß das Parlament von Virginien zur Errichtung einer Verfassung einen Konvent einberufen würde. Der folgende «Entwurf einer grundlegenden Verfassung für das Commonwealth of Virginia» wurde sodann in der Absicht vorbereitet, ihn dem Konvent vorzulegen; dieser fand jedoch nicht statt.[119]

Entwurf einer grundlegenden Verfassung für das Commonwealth of Virginia

An die Bürger des Commonwealth of Virginia und alle anderen, die es betreffen mag, senden die für das besagte Gemeinwesen im Konvent versammelten Delegierten Grüße.

Ihnen und der Welt ist bekannt, daß die Regierung von Großbritannien, mit der die amerikanischen Staaten bis vor kurzem verbunden waren, sich über diese eine nicht zu rechtfertigende und tyrannische Amtsgewalt angemaßt hat; daß sie den Versuch unternahm, diesen Amtsanspruch mit Waffengewalt durchzusetzen, und daß die Staaten New Hampshire, Massachusetts, Rhode Island, Connecticut, New York, New Jersey, Pennsylvania, Delaware, Maryland, Virginia, North Carolina, South Carolina und Georgia, den Widerstand mit seiner ganzen Kette von Greueln ein geringeres Übel erachtend als elende Unterwerfung, gemeinsam dazu aufriefen, die Waffen zu ergreifen.

Dem allmächtigen Richter über alles, was sich unter Menschen ereignet, hat es gefallen, diesen Appell einen für die Rechte der Staaten günstigen Ausgang nehmen zu lassen; sie in den Stand zu versetzen, für immer alle Abhängigkeit von einer Regierung zu verwerfen, die sich so fähig erwiesen hatte, das in sie gesetzte Vertrauen zu mißbrauchen, und von jener Regierung eine feierliche und ausdrückliche Anerkennung als freie, souveräne und unabhängige Staaten zu erlangen.

Im Verlauf jenes Krieges, den wir zur Durchsetzung unserer Rechte führen mußten, hielt es die Legislative des Commonwealth of Virginia für erforderlich, temporäre Herrschaftsinstitutionen einzurichten, um Anarchie abzuwehren und unsere Anstrengungen auf die beiden wichtigen Ziele zu richten: den Krieg gegen die Eindringlinge sowie den

Frieden und das Glück unter uns selbst. Da dies jedoch wie alle ihre anderen legislativen Akte der Abänderung durch nachfolgende Legislativen, welche gleiche Machtbefugnisse haben, unterworfen ist, hielt man es für ratsam, im Laufe der Zeit und durch die Praxis wünschenswert erscheinende Zusätze anzubringen und ihnen durch eine über die gewöhnliche Legislative hinausgehende Macht Dauer zu verleihen.

Die Legislative (General Assembly) dieses Staates empfiehlt deshalb dem Volk, Delegierte zu wählen, welche in einem allgemeinen Konvent zusammentreten sollen mit der Kompetenz, eine Staatsverfassung in seinem Auftrag zu errichten und jene Grundrechte zu bestimmen, denen alle gegenwärtigen und zukünftigen Gesetze untergeordnet sein sollen. Und in Erfüllung dieser Empfehlung hat das Volk es für richtig gehalten, uns zu wählen und uns mit Machtbefugnissen zu diesem Zweck auszustatten.

Wir, die von dem besagten Volk dieses Staates zu dem erwähnten Zweck ausgewählten Delegierten, welche nun in einem allgemeinen Konvent versammelt sind, errichten in Ausübung der uns verliehenen Befugnisse nachfolgend die Verfassung und die Fundamente des besagten Staates Virginia. Der besagte Staat soll von jetzt an für immer als Republik regiert werden. Die Staatsgewalt soll in drei getrennte Bereiche aufgeteilt werden, von denen jeder einer separaten Körperschaft anvertraut werden soll, nämlich je einer für die Legislative, die Judikative und die Exekutive. Keine Person oder Ansammlung von

Personen aus einem dieser Bereiche soll irgendeine Befugnis ausüben, die von Rechts wegen in einen der anderen gehört, außer in den nachfolgenden ausdrücklich erlaubten Fällen.

I. Legislative

Die Legislative soll in zwei Teile gegliedert sein, wobei der eine Delegiertenhaus (House of Delegates), der andere Senat genannt werden soll und beide zusammen die Generalversammlung (General Assembly). Zur Verabschiedung eines Gesetzes soll die bei drei verschiedenen Lesungen zum Ausdruck gekommene Übereinstimmung beider Teile erforderlich sein.

Wahl

Die Delegierten für die Generalversammlung sollen jedes Jahr am letzten Montag des November gewählt werden. Kann jedoch eine Wahl an diesem Tag nicht beendet werden, darf sie von Tag zu Tag verschoben werden, bis sie zu Ende geführt werden kann.

Delegierte

Die Zahl der Delegierten, die jede Grafschaft entsenden darf, soll im entsprechenden Verhältnis zu der Zahl ihrer stimmberechtigten Wähler stehen. Die Gesamtzahl der Delegierten soll der Gesamtzahl stimmberechtigter Wähler dergestalt entsprechen, daß sie 300 nie überschreitet und 100 nie unterschreitet. Wann immer eine solche Über- oder Unterschreitung stattfindet, soll das dergestalt unter- oder überbesetzte Delegiertenhaus trotzdem in seiner legalen Sitzungsperiode weiterbestehen; doch soll man während dieser Sitzungsperiode das Verhältnis neu festsetzen, so daß die Zahl bei der folgenden Wahl in den zuvor erwähnten Grenzen bleibt. Sollte in einer Grafschaft die Zahl stimmberechtigter Wähler unter die zur Entsendung eines Delegierten erforderliche Zahl absinken, kann diese einer angrenzenden Grafschaft zugeschlagen werden.

Senat

Für die Wahl von Senatoren sollen die verschiedenen Grafschaften vom Senat von Zeit zu Zeit in Distrikte aufgeteilt werden, deren Form und Anzahl er nach eigenem Gutdünken bestimmen mag. Jede Grafschaft soll bei der Wahl ihrer Delegierten außerdem qualifizierte Senatswahlmänner bestimmen, und zwar vier auf jeden Delegierten, der von der Grafschaft entsandt werden darf. Diese sollen nach den Anweisungen der Legislative mit den Senatswahlmännern aus den anderen Grafschaften zusammenkommen und dann durch Stimmabgabe einen Senator auf jeweils sechs Delegierte wählen, die ihr Distrikt zu wählen berechtigt ist. Die für die Wahl von Senatoren maßgeblichen Distrikte sollen in zwei Klassen aufgeteilt werden; bei der einen soll es für die gewählten Senatsmitglieder eine Ablösung bei der ersten darauffolgenden allgemeinen Delegiertenwahl geben, bei der anderen bei der nächsten, und so im Wechsel immer weiter.

Wahlberechtigte

Alle freien männlichen Bürger, die volljährig und geistig gesund sind, die zuvor ein Jahr lang in der Grafschaft wohnten oder im Verlauf dieser Zeit dort Grundstücke im Wert von ... besessen haben oder während derselben Zeitspanne in der Miliz registriert gewesen sind und keine anderen sollen ein Recht haben, Delegierte für die besagte Grafschaft und Senatswahlmänner für den Distrikt zu wählen. Sie sollen ihre Stimme persönlich und mündlich abgeben.

Generalversammlung

Die Generalversammlung soll an dem Ort zusammentreten, an den sie laut Beschluß zuletzt verlegt wurde, und zwar am 42. Tag nach dem Wahltag der Delegierten und von da an je nach Vertagungsbeschluß an jedem anderen Ort und Datum, bis ihre Amtszeit endet, was am Tag vor dem festgelegten Zusammentreten der neuen Generalversammlung der Fall sein soll. Doch wenn sie sich zu irgendeiner Zeit für länger als ein Jahr vertagt, soll es sein, als hätte sie sich für genau ein Jahr vertagt. Keines der beiden Häuser soll sich ohne Zustimmung des anderen für länger als eine Woche vertagen und auch an keinen anderen Ort als den, an dem getagt wird. Der Gouverneur soll auch nach Beratung durch den Staatsrat die Macht haben, sie jederzeit am selben Ort einzuberufen oder an einem anderen, falls ersterer seit der letzten Vertagung wegen eines Feindes oder einer Infektionskrankheit gefährlich geworden ist.

Quorum

Eine Mehrheit eines jeden der beiden Häuser soll ein Quorum (die zur Beschlußfassung erforderliche Zahl anwesender Mitglieder; der Hrsg.) darstellen und die Voraussetzung für die Geschäfte sein; jeder kleinere Anteil, den das betreffende Haus von Zeit zu Zeit für angebracht hält, soll jedoch ausreichen, um die nicht erschienenen Mitglieder herbeizurufen und zu bestrafen und um eine Vertagung von höchstens einer Woche auszusprechen.

Privilegien

Die Mitglieder sollen während ihrer Teilnahme an der Generalversammlung sowie zuvor und danach für einen solchen Zeitraum, als für die Hin- und Rückreise erforderlich ist, gegen alle persönlichen Einschränkungen und Bedrohungen geschützt sein, aber sonst keinerlei andere Privilegien haben. Sie sollen im Verlauf derselben Zeit täglich Vergütungen in Gold oder Silber erhalten im Gegenwert von zwei Scheffel Weizen. Dieser Wert soll einen Dollar pro Scheffel betragen bis zum Jahr 1790; in diesem und in jedem zehnten Jahr danach soll das Allgemeine Gericht in der ersten Sitzung des Jahres eine spezielle Jury aus den angesehensten Händlern und Farmern zusammenrufen, welche erklären soll, was der Durchschnittswert des Weizens während der vergangenen zehn Jahre gewesen ist; dieser Durchschnittswert soll die Bemessungsgrundlage für die Vergütung während der folgenden zehn Jahre sein.

Ausschließungen

Es sollen nicht Mitglieder dieser Generalversammlung werden können: der Schatzmeister, der Kronanwalt (attorney general), der Registrator, die Geistlichen, Offiziere der regulären Armeen dieses Staates oder der Vereinigten Staaten; Personen, welche von einer unserer Konföderation fremden Macht Gehälter oder Vergütungen beziehen; jene, die nicht in der Grafschaft ansässig sind, für die sie gewählte Delegierte sind, oder in Distrikten, für die sie zu Senatoren gewählt wurden; diejenigen, die als Wähler nicht stimmberechtigt sind; Personen, die Verrat, Gewaltverbrechen oder andere Straftaten begangen haben, bei welchen sie die bürgerlichen Ehrenrechte verlieren; oder solche, die gerichtlich der Bestechung oder Bestechlichkeit überführt worden sind bei dem Versuch, eine Wahl in die besagte Versammlung zu erreichen. Alle übrigen, die hier nicht irgendwie ausgeschlossen worden sind und die wählen dürfen, sollen auch wählbar sein. Jedes Mitglied der besagten Versammlung, das von diesem Staat, von den Vereinigten Staaten oder irgendeinem derselben ein bezahltes Amt annimmt, soll damit seinen Sitz verlieren, jedoch wiedergewählt werden können.

Freigewordene Sitze

Durch solche Ausschließungen, durch Tod oder anderweitig frei gewordene Sitze sollen aufgrund einer Wahlausschreibung durch den Sprecher des betreffenden Hauses von den Wählern neu besetzt werden.

Grenzen der Machtbefugnisse

Die Generalversammlung soll nicht die Macht besitzen, diese Verfassung zu brechen; die Freiheitsrechte einer Person wegen ihres religiösen Glaubens einzuschränken; sie vom Bekennen und von der Unterstützung dieses Glaubens abzuhalten oder von ihr Beiträge, die sie nicht persönlich festgesetzt hat, zu dessen Unterstützung oder zur Unterstützung eines anderen Glaubens zu erzwingen; für ein anderes Verbrechen als Verrat oder Mord oder militärische Vergehen die Todesstrafe zu verhängen; eine Begnadigung auszusprechen oder Befugnis zur Begnadigung zu geben für Personen, die rechtmäßig wegen Verrat oder wegen Gewaltverbrechen verurteilt worden sind; statt dessen dürfen bis zu zwei neue Verfahren gestattet werden; Gesetze zu verabschieden, welche vor dem Inkrafttreten dieser Gesetze begangene Handlungen bestrafen; für Verrat und Gewaltverbrechen einen parlamentarischen Strafbeschluß ohne vorhergehende Gerichtsverhandlung zu verabschieden; in irgendeinem Fall Folter vorzuschreiben. Sie soll auch nicht die Macht haben, die Zuführung weiterer Sklaven zum Aufenthalt in diesem Staat zu erlauben oder die Fortsetzung der Sklaverei über die Generation hinaus, welche am 31. Tag des Monats Dezember des Jahres 1800 leben wird: Alle nach diesem Tag geborenen Personen werden hiermit für frei erklärt.

Die Generalversammlung soll die Macht haben, von diesem Staat alle oder einzelne Teile seines Territoriums abzutrennen, die westlich des Ohio oder des

Meridians an der Mündung des Großen Kanhaway liegen, sowie an den Kongreß einhundert Quadratmeilen Land in einem anderen Teil dieses Staates abzutreten, das von der Jurisdiktion und der Herrschaftsausübung dieses Staates ausgenommen sein soll, solange der Kongreß dort oder in einem angrenzenden Territorium, welches ein anderer Staat an ihn abgetreten haben mag, seine Sitzungen abhalten wird.

Die Generalversammlung soll die Macht haben, die Sprecher der betreffenden Häuser zu ernennen sowie den Schatzmeister, die Rechnungsprüfer, den Kronanwalt, den Registrator, alle Generäle des Militärs, ihre eigenen Kanzlisten und Ordnungsbeamten, doch keine weiteren Beamten, außer wenn ihr in anderen Teilen dieser Verfassung solche Ernennungen ausdrücklich übertragen werden.

II. Exekutive

Der Gouverneur

Die Exekutivgewalt soll von einem Gouverneur ausgeübt werden, der in einer gemeinsamen Abstimmung beider Häuser gewählt werden und nach der Wahl fünf Jahre im Amt bleiben soll; ein zweites Mal kann er nicht gewählt werden. Während seiner Amtszeit soll er von diesem oder einem anderen Staat oder einer anderen Macht kein weiteres Amt ausüben oder weitere Vergütungen erhalten. Mit dem Begriff Exekutivgewalt nehmen wir nicht Bezug auf die Machtbefugnisse, die in unserer früheren Herrschaftsordnung als Vorrechte der Krone ausgeübt wurden und sehen darin auch nicht die Grundlagen für etwaige rechtmäßige Machtbefugnisse des Gouverneurs. Wir verleihen ihm lediglich jene Machtbefugnisse, die zur Ausübung der Gesetze (und zur Führung der Regierung) erforderlich sind und die nicht in der Natur der Legislative sowie der Rechtsprechung liegen. Die Anwendung dieses Gedankens muß der Vernunft überlassen bleiben. Wir verweigern ihm jedoch ausdrücklich das Vorrecht, Gerichte, Ämter, Stadtgemeinden, Körperschaften, Jahrmärkte, Märkte, Häfen, Leuchtfeuer, Leuchttürme und Seezeichen einzurichten, Embargos zu errichten, Präzedenzfälle zu schaffen, im Staat einen Bürger zurückzuhalten oder einen seiner Bürger hierher zurückzubeordern sowie Ausländer einzubürgern, es sei denn, daß er von Zeit zu Zeit durch die Legislative bemächtigt werden sollte, eine dieser Befugnisse auszuüben.

Die Machtbefugnis, Krieg zu erklären und Frieden zu schließen, Bündnisse zu schließen, Kaperbriefe aufzustellen, Streitkräfte auszuheben oder einzuführen, Kriegsschiffe sowie Forts und Festungen zu erbauen, Münzen zu schlagen und deren Wert festzusetzen sowie Gewichte und Maße festzusetzen, lassen wir zur Ausübung unter der Oberhoheit der Konföderation. Doch in allen die Machtbefugnisse der besagten Konföderation nicht betreffenden Fällen sollen diese Machtbefugnisse vom Gouverneur ausgeübt werden, und zwar unter gesetzlichen Regelungen, deren Verabschiedung die Legislative für angebracht hält.

Das gesamte Militär des Staates, ob regulär oder zur Miliz gehörig, soll seinen Anweisungen unterstehen, doch soll er die Ausführung dieser Anweisungen den von der Legislative ernannten Generälen überlassen.

Sein Gehalt soll von der Legislative in der Parlamentssitzung festgesetzt werden, in der er ernannt werden soll, und zwar bevor eine derartige Ernennung stattfindet; andernfalls, wenn es bis dahin nicht festgesetzt ist, soll es dasselbe sein wie das, welches sein direkter Amtsvorgänger zu beziehen berechtigt war. In beiden Fällen darf er es vierteljährlich fordern aus den Geldern, die in der Staatskasse vorhanden sind, und es soll nicht in der Macht der Legislative liegen, ihm weniger oder mehr zu geben, weder im Verlauf seiner Amtszeit noch nach Verlassen des Amtes. Die Grundstücke, Häuser und andere dem Gouverneur zur Benutzung überlassenen Dinge sollen während seiner Amtszeit in seiner Verfügung bleiben.

Der Staatsrat

Durch gemeinsame Stimmabgabe beider Häuser soll ein Staatsrat gewählt werden, welcher sieben Jahre im Amt bleiben und nicht wiedergewählt werden soll; seine Mitglieder sollen während ihrer Ratszugehörigkeit weder in diesem Staat noch in einem anderen Staat noch im Auftrag einer fremden Macht ein Amt ausüben oder Vergütungen erhalten.

Ihre Pflicht soll darin bestehen, dem Gouverneur auf seinen Wunsch hin beratend zur Seite zu stehen.

Die Mitglieder sollen außerdem die Befugnis haben, und es soll ihre Pflicht sein, aus eigenem Willen zusammenzutreten und ohne Aufforderung durch den Gouverneur ihren Rat zu geben in Fällen, in denen sie der Meinung sind, daß dies das öffentliche Wohl erfordere. Ihre Ratschläge und ihre Sitzungsberichte sollen in Bücher eingetragen werden, welche zu diesem Zweck zu führen sind und welche von den anwesenden Mitgliedern als gebilligt oder nicht gebilligt unterzeichnet werden sollen. Diese Bücher sollen auf Wunsch einem jeden der beiden Häuser vorgelegt werden.

Der besagte Rat soll bis auf weiteres aus acht Mitgliedern bestehen; die Zahl kann jedoch von der Legislative erhöht oder herabgesetzt werden, wann immer man es für erforderlich hält, vorausgesetzt, daß eine solche Reduzierung nur stattfindet, wenn Ernennungen erloschen sind durch Tod, Rücktritt, Disqualifikation oder ordnungsgemäße Absetzung. Eine Mehrheit der tatsächlichen Anzahl, und nicht weniger, soll ein Quorum darstellen.

Es soll ihnen bis auf weiteres ... jährlich pro Person gewährt werden, zahlbar vierteljährlich aus Geldern in der Staatskasse. Ihr Gehalt kann jedoch von Zeit zu Zeit nach Gutdünken der Legislative erhöht oder gekürzt werden, vorausgesetzt, daß solch eine Erhöhung oder Kürzung keinesfalls darauf abzielt, zum gegebenen oder einem zukünftigen Zeitpunkt irgendeines der gerade im Amt befindlichen Mitglieder zu beeinflussen. Am Ende eines jeden Quartals soll ihr Gehalt in gleiche Teile aufgeteilt werden nach der Zahl der Tage, an denen im Laufe des Quartals eine Ratssitzung abgehalten oder vom Gouverneur verlangt wurde, und einer dieser Teile soll jedem Mitglied vorenthalten werden für jeden der besagten Tage, an dem es ohne einen von diesem Gremium gebilligten Grund abwesend war oder unentschuldigt vor einer Vertagung abreiste. Wenn im Verlauf des Quartals keine Ratssitzung stattgefunden hat, soll es keine Kürzung geben.

Der Präsident des Staatsrats

Jedes Jahr soll ein Präsident gewählt werden, der in Abwesenheit des Gouverneurs im Rat den Vorsitz führt und der im Falle, daß dessen Amt durch Tod oder sonstige Gründe frei wird, befugt sein soll, dessen Funktionen auszuüben, bis eine neue Ernennung erfolgt ist; er soll dessen Amtspflichten auch zwischenzeitlich übernehmen, wenn der Gouverneur erklären sollte, er sei nicht in der Lage, diesen nachzukommen.

III. Judikative

Die Justizgewalt soll von Grafschaftsgerichten und solchen untergeordneten Gerichten ausgeübt werden, welche die Legislative fortzuführen oder einzurichten für angebracht halten mag; von drei Obergerichten, nämlich einem Admiralitätsgericht (Court of Admiralty), einem Allgemeinen Gericht für Gewohnheitsrecht (General Court of Common Law) und einem

Hohen Kanzleigericht (High Court of Chancery) sowie von einem obersten Gericht, das Berufungsgericht (Court of Appeals) genannt werden soll.

Die Richter am Hohen Kanzleigericht, am Allgemeinen Gericht und am Admiralitätsgericht sollen jeweils vier an der Zahl sein, von beiden Häusern in gemeinsamer Stimmabgabe ernannt werden und ihr Amt bei guter Führung auf Lebenszeit ausüben. Solange sie Richter sind, sollen sie weder in diesem Staat noch in einem anderen Staat, noch im Auftrag einer anderen Macht ein Amt ausüben oder eine Vergütung erhalten, es sei denn, sie werden ohne zusätzliche Entschädigung in den Kongreß entsandt.

Die Versammlung dieser Richter soll das Berufungsgericht bilden, dessen Aufgabe darin besteht, Berufungen von den drei Obergerichten entgegenzunehmen und zu entscheiden, jedoch keine erstinstanzlichen Fälle anzunehmen außer in den hier ausdrücklich erlaubten Fällen.

Eine Mehrheit der Mitglieder eines jeden Gerichts, und nicht weniger, soll ein Quorum darstellen. Doch am Berufungsgericht sollen neun Mitglieder für die Geschäfte erforderlich sein. Kleinere Mitgliederzahlen können jedoch von der Legislative zur Vertagung der jeweiligen Gerichte ermächtigt werden.

Die Richter sollen bis auf weiteres … im Jahr pro Person erhalten, zahlbar aus Geldern der Staatskasse. Ihr Gehalt kann jedoch von Zeit zu Zeit nach Gutdünken der Legislative erhöht oder gekürzt werden, vorausgesetzt, daß solch eine Erhöhung oder Kürzung keinesfalls darauf abzielt, zum gegebenen oder einem zukünftigen Zeitpunkt irgendeinen der im Amt befindlichen Richter zu beeinflussen. Am Ende eines jeden Quartals soll ihr Gehalt in gleiche Teile aufgeteilt werden nach der Zahl der Tage, an denen im Laufe des Quartals ihre jeweiligen Gerichte Sitzungen abgehalten haben, und einer dieser Teile soll jedem Mitglied vorenthalten werden für jeden der besagten Tage, an dem es ohne einen von seinem Gericht gebilligten Grund abwesend war oder unentschuldigt vor einer Vertagung abreiste. Wenn im Verlauf des Quartals keine Gerichtssitzung stattgefunden hat, soll es keine Kürzung geben.

Es soll darüber hinaus einen Gerichtshof für Amtsmißbrauch (Court of Impeachments) geben, der aus drei Mitgliedern des Staatsrats, jeweils einem Richter des Kanzleigerichts, des Allgemeinen Gerichts für Gewohnheitsrecht und des Admiralitätsgerichts sowie aus zwei Mitgliedern des Delegiertenhauses und einem des Senats bestehen soll, die von der jeweiligen Körperschaft gewählt werden sollen, der sie angehören. Vor diesem Gericht kann jedes Mitglied der drei Staatsgewalten, also der Gouverneur, die Mitglieder des Rates, der beiden Häuser der Legislative oder der Obergerichte vom Gouverneur, dem Rat oder einem der besagten Häuser oder Gerichte angeklagt werden wegen eines solchen Fehlverhaltens im Amt, das ausreichte, ihn von dort zu entfernen. Und der einzige Urteilsspruch, den sie befugt sind ergehen zu lassen, soll lauten auf Absetzung und zukünftige Unfähigkeit der Amtsausübung. Sieben Mitglieder sollen für die Bildung eines Gerichts erforderlich sein, und zwei Drittel der anwesenden Mitglieder müssen dem Spruch zustimmen. Die diesem Gericht unterworfenen Verstöße sollen keinem anderen Gericht unterworfen sein, und seine Mitglieder sollen sowohl Sachverhalte untersuchen als auch Recht sprechen.

Die Friedensrichter und Richter der schon bestehenden oder der noch zu errichtenden untergeordneten Gerichte sollen vom Gouverneur unter Beratung durch den Staatsrat ernannt werden und ihr Amt bei guter Führung auf Lebenszeit ausüben oder solange ihr Gericht besteht. Bei Verfehlungen sollen sie nach den Gesetzen des Landes abgeurteilt werden, und zwar vom Berufungsgericht, dessen Mitglieder sowohl Sachverhalte untersuchen als auch Recht sprechen sollen. Der einzige Urteilsspruch, den diese befugt sind, ergehen zu lassen, soll lauten auf Absetzung und zukünftige Unfähigkeit der Amtsausübung; zwei Drittel der anwesenden Mitglieder müssen diesem Spruch zustimmen.

Alle Gerichte sollen ihre eigenen Kanzlisten ernennen, die ihr Amt bei guter Führung auf Lebenszeit ausüben oder solange ihr Gericht besteht. Sie sollen auch alle ihre übrigen Hilfsbeamten ernennen, die ihr Amt auf Widerruf ausüben. Die vom obersten Gericht oder den höheren Gerichten ernannten Kanzlisten sollen von den betreffenden Gerichten entlassen werden können. Die von anderen Gerichten zu ernennenden Kanzlisten sollen zuvor von zwei Mitgliedern des Allgemeinen Gerichtshofes geprüft worden sein und sollen eine Eignungsbestätigung erhalten haben; bei Verfehlungen sollen sie nur durch das Berufungsgericht entfernt werden können, dessen Mitglieder sowohl Sachverhalte untersuchen als auch Recht sprechen sollen. Zwei Drittel der anwesenden Mitglieder müssen dem Spruch zustimmen.

Die Friedensrichter oder Richter der untergeordneten Gerichte dürfen Mitglieder der Legislative sein.

Das Urteil eines untergeordneten Gerichtes soll in keiner Zivilsache von größerem Wert als 50 Scheffel Weizen endgültig sein, entsprechend der letzten Wertfestsetzung des Allgemeinen Gerichtshofes zur Vergütung der Mitglieder der Generalversammlung; es soll auch in keinem Fall von Verrat, Gewaltverbrechen oder anderen Verbrechen, die zum Verlust der bürgerlichen Ehrenrechte führen, endgültig sein. In allen vor einem anderen Gericht als den Gerichten für Amtsmißbrauch, für Berufung sowie den Militärgerichten anhängigen Fällen sollen die einschlägigen Tatsachen von einer Jury untersucht werden, und in allen Gerichten sollen vorhandene Zeugen ihre Aussagen mündlich im Beisein der Öffentlichkeit abgeben. Alle Parteien soll ein Rechtsbeistand erlaubt sein und eine Zwangsvorführung ihrer Zeugen.

Geldbußen, Geldstrafen und vom Gesetz unbegrenzt gelassene Haftstrafen sollen, von Nichtbefolgung von Gerichtsbefehlen abgesehen, von der Jury festgesetzt werden, die über die Straftat befindet.

IV. Revisionsrat

Der Gouverneur, zwei Staatsräte und je ein Richter der Obergerichte Hohes Kanzleigericht, Gericht für Gewohnheitsrecht und Admiralitätsgericht sollen einen Rat bilden zur Überprüfung aller Gesetze, die von beiden Häusern der Legislative verabschiedet worden sind; der Gouverneur soll dabei, sofern er anwesend ist, den Vorsitz führen.

Jeder Gesetzentwurf soll, bevor er Gesetz wird, diesem Rat zugeleitet werden. Dieser soll berechtigt sein, eine Ablehnung anzuraten und den Gesetzentwurf mit schriftlich festgelegten Ratschlägen und Überlegungen an das Haus, aus dem er entstammte, zurückzureichen; diese soll daraufhin den besagten Gesetzentwurf erneut prüfen. Wenn jedoch nach der Überprüfung zwei Drittel des Hauses der Meinung sind, der Gesetzentwurf solle verabschiedet werden, dann sollen sie ihn verabschieden und ihn mit den Ratschlägen und den schriftlichen Begründungen des besagten Revisionsrates dem anderen Haus zuleiten, wo er, sofern zwei Drittel ebenfalls der Meinung sind, daß er endgültig verabschiedet werden solle, daraufhin Gesetz werden soll; andernfalls soll dies nicht geschehen.

Wenn ein dem besagten Rat zugeleiteter Gesetzentwurf nicht innerhalb einer Woche (ohne den Tag der Zuleitung) schriftlich mit dem Ratschlag der Ablehnung nebst Gründen von ihm an das Haus, in dem er entstand, zurückverwiesen wird oder im Falle einer Vertagung von über einer Woche Dauer an den Kanzlisten des besagten Hauses, soll er nach Ablauf der Woche Gesetz werden; er ist dann durch den Kanzlisten des Delegiertenhauses anzufordern und in seinem Amt beurkundet zu den Akten zu nehmen.

Die vom Revisionsrat gebilligten Gesetzentwürfe sollen vom Zeitpunkt der Billigung an Gesetz sein und dann zurückgeleitet werden an den Kanzlisten des Delegiertenhauses, der sie auch anfordern kann, und in seinem Amt beurkundet zu den Akten genommen werden.

Ein auf Anraten des Revisionsrates abgelehnter Gesetzentwurf darf in derselben Sitzungsperiode mit solchen Änderungen, die ihn mit den Ratschlägen in Übereinstimmung bringen, der Versammlung erneut vorgelegt werden.

Die Mitglieder des besagten Revisionsrates sollen von Zeit zu Zeit von der Körperschaft oder dem Gericht ernannt werden, welcher oder welchem sie angehören. Zwei Mitglieder aus der Exekutive und zwei Mitglieder aus der Justiz sollen für die Geschäfte erforderlich sein. Und um dem Übel der Nichtteilnahme vorzubeugen, dürfen die Gremien und Gerichte jederzeit sämtliche oder eine beliebige Zahl ihrer Mitglieder nennen, in der bestimmten Reihenfolge, in der diese eine Übertragung der Teilnahmepflicht von vorhergehenden auf nachfolgende Mitglieder wünschen, falls die vorhergehenden nicht erscheinen sollten. Die Mitglieder sollen für ihre Dienste in diesem Rat zusätzlich dieselbe Vergütung erhalten wie die Mitglieder der Versammlung.

Der Bundesstaat

Die Konföderation wird zum Bestandteil dieser Verfassung gemacht, vorbehaltlich solcher zukünftiger Änderungen, welche die Zustimmung der Legislative dieses Staates und aller anderen der Konföderation angeschlossenen Staaten finden.

Die Delegierten für den Kongreß

Die Zahl der Delegierten für den Kongreß soll sich auf fünf belaufen; drei von ihnen, und nicht weniger, dürfen eine Vertretung bilden. Sie sollen durch gemeinsame Stimmabgabe beider Häuser für eine Amtszeit von nicht über einem Jahr ernannt werden, wobei sie innerhalb der Amtszeit durch gemeinsame Stimmentscheidung der beiden genannten Häuser zurückberufen werden können. Sie dürfen gleichzeitig Mitglieder der Legislative oder der Justizgewalt, jedoch nicht der Exekutive sein.

Habeas Corpus

Die Rechtswohltaten der Habeas-Corpus-Akte sollen durch die Legislative auf jede Person innerhalb dieses Staates erweitert werden und ohne Gebühr sein; sie sollen insofern eine Erleichterung vorsehen, als keine Person länger als zehn Tage im Gefängnis festgehalten werden darf, nachdem sie einen Vorführungsbefehl nebst Haftprüfung beantragt hat und dieser von dem rechtmäßigen zuständigen Richter abgelehnt worden ist oder, wenn keine Zuständigkeit gegeben war, von einem Richter eines Obergerichtes; auch dann nicht länger als zehn Tage, wenn ein solcher Vorführungsbefehl der festhaltenden Person zugestellt worden ist und nach pflichtgemäßer Prüfung keine Anweisung für eine Zurücksendung in die Untersuchungshaft oder für eine Freilassung ergangen ist.

Das Militär

Das Militär soll der zivilen Macht untergeordnet sein.

Die Druckereien

Druckerpressen sollen keinen weiteren Einschränkungen unterworfen sein als der Strafbarkeit falscher, im Druck erschienener sowie veröffentlichter Tatsachenbehauptungen.

Der Konvent

Stimmen zwei der drei staatlichen Gewalten in der Auffassung überein, jeweils mit den Stimmen von zwei Dritteln ihrer bestehenden Gesamtzahl, daß ein Konvent zur Abänderung und zur Ergänzung dieser Verfassung erforderlich ist, sollen sie befugt sein, Ausschreibungen für jede Grafschaft auszufertigen für die Wahl von soviel Delegierten, als diese in die Generalversammlung entsenden darf; diese Wahlen sollen abgehalten und die Ausschreibungen mit Vollzugsbericht zurückgegeben werden, wie es die Gesetze im Falle der Wahlen von Parlamentsdelegierten mutatis mutandis vorsehen, und die besagten Delegierten sollen drei Monate nach dem Datum solcher Wahlausschreibungen am üblichen Versammlungsort zusammenkommen, und es soll eingeräumt werden, daß ihre Befugnisse denjenigen des gegenwärtigen Konvents ebenbürtig sind. Die besagten Ausschreibungen sollen von allen Mitgliedern unterzeichnet werden, die ihnen zustimmen. Um diese Verfassungsordnung einzuführen, wird die folgende besondere und zeitweilige Vorkehrung getroffen.

Da dieser Konvent lediglich befugt ist, jene Gesetze abzuändern, welche die Form der bisherigen Herrschaftsordnung konstituierten, kann nicht unterstellt werden, es habe eine allgemeine Auflösung des gesamten Gesetzessystems stattgefunden; vielmehr bleiben alle beim Zusammentreten dieses Konvents gültigen und nicht mit dieser Verfassung im Widerspruch stehenden Gesetze voll in Kraft, vorbehaltlich etwaiger Abänderungen durch die gewöhnliche Legislative.

Die gegenwärtige Generalversammlung soll weiterbestehen bis zum 42. Tag nach dem letzten Montag im November dieses Jahres. Am besagten Montag im November diese Jahres sollen die verschiedenen Grafschaften durch ihre nach dieser Verfassung stimmberechtigten Wähler Delegierte bestimmen, deren Zahl sich bis auf weiteres auf einen pro ... Miliz der besagten Grafschaft belaufen soll nach den neuesten, im Besitz des Gouverneurs befindlichen Erhebungen. Des weiteren sollen sie im Verhältnis dazu Wahlmänner für Senatoren bestimmen, die am 14. Tag nach dem Tag ihrer Wahl im Gerichtsgebäude jener Grafschaft ihres gegenwärtigen Distrikts zusammentreten sollen, welche bei einer alphabetischen Auflistung ihrer Grafschaften an erster Stelle stünde; dort sollen sie nach dem in dieser Verfassung festgelegten Verhältnis Senatoren wählen. Die Wahlen sollen in allen hiermit nicht besonders vorgeschriebenen Einzelheiten von denselben Personen und in derselben Form durchgeführt werden, wie es die gegenwärtigen Gesetze bei Wahlen von Senatoren und Delegierten vorschreiben. Die besagten Senatoren und Delegierten sollen die erste Generalversammlung unter der neuen Verfassungsordnung bilden und sollen sich besonders der Aufgabe widmen, von jeder Grafschaft eine genaue Aufstellung über die Zahl ihrer Wahlberechtigten einzuholen sowie die Zahl der für die nachfolgende Generalversammlung zu wählenden Delegierten festzulegen.

Der gegenwärtige Gouverneur soll bis zum Ende seiner Wahlperiode im Amt bleiben.

Alle sonstigen Amtsinhaber sollen so weiter amtieren, wie es der Fall gewesen wäre, wenn ihre Ernennung unter dieser Verfassung stattgefunden hätte, neue sollen, insofern sie hiermit erforderlich werden, von der Körperschaft ernannt werden, die für eine solche Ernennung zuständig ist. Einer der gegenwärtigen Richter des Allgemeinen Gerichts soll mit seiner Zustimmung durch eine gemeinsame Abstimmung beider Häuser bei der ersten Sitzung zum Hohen Kanzleigericht versetzt werden.]

Appendix 2 (3)

[Gesetz zur Einrichtung der Religionsfreiheit, von der Generalversammlung Virginias zu Beginn des Jahres 1786 verabschiedet.[120]

Im Bewußtsein, daß der allmächtige Gott den Geist als frei erschaffen hat; daß alle Versuche, ihn mit zeitlichen Bestrafungen oder Belastungen oder mit der Verhängung bürgerlicher Rechts- und Geschäftsunfähigkeit zu beeinflussen, nur die Entstehung gewohnheitsmäßiger Heuchelei und Niedertracht begünstigen und eine Abweichung von dem Plan des heiligen Schöpfers unserer Religion darstellen, da es dieser als Herr über Körper und Geist vorgezogen hat, die Religion nicht durch Zwangsausübung auf einen von beiden zu verbreiten, obgleich es ihm seine Allgewalt gestattet hätte.

Im Bewußtsein, daß durch die unfromme Vermessenheit von zivilen wie auch kirchlichen Gesetzgebern und Herrschern, die als fehlbare und unerleuchtete Menschen sich die Vorherrschaft über den Glauben anderer angemaßt und dabei ihre eigenen Meinungen und Denkweisen als die einzig wahren und unfehlbaren hingestellt und als solche versucht haben, diese anderen aufzuzwingen, im größten Teil der Welt und über alle Zeit hinweg falsche Religionen errichtet und aufrechterhalten wurden.

Im Bewußtsein, daß es sündhaft und tyrannisch ist, einen Menschen dazu zu zwingen, mit Geld zur Verbreitung von Meinungen beizutragen, an die er nicht glaubt; daß selbst der auf ihn ausgeübte Zwang, diesen oder jenen Lehrer seiner eigenen Glaubensrichtung zu unterstützen, ihn der uneingeschränkten Freiheit beraubt, seine Beiträge dem bestimmten Seelenhirten zukommen zu lassen, dessen Moral er sich zum Vorbild machen möchte und von dessen Kräften er meint, daß sie am besten zur Rechtschaffenheit hinführen; und daß dadurch der Geistlichkeit jene zeitlichen Belohnungen entzogen werden, die, einer Billigung ihres persönlichen Verhaltens entstammend, einen zusätzlichen Ansporn bilden für ernsthafte und unablässige Anstrengungen zum Zwecke der Belehrung der Menschheit.

Im Bewußtsein, daß unsere bürgerlichen Rechte so wenig von unseren religiösen Meinungen abhängig sind wie von unseren Meinungen über Physik oder Geometrie; daß die Ächtung eines Bürgers als eines des Vertrauens der Öffentlichkeit unwürdigen Menschen durch Entziehung der bürgerlichen Ehrenrechte, sofern er diese oder jene Glaubensüberzeugung nicht bekennt oder verwirft, ihn erheblich jener Privilegien und Vorteile beraubt, auf die er gemeinsam mit seinen Mitbürgern ein natürliches Anrecht hat.

Im Bewußtsein, daß auch die Tendenz dahin geht, gerade die Grundsätze jener Religion zu untergraben, die damit gefördert werden soll, indem jene mit einem Monopol auf weltliche Ehren und Vergütungen bestochen werden, die nach außen hin ihr anhängen und mit ihr übereinstimmen; daß zwar diese in der Tat verbrecherisch sind, die solchen Versuchungen nicht widerstehen, doch auch jene nicht unschuldig sind, die ihnen den Köder in den Weg legen; daß es ein gefährlicher Irrtum ist, wenn man zuläßt, daß der Zivilrichter seine Machtbefugnisse bis in das Gebiet der Meinung ausweitet und das Bekennen oder die Propagierung von Prinzipien wegen deren vermeintlicher Schädlichkeit einschränkt, da dies sofort jede Glaubensfreiheit vernichtet, weil er als Richter über jene Entwicklung seine Meinungen zum Urteilsmaßstab machen und die Geisteshaltung anderer billigen oder verdammen wird, je nachdem sie mit seiner eigenen übereinstimmt oder von ihr abweicht.

Im Bewußtsein, daß für die rechtmäßigen Zwecke ziviler Herrschaftsinstitutionen genügend Zeit gegeben ist, damit deren Beamte eingreifen, wenn Prinzipien Formen annehmen, die offenkundig gegen den Frieden und die allgemeine Ordnung gerichtet sind.

Und schließlich in Anbetracht dessen, daß die Wahrheit groß ist und sich durchsetzen wird, wenn man sie sich selbst überläßt; daß sie die geeignete und ausreichende Gegenkraft zum Irrtum darstellt und vom Konflikt nichts zu befürchten hat, es sei denn, sie würde durch menschliches Eingreifen ihrer natürlichen Waffen beraubt, nämlich des freien Meinungsaustausches und der freien Debatte, wo Irrtümer ihre Gefährlichkeit verlieren, wenn ihnen ungehindert widersprochen werden darf.

In diesem Bewußtsein möge die Generalversammlung deshalb gesetzlich verfügen, daß kein Mensch gezwungen werden soll, irgendeinen religiösen Ritus zu besuchen oder zu fördern, an welchem Ort oder von welchem geistlichen Amt auch immer; noch soll er wegen seiner religiösen Meinungen oder seines Glaubens Zwangsmaßnahmen ausgesetzt, eingeschränkt, belästigt werden; noch sollen seinem Körper oder seinem Hab und Gut Bürden auferlegt werden; noch soll er anderweitig wegen seiner religiösen Meinungen oder seines Glaubens leiden; vielmehr sollen alle Menschen frei sein, ihre Meinungen in religiösen Angelegenheiten kundzutun und mit Argumenten zu verfechten, und selbiges soll in keiner Weise ihre Eigenschaften als Bürger mindern, erweitern oder beeinflussen.

Und obzwar uns sehr wohl bekannt ist, daß diese vom Volk nur für die gewöhnlichen Zwecke der Legislative gewählte Generalversammlung keine Machtbefugnis hat, die Gesetze nachfolgender gleichberechtigter Parlamente einzuschränken, und daß es deshalb keine gesetzliche Wirksamkeit hätte, diese Akte als unwiderruflich zu erklären, steht es uns doch frei zu erklären, was wir hiermit tun, daß ein hiernach verabschiedetes Gesetz, welches das gegenwärtige außer Kraft setzt oder Rechte einschränkt, welche hiermit als zu den natürlichen Rechten der Menschheit gehörend bekräftigt werden, die seine Geltung begründen, daß ein solches Gesetz eine Verletzung natürlichen Rechts darstellen wird.]

Editorische Notiz

Ein einziges Buch hat Thomas Jefferson, unermüdlicher und lebenslanger Schreiber, Verfasser unzähliger Staatspapiere, Memoranden, Berichte und Briefe, verfaßt und veröffentlicht, ebendie «Notes on the State of Virginia». Habent sua fata libelli: die verschlungene Textgeschichte seines Werkes bekräftigt das Gewicht dieser Aussage in eindringlicher Weise.

Schon die Entstehung der «Notes» ist merkwürdig genug. Im Spätsommer 1780 zirkulierte unter einflußreichen Mitgliedern des Kontinentalkongresses ein offiziöses Schreiben, das um detaillierte Informationen über politisch-militärische, ökonomisch-technologische, über demographisch-soziologische, auch über geographisch-naturwissenschaftliche Befindlichkeiten der einzelnen Staaten in der amerikanischen Konföderation ersuchte. François Marbois (der spätere Marquis de Barbé-Marbois), damals Sekretär der französischen Gesandtschaft zu Philadelphia, hatte es in Umlauf gebracht. Die zweiundzwanzig Fragen, die es enthielt und die im Anhang S. 482 f. abgedruckt sind, sollten dem französischen König und Bundesgenossen im Kampf gegen das britische Mutterland ein umfassendes Bild vom Stand der Dinge in der Neuen Welt mitten im wetterwendischen Kriegsgeschehen Anfang der 1780er Jahre vermitteln.

Freilich unterzog sich in der Folge bloß ein einziger Amerikaner, der siebenunddreißig Jahre alte Gouverneur von Virginia, Thomas Jefferson, der Mühe, dem Ersuchen Marbois' konsequent und ausführlich zu entsprechen, nachdem ein Mitglied der virginischen Delegation beim Kontinentalkongreß, Joseph Jones, Onkel des späteren Präsidenten James Monroe, ihm den Fragebogen überreicht hatte. Briefe des damaligen Gouverneurs belegen, wie die Bearbeitung der von ihm in eine vernünftige Ordnung gebrachten (und um die nach den Klimabedingungen des Landes erweiterten) Fragen sich rasch zu einem umfangreichen Manuskript auswuchs, das er am 20. Dezember 1781 an Marbois mit den begleitenden Worten schickte: «Ich beehre mich, Ihnen die Antworten auf die Fragen beizulegen, die mir von Mr. Jones ausgehändigt wurden... Sie werden sie noch immer sehr unvollkommen finden und der Übermittlung bloß wert als Zeichen meines Respekts für Ihre Wünsche.»

Wie sehr der Autor in diesem Brief sein Licht unter den Scheffel gestellt hatte, muß ihm selbst bald zum Bewußtsein gekommen sein. Die Kopie des Manuskripts nämlich, die er unter Freunden mit der Bitte um Ergänzung und Korrektur umlaufen ließ, löste ein so vielfältiges Echo aus, daß er sich die nächsten Jahre ständig genötigt fühlte, die «Betrachtungen» zu revidieren und zu erweitern, und schließlich seinen Vorsatz begraben mußte, die Schrift der Öffentlichkeit vorzuenthalten. Daß sie dann im Frühjahr 1785 – das

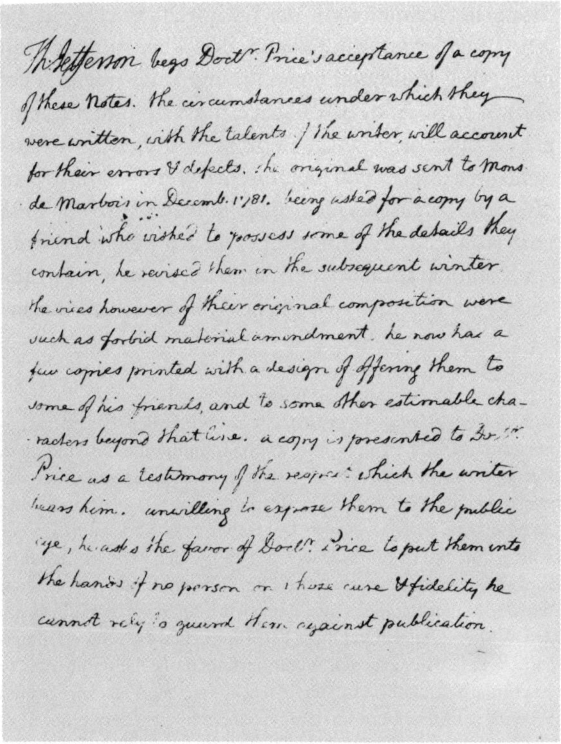

Th: Jefferson begs Doct.r Price's acceptance of a copy of these Notes. the circumstances under which they were written, with the talents of the writer, will account for their errors & defects. the original was sent to Mons. de Marbois in Decemb. 1781. being asked for a copy by a friend who wished to possess some of the details they contain, he revised them in the subsequent winter. the vices however of their original composition were such as forbid material amendment. he now has a few copies printed with a design of offering them to some of his friends, and to some other estimable characters beyond that line. a copy is presented to Doct.r Price as a testimony of the respect which the writer bears him. unwilling to expose them to the public eye, he asks the favor of Doct.r Price to put them into the hands of no person on whose care & fidelity he cannot rely to guard them against publication.

JEFFERSONS WIDMUNG AN RICHARD PRICE
IN EINEM EXEMPLAR DER
«NOTES ON THE STATE OF VIRGINIA»,
DAS DEM ENGLISCHEN GEISTLICHEN UND AMERIKAFREUND
1785 VON JOHN ADAMS ÜBERBRACHT WORDEN WAR.

Titelblatt vermerkt mit der Jahreszahl 1782 wohl die (vorläufig erste) Endfassung des Manuskripts – in Paris von Philippe-Denis Pierres unter dem Titel «Notes on the State of Virginia» in zweihundert Exemplaren publiziert wurde, war allzu hohen Druckkostenforderungen philadelphischer Verleger und dem Umstand zuzuschreiben, daß Jefferson im Mai 1784 vom Kongreß bevollmächtigt worden war, im Auftrag der Konföderation mit befreundeten Staaten in Europa neue Verträge oder zusätzliche Abkommen auszuhan-

---

Deutsche Übersetzung der Widmung:
«Th. Jefferson bittet Dr. Price, ein Exemplar der ‹Notes› entgegenzunehmen. Irrtümer und Unvollkommenheiten sind dem Verfasser selbst und den Umständen zuzuschreiben, unter denen er bei ihrer Niederschrift gearbeitet hat. Das Original wurde Monsieur de Marbois im Dezember 1781 übersandt. Da der Autor von einem Freund, welcher einige der darin enthaltenen Einzelheiten zu besitzen wünschte, um ein Exemplar gebeten wurde, überarbeitete er die Aufzeichnungen im darauffolgenden Winter. Die Mängel ihrer ursprünglichen Fassung erlaubten jedoch keine inhaltlichen Veränderungen. Er läßt nun etliche Exemplare drucken, in der Absicht, sie einigen von seinen Freunden und außerdem einigen anderen achtenswerten Persönlichkeiten zu überreichen. Ein Exemplar wird Dr. Price verehrt als Beweis der Hochachtung, die der Verfasser ihm gegenüber empfindet. Da der Verfasser nicht willens ist, das Werk dem Licht der Öffentlichkeit auszusetzen, bittet er Dr. Price um den Gefallen, dieses nur in die Hände von Personen gelangen zu lassen, deren Sorgfalt und Treue die Gewähr dafür bieten, daß es nicht publiziert wird.»
The Papers of Thomas Jefferson, ed. by Julian Boyd et al., Princeton 1950ff., Bd. 8, S. 246.

deln, und sich zu diesem Zweck einige Wochen später nach Frankreich eingeschifft hatte. Aber auch nachdem es bereits gedruckt vorlag, feilte Jefferson an seinem Werk herum, revidierte Irrtümer und fügte Zusätze ein, die im Winter 1786/87 von Pierres gedruckt und den noch vorrätigen Exemplaren beigeheftet wurden.

Auch nach dieser ersten Drucklegung hielt Jefferson weiterhin an seinem Vorsatz fest, das Buch nicht öffentlich zirkulieren zu lassen. Ein dem großen französischen Staatsmann und Juristen Malesherbes, Urgroßvater Alexis de Tocquevilles, überreichtes Exemplar der «Betrachtungen über Virginien» enthält (wie anderen Personen gewidmete Exemplare) den handschriftlichen Vermerk Jeffersons, er, der Autor, «wolle das Werk nicht der Öffentlichkeit aussetzen und ersuche deshalb Herrn von Malesherbes um den Gefallen, die ‹Betrachtungen› nicht in die Hände einer Person gelangen zu lassen, auf deren Zuverlässigkeit und Treue er nicht bauen könne, um sie gegen öffentliche Bekanntmachung zu schützen».

Briefe an die Freunde zu Hause, an James Madison vor allem und seinen Mentor George Wythe, vermitteln Hinweise auf Motive, die dem zunächst eher schwer verständlichen Wunsch des Autors zugrunde lagen. Die Verbreitung des Werkes könnte, so befürchte er, seinen zwei wichtigsten politischen Anliegen Schaden zufügen: der Sklavenemanzipation in seinem Heimatstaat und der Revision der virginischen Verfassung.

Freilich war Jeffersons Geheimhaltungsbemühungen kein Erfolg beschieden. Schon um die Jahreswende 1785/86 trug man ihm die Nachricht zu, der französische Buchhändler Barrois habe sich ein Exemplar der «Betrachtungen» verschafft und wolle eine unautorisierte Übersetzung veröffentlichen. In seiner Not ging Jefferson, um Schlimmeres zu verhüten, auf den Vorschlag des Abbé Morellet – Mitglied der Akademie, Übersetzer des italienischen Juristen und Schriftstellers Beccaria und mit dem Virginier wohl über Benjamin Franklin bekannt geworden – ein, ihm die Übersetzung anzuvertrauen. Die 1786/87 bei Barrois publizierten «Observations sur la Virginie», auf dem Titelblatt bloß mit Jeffersons Initiale versehen und ohne Nennung des Übersetzers, erwiesen sich jedoch als so fehlerhaft und schlampig ediert, daß der Autor nicht zuletzt auf Zuraten seines Freundes James Madison endlich selbst eine autorisierte Ausgabe für die Öffentlichkeit vorbereitete, auch um der sich abzeichnenden Gefahr zu begegnen, daß die schlechte französische Ausgabe in eine unautorisierte und möglicherweise noch unzulänglichere amerikanische Edition rückübersetzt werden würde.

Der englische Buchhändler und Verleger John Stockdale, der schon im Sommer 1786 Interesse an den «Notes» bekundet hatte, erhielt den Zuschlag: Jefferson schickte ihm ein sorgfältig korrigiertes Exemplar des Pariser Drucks von 1785 mit der dringlichen Forderung, die Vorlage buchstabengetreu, «ohne Zusätze, Änderungen, Vorwort oder irgendeinem anderen als dem vorliegenden Text» zu nutzen. Er hat das Vertrauen in den Engländer nicht bereuen müssen. Stockdale arbeitete schnell und zuverlässig; und als im Sommer 1787 tausend Exemplare der Schrift mit dem Titelblatt «Notes on the State of Virginia. Written by Thomas Jefferson. Illustrated with A Map, including the States of Virginia, Maryland, Delaware, and Pennsylvania» vorlagen, durfte Thomas Jefferson erleichtert aufatmen. Spätere, in den USA verlegte Ausgaben sind der Stockdale-Edition gefolgt und haben sie bloß um die vom Autor hinzugefügten Appendices ergänzt. Auch in den folgenden Jahren und Jahrzehnten ließ ihn die Arbeit an seinem Werk nicht ruhen, und lange Zeit trug er sich mit dem Gedanken einer revidierten Fassung, aber angesichts der vielfältigen Aufgaben und Anforderungen, die sein Land auch nach seiner zweimaligen Präsidentschaft an ihn stellte, konnte er selbst das Vorhaben nicht mehr ausführen.

Immerhin hat er sein eigenes Stockdale-Exemplar im Lauf der Jahre mit einer Reihe handschriftlicher Notizen versehen, weitere Irrtümer ausgemerzt, neue Quellen erschlossen und dem Text einverleibt, zusätzliche Informationen verarbeitet, hier gekürzt und dort erweitert. 1853, fast dreißig Jahre nach dem Tode Jeffersons, hat sein Enkel Thomas Jefferson Randolph die solchermaßen revidierte Fassung des Großvaters bei einem entfernten Verwandten Joseph W. Randolph, Buchhändler und Verleger in der virginischen Hauptstadt Richmond, ediert; und 1894 schließlich sind die «Notes» noch einmal in einer neuen Variante an die Öffentlichkeit gelangt, als Paul Leicester Ford, Herausgeber der zehnbändigen «The Writings of Thomas Jefferson», in Band III der Schriften die «Betrachtungen» auf der Basis des Pariser Originaltextes von 1785 und der Randolph-Edition abdruckte.

Leichter läßt sich dagegen die Geschichte der «Notes» im deutschen Sprachraum berichten. Sie sind, wenn auch nicht ganz vollständig, nur ein einziges Mal auf deutsch erschienen: 1788/89 unter dem Titel «Beschreibung von Virginien» in Band 8 und 9 der «Beiträge zur Völker- und Länderkunde», die von der Weygandschen Buchhandlung in Leipzig verlegt wurden. Die «Beiträge», zwischen 1781 und 1790 in insgesamt 14 Bänden erschienen, als «Neue Beiträge» zwischen 1790 und 1793 mit 13 Bänden fortgeführt, waren ursprünglich von Johann Reinhold Forster und seinem Schwiegersohn Christian Matthias Sprengel gegründet, danach von letzterem allein herausgegeben worden; seit 1790 zeichnete Georg Forster, Sohn Johann Reinholds, mit seinem Schwager für die «Neuen Beiträge» gemeinsam verantwortlich. Über die Forsters ist viel geschrieben worden: Der Vater (1729–1798), seit 1766 Professor für Naturgeschichte in London, später in Halle, begleitete gemeinsam mit Sohn Georg (1754–1794) James Cook auf dessen zweiter Weltumsegelung. Während Johann Reinhold Forster später die Tagebuchaufzeichnungen des Seefahrers edieren durfte, verfaßte der Sohn, Natur- und Völkerkundler wie der Vater, das zweibändige Werk

«A Voyage round the World» (1777), das, kurz darauf ins Deutsche übertragen, seinem Autor über Nacht zur Berühmtheit im eigenen Land verhalf.

Christian Matthias Sprengel (1751–1803) gebührt das Verdienst, Jeffersons «Notes» für die «Beiträge» entdeckt zu haben, wie ihm auch die deutsche Übersetzung des Werks zu verdanken ist. Geograph und Polyhistor, Geschichtsprofessor in Göttingen und Halle, hatte er in den 1780er Jahren in mehreren Büchern über die Neue Welt ganz unverhohlenes Interesse an den amerikanischen Ereignissen samt ihren Konsequenzen für die europäische Welt bekundet und war im Umkreis einschlägiger Forschungen auch auf die Stockdale-Edition der «Notes» gestoßen. Von der Bedeutung des Werkes überzeugt, unterzog er sich den Mühen der Übersetzung und stellte die «Beschreibung von Virginien» in den «Beiträgen zur Völker- und Länderkunde» der deutschen Öffentlichkeit vor. «Jeffersons Beschreibung von Virginien», so bemerkt Sprengel im Vorwort zu Band 8 der «Beiträge», «enthält für den Naturforscher und Politiker gleich interessante Nachrichten. Besonders da es diesem lang berühmten nordamerikanischen Freistaat, wie alle allgemeine und besondere Beschreibungen von diesem Weltteil beweisen, jeher an Beobachtern gefehlt hat, die dessen Merkwürdigkeiten ... richtig und detailliert dargestellt hätten ...»

Der Bedeutung des Werks sucht Sprengel durch eine zumeist akkurate und sprachlich gefällige Übersetzung zu entsprechen. Kleine Veränderungen zielen entweder auf Verdeutlichung des Kontexts, wenn die Vorlage um einige Worte ergänzt wird, dienen häufiger, etwa durch Streichung, der Vermeidung gelegentlich auftretender Redundanz oder der Eliminierung relativ belangloser Details, wenn Sprengel beispielsweise bei der Beschreibung virginischer Wasserwege winzige, vom Exaktheitsfanatiker Jefferson aber für erwähnenswert gehaltene Flüßchen unter den Tisch fallen läßt. Regelmäßig schwächt der Übersetzer Superlative ab, die dem enthusiastischen Patrioten auf Monticello leicht aus der Feder fließen: Der Deutsche mochte ganz offensichtlich solchen Überschwang nicht nachvollziehen und gestand etwa dem Ohio («the most beautiful river on earth» laut Jefferson) bloß zu, «einer der schönsten Flüsse auf Erden zu sein», ebenso wie ihm die «Natural bridge, the most sublime of nature's work» doch nur als «*eines* der prachtvollsten Werke der Natur» gilt.

Umfangreichere Kürzungen betreffen etwa jene skurrilen Auslassungen des Franzosen Buffon über das Wesen der Indianer, die Jefferson ausführlich zitierte und richtigstellte; vielleicht lag der Grund dafür im allgemeinen Desinteresse der Zeit am Schicksal der Indianer oder schlicht im Platzmangel. Besonders dort, wo Jefferson allzu heftige Angriffe gegen «rückständige» Herrschafts- und Gesellschaftsstrukturen in Europa unternimmt, setzte Sprengel den Rotstift an; möglicherweise wollte er in einer politisch brisanten Situation keinen weiteren Anlaß zur Unruhe liefern. Andere Kürzungen gingen auch zu Lasten der intensiven verfassungsrechtlichen Reflexionen Thomas Jeffersons und seiner Auslassungen über das richtige Verhältnis von Staat und Religion beziehungsweise der Bedeutung uneingeschränkter Glaubensfreiheit; vielleicht glaubte Sprengel, Lesern von natur- und völkerkundlichen Beiträgen ausführlichere konstitutionelle und religionsphilosophische Überlegungen des Virginiers nicht zumuten zu dürfen.

Das 18. Kapitel der «Notes», den «Sitten» gewidmet und als scharfe Abrechnung mit dem Institut der Sklaverei konzipiert, läßt Sprengel ganz beiseite. Möglicherweise war er der Auffassung, Jefferson habe sich schon in früheren Passagen ausführlich genug zu diesem dem deutschen Bildungsbürgertum doch relativ fernstehenden Problem geäußert.

Die Neuausgabe der «Notes» orientiert sich inhaltlich am Stockdale-Text in der modernen Edition von William Peden (New York/London 1982) und enthält demzufolge, in der Übersetzung von Rüdiger Hipp, auch jene Passagen, auf die Sprengel, aus welchen Gründen auch immer, verzichten zu können glaubte. Sie folgt im Hinblick auf Auslassungen der ersten deutschen Ausgabe nur dort, wo diese im Abschnitt über Bodenschätze, Fauna und Flora Virginias einige Seiten des Originals gestrichen hat, die in tabellarischer Form einen Überblick über die Pflanzenwelt des Landes vermitteln. In der Tat wäre eine bloße Auflistung der lateinischen Artenbezeichnungen nur von rein botanisch-wissenschaftlichem Interesse, dagegen die Eindeutschung des gesamten Wild- und Kulturpflanzenkatalogs mit zu vielen Unzulänglichkeiten behaftet. Ähnliches gilt für die Auslassung des 23. und letzten Abschnitts, von Jefferson mit dem Titel «Histories, Memorials, and State Papers» versehen – eine bloße Katalogisierung von etwa 250 offiziellen Dokumenten Virginias aus kolonialen und (vor)revolutionären Tagen, die für den deutschen Leser kaum von Interesse sein dürfte.

Von den Appendices, die Thomas Jefferson, späteren, in den USA verlegten Ausgaben der «Notes» beigegeben hat, werden zwei ihrer allgemeinen Bedeutung wegen dem Text angehängt: «Der Entwurf einer Fundamentalverfassung für das Gemeinwesen Virginia» zum einen, «Das Gesetz zur Einführung der Glaubensfreiheit» zum zweiten, das 1786 vom Parlament des jungen Staates verabschiedet worden war und Jeffersons Handschrift trug.

Insgesamt präsentiert sich Sprengels Übersetzung aber auch nach zweihundert Jahren im großen und ganzen noch so frisch und lesenswert, kommt ihr zuweilen etwas lehrhaft-altväterlicher Stil der Wesensart der «Notes» als einer im Bannkreis aufklärerischen Raisonnierens des späten achtzehnten Jahrhunderts wurzelnden Schrift so nahe, daß eine völlig neue Übersetzung entbehrlich erschien. Orthographie und Interpunktion sind der besseren Lesbarkeit wegen dem heute Geläufigen angepaßt, die Eindeutschung geographischer Bezeichnungen rückgängig gemacht, sprachlich allzu Angestaubtes modernisiert und der Text insgesamt durch eine Vielzahl von Anmerkungen dort verständlich gemacht worden, wo solches zum besseren Verständnis geboten schien.

Bleibt noch anzumerken, daß die Numerierung der Kapitelüberschriften zwischen der vorliegenden, auf Sprengels Publikation beruhenden Ausgabe und modernen englischsprachigen Editionen etwas differiert. Sprengel hat «Query III», das Kapitel zur Frage, über welche Seehäfen Virginia verfüge, deshalb weggelassen, weil Jefferson selbst diese Frage mit dem einfachen Hinweis beantwortet, es gebe keine solchen, und hat die «Queries» IV und V, die zuerst von den «Mountains», dann von den «Cascades» und «Caverns» handeln, in eines zusammengefaßt; dasselbe gilt für die «Queries» IX und X, die von der Miliz und der Marine Virginias handeln.

Hartmut Wasser

Anmerkungen

1 Die britischen Landmesser Ch. Mason und J. Dixon legten zwischen 1763 und 1767 die Grenze zwischen Maryland und Pennsylvania auf 39° 43′ 26″ n. Br. fest. Bis zum Sezessionskrieg (1861–65) trennte sie Staaten mit und ohne Sklaverei: die Mason/Dixon Line gilt bis heute als Grenze zwischen den nördlichen und südlichen Staaten des amerikanischen Ostens.

2 1 mile = 1,609341 km; 1 foot = 30,48 cm

3 Jean-Dominique Cassini (1625–1712), französischer Astronom und Direktor des Pariser Observatoriums, bestimmte die Rotationszeiten von Jupiter und Mars, entdeckte die Abplattung des Jupiter und vier Saturnmonde sowie die nach ihm benannte Teilung des Saturnringes; aus gemeinsamen Messungen mit seinem Sohn Jacques leitete er die Annahme ab, die Erde sei ein Rotationsellipsoid mit der Polarachse als großer Achse.

4 1 square mile (Quadratmeile) = 2,589978 km^2

5 Cecil Calvert Baltimore, Sohn des britischen Staatsmanns und Kolonisators Lord George Calvert Baltimore, erhielt 1632 von König Karl I. Gebiete am Potomac, deren exakte Grenzen später durch die britische Gerichtsbarkeit festgelegt wurden. Die daraus resultierende Eigentümerkolonie Maryland gewährte als erstes Land in Nordamerika Religionsfreiheit für alle christlichen Bekenntnisse.

6 1781 verzichtete die Volksvertretung (Assembly) von Virginia auf eigene Ansprüche in den sogenannten «Nordwestterritorien», die sich nördlich des Ohio zum Mississippi hin erstreckten (und als Beute aus dem Krieg gegen das Mutterland betrachtet wurden); 1784 wurden dann die Ansprüche offiziell an den (II. Kontinental-)Kongreß, das politische

Zentralorgan der Konföderation, abgetreten. Vor allem hatte Thomas Jefferson auf diese Entscheidungen gedrängt, um den Zusammenhalt in der jungen Union nicht durch Konflikte zwischen Staaten mit weiterreichenden Territorialansprüchen und «Habenichtsen» zu gefährden.

7 Jefferson mag dabei die später berühmt gewordene Karte im Auge gehabt haben, die sein Vater, Peter Jefferson, mit seinem Partner, Joshua Fry, 1751 fertigstellte und 1753/54 in London unter dem Titel «Karte des bewohnten Teils von Virginia» drucken ließ (1950 ist ein Faksimile-Druck, mit einer Einleitung von Dumas Malone versehen, in Princeton erschienen).

8 Das nautische Längenmaß «fathom», in der deutschen Übersetzung mit «Klafter» wiedergegeben, mißt 1,829 m; zum Maß «Fuß» siehe Anmerkung 2.

9 Gemeint sind die Blue Ridge Mountains, mit denen die Appalachen ostwärts steil zur atlantischen Küstenebene hin abfallen.

10 Die Rede ist von den Pariser Friedensvereinbarungen zwischen Großbritannien und den dreizehn Vereinigten Staaten sowie von den in Anmerkung 6 erwähnten Vorgängen.

11 Bei Ende des Siebenjährigen Krieges (1763) fiel das bislang von Frankreich beherrschte «West-Louisiana», das die gesamten westlichen Einzugsräume des Mississippi und Missouri bis zu den Rocky Mountains umfaßte (also um ein Vielfaches größer war als der heutige US-Staat Louisiana), an Spanien, dessen Kaufleute vorübergehend den Handel in diesem Raum organisierten.

Im Jahre 1800 brachte Frankreich diese Territorien wieder unter seine Herrschaft, bis sie drei Jahre später durch den damaligen Präsidenten der USA, Thomas Jefferson, von Napoleon I. für die Union erworben wurden (Louisiana Purchase von 1803).

12 Eine ‹Elle› ist eine alte Maßbezeichnung von unterschiedlicher Länge, meist zwischen 0,5 und 0,8 m.

13 Eine ‹Rute› (engl. ‹pole›) als Längenmaß entspricht 5,03 m.

14 Thomas Hutchins (1730–1789), erster Geograph der Vereinigten Staaten; Autor einer in London 1778 erschienenen Schrift mit dem Titel «A Topographical Description of Virginia, Pennsylvania, Maryland, and North Carolina».

15 Vergleiche Anmerkung 7.

16 Lewis Evans (ca. 1700–1756), Geograph, Landvermesser und Kartenzeichner aus Pennsylvania; Autor einer bedeutenden Schrift, die 1755 in Philadelphia unter dem Titel erschien: «Geographical, Historical, Political, Philosophical and Mechanical Essays: The First, Containing an Analysis of a General Map of the Middle British Colonies in America.»

17 Bis zum heutigen Tage ist dieses «Naturschauspiel» bei Harper's Ferry in West Virginia eine Touristenattraktion geblieben.

18 Die Schilderung dieses «Schauspiels» ist einer Beschreibung nachempfunden, die sich in Herodots ‹Geschichten› (Buch 7, Abschnitt 124) findet, wo der griechische Historiker (ca. 484–425 vor Chr.) und einer der Lieblingsschriftsteller Jeffersons den Ausbruch des Peneus aus den Thessalonien umgebenden Bergen skizziert.

19 Im Original findet sich hier der Begriff «country», den Jefferson zuweilen synonym für «state» gebraucht.

20 Wie die handschriftlichen Anmerkungen Jeffersons in seinem eigenen Exemplar der «Notes on the State of Virginia» belegen, stützen sich viele seiner naturgeschichtlichen und geographischen Aussagen auf die «Allgemeine und spezielle Naturgeschichte» (44 Bde; 1749–1804), die der berühmte französische Naturforscher Georges Louis Leclerc, Graf von Buffon (1707–1788) verfaßte. Jefferson selbst hat viele Bände dieser Naturgeschichte aus einer späteren Auflage besessen und intensiv mit ihnen gearbeitet.

21 Die Rede ist von Isaac Zane (gest. 1795), der in der Nähe von Stephensburg lebte, die Marlboro-Eisenwerke besaß und zeitweilig Delegierter der virginischen Generalversammlung («General Assembly») war. Jefferson hat mit Zane während der Abfassung seines Werkes gelegentlich korrespondiert

und um Auskünfte zu einzelnen Gegenständen seiner Beschreibung ersucht.

22 Jefferson, einer der größten Grundbesitzer in Virginia, hat diese Brücke als Teil eines 157 Morgen großen Gebietes in Rockbridge County im Jahre 1774 erworben.

23 Zur Entwicklung und Ausbreitung der Eisenindustrie Virginias vor allem im Zusammenhang mit dem Krieg gegen das Mutterland vergleiche Kathleen Bruce, Virginia Iron Manufacture in the Slave Era, New York/London 1931, S. 24ff.

24 1 Zoll (inch) = 2,54 cm

25 Jefferson bezieht sich hier auf Buffons «Époques de la Nature», Bd. 2, S. 96, Teil der «Naturgeschichte»; vergleiche Anmerkung 20.

26 Jefferson erwähnt hier den Abschnitt über Muscheln in Voltaires «Questions sur L'Encyclopédie»; diese Schrift findet sich in der 58bändigen Edition der Voltaireschen Werke (Paris 1775–85), die der Virginier in seiner Monticello-Bibliothek besaß. Die angesprochene Hypothese des großen Franzosen findet sich in Bd. XXXIX, S. 147 der Werke.

27 Die Entstehung und Herausbildung der Erdoberfläche gehörte zu den am heftigsten umstrittenen wissenschaftlichen Problemen in Jeffersons Tagen. Die europäische Geologie befehdete sich durch zwei Schulen, deren eine die Erdgestaltung auf vulkanische Einflüsse zurückführen und deren andere die Erdoberfläche als Rest eines gewaltigen Weltozeans verstehen wollte. Jefferson selbst hat zeitweilig den davon abweichenden Vermutungen Voltaires zugeneigt, ist aber unter dem Eindruck massiver Bedenken bei ihm bekannten Naturwissenschaftlern wieder davon abgerückt, wie der Text ausweist. Daß der Aufklärer Jefferson die «übernatürlich»-biblische Entstehungsgeschichte der Erde geologischen Erkenntnissen opferte, hat ihm wiederholt den Vorwurf eingetragen, er lehne die Bibel ab.

28 1 Scheffel (engl. bushel), altes deutsches Hohlmaß, hat je nach Gegend unterschiedliche Inhalte (zwischen 30 u. 300 l) umfaßt.

29 1 Gallone entspricht in den Vereinigten Staaten 3,785 l.

30 Étienne Petrovitch Kracheninnikov (1713–1755), russischer Forschungsreisender und Autor der «Histoire de Kamtchatka et des Contrées Voisines», Lyon 1767.

31 Andrew Lewis (1720–1781), geborener Ire, revolutionärer Patriot und militärischer Haudegen in Virginia, der 1774 im sogenannten Lord Dunmore's War die Shawnees unter ihrem Häuptling Cornstalk bei Point Pleasant an der Mündung des Great Kanawha besiegte. Der Gouverneur von Virginia, John Murray, Earl of Dunmore, hatte den Indianern gehörendes Land im Westteil von Pennsylvania und Virginia an weiße Siedler verteilen lassen, was Aufstände der Shawnees und Ottawas hervorrief.

32 Der Schwede Carl von Linné (1707–1778), bis 1762 Linnaeus genannt, gilt als einer der größten Naturforscher des 18. Jahrhunderts, der sich um systematische Ordnungskategorien im Reich der Natur (Pflanzen, Tiere, Minerale) bemühte und dessen Klassifikationen und Nomenklaturen bis heute in den Naturwissenschaften eine wichtige Rolle spielen.

33 Graf von Buffon (siehe Anmerkung 20) ist von Thomas Jefferson bei allem Respekt vor der allseits anerkannten Bedeutung des Franzosen wissenschaftlich dort befehdet worden, wo er Tiere (und Ureinwohner) der Neuen Welt im Vergleich mit ihren europäischen Äquivalenten als kleiner und durchaus degeneriert bezeichnete und dies auf günstigere klimatische Bedingungen der Alten Welt zurückführte. Patriotismus wie wissenschaftliches Ethos sind deutlich als Antriebskräfte hinter Jeffersons anhaltenden Bemühungen auszumachen, die diesbezüglichen Behauptungen Buffons zu widerlegen. Weder war nach seinen Erkenntnissen das Klima in Amerika feuchter und kälter, noch waren nach seinen Untersuchungen Größenunterschiede bei vergleichbaren Tierarten diesseits und jenseits des Atlantiks auszumachen. Jefferson hat in persönlichen Gesprächen mit Buffon und durch Übersendung einschlägiger Demonstrationsobjekte den Grafen (vergeblich) von dessen Theorie abzubringen

versucht. Eine gewisse Arroganz gegenüber der Neuen Welt ist ausgangs des 18. Jahrhunderts durchaus verbreitet in Europa. So hatte Abbé Raynal in seiner «Histoire Philosophique et Politique des Établissements et du Commerce des Européens dans les deux Indes» von 1770, die später mehrfach neu aufgelegt wurde, die gesamte menschliche Spezies in Amerika von Degenerationserscheinungen bedroht gesehen. Wie sehr solche Auffassungen gerade auch das deutsche Amerikabild im Zeichen der Romantik eingefärbt haben, belegen unter anderem manche Briefe Nikolaus Lenaus, die er 1832/33 aus den USA nach Deutschland geschrieben hat.
Zur Jefferson-Buffon-Kontroverse Gilbert Chinard, Eighteenth Century Theories on America as a Human Habitat, in: American Philosophical Society, Philadelphia. Proceedings, vol. 91, Aug. 1947, S. 27–57; Edwin T. Martin, Thomas Jefferson. Scientist, New York 1952, Kap. 7.

34 John Hunter (1728–1793), englischer Anatom, hat vor der Royal Society in London über seine «Observations on the Bones Commonly Supposed to be Elephant's Bones, Which Have Been Found Near the River Ohio, in America» berichtet und den Vortrag 1768 auch als Schrift publiziert.

35 Louis Jean Marie d'Aubenton (1716–1799) hat Buffon bei der Abfassung verschiedener Partien seiner «Histoire Naturelle» unterstützt und galt als renommierter Anatom.

36 «Die lebende Natur ist viel weniger wirkungskräftig, viel weniger stark.» Vergleiche Anmerkung 33.

37 1 engl. Pfund (lb) = 453,6 g; 1 Unze (oz) = 31,104 g

38 Peter Kalm (1716–1779), schwedischer Botaniker und Forschungsreisender, Autor der «Travels into North America», 3 vols., London 1770–71

39 Thomas Pennant (1726–1798), englischer Naturforscher und Verfasser der «Synopsis of Quadrupeds» (Übersicht über die Vierfüßler), London 1771

40 Mark Catesby (ca. 1679–1749), englischer Naturforscher und Reisender, Autor der «Natural History of Carolina, Florida and the Bahama Islands», 2 vols., London 1731–43

41 Jefferson bezieht mit der Hypothese vom Überdauern aller Arten Stellung in einer der höchst kontrovers geführten (paläo-)zoologischen Debatten des Jahrhunderts, wie er sich an anderer Stelle in die paläontologischen Auseinandersetzungen der Zeit (etwa im Streit um die Entstehung von Fossilien) einläßt. Zur Rolle Jeffersons in der jungen Wissenschaft der Paläontologie, seinen Erkenntnissen und Irrtümern George Gaylord Simpson, The Beginnings of Vertebrate Paleontology in North America, in: American Philosophical Society, Proceedings, 80 (1942), S. 130–88; ebenso Howard C. Rice, Jefferson's Gift of Fossils to the Museum of Natural History in Paris, in: American Philosophical Society, Proceedings, 95 (1951), S. 597–627.

42 Als Knabe, der noch nahe der «Grenze» lebte, ist Thomas Jefferson seinen eigenen Worten nach «sehr vertraut» mit Indianern gewesen. Einzelne Indianer, darunter der Cherokee-Krieger Outassetè, hatten als Gäste des Vaters im Haus der Familie in Shadwell geweilt. Als Student im William-and-Mary-College zu Williamsburg war er in Outassetès Lager, als der Häuptling seine Abschiedsrede an den Cherokee-Stamm hielt. Auch als Gouverneur von Virginia und Präsident der Vereinigten Staaten hat Jefferson die Indianer mit sehr viel größerem Verständnis behandelt, als es damals in den USA allgemein üblich war. So verwundert das Engagement nicht weiter, mit dem Jefferson die Indianer gegen die Phantastereien Buffons und seiner Anhänger verteidigt, die in den «Wilden» bloß debile Kreaturen zu erblicken vermögen. Jeffersons «aufgeklärte» Haltung gegenüber den Indianern und den Beziehungen zwischen den Rassen wird schon belegt durch die erste bekannte Botschaft an die Indianer, die abgedruckt ist in der großen, noch nicht abgeschlossenen Edition «The Papers of Thomas Jefferson», hrsg. v. Julian P. Boyd et al., Princeton 1950ff., vol. VI, S. 60ff.

43 Jefferson stützt solche Aussagen unter anderem auf Berichte über südamerikanische Indianer, die er dem Buch des italie-

nischen Seefahrers Amerigo Vespucci (1451–1512), «Lettera di Amerigo Vespucci delle Isole Nuovamente Trovate in Quattro Suoi Viaggie» (Florenz 1505/06), oder der Schrift des Spaniers Antonio de Ulloa (1716–1795), «Noticias Americanas sobre la America» (Madrid 1772, deutsche Ausgabe Leipzig 1781), entnahm. Don Ulloa hatte ausgedehnte Erkundungsreisen durch Peru unternommen und war 1776 vom spanischen König zum Gouverneur von Louisiana ernannt worden.

44 Hierbei handelte es sich möglicherweise um den virginischen Pflanzer William Byrd III (1728–1777), Sohn des berühmten Colonel William Byrd von Westover, eines Bekannten von Jeffersons Vater.

45 Logan Tahgahjute (ca. 1725–1780), Häuptling der Mingos, wie im 18. Jahrhundert Angehörige des Irokesenstammes genannt wurden, welche die Siedlungsgründe ihres Volkes im Staat New York verlassen hatten und unter anderem am oberen Ohio lebten.

John Murray, 4. Earl of Dunmore (1732–1809), Kolonialgouverneur von Virginia von 1772–1776; vergleiche auch Anmerkung 31.

46 In einem «Anhang zu den ‹Notes on the State of Virginia›, den Mord an Logans Familie betreffend», den Jefferson der philadelphischen Ausgabe des Werkes von 1800 beigefügt hat (und der sich in dem von William Peden edierten Text in der Norton Library auf den Seiten 226–258 findet), ist die Ermordung der Familie Logans deshalb noch erschütternder präsentiert, weil nach zuverlässigeren Informationen die Shawnees nur einige Abenteurer beraubt hatten, die sich widerrechtlich Indianerland hatten aneignen wollen, und überdies Captain Cresap und seine Horde zur Vergeltung eine Serie von Morden an unbeteiligten Indianern verübt hatten.

47 Logan spricht hier vom sogenannten Lord Dunmore's War; vergleiche Anmerkung 31.

48 Vergleiche Anmerkung 33.

49 Jefferson hat David Rittenhouse (1732–1796), einen Handwerker, Mathematiker und Astronomen aus Philadelphia, über die Maßen bewundert. Als der Virginier 1779 die Revision des Curriculums für das William-and-Mary-College in Williamsburg plante, schlug er den Ankauf eines «Orrery», eines planetarischen Modells vor, dem der englische Erfinder wissenschaftlicher Instrumente, George Graham (1673–1751), den Namen zu Ehren seines Patrons Charles Boyle, 4. Earl of Orrery, verliehen hatte; freilich schlug Jefferson vor, das von Rittenhouse zu liefernde Modell auch ein «Ryttenhouse» zu nennen.
Thomas Godfrey (1704–1749), amerikanischer Mathematiker und Erfinder, soll den verbesserten Quadranten erfunden haben, der ursprünglich vom Engländer John Hadley (1682–1744) entwickelt worden war.

50 Sir Hans Sloane (1660–1753), englischer Arzt, Autor des zweibändigen Werkes «A Voyage to the Islands Madera, Barbadoes, Nieves, St. Christopher's, and Jamaica», London 1707–25

51 Georg Margraf (1610–1644) überarbeitete gemeinsam mit Willem Piso (1611–1678) eine Schrift Jean de Laet's aus dem Jahre 1625 und publizierte sie unter dem Titel «Historia Naturalis Brasiliae» in Leyden und Amsterdam 1648.

52 John Scheffer (1621–1679), in Straßburg geborener Rechtsgelehrter, hat eine «History of Lapland» (London 1751) verfaßt.

53 Jefferson verfolgte vielfältige wissenschaftliche Interessen. Seine besondere Neigung galt neben Landwirtschaft und Gartenbau vor allem aber der Meteorologie, auf welchem Felde er sicherlich einer der bestinformierten Amerikaner seiner Zeit gewesen ist.

54 Der hier von Jefferson verwendete Begriff «tythes» oder «tithes» weist in germanisch-angelsächsischen Dialekten seit dem Mittelalter eine Fülle von Bedeutungen auf. Er kann den «Zehnten» meinen, der (von welcher Bemessungsgrundlage auch immer) an die Gemeinde, vor allem an

die Kirche abgeführt wird; er verweist da und dort auf die unterste Verwaltungseinheit, die ursprünglich aus zehn Haushaltsvorständen mit ihren Familien bestand; der «tithingman» kann folgerichtig der Vorsteher einer solchen Verwaltungseinheit sein, aber auch einen Steuereintreiber beziehungsweise in den Neuenglandstaaten einen Friedensrichter oder Kirchenbeauftragten zur Überwachung der religiösen Ordnung meinen. Jeffersons Verwendung des Begriffs zielt auf Steuerpflichtige oder den als «Sache» zu besteuernden Personenkreis der Sklaven.

55 Die «London Company of Virginia», die 1606 von Jakob I. das Recht erhalten hatte, den nordamerikanischen Kontinent zwischen dem 34. und 41. Breitengrad zu erschließen, wurde wegen anhaltender Mißwirtschaft 1624 aufgelöst und Virginia zur Kronkolonie erhoben. Die Gesellschaft, eine Art Aktionärsvereinigung, hatte immer wieder Kolonisten angeworben und sie nach Virginia transportiert.

56 Während seiner Amtszeit als Gouverneur von Virginia hatte Jefferson zwischen 1779 und 1781 alle Hände voll zu tun, um mit der verzweifelten militärischen Lage Virginias fertig zu werden, und konnte sich aus nächster Nähe über die Unzulänglichkeit der Staatsmiliz gegen die professionellen Truppen Großbritanniens überzeugen. Eine eindringliche Schilderung der damaligen Probleme findet sich bei Marie Kimball, Jefferson, War and Peace, 1776 to 1784, New York 1948, Kap. 5–10; Dumas Malone, Jefferson. The Virginian, Boston 1948, Kap. 22–25.

57 John Smith (1580–1631), englischer Soldat, Forscher und Kolonist, Autor mehrerer Werke, unter anderen der «General History of Virginia, New-England and the Summer Isles», London 1624

58 Der Vertrag von Albany (1684) legte einen Konflikt zwischen Virginia und dem Irokesenbund kurzfristig bei, der um Handels-, Wander-, Jagd- und Kriegsrouten (Shenandoah Hunting Path) der «sechs Nationen» im Gebiet der Blue Ridge Mountains entbrannt war.

59 Die vielseitigen Talente und Interessen Thomas Jeffersons erstreckten sich auch auf das Gebiet der Archäologie; als Amateur-Archäologe hat er manche Ziele und Methoden der modernen Disziplin um ein Jahrhundert vorweggenommen. Vergleiche dazu den schönen Beitrag von Karl Lehmann-Hartleben, Thomas Jefferson. Archaeologist, in: American Journal of Archaeology, vol. 47, 1943, S. 161 ff.

60 James Cook (1728–1779), englischer Weltumsegler und Entdecker, der unter anderem als erster die Küste Alaskas befuhr und die Behringstraße erforschte. Er wurde 1779 auf Hawaii von Eingeborenen erschlagen.

61 Thomas Jefferson hat sich mehrere Jahrzehnte lang mit indianischen Dialekten beschäftigt und die Theorie vertreten, man könne über die Frühgeschichte der amerikanischen Indianer Aufschluß durch das Studium von Schlüsselbegriffen in den verschiedenen Stammessprachen, ihren Vergleich untereinander und mit ähnlich grundlegenden Wörtern in anderen Sprachen gewinnen. In seinem Verweis auf die Bedeutung linguistischer Zeugnisse bei der Erschließung indianischer Prähistorie hat Jefferson Pionierarbeit sowohl als Anthropologe wie als Philologe geleistet. Seine große Sammlung indianischen Wortgutes ist 1809 zum großen Teil durch einen Dieb zerstört worden, der Jeffersons Habseligkeiten, die 1809 nach Ablauf seiner Präsidentschaft auf dem Wasserwege von Washington zum virginischen Monticello geschickt wurden, systematisch plünderte. Die wenigen Dokumente, die der Vernichtung entgingen, hat Jefferson 1817 der «American Philosophical Society» überlassen. Zur weiteren Information Mabel Morris, Jefferson and the Language of the American Indian, in: Modern Language Quarterly, vol. 6, 1945, S. 31 ff.

62 Auf der Insel Roanoke im Albemarle-Sund ist im Jahre 1585 mit Fort Raleigh die erste englische Niederlassung in Nordamerika gegründet worden.

63 St. = Sterling, altenglische Silbermünze; hat sich bis heute in dem «Pfund Sterling» (£) als Währungseinheit in Großbri-

tannien erhalten. Bis zur Umstellung der britischen Währung auf das Dezimalsystem im Jahre 1971 war das «Pfund Sterling» in 20 shilling (s) zu je 12 pence (d) eingeteilt.

64 1606/07 gründeten Kaufleute aus London und Plymouth zwei Aktiengesellschaften und erhielten von Jakob I. königliche Patente für die Besiedelung von «Virginia». Die London Company oder South Virginia Company erhielt das Recht, zwischen dem 34. und 41. Breitengrad zu siedeln, die Plymouth oder North Virginia Company zwischen dem 38. und 45. Breitengrad in Neuengland. Zwischen dem 38. und 41. Breitengrad konnten also beide Gesellschaften Niederlassungen unter der Bedingung gründen, daß diese sich mindestens 100 Meilen voneinander entfernt befanden. Vergleiche auch Anmerkung 55.

65 Vergleiche Anmerkung 5.

66 In der Auseinandersetzung zwischen dem absolutistisch gesinnten Karl I. und der puritanisch orientierten Parlamentspartei unter Führung Oliver Cromwells zog der Stuart-König den kürzeren und wurde 1649 in London hingerichtet. Viele Anhänger des Königs, die sogenannten «Kavaliere», emigrierten nach Virginia. Schon im Mai 1649 erklärte das Londoner Parlament, die höchste Autorität auch für die Kolonien zu sein.

67 In der alten deutschen Ausgabe fehlt der folgende knappe Vorspann, in dem die Vertragsparteien – der vom Parlament autorisierte Staatsrat in London sowie die Ratsgremien in Virginia – genannt sind.

68 Richard Bennett, William Claiborne und Edmund Curtis waren als «commissioners» Oliver Cromwells damit beauftragt worden, Virginia zu «unterwerfen», welches unter seinem monarchistisch-legitimistisch-anglikanischen Gouverneur Sir William Berkeley gegen das «aufrührerische» Regime des Puritaners Cromwell wie gegen das gleichermaßen «pflichtvergessene» englische Parlament Front gemacht hatte. Da die «commissioners» mit der Lage in der aufsässigen Kolonie bestens vertraut waren (zum Teil dort selbst

zuvor öffentliche Ämter innegehabt hatten), konnten sie durch geduldige Verhandlungen den offenen Bruch und militärische Scharmützel zwischen der Kolonie und dem Mutterland vermeiden. Die schließlich getroffenen Abmachungen sicherten Virginia um den Preis der Anerkennung der englischen Oberhoheit auch unter Oliver Cromwell weitreichendere politische und wirtschaftliche Privilegien, als es sie zuvor besessen hatte. Zu den Details der Abmachungen Matthew Page Andrews, Virginia. The Old Dominion, Garden City/New York 1937, S. 125ff.

69 Dieser Abschnitt, der eine Generalamnestie verkündet, fehlt in der alten deutschen Ausgabe und wird im folgenden nachgetragen.

70 Thomas Jefferson ist nicht Mitglied des Verfassungskonvents von Virginia gewesen, der im Frühjahr und Frühsommer 1776 dem neuen, weil jetzt Souveränität beanspruchenden Gemeinwesen eine Verfassung schneiderte; zu dieser Zeit diente der Herr von Monticello seinem Land im (Kontinental-)Kongreß und war dort maßgeblich am Entwurf der Unabhängigkeitserklärung beteiligt. Allerdings hatte er mehrere Verfassungsentwürfe für Virginia geliefert, die auch nicht ohne Einfluß auf die Konventsarbeit geblieben waren. Dennoch war Jefferson äußerst unzufrieden mit der neuen Verfassung und hat über Jahre hinweg vergeblich versucht, sie durch ein geeigneteres Grundgesetz abzulösen.

71 In der Republik von San Marco hatte seit der Mitte des 14. Jahrhunderts die Bürgerschaft als Machtfaktor in einem komplizierten, auf gegenseitige Überwachung und Ausbalancierung der Gewalten gerichteten Verfassungssystem zunehmend abgedankt und waren Ansätze einer republikanischen Herrschaftsweise zunehmend von oligarchisch-despotischen Strukturen überwuchert worden.

72 Jefferson schreibt von jener «convention, which passed the ordinance of government» (Notes, S. 120) und drückt in der Terminologie sein Unbehagen aus (siehe Anmerkung 70). Er hatte für die Wahl einer «Verfassunggebenden Versamm-

lung» plädiert, einer eigens für den Zweck der Verfassungsschöpfung gewählten Körperschaft. In der «Convention» (Versammlung) von 1776 sah er nicht zu Unrecht bloß den revolutionären Nachfolger des «House of Burgesses», deren Mitglieder zur Durchführung der üblichen Regierungsgeschäfte, nicht zur Verfassungsschöpfung gewählt worden seien. Das Arbeitsprodukt dieser «Convention» mochte Jefferson denn auch nicht «Constitution» nennen, sondern belegte es mit dem Begriff «Ordinance of Government», worunter er eine Art gesetzliche Verordnung zur Einrichtung spezifischer Herrschaftsinstitutionen verstand.

73 Der folgende Abschnitt fehlt in der alten deutschen Ausgabe und wurde hier nachgetragen.

74 Seit 1773 zerfiel die Autorität der Kolonialadministrationen in der Neuen Welt kontinuierlich. In Virginia schwand mit der Macht des Gouverneurs Lord Dunmore auch das Gewicht des Gouverneursrats (Council of State). Als Dunmore sich zu Beginn des Jahres 1775 weigerte, das «House of Burgesses» einzuberufen (dem Jefferson selbst als Delegierter von Albemarle County angehörte), schlug in Virginia wie in allen anderen Kolonien endgültig die Stunde der «revolutionär» legitimierten, außerhalb des englischen Verfassungsgefüges angesiedelten Kongresse oder Konvente, welche die gesamte Regierungsgewalt an sich zogen.

75 An dieser Stelle bricht der deutsche Text von 1788/89 mit folgendem Satz ab: «In der Folge machte auch diese nemliche Convention, da sie im Herbste des Jahres, als die Versammlung der Abgeordneten mit dem Senate eine allgemeine Zusammenkunft hielten, Verordnungen, die ihren ehemaligen gerade zuwider waren, und dies ist weiterhin immer der Fall gewesen, woraus ich den Schluß ziehe, daß die gewöhnliche Gesetzgebung selbst die Verfassung abändern kann.»
Der Herausgeber hat an die Stelle dieses Satzes, der mitten aus dem Zusammenhang sehr eindringlicher verfassungsrechtlicher und verfassungspolitischer Reflexionen Thomas Jeffersons herausgerissen worden ist, den längeren Original-

text des Autors gerückt. Möglicherweise sind die Ausführungen des Virginiers an dieser Stelle für C. M. Sprengel zu politiktheoretisch und passen seiner Meinung nach nicht in das Konzept seiner «Beiträge zur Völker- und Länderkunde»; jedenfalls hat er geglaubt, auf sie ohne weiteren Hinweis auf Auslassung verzichten zu können.

76 Die Rede ist von der wortgewaltigen Flugschrift «Common Sense» aus der Feder des englischen Wahlamerikaners, Politikers und Publizisten Thomas Paine (1737–1809), die 1776 in einer halben Million Exemplare die dreizehn Kolonien durchdrang und dem Gedanken der Unabhängigkeit zum Durchbruch verhalf.

77 Als Quelle für das Zitat verweist Jefferson auf das «Lexicon Juridicum» des Johannes Calvinus oder Kahl, eines deutschen Rechtsgelehrten des frühen 17. Jahrhunderts, das nach seinem Erscheinen im Jahre 1600 mehrere Auflagen erfuhr. Jefferson benützte die Ausgabe von 1669.

78 Die Angabe meint das Gesetzbuch aus dem 25. Regierungsjahr (1534/35) Heinrichs VIII., Kapitel 19, Abschnitt I.

79 Sir Edward Coke (1552–1634), englischer Rechtsgelehrter, Chief Justice, entschiedener Verfechter der Parlamentsrechte gegen die absolutistischen Tendenzen der Stuart-Könige. Seine «Reports of Divers Resolutions and Judgements in the Several Courts» (13 Bände) und seine «Institutes of the laws of England» (4 Teile), alle in der ersten Hälfte des 17. Jahrhunderts erschienen, sind noch heute Standardwerke des englischen Rechts.

80 Jefferson bezieht sich nach eigenen Angaben an dieser Stelle auf Sir Robert Brooke (gest. 1558), Speaker des House of Commons (des britischen Unterhauses) und Kompilator von «La Graunde Abridgement», London 1586, und auf William Hakewell (1574–1655), der Forschungen auf dem Felde englischer Rechtsaltertümer betrieb und Autor eines viel benutzten Werkes war, das den Titel trug «Modus Tenendi Parliamentum; or the old Manner of Holding Parliaments in England», London 1671.

81 Hier verweist Jefferson auf das Werk «De Officio Hominis et Civis Juxta Legem Naturalem Libri Duo», London 1673, des deutschen Rechtshistorikers und Autors zahlreicher juristischer Traktate Samuel von Pufendorf (1632–1694).

82 Jeffersons Argumentation im 6. Abschnitt dieses Kapitels wird von der Furcht vor einer übermächtigen Legislative bestimmt. Daß die Abgeordnetenkammer zweimal, im Dezember 1776 und im Juni 1781, im Zeichen wachsender militärischer Bedrohung Virginias durch englische Truppen Vorschläge diskutierte (und nur mit knapper Mehrheit zurückwies), nach dem Muster der römischen Republik den Diktator auf Zeit zu etablieren, bestärkte Jefferson in der Sorge, der Baum des Republikanismus habe in seiner Heimat doch noch keine allzu tiefen Wurzeln geschlagen. Für den Herrn von Monticello, dessen Amtszeit als Gouverneur am 2. Juni 1781 ausgelaufen war, bestand kein Zweifel, daß der (zweite) Diktatur-Vorschlag und die Resolution der Virginia-«Assembly» vom 12. Juni 1781, «to inquire into the Conduct of the Executive for the last twelve Months» (um vermutete militärische Fehlentscheidungen der Exekutive aufzudecken) in einem inneren Zusammenhang standen, der die Handschrift des ambitiösen Patrick Henry aufwies. Jefferson hat die Schmach dieser Untersuchung nie ganz verwunden, die freilich zu nichts führte, ihn vielmehr von jedem «misconduct» freisprach. Der beschwörende Ton der letzten Sätze dieses Abschnitts, abgefaßt in den Tagen nach dem Ausscheiden aus dem Gouverneursamt, resultiert jedenfalls aus Jeffersons Zweifel, ob sein Land vor den bedrohlichen militärischen und politischen Krisen des Jahres 1781 bestehen werde.

83 Schon als Student in Williamsburg hat der junge Jefferson voll Sorge festgestellt, daß viele Gesetzestexte aus der Frühzeit der Kolonie verlorengegangen waren oder Gefahr liefen, nicht mehr auffindbar zu sein. In der Folgezeit hat er sich der Sammlung und Sichtung der noch aufzutreibenden Dokumente gewidmet und dabei weder Mühen noch Kosten

gescheut. Als Retter historischer Rechtsmaterialien kommt ihm eine singuläre Bedeutung in seinem Heimatstaat zu; er hat schließlich auch die monumentale Ausgabe der «Statutes of Virginia» auf den Weg gebracht. Dazu interessante Hinweise bei E. M. Sowerby (Hrsg.), Catalogue of the Library of Thomas Jefferson, 5 vols., Washington, D.C., 1952–59, vol. II, S. 236ff.

84 Vergleiche Anmerkung 63.

85 Das englische Wort «vestry» heißt Sakristei. «Vestrymen» sind Kirchengemeinderäte.

86 Jeffersons fortgesetzte Bemühungen um eine Reform der Rechtsstrukturen in Virginia gemäß den Prinzipien eines «wahren Republikanismus» gipfelten im «Bericht des Ausschusses der Revisoren», nämlich jener «three gentlemen» (von denen an dieser Stelle der «Notes» die Rede ist), deren einer Jefferson selbst war, während es sich bei den beiden anderen um Edmund Pendleton und George Wythe handelte. Der Bericht wurde der Volksvertretung von Virginia am 18. Juni 1779 vorgelegt und verfolgte das Ziel, «die gesamte Rechtsstruktur so zu reformieren, daß sie von allen früheren monarchischen Spuren befreit und in Übereinstimmung mit republikanischen Grundsätzen gebracht würde» (vergleiche «Papers of Thomas Jefferson», Bd. II, S. 305ff.). Der Bericht hatte insofern politische Auswirkungen, als in den Folgejahren eine Vielzahl der in ihm enthaltenen 126 Gesetzesentwürfe, die sich weitgehend am Common Law orientierten, vom Parlament tatsächlich formal verabschiedet wurden.

87 Der Gesetzesvorschlag No. 82, «A Bill for Establishing Religious Freedom», wurde nach heftigen politischen Auseinandersetzungen im Januar 1786 von der Legislative verabschiedet. James Madison hatte seinen ganzen Einfluß geltend gemacht, um die Vorlage unbeschadet über die parlamentarischen Hürden zu hieven. Thomas Jefferson selbst betrachtete dieses Gesetz, das ebensoviel zu seiner internationalen Reputation beitrug wie die Unabhängigkeitserklärung, als eine

seiner größten Leistungen; sie sollte später zusammen mit seiner Urheberschaft an der Unabhängigkeitserklärung und seiner Gründungstat bei der Errichtung der University of Virginia in Charlottesville auf seinem Grabstein vermerkt werden. Jefferson fügte den aufrüttelnden Appell für intellektuelle, moralische und religiöse Freiheit der Stockdale-Ausgabe seiner «Notes» als Anhang bei, der in den englischsprachigen Editionen des Buches seither zumeist mit abgedruckt wird. Er wird hier erstmals in deutscher Übersetzung auf S. 385ff. dieser Ausgabe wiedergegeben.

88 Dieser, in Bill No. 51 des «Report of the Committee of Revisors» niedergelegte, kühne Vorschlag, «concerning Slaves», ließ sich nicht verwirklichen. Das öffentliche Bewußtsein sei noch nicht reif dafür, hat der Herr von Monticello später bekannt. Auch wenn in manchen seiner Äußerungen das Motiv der «natürlichen Unterlegenheit» der schwarzen Rasse anklingt, muß seine Haltung gegenüber dieser Rasse und der Institution der Sklaverei generell nach den Maßstäben Virginias im 18. Jahrhundert als radikal fortschrittlich gewertet werden. Er hat die Sklaverei stets als moralisches Übel und grobe Mißachtung der Humanität betrachtet. Warf er zunächst der englischen Krone vor, koloniale Anstrengungen zur Erreichung eines Importverbots für Sklaven zu behindern (vergleiche seine Anklageschrift «A Summary View of the Rights of British America» von 1774, in: The Portable Thomas Jefferson, ed. by Merrill D. Peterson, New York 1986, S. 1ff.; hier S. 14/15; dieser Vorwurf findet sich auch noch im Entwurf der Unabhängigkeitserklärung), so forderte er in seinem «Plan of Government for the Western Territory» von 1784 (The Portable Jefferson, S. 254ff., hier S. 256) die Abschaffung der Sklaverei in diesem Gebiet für die Zeit nach 1800. Mit zunehmendem Alter sah er die Chancen ständig schwinden, noch zu seinen Lebzeiten Zeuge der Beseitigung des «amerikanischen Dilemmas» zu werden; die Hoffnungen, die er auf die junge Generation gesetzt hatte, erfüllten sich nicht. Daß Jefferson seine eigenen Skla-

ven großherzig behandelte, wissen wir nicht allein aus seinem eigenen «Farm Book» (ed. by Edwin Morris Betts, Princeton 1953), sondern auch aus dem Bericht eines von ihm freigelassenen Sklaven, der unter dem Titel «Memoirs of a Monticello Slave» von Rayford W. Logan, Charlottesville 1951, herausgegeben worden ist. Im übrigen sind an dieser Stelle des Textes jene Passagen aus den «Notes» eingeschoben, die der deutsche Bearbeiter der Schrift ausgelassen hat.

89 Jefferson erwähnt an dieser Stelle Adair Crawford (1748–1795), einen britischen Arzt und Chemiker, Autor des 1779 in London erschienenen Werkes «Experiments and Observations on Animal Heat».

90 Phyllis Wheatley (ca. 1753–1784), ein in Afrika geborener, in Amerika aufgewachsener Dienstbote, der durch seine 1773 in London erschienenen «Poems on Various Subjects, Religious and Moral» einen gewissen Bekanntheitsgrad erlangte.

91 Ignatius Sancho (1729–1780), auf einem Sklavenschiff geboren, wurde Autor der «Letters» (London, 1782, 2 vols.).

92 Jefferson bezieht sich an dieser Stelle auf Plutarchs Cato-Biographie; vergleiche Plut. Cato Maior 21.

93 Nach des römischen Staatsmannes Marcus Porcius Cato (243–149 v. Chr.) Buch «De Agricultura»; vergleiche Cato, De Agricultura 2,7.

94 Jefferson verweist auf die Kaiser-Claudius-Lebensbeschreibung des römischen Historikers Gaius Suetonius Tranquillus; vergleiche Suet. Claudius 25,4.

95 Vergleiche Seneca «De Ira» 3,40,2.

96 Bei diesem Zitat handelt es sich um die Zeilen 322/23 aus dem 17. Buch der Odyssee. Wir fügen hier die deutsche Prosaübersetzung von Wolfgang Schadewaldt an. Jefferson gab diese Stelle in der englischen Übersetzung von Alexander Pope wieder.

97 Jefferson hat auch im Bereich des Strafrechts versucht, den liberalen Prinzipien der Aufklärung zum Durchbruch zu verhelfen; vergl. Papers of Thomas Jefferson, II, S. 492 ff.

98 Zwar hat die «Bill for the More General Diffusion of Knowledge» nie Gesetzeskraft erlangt; dennoch hat sich Jefferson zeit seines Lebens dem Ziel einer möglichst breit fundierten Bildung des ganzen Volkes verschrieben. Vergleiche dazu auch das schöne Werk von Roy J. Honeywell, The Educational Work of Thomas Jefferson, Cambridge 1931.

99 Auf Harvard, das 1636 als älteste Hochschuleinrichtung der Neuen Welt gegründet worden war, folgte als zweite das College von William and Mary. 1690 von einem privaten Zirkel führender Männer in Virginia konzipiert, wurde es ein Jahr später durch das Parlament der Kolonie, die «General Assembly», gegründet und kurz darauf durch eine königliche «Charter» bestätigt. Als Namenspatrone dienten Prinz Wilhelm III. and Prinzessin Maria von Oranien, seit 1688/89 als William und Mary britische Monarchen. Von zwei Kolonien (neben Virginia auch Maryland) finanziell durch Steuern unterstützt, wurde es in Middle Plantation gebaut. 1699 geriet es zum Mittelpunkt der neugegründeten Kolonialhauptstadt Williamsburg, nachdem auch das Kapitol von Jamestown in die Nachbarschaft des College verlegt worden war.

100 Robert Boyle (1627–1691), englischer Naturphilosoph und Chemiker, hat sein Leben lang Projekte zur Verbreitung des Christentums unterstützt. Wie drastisch sich religiöser Bekehrungseifer des 17. Jahrhunderts im Zeichen der Aufklärung wandelte, verdeutlicht Jeffersons Vorschlag, Boyles Stiftungsprofessur mit der Aufgabe zu betrauen, im Sinne moderner anthropologischer Feldforschung indianische Traditionen, Gesetze, Sitten und Sprachen zu sichten und zu sammeln.

101 Jeffersons Bescheidenheit verbietet ihm offensichtlich, den Leser davon in Kenntnis zu setzen, daß er selbst ganz wesentlich die curriculare Reform am William-and-Mary-College in die Wege geleitet hatte. Nach seiner eigenen Bekundung ließ er sich dabei von dem Ziel leiten, die

Wissenschaftsbasis der Hochschule zu erweitern und sie zur Universität auszubauen. Die erwähnte Reform war in seinem ambitionierten Entwurf zur Strukturrevision des College («Bill for Amending the Constitution of the College of William and Mary») enthalten, die sich als «Bill No. 80» in dem früher erwähnten Bericht des «Committee of Revisors» findet, welcher Vorschläge zur Verfassungs- und Gesetzesreform unterbreitet hatte. Neben der Änderung des Curriculums sollte auch die Patenschaft für das College von der anglikanischen Kirche auf den Staat von Virginia übergehen, die Hochschule also säkularisiert und zur ersten Staatsuniversität der USA erhoben werden. Jeffersons Zielsetzungen eilten seiner Zeit zu weit voraus, als daß er sie damals ganz und gar hätte verwirklichen können. Immerhin beeindruckten seine Vorschläge die Öffentlichkeit so weit, daß er als Gouverneur seines Staates in das Hochschulkuratorium gewählt wurde und so wenigstens einige seiner Reformvorschläge verwirklichen konnte.

102 Mit den «alten Sprachen ... des Nordens» meinte Jefferson die alten germanischen Sprachen, vor allem das Alt-Englische. Zu einer Zeit, da die philologischen Bemühungen um das Angelsächsische weitgehend vernachlässigt wurden, gab sich Jefferson mit großem Eifer diesem Studium hin. Er hat sich nicht bloß um einen philologischen Lehrstuhl am College bemüht, sondern auch eine einschlägige Abhandlung verfaßt, die nach seinem Tode unter dem Titel «An Essay Toward Facilitating Instruction in the Anglo-Saxon and Modern Dialects of the English Literature» (New York 1851) veröffentlicht worden ist.

103 Ursprünglich war Jamestown der Verwaltungsmittelpunkt der Kolonie; 1699 wurde der Regierungssitz in das neugegründete Williamsburg verlegt, das vor allem unter Gouverneur Spotswood zwischen 1710 und 1722 zu architektonischer Bedeutung gelangte; 1780 ist dann das im Jahre 1737 gegründete Richmond zur Hauptstadt des (inzwischen unabhängigen) Staates Virginia avanciert.

104 Jefferson beschreibt hier das zweite Kapitol, das 1753 fertiggestellt wurde, nachdem das erste 1747 durch Feuer zerstört worden war. Als der Regierungssitz 1780 von Williamsburg nach Richmond verlegt wurde, zerfiel das zweite Kapitol allmählich, bis es 1832 gleichfalls einer Feuersbrunst zum Opfer fiel. Heute ist das originäre Kapitol im getreu restaurierten Williamsburg zu besichtigen.

105 Der «Palast» war Sitz der königlichen Gouverneure; Jefferson selbst hat während seiner eigenen Amtszeit als Gouverneur Teile dieses Gebäudes benutzt, das um 1720 fertiggestellt worden war. Im Winter 1781 brannte es bis auf die Grundmauern nieder, während es als Hospital für amerikanische Soldaten im Unabhängigkeitskrieg genutzt wurde. Bei der Restauration von Williamsburg ist auch der Palast neu errichtet worden, wobei sich Skizzen Jeffersons als nützlich erwiesen, die er vermutlich während seines Aufenthaltes in diesem Gebäude angefertigt hat. Dazu Fiske Kimball, Thomas Jefferson. Architect, Boston 1916, S. 30 und 95 ff.

106 Der Bau des William-and-Mary-College ist 1693 nach Plänen des berühmten englischen Architekten Sir Christopher Wren in Angriff genommen worden. Mehrere Großfeuer (1705, 1859, 1862) haben das ursprüngliche Gebäude schwer beschädigt, das aber heute wieder restauriert ist. Jeffersons Kritik an der Architektur entspringt seiner zeitweiligen Geringschätzung der kolonialen Architektur im allgemeinen, der Minderwertigkeit der Handwerkerkunst und der verwendeten Materialien im besonderen. Jefferson ist selbst einer der markanten Architekten seiner Zeit, der sich durch den Bau seines Herrensitzes auf Monticello, des Staatskapitols in Richmond und der University of Virginia bleibenden Ruhm als Baumeister erworben hat. Auch beeinflußte er die Planung der Bundeshauptstadt Washington und ihrer öffentlichen Gebäude nachhaltig.

107 Das Hospital, die früheste öffentliche Einrichtung zur Pflege von Geisteskranken auf amerikanischem Boden, öffnete

seine Pforten im Oktober 1773. 1885 ist das ursprüngliche Gebäude durch Feuer vernichtet worden.

108 Königin Elisabeth I. (1558–1603) hatte das kirchliche Leben in England ganz auf den Protestantismus der anglikanischen Kirche ausgerichtet, der in beträchtlichem Umfang am katholischen Kult und partiell an katholischen Dogmen festhielt, was im 17. Jahrhundert zu schweren Auseinandersetzungen mit den Puritanern führte, die auf eine «Reinigung von den Resten des römischen Götzendienstes» drangen.

109 Die Presbyterianer hatten vor allem in den mittleren Kolonien, in Pennsylvania, New York und New Jersey Fuß gefaßt. In Virginia gab es noch zu Beginn des 18. Jahrhunderts nur vier Presbyterianer-Bethäuser und ein einziges Quäker-Versammlungslokal. Noch intoleranter als die anglikanische Kirche in Virginia erwies sich die «Congregational Church» der Puritaner in einzelnen Neuengland-Staaten, vor allem in Connecticut, Massachusetts und New Hampshire.

110 Jefferson bezieht sich hier auf Artikel 16 der Menschenrechtserklärung von Virginia, der folgendermaßen lautet: «Religion oder die Ergebenheit, die wir unserem Schöpfer schuldig sind, und die Art, wie wir sie erfüllen, kann lediglich durch Vernunft oder Überzeugung bestimmt werden, nicht durch Zwang oder Gewalt, und deshalb haben alle Menschen einen gleichen Anspruch auf freie Ausübung der Religion nach den Geboten ihres Gewissens. Und jeder hat die Pflicht, christliche Vergebung, Liebe und Barmherzigkeit untereinander zu üben.» (Zit. nach Janko Musulin, Hrsg., Proklamationen der Freiheit, Frankfurt/Hamburg 1959, S. 62). Diese Erklärung, von George Mason entworfen und von James Madison überarbeitet, war am 12. Juni 1776 von der «Versammlung» von Virginia einstimmig verabschiedet worden. Die Verfassung, die am 29. Juni 1776 die Zustimmung der sogenannten «Convention» (vergleiche Anmerkung 72) fand, enthielt

aber keine Bestimmungen zur Umsetzung des zitierten Artikels 16 in die gesellschaftlich-politische Praxis. Jefferson selbst hat sich engagiert um die Liberalisierung und Revision früherer Parlamentsakte bemüht, welche die Ausübung der Religionsfreiheit massiv behinderten und nonkonformistischen Verhaltensweisen mit strafrechtlichen Sanktionen begegneten. In seiner «Autobiographie» hat er diese Auseinandersetzungen als «the severest contests in which I have ever been engaged» bezeichnet; siehe Paul L. Ford (Hrsg.), The Writings of Thomas Jefferson, Bd. I, S. 53 (aus der zehnbändigen Edition, New York 1892–99).

111 An dieser Stelle ist eine Textpassage eingefügt, die der zeitgenössische Herausgeber der «Notes» ausgelassen hat. Sie ist wichtig, weil sie Hinweise auf Jeffersons Verhältnis zur Religion vermittelt. Jeffersons religiöse Überzeugungen sind schon zu seinen Lebzeiten, aber auch später in der Forschung Auslöser heftiger Kontroversen gewesen. Seine Bemerkung in diesem Abschnitt, es schade niemandem, ob einer die Existenz von zwanzig Göttern verkünde oder Atheist sei, hat ihm zu Lebzeiten heftige Anfeindungen eingetragen. In seiner politischen Karriere ist ihm oft genug von Gegnern «Atheismus» vorgehalten worden, und im aufgeheizten Präsidentschaftswahlkampf von 1800 hat die Föderalisten-Partei gegen den Republikaner Jefferson mit der Unterstellung agitiert, eine der ersten Amtshandlungen des Virginiers im Weißen Haus werde die Abschaffung der Bibel sein. Daß später viele Sekten und Glaubensbekenntnisse ihn für sich vereinnahmen zu können meinten, mag auch mit dem Umstand zusammenhängen, daß Jefferson, der ohnehin zu Diskretion bei der Bekundung persönlicher Überzeugungen neigte, sich bei öffentlichen Stellungnahmen zu religiösen Fragen aufs äußerste zurückhielt.

112 Das Oxhoft ist ein altes deutsches Flüssigkeitsmaß unterschiedlicher Größe, meist 1½ Ohm = 3 Eimer = 200–250 l.

113 Jeffersons anhaltendes Interesse am Fruchtwechsel und anderen Möglichkeiten zum Schutz des Bodens ist in den Editionen von Thomas Jeffersons «Garden Book» und «Farm Book» durch Edwin M. Betts (Philadelphia 1944 und New York 1953) dokumentiert. Zu den von Jefferson in diesem Abschnitt analysierten agrarökonomischen Sachverhalten das Standardwerk von Avery O. Craven, Soil Exhaustion as a Factor in the Agricultural History of Virginia and Maryland (Urbana 1926).

114 Jefferson ist zeit seines Lebens ein begeisterter Agrarbiologe geblieben. In Monticello hat er mit Pflanzen experimentiert, aus vielen Teilen der Welt hat er Samen und Pflanzenschößlinge importiert, in South Carolina hat er mit Erfolg den Anbau des Olivenbaumes und der Reispflanze propagiert.

115 Thomas Jefferson hat Studien auch auf dem Felde des Münzwesens getrieben und sich erfolgreich um die Einführung eines Dezimalsystems für die amerikanische Währung bemüht. Siehe dazu seine «Autobiographie» in den von Ford edierten «Writings of Thomas Jefferson», Bd. I, S. 73ff. (vergleiche Anmerkung 110) und seine «Notes on Coinage» in «Papers of Thomas Jefferson», Bd. VII, S. 150ff.

116 Im Text ist die Rede von «rixdollars», einer Silbermünze, die in Schweden, Dänemark, Holland und Deutschland gehandelt wurde.

117 Solche Ideen Jeffersons lassen die Handelspolitik seiner Präsidentschaft erahnen und enthalten schon sein Handlungskonzept für die napoleonische Konfrontation mit Großbritannien. Frankreich wie England unterwarfen den neutralen Handel stets neuen Beschränkungen, um den Gegner wirtschaftlich niederzuringen. Angesichts der Überlegenheit der britischen Flotte wurde besonders der amerikanische Handel in Mitleidenschaft gezogen. 1807 schloß Jefferson deshalb die amerikanischen Häfen für alle bewaffneten britischen Schiffe und forderte sie zum Verlas-

sen der amerikanischen Hoheitsgewässer auf; im Dezember desselben Jahres empfahl er ein Embargo für alle ausländischen Erzeugnisse, die unpopulärste und umstrittenste Entscheidung seiner Präsidentschaft. Mit solchen Maßnahmen hoffte Jefferson, die USA aus diesem Krieg heraushalten zu können.

118 Unter Historikern ist Jeffersons Einstellung zum amerikanischen Marinewesen umstritten. Im allgemeinen gelten er und seine Anhänger als Pazifisten, die dem Aufbau einer Seestreitmacht ablehnend gegenüberstanden. Differenzierter wertet Julia H. Macleod, Jefferson and the Navy. A Defense, in: Huntington Library Quarterly, 8. Bd., 1944/1945, S. 153ff.

119 Jefferson hat diesen Revisionsentwurf im Frühsommer 1783 in der Hoffnung geschrieben, dadurch die Verfassung von 1776 ablösen zu können, die seiner Meinung nach eine Reihe von Mängeln aufwies (vergleiche Abschnitt 12, besonders S. 66ff.). Seine auch von James Madison unterstützten Anstrengungen zur Verfassungsreform blieben freilich erfolglos; erst im Jahre 1830, also nach seinem Tod, ist eine neue Verfassung in Kraft getreten.

120 Dieses von Jefferson herbeigeführte Gesetz trägt der aufklärerischen Toleranz Rechnung, die in den mit religiösen Fragen befaßten Textpassagen der «Notes» zum Ausdruck kommt. Die Geschichte der Entstehung des Gesetzentwurfes und seiner Verabschiedung ist im Detail festgehalten in den «Papers of Thomas Jefferson», II, S. 545ff.; siehe auch Anmerkung 87.

Erster Freibrief für Virginia
10. April 1606

Der Freibrief, den König Jakob der Virginia Company verlieh, sah den Zusammenschluß von zwei Unternehmungen vor: der London Company und der Plymouth Company. Der London Company gelang es, die erste permanente englische Kolonie in Amerika zu errichten; die Expedition von 120 Siedlern, die England im Dezember 1606 verlassen hatte, sichtete am 29. April 1607 bei Kap Henry erstmals Land und gründete am 14. Mai in Jamestown eine Kolonie.

Jakob I., von Gottes Gnaden König von England, Schottland, Frankreich und Irland, Verteidiger des Glaubens etc. Unsere lieben und wohlgesinnten Untertanen, die Ritter Sir Thomas Gates und Sir George Somers, der Geistliche Richard Hackluit, Pfründner von Westminster, die Wohlgeborenen Edward-Maria Wingfield, Thomas Hanham und Ralegh Gilbert, die Herren William Parker und George Popham sowie verschiedene andere von unseren treuen Untertanen haben an uns ergebenst die Bitte gerichtet, ihnen gnädigst die Erlaubnis zu erteilen, eine Niederlassung und Ansiedlung zu errichten und eine Gruppe von verschiedenen Angehörigen unseres Volkes in jenen Teil von Amerika zu führen, der gemeinhin Virginia genannt wird, sowie in andere Teile und Territorien von Amerika, die entweder uns gehören oder sich gegenwärtig nicht tatsächlich im Besitz irgendeines christlichen Fürsten oder Volkes befinden und die alle an den Meeresküsten zwischen dem 34. Grad nördlicher Breite vom Äquator und dem 45. Grad derselben Breite liegen und sich in der Landmasse zwischen dem 34. und 45. Grad befinden, einschließlich der in der Nähe oder bis zu hundert Meilen von der Küste entfernt liegenden Inseln.

Und zu diesem Zweck und um ihren besagten Plan einer Niederlassung und Ansiedlung rascher zu verwirklichen, streben sie danach, sich in zwei verschiedenen Gruppen und «Companies» aufzuteilen. Die eine besteht aus verschiedenen Rittern, Herren, Kaufleuten sowie anderen Abenteurern aus unserer Stadt London und anderen Orten, die sich ihnen angeschlossen haben oder von Zeit zu Zeit anschließen werden. Sie wünschen, mit ihrer Niederlassung und Ansiedlung an einem geeigneten und gut erreichbaren Ort zwischen dem 34. und 41. Grad der besagten Breite an der Küste von Virginia und der zuvor genannten Küste von Amerika zu beginnen. Die andere, welche aus verschiedenen Rittern, Herren, Kaufleuten und anderen Abenteurern aus unseren Städten Bristol und Exeter sowie aus Plymouth und anderen Orten besteht, die sich zu dieser Gruppe zusammenschließen, haben den Wunsch, mit ihrer Niederlassung und Ansiedlung an einem geeigneten und gut erreichbaren Ort zwischen dem 38. und 45. Grad der besagten

Breite zu beginnen, entlang der besagten Küste von Virginia und, je nachdem, von Amerika.

Wir loben sehr und billigen gnädigst deren Bestrebungen zur Fortführung eines so edlen Werkes, welches durch die Fügung des Allmächtigen dazu dienen mag, den Ruhm Seiner Majestät von Gottes Gnaden zu mehren, indem es die christliche Religion bei einem Volk verbreiten wird, das noch in Dunkelheit und elender Unkenntnis des wahren Wissens und der Anbetung Gottes lebt; ein Unterfangen, das mit der Zeit die in jenen Gegenden lebenden Ungläubigen und Wilden zu menschlichem Anstand hinführen mag und zu einer geordneten und friedlichen Regierungsform. Mit dieser Urkunde akzeptieren wir gnädigst die untertänigen und wohlmeinenden Bestrebungen und erteilen dazu unsere Zustimmung.

Und deshalb bewilligen und genehmigen wir, auch im Hinblick auf unsere Erben und Nachfolger, daß die besagten aus unserer Stadt London stammenden und für diese tätigen Abenteurer sowie alle weiteren, die mit ihnen zusammen jene Gruppe bilden oder bilden werden, «Erste Kolonie» (first colony) genannt werden sollen. Und sie sollen und dürfen mit ihrer besagten Niederlassung und Ansiedlung an jedem beliebigen Ort der besagten Küste von Virginia oder Amerika beginnen, den sie für geeignet und zugänglich halten und der, wie ausgeführt, zwischen besagtem 34. und 41. Grad der besagten Breite liegt. Und sie sollen alle Ländereien haben … vom besagten ersten Sitz ihrer Niederlassung und Ansiedlung an bis in eine Entfernung von fünfzig Meilen nach gesetzlichem englischem Maß entlang der besagten Küste von Virginia und Amerika gen Westen oder Südwesten je nach Küstenverlauf... Und außerdem alle Ländereien... bis in eine Entfernung von fünfzig englischen Meilen vom besagten ersten Sitz ihrer Niederlassung und Ansiedlung entlang der Küste von Virginia und Amerika nach Osten oder Nordosten oder nach Norden, je nach Küstenverlauf. Und außerdem alle Ländereien von denselben fünfzig Meilen an der Meeresküste ausgehend direkt zum Landesinneren hin auf eine Entfernung von einhundert englischen Meilen ...

Und gleichermaßen... bewilligen und genehmigen wir, daß die besagten Thomas Hanham, Ralegh Gilbert, William Parker und George Popham sowie alle anderen aus der Stadt Plymouth in der Grafschaft Devon oder anderswoher, die mit ihnen zusammen diese Gruppe bilden oder bilden werden, «Zweite Kolonie» (second colony) genannt werden sollen. Und sie sollen und dürfen mit ihrer besagten Ansiedlung und ihrer ersten Niederlassung an jedem beliebigen Ort der besagten Küste von Virginia oder Amerika beginnen, den sie für geeignet und zugänglich halten und der, wie ausgeführt, zwischen besagtem 38. und 45. Grad der besagten Breite liegt... Und sie sollen alle Ländereien haben... vom besagten ersten Sitz ihrer Niederlassung und Ansiedlung an bis in eine Entfernung von fünfzig englischen Meilen entlang der besagten Küste von Virginia und Amerika gen Westen oder Südwesten oder nach Süden, je nach Küstenverlauf... Und außerdem alle Ländereien... bis in eine Entfernung von fünfzig englischen Meilen vom besagten ersten Sitz ihrer Niederlassung und Ansiedlung entlang der Küste von Virginia und Amerika nach Osten oder Nordosten, je nach Küstenverlauf... Und außerdem alle Ländereien... von denselben fünfzig Meilen an der Meeresküste ausgehend direkt zum Landesinneren hin auf eine Entfernung von einhundert englischen Meilen ... Dabei wird immer vorausgesetzt, und unser Wille und Belieben ist hierbei, daß die Niederlassung und Ansiedlung derjenigen Kolonie, die später eintritt, nicht in weniger als einhundert englischen Meilen Entfernung von der anderen stattfinden soll, welche zuerst angefangen hat, ihre Ansiedlung, wie zuvor beschrieben, zu betreiben.

Wir bestimmen des weiteren ..., daß jede der besagten Kolonien einen Rat haben soll, der alle Angelegenheiten und Fälle bestimmen und regeln soll, die sich gegenüber und in den verschiedenen Kolonien ergeben oder ereignen, und zwar nach solchen Gesetzen, Verordnungen und Instruktionen, wie sie zu diesem Behuf erlassen von unserer Hand oder mit unserem Handzeichen unterzeichnet worden sind und das Siegel unseres englischen Reiches tragen. Jedes dieser Ratsgremien soll aus dreizehn Personen bestehen; diese sollen ernannt, eingesetzt und von Zeit zu Zeit entfernt werden, wie in denselben Instruktionen noch ausgeführt werden wird...

Und es soll auch hier in England ein Rat eingerichtet werden, der gleichfalls aus dreizehn Personen bestehen und zu diesem Zweck von uns ernannt werden soll ... Er soll als unser «Rat von Virginia» gelten und soll von Zeit zu Zeit die oberste Leitung und Weisungsbefugnis haben hinsichtlich aller Angelegenheiten, welche die Regierung betreffen mögen, sowohl von den besagten Kolonien als auch von und für Gegenden, die innerhalb der zuvor erwähnten Grenzen des 34. und 45. Grades liegen ...

Und darüber hinaus bewilligen wir ..., daß die besagten Ratsgremien von und für die besagten Kolonien von Zeit zu Zeit ohne jede Störung von unserer Seite ... anordnen oder Anordnungen entgegennehmen dürfen, nach allen Arten von Minen von Gold, Silber und Kupfer zu graben, zu schürfen und zu suchen, sowohl innerhalb eines jeden Teils ihrer besagten Kolonien als auch in der besagten Landmasse, die hinter diesen Kolonien liegt. Sie sollen uns ... lediglich den fünften Teil von allem Gold und Silber und den fünfzehnten Teil von all dem Kupfer liefern, das so erlangt werden wird ...

Verliehen und gewährt wird dem besagten Sir Thomas Gates ... und ihren Teilhabern von der besagten ersten Kolonie und dem besagten Thomas Hanham ... und ihren Teilhabern von der besagten zweiten Kolonie ... die Macht und Befugnis, eine Person oder Personen samt deren Schiffen, Fahrzeugen, Gütern und anderen Ausstattungen zu ergreifen, wenn diese angetroffen werden bei Handelsgeschäften in einem Hafen oder in Häfen, auf einem Fluß oder Flüssen oder in Orten, welche innerhalb der Grenzlinien oder Grenzen der besagten Kolonien und Ansiedlungen liegen und selbige nicht zu derselben Kolonie gehören. Und dies bis zu dem Zeitpunkt, als selbige, sofern sie zu einem Reich oder Herrschaftsgebiet gehören, das uns untertan ist, zahlen werden oder zu zahlen bereit sind gegenüber dem Schatzmeister der Kolonie, innerhalb deren Grenzen sie so Handel treiben, zweieinhalb von jedem Hundert, das sie gehandelt, gekauft oder verkauft haben. Und wenn es sich um Fremde handelt und nicht um Untertanen, die uns huldigen, bis sie fünf von jedem Hundert zahlen werden von solchen Waren und Handelsgütern, die sie innerhalb der Grenzen der besagten Kolonien handeln, kaufen oder verkaufen werden, wo sie solchermaßen, wie ausgeführt, handeln, kaufen oder verkaufen sollen. Die betreffenden Geldsummen oder Gewinne sollen auf einen Zeitraum von einundzwanzig Jahren, der mit dem gegenwärtigen Datum beginnt, gänzlich zum Nutzen, Vorteil und Behuf der besagten Ansiedlungen verwendet werden, in denen solcher Handel stattfindet. Und nach Ablauf der besagten einundzwanzig Jahre soll dasselbe zu unserem ... Nutzen erhoben werden.

Außerdem erklären ... wir ..., daß alle Personen, welche unsere Untertanen sind und die in den oder einer der besagten Kolonien wohnen und ansässig werden, sowie jedes ihrer Kinder, das geboren werden wird in den Grenzlinien und Grenzen der besagten Kolonien und Ansiedlungen, in jedem unserer anderen Herrschaftsgebiete in jeder Hinsicht alle Freiheiten, Vorrechte und Privilegien besitzen und genießen sollen, so als wären sie wohnhaft und geboren innerhalb dieses unseres englischen Reiches oder eines anderen unserer besagten Herrschaftsgebiete...

Und schließlich bewilligen wir... und kommen überein mit dem besagten Sir Thomas Gates... und allen anderen von der besagten ersten Kolonie, daß wir..., auf eine zu diesem Zwecke zu stellende Petition hin, solchen Personen, ihren Erben und Rechtsnachfolgern, wie sie der Rat der betreffenden Kolonie oder seine Mehrheit zu diesem Zwecke nominieren und einsetzen wird, alle Ländereien, Grundstücke und Immobilien, die sich, wie ausgeführt, innerhalb der für die Kolonie festgelegten Grenzen befinden ..., verleihen und überlassen werden als Besitz von uns, unseren Erben und Nachfolgern aus unserem Herrschaftshaus in East-Greenwich in der Grafschaft Kent, und zwar lediglich in freier und allgemeiner Belehnung und nicht als persönliches Recht (in Capite): ...

Zweiter Freibrief für Virginia
23. Mai 1609

Während der ersten drei Jahre ihrer Geschichte wurden die Angelegenheiten der Virginia Company sowohl in der Ansiedlung in Virginia wie in der Ansiedlung in Maine sehr schlecht geführt. Im zweiten Freibrief wurden gegenüber dem ersten einige wesentliche Veränderungen vorgenommen: Die London Company und die Plymouth Company wurden getrennt; der königliche Rat wurde durch ein Ratsgremium der Company ersetzt, und mit der Kontrolle über die Kolonie wurden der Schatzmeister und sein Rat betraut.

[Der Freibrief von 1606 wird zitiert, dann folgt:]

Insoweit nun verschiedene unserer ergebenen Untertanen, sowohl Abenteurer als auch Siedler aus der besagten ersten Kolonie ..., in letzter Zeit untertänigst die Bitte an uns gerichtet haben, daß es uns ... gefallen möge, ihnen eine weitere Ausweitung sowie eine Erläuterung der besagten Verleihung, der Privilegien und Freiheiten zu gewähren, und daß solche Räte und andere Amtsträger aus ihrer Mitte ernannt werden dürfen, um ihre Angelegenheiten zu erledigen und zu führen, die willens und bereit sind, sich darauf einzulassen, und deren Wohnsitz außerdem nicht so weit von der Stadt London entfernt ist, als daß sie nicht zu passenden Zeiten zur Verfügung stehen könnten, um ihren Rat und ihre Unterstützung zu gewähren bei allen entsprechenden Anlässen.

Wir ... verleihen, gewähren und bestätigen unseren treuen und geliebten Untertanen [es folgt eine Aufzählung der Begünstigten] ... und solchen und all denen, als diese von nun an bei sich aufnehmen werden, in nachfolgend zum Ausdruck gebrachter Form: daß sie, ob sie nun persönlich hingehen, um Siedler in der besagten Ansiedlung zu sein, oder ob sie nicht hingehen, sondern ihre Geldmittel, ihre Habe und ihr Eigentum einsetzen, ein Gemeinwesen oder dauernde Körperschaft sein sollen und dauernde Rechtsnachfolge (Succession) haben sollen und ein gemeinsames Siegel für das besagte Gemeinwesen oder die Körperschaft, und daß sie und ihre Nachfolger bekannt, benannt und zusammengeschlossen werden sollen als «Der Schatzmeister und die Company von Abenteurern und Siedlern aus der Stadt London für die erste Kolonie in Virginia» («The Treasurer and Company of Adventurers and Planters of the City of London for the first Colony in Virginia»)...

Wir ... verleihen, gewähren und bestätigen außerdem dem besagten Schatzmeister und der Company sowie ihren Nachfolgern unter nachfolgend zum Ausdruck gebrachten Einschränkungen, Begrenzungen und Deklarationen, all jene Ländereien, Länder und Territorien, die in dem Virginia genannten Teil von Amerika liegen, von der Cape oder Point Comfort genannten Landspitze entlang der Meeresküste zweihundert Meilen nach Norden und von der besagten Landspitze von Cape Comfort entlang der Meeresküste zweihundert Meilen nach Süden sowie all die Gegenden und den Bereich von der Küste der vorgenannten Grenzlinien in das Landesinnere und gänzlich von Meer zu Meer nach Westen und Nordwesten …

Und insoweit der gute und gedeihliche Erfolg der besagten Ansiedlung notwendigerweise nach dem Segen Gottes und der Unterstützung durch unsere königliche Autorität von der vorausschauenden und guten Leistung der gesamten Unternehmung durch einen sorgsamen und verständnisvollen Rat abhängt und es unpraktisch ist, alle Abenteurer so oft zu Versammlungen heranzuziehen, als es für sie zum Zwecke von Zusammenkünften und zur Besprechung vorliegender Angelegenheiten erforderlich sein wird, verfügen, etablieren und bestätigen wir, daß es immerfort einen hier ansässigen Rat geben soll nach dem Tenor unserer früheren Urkunde…

Weiter… gewähren und verleihen wir… volle Gewalt und Autorität unserem besagten, hier ansässigen Rat… zur Nominierung, Einsetzung, Konstituierung, Verfügung und Bestätigung unter einer ihm geeignet erscheinenden Bezeichnung oder Bezeichnungen sowie Art und Weise, und gleichermaßen zum Widerruf, zur Entlassung, zum Austausch und zur Versetzung von Gouverneuren, Offizianten und Bevollmächtigten, sowohl aller als auch einzelner, die bereits eingesetzt worden sind und auch solcher, die dem Rat von nun an geeignet und erforderlich erscheinen für die Regierungsgeschäfte der besagten Kolonie und Ansiedlung. Und außerdem alle Arten von Ordern, Gesetzen, Anweisungen, Instruktionen, Formen und Zeremonien der Herrschaftsinstitution und des Magistrats zu schaffen, zu verfügen und einzurichten, die geeignet und notwendig sind für die Regierungsgeschäfte der besagten Kolonie und Ansiedlung, und auch selbige zu allen Zeiten hiernach aufzuheben, zu revozieren oder zu ändern, wie sie es nach ihrem Gutdünken am geeignetsten erachten für das Wohl der dortigen Abenteurer und Bewohner...

Und des weiteren verfügen wir und setzen fest, daß der besagte Schatzmeister und das hier ansässige Ratsgremium sowie dessen Nachfolger oder eine Versammlung von vier von ihnen (der Schatzmeister eingeschlossen) von Zeit zu Zeit die volle Macht und Autorität haben werden, jede andere Person in ihre Company, ihre Gemeinschaft und ihre Privilegien eintreten zu lassen und aufzunehmen. Und weiter, daß eine Generalversammlung (General Assembly) der Abenteurer mit Zustimmung der Mehrheit aus einem guten Grund einer Person oder Personen Anrechte auf die besagten Privilegien oder die Company entziehen und diese beenden kann...

Außerdem erklären wir ..., daß alle Personen, die unsere Untertanen sind und in die besagte Kolonie und Ansiedlung ziehen, um dort zu wohnen, sowie ihre Kinder und Nachkommen, die in den dortigen Grenzen geboren werden, alle Freiheiten, Vorrechte und Privilegien freier Bürger und natürlicher Untertanen besitzen und genießen sollen in jedem unserer Herrschaftsgebiete für alle Zwecke und Unterfangen, als wären sie in diesem unserem englischen Reich wohnhaft und geboren...

Und insofern als es notwendig sein wird für alle solchen treuen Untertanen, welche innerhalb der vorgenannten Grenzen von Virginia wohnen werden, sich zu entschließen, in der Furcht und in wahrer Anbetung des allmächtigen Gottes, in christlichem Frieden und anständiger Ruhe zusammenzuleben, jeder mit dem anderen, wobei ein jeglicher das mit mehr Sicherheit, Vergnügen und Gewinn genießen möge, was mit großem Schmerz und unter Gefahren erlangt werden wird, verleihen und gewähren wir... dem besagten Schatzmeister und der Company... und solchen Gouverneuren, Offizianten und Bevollmächtigten, als unser besagter Rat ernennen und einsetzen wird ..., daß sie von nun an für immer innerhalb der besagten Grenzen von Virginia die volle und absolute Macht und Autorität haben werden, alle diejenigen Untertanen von uns ..., die sich von Zeit zu Zeit auf eine Schiffsreise nach dort begeben werden oder danach zu irgendeinem Zeitpunkt in den Grenzen und Territorien der besagten Kolonie... wohnen werden, zurechtzuweisen, zu bestrafen, zu begnadigen, zu regieren und über sie zu herrschen.

Und weiter... soll bei allen Fragen und Zweifeln, welche sich bei einer Schwierigkeit der Deutung oder Auslegung von irgendeinem hier oder in unseren früheren Urkunden enthaltenen Punkte ergeben, die fragliche Angelegenheit auf eine für den besagten Schatzmeister und die Company... weitestgehende und zuträglichste Weise ausgelegt werden.

Und letztlich, weil die prinzipielle Wirkung, die wir von dieser Handlung erhoffen oder erwarten können, in der Bekehrung und Hinführung des Volkes jener Gegenden zur wahren Anbetung Gottes und zur christlichen Religion besteht, in welcher Hinsicht wir es verabscheuen würden, wenn irgendeine Person Zutritt erhielte, die wir als Anhänger des Aberglaubens der römischen Kirche verdächtigen, erklären wir hiermit, daß es unser Wille und unsere Entscheidung ist, daß niemandem außer denen, die zuerst den Suprematseid abgelegt haben, gestattet wird, an irgendeiner von Zeit zu Zeit in das besagte Land führenden Schiffsreise teilzunehmen ...

Dritter Freibrief für Virginia
12. März 1612

Der dritte Freibrief für Virginia bezog die Insel Bermuda, die von englischer Seite im Jahr 1609 entdeckt worden war, in die Gerichtsbarkeit der Company ein, traf Vorkehrungen für demokratischere Regierungsformen und eine größere Unabhängigkeit der Company, erweiterte deren Machtbefugnisse und richtete eine Lotterie ein. Die Company verkaufte in der Folge die Insel Bermuda. Dieser Freibrief wurde im Jahr 1624 bei der Umwandlung Virginias in eine königliche Kolonie annulliert.

... Insofern uns nun zu verstehen gegeben wird, daß in den an die besagten Küsten von Virginia angrenzenden Meeren und außerhalb der Grenzen jenes von uns dem besagten Schatzmeister und der Company bereits zugestandenen Bereichs von zweihundert Meilen, doch nicht weit entfernt von der besagten Kolonie in Virgina, verschiedene einsame und unbewohnte Inseln liegen oder liegen könnten, von denen einige bereits bekannt geworden und entdeckt worden sind durch den Fleiß, die Mühen und auf Kosten der besagten Company, und man auch andere dort vermutet, die noch unbekannt und unentdeckt sind, die zu bevölkern und zu besiedeln der besagten Kolonie jedoch wichtig erscheinen mag sowohl im Hinblick auf die Sicherheit wie auch auf die Handelspolitik; und in Betracht dessen wie auch zur Vermeidung von Gefahren und zum besseren Vorteil der besagten Kolonie sie uns die untertänigste Bitte gerichtet haben, daß es uns gefallen möge, ihnen eine Erweiterung unserer besagten früheren Urkunden zu gewähren, sowohl zum Zwecke einer weiteren Ausdehnung ihrer Grenzlinien und Territorien auf die an die Küsten Virginias grenzenden Meere, wie auch wegen einiger anderer Angelegenheiten und Artikel, bessere Regierungsformen der besagten Company und Kolonie betreffend...

Deshalb verleihen, gewähren und bestätigen wir... hiermit dem Schatzmeister und der Company von Abenteurern und Siedlern aus der Stadt London für die erste Kolonie in Virginia sowie deren Erben und Nachfolgern auf immer alle und jede der Inseln, wo auch immer in irgendeinem Teil der an die Küste unserer besagten ersten Kolonie in Virginia grenzenden ozeanischen Meere gelegenen und innerhalb von dreihundert Leagues von irgendeiner der zuvor dem besagten Schatzmeister und der Company in unseren besagten früheren Urkunden verliehenen Gegenden, sowie innerhalb oder zwischen dem 41. und 30. Grad nördlicher Breite... Immer vorausgesetzt, daß die besagten Inseln oder irgend welche hier erwähnten Grundstücke sich nicht tatsächlich im Besitz befinden oder bewohnt werden von irgendeinem anderen christlichen Fürsten oder Stand und daß sie nicht innerhalb der Grenzlinien oder Territorien der nördlichen Kolonie liegen, deren Gründung in den nördlichen Teilen von Virginia durch verschiedene unserer treuen Untertanen von uns vordem bewilligt wurde...

Und wir verfügen und gewähren hiermit, daß der besagte Schatzmeister und die erwähnte Company von Abenteurern und Siedlern einmal wöchentlich oder nach Belieben öfter zu einer Sitzung zusammentreten dürfen (hold and keep Court and Assembly) zur besseren Ordnung und Verwaltung der besagten Ansiedlung und von solchen Angelegenheiten, als selbige betreffen. Und daß bis auf weiteres jeweils fünf Personen aus unserem Rat für die besagte erste Kolonie in Virginia, zu welchen stets der Schatzmeister oder sein Stellvertreter gehören muß, sowie mindestens fünfzehn weitere aus der Allgemeinheit der besagten Company, auf eine jetzt und vordem gebräuchliche Weise versammelt, in Zukunft bezeichnet und betrachtet werden sollen als und für die besagte Kolonie eine ausreichende Körperschaft darstellen sollen zum Zwecke der Behandlung, Regelung und Erledigung von allen solchen gelegentlichen und besonderen Vorfällen sowie zufälliger Angelegenheiten von geringerer Bedeutung und geringerem Gewicht, die sich von Zeit zu Zeit ergeben werden und die besagte Ansiedlung berühren und betreffen...

Verordnung für Virginia
(Ordinance for Virginia)
24. Juli 1621

Die erste gesetzgebende Körperschaft («Assembly of Virginia») wurde am 30. Juli 1619 von Gouverneur Yeardley mit Genehmigung der Virginia Company einberufen. Sie markiert den Beginn repräsentativer Regierungsform in Amerika. Das Dokument, das die Einberufung dieser ersten Körperschaft autorisierte, ist verlorengegangen. Die Verordnung von 1621 soll mit dem älteren Dokument nahezu identisch sein.

Eine Verordnung und ein Statut des Schatzmeisters, des Rates und der Company in England für einen Staatsrat und eine parlamentarische Körperschaft (General Assembly). Datiert 24. Juli 1621.

I. An alle Menschen, zu welchen dieses Dokument kommen wird, die es sehen oder von ihm hören werden. Der Schatzmeister, der Rat und die Company von Abenteurern und Siedlern aus der Stadt London für die erste Kolonie von Virginia senden ihre Grüße. Wir geben Euch bekannt, daß wir, der besagte Schatzmeister und die Company, bei sorgfältiger Prüfung des gegenwärtigen Zustands der besagten Kolonie in Virginia und in der Absicht, dort mit göttlicher Hilfe eine Regierungsform einzuführen, welche dem Volk von größtem Nutzen und größter Annehmlichkeit sein mag und mittels derer Ungerechtigkeit, Mißstände und Unterdrückung allesamt verhindert und nach Möglichkeit ferngehalten werden von der besagten Kolonie, es für angebracht gehalten haben, unseres Amtes zu walten, indem wir oberste Ratsgremien (Supreme Councils) anordnen und einrichten, die nicht nur dem Gouverneur bis auf weiteres von Nutzen sein mögen bei der Rechtspflege und bei der Ausübung anderer zu diesem Amt gehörender Pflichten, sondern die auch, durch ihre wachsame Sorgfalt und Klugheit, dazuhin Abhilfe schaffen mögen für alle Beschwernisse, die sich von Zeit zu Zeit ergeben, wie auch beitragen mögen zum Wachstum, zur Stärke, Stabilität und Prosperität der besagten Kolonie.

II. Wir, der Schatzmeister, der Rat und die Company, bestimmen und erklären hiermit nach reiflicher Überlegung kraft der uns von Seiner Majestät verliehenen Autorität, daß es von nun an zwei oberste Ratsgremien (Supreme Councils) in Virginia geben soll zur besseren Regierung der vorgenannten Kolonie.

III. Das eine dieser Ratsgremien soll Staatsrat (The Council of State) heißen, und seine Aufgabe soll hauptsächlich darin bestehen, den besagten Gouverneur mit Sorgfalt und Umsicht zu unterstützen und ihn zu beraten; es soll von Zeit zu Zeit ausgewählt, nominiert, eingesetzt und ersetzt werden durch uns, den Schatzmeister, den Rat und die Company sowie unsere Nachfolger. Dieser Staatsrat soll bis auf weiteres nur aus den hier aufgeführten Personen bestehen, nämlich aus Sir Francis Wyat, Gouverneur von Virginia; Captain Francis West; Sir George Yeardley, Knight; Sir William Neuce, Knight Marshal von Virginia; Mr. George Sandys, Schatzmeister; Mr. George Thorpe, Bevollmächtigter des College; Captain Thomas Neuce, Bevollmächtigter für die Company; Mr. Pawlet; Mr. Leech; Captain Nathaniel Powel; Mr. Harwood; Mr. Samuel Macock; Mr. Christopher Davison, Sekretär; Doktor Pots, Arzt im Dienst der Company; Mr. Roger Smith; Mr. John Berkley; Mr. John Rolfe; Mr. Ralph Hamer; Mr. John Pountis; Mr. Michael Lapworth. Von den besagten Ratsmitgliedern und dem Rat erbitten und wünschen wir, außerdem beauftragen wir sie und befehlen ihnen im Namen Seiner Majestät auf das genaueste, daß sie (alle Eigennützigkeiten, Parteilichkeiten und sinistren Rücksichtnahmen beiseite legend) ihre Sorgfalt und Mühe darauf richten, den besagten Gouverneur zu unterstützen. Dies zuerst und prinzipiell, um die Verehrung und Anbetung Gottes zu fördern und sein Reich unter den heidnischen Völkern auszubreiten. Sodann, um die besagte Kolonie in pflichtschuldigem Gehorsam gegenüber Seiner Majestät zu errichten und gegenüber aller legitimen Autorität nach den Anweisungen Seiner Majestät. Und schließlich, um die besagten Menschen in Gerechtigkeit und im christlichen Umgang untereinander zu erhalten sowie in der Stärke und Befähigung, ihren Feinden zu widerstehen. Und dieser Rat soll immer oder überwiegend in der Nähe des Gouverneurs wohnhaft sein.

IV. Das andere Ratsgremium, das, von sehr ungewöhnlichen und wichtigen Vorfällen abgesehen, in der Regel vom Gouverneur einmal jährlich einberufen werden soll, soll vorerst aus dem besagten Staatsrat und zwei Bürgerrepräsentanten (Burgesses) aus jeder Stadt, jedem Bezirk (hundred) oder bestimmten anderen Siedlungen bestehen, die jeweils von den Bewohnern gewählt werden sollen. Dieser Rat soll die gesetzgebende Körperschaft (General Assembly) darstellen, in welchem (wie auch in dem besagten Staatsrat) mit Stimmenmehrheit der Anwesenden alle Angelegenheiten entschieden, beschlossen und geordnet werden sollen, wobei dem Gouverneur stets das Vetorecht vorbehalten ist. Diese gesetzgebende Körperschaft soll nach freiem Ermessen sowohl alle Vorgänge in bezug auf das öffentliche Wohl der besagten Kolonie und eines jeden ihrer Teile behandeln, beraten und abschließend regeln als auch solche allgemeinen Gesetze und Anordnungen zum Nutzen der besagten Kolonie machen, verfügen und in Kraft setzen, wie sie von Zeit zu Zeit notwendig oder angebracht erscheinen werden.

V. In allen anderen Angelegenheiten hingegen verlangen wir von der besagten gesetzgebenden Körperschaft wie auch dem besagten Staatsrat, daß die Grundsätze der Verfassung nachgeahmt und befolgt werden, nämlich die Gesetze, Gepflogenheiten, Verfahrensmethoden und andere im Königreich England übliche Mittel der Rechtspflege, und zwar so genau wie möglich, wie es selbst von uns in den Urkunden Seiner Majestät verlangt wird.

VI. Vorausgesetzt wird, daß von den in der besagten gesetzgebenden Körperschaft entstandenen Gesetzen und Verordnungen nichts in Kraft und Gültigkeit bleibt, was nicht bei einer allgemeinen Quartalssitzung (General Quarter Court) der besagten Company hier in England feierlich ratifiziert und bestätigt und in ratifizierter Form mit unserem Siegel versehen zurückgeleitet worden ist. Dabei ist unsere Absicht, dieselbe Maßnahme auch der besagten Kolonie zu gewähren: daß, sobald die Regierung der besagten Kolonie Form angenommen haben und entsprechend eingerichtet sein wird, was durch uns zu geschehen hat unter Genehmigung von Seiner Majestät, und wenn selbiges von uns erklärt worden ist, nachfolgend keine Verordnungen des General Quarter Court (Orders of Court) für die besagte Kolonie bindend sein sollen, wenn sie nicht auf ähnliche Weise von den gesetzgebenden Körperschaften ratifiziert worden sind. Zur Beglaubigung dessen haben wir hierauf unser Siegel gesetzt, am 24. Juli 1621 und im Regierungsjahr unseres unumschränkten Herrschers JAMES, König von England …

Aus: Documents of American History, ed. by Henry Steele Commager, Vol. I, s. 8ff. New York [7]1963.

Die erste Verfassung Virginias nach der Trennung vom Mutterland 1776

Virginias erste Verfassung gehört zu den berühmtesten der frühen amerikanischen Konstitutionen und hat anderen Staaten als Modell gedient. Sie wurde von einem Provinzialkongreß (Provincial Convention) entworfen, der am 6. Mai 1776 in Williamsburg zusammentrat und von Mitgliedern der noch aus kolonialen Zeiten stammenden Abgeordnetenkammer («House of Burgesses») gebildet wurde. Dieser Kongreß verabschiedete am 12. Juni 1776 die das Zeitalter moderner Grundrechtskataloge einläutende «Virginia Bill of Rights» und am 29. Juni 1776 die Verfassung. Als Reaktion auf die Willkürherrschaft mancher königlicher Gouverneure konzentrierte die Verfassung faktisch alle Herrschaftsgewalt bei der Legislative.

Thomas Jefferson hat gegen diese Konstitution heftige Vorbehalte artikuliert, weil sie in seinen Augen republikanischen Idealen – dem Prinzip der Machtbeschränkung und Machtkontrolle vor allem – zuwiderlief und die Freiheitlichkeit des öffentlichen Lebens nicht dauerhaft zu garantieren schien. Aber erst Jahre nach seinem Tod hat eine Verfassunggebende Versammlung 1829/30 eine neue Verfassung konzipiert, die zumindest partiell Jeffersons Vorstellungen entsprach; sie ist durch die Wählerschaft Virginias ratifiziert worden.

Der vordem mit der Ausübung des königlichen Amtes in dieser Herrschaftsordnung betraute Georg III., König von Großbritannien und Irland und Kurfürst von Hannover, war bestrebt, diese Ordnung in eine verabscheuungswürdige und unerträgliche Tyrannei zu verwandeln, indem er sein Veto einlegte gegen Gesetze, die für das öffentliche Wohl höchst förderlich und notwendig waren;
indem er seinen Gouverneuren die Erlaubnis verweigerte, Gesetzen von großer Wichtigkeit und Dringlichkeit Rechtskraft zu verleihen, wenn sie nicht zuvor in ihrer Geltungskraft bis zu seiner Zustimmung ausgesetzt wurden; war solches geschehen, versäumte er es über viele Jahre hinweg, sich mit diesen Gesetzen zu befassen;
indem er sich weigerte, bestimmte andere Gesetze durchgehen zu lassen, es sei denn, daß die Personen, zu deren Vorteil sie gereichten, das unschätzbare Recht auf eine parlamentarische Vertretung aufgaben;
indem er wiederholt und fortgesetzt legislative Körperschaften auflöste, weil sie sich seinen Eingriffen in die Rechte des Volkes mit mannhafter Entschiedenheit widersetzten;
indem er sich nach Auflösungen lange Zeit weigerte, andere Körperschaften einzuberufen, und auf diese Weise das politische System ohne jede gesetzgeberische Leitung ließ;

indem er zu verhindern suchte, daß unser Land bevölkert wurde und zu diesem Zweck die Gesetze zur Naturalisierung von Ausländern vereitelte;
indem er bei uns in Friedenszeiten stehende Heere unterhielt und Kriegsschiffe stationierte;
indem er veranlaßte, daß das Militär von der zivilen Gewalt unabhängig und ihr übergeordnet war;
indem er sich mit anderen zusammentat, um uns einer fremden Gesetzgebung zu unterwerfen und ihren vorgeblichen Gesetzgebungsakten seine Zustimmung gab;
indem er große bewaffnete Truppenkontingente bei uns einquartierte;
indem er unseren Handel mit allen Teilen der Welt unterband;
indem er uns Steuern ohne unsere Zustimmung auferlegte;
indem er uns der Rechtswohltaten der Geschworenengerichte beraubte;
indem er uns wegen vorgetäuschter Vergehen zur Aburteilung über die Meere transportieren ließ;
indem er unsere eigenen Legislativen suspendierte und sich selbst als befugt erklärte, in allen nur denkbaren Fällen für uns Gesetze zu erlassen;
indem er in unseren Gewässern Piraterie betrieb, unsere Küsten verwüstete, unsere Städte niederbrannte und das Leben unserer Menschen zerstörte;
indem er Revolten unserer Mitbürger anstachelte, wobei Einziehungen und Beschlagnahmungen als Köder dienten;

indem er unsere Neger veranlaßte, sich mit Waffengewalt gegen uns zu erheben – dieselben Neger, die wir per Gesetz hatten ausschließen wollen, was er jedoch unterbunden hatte;
indem er bestrebt war, gegen die Bewohner unserer Grenzgebiete die gnadenlosen indianischen Wilden aufzubieten, deren bekannte Kriegführungsmethode aus einer unterschiedslosen Auslöschung aller Altersgruppen beiderlei Geschlechts und aller Lebensgrundlagen besteht;
indem er gegenwärtig eine große Armee fremder Söldner herbeischafft, um das bereits begonnene Werk des Todes, der Verwüstung und der Tyrannei mit Begleitumständen von Grausamkeit und Treulosigkeit zu vervollkommnen, die des Oberhauptes einer zivilisierten Nation unwürdig sind;
indem er unsere wiederholten Bitten um Wiedergutmachung mit einer Wiederholung von Kränkungen beantwortete;
und schließlich, indem er das Ruder der Herrschaft aus der Hand gab und uns Bindung und Schutz aufkündigte.

Durch die angeführte Mißwirtschaft ist die Regierungsgewalt dieses Landes, die zuvor unter der Krone von Großbritannien ausgeübt wurde, vollständig aufgelöst.

Wir, die Delegierten und Vertreter des Volkes von Virginia, haben das Obenerwähnte reiflich überlegt und sehen mit großer Besorgnis die beklagenswerten Zustände, welche diesem einst glücklichen Land drohen, sofern ein geordnetes bürgerliches Gemeinwesen nicht schleunigt eingeführt wird. Und in Übereinstimmung mit einer Empfehlung des Allgemeinen Kongresses (gemeint ist der Kontinentalkongreß; der Hrsg.) verfügen und erklären wir, daß die zukünftige Herrschaftsordnung Virginias folgendermaßen beschaffen sein wird:

Die Legislative, Exekutive und Judikative sollen getrennt und deutlich unterschieden sein, so daß nicht eine von ihnen Kompetenzen ausüben kann, welche rechtmäßig der anderen gehören; es soll auch keine Person gleichzeitig in mehr als einer dieser Gewalten Kompetenzen ausüben bis auf die Richter der Grafschaftsgerichte, die für jedes der beiden Häuser des Parlaments wählbar sein werden.

Die gesetzgeberische Gewalt soll aus zwei deutlich unterschiedenen Zweigen bestehen, welche zusammen eine vollständige Legislative darstellen werden. Ihre Mitglieder sollen sich einmal jährlich oder öfter versammeln als Gesamtparlament (General Assembly) von Virginia. Der eine Teil soll Delegiertenhaus (House of Delegates) heißen und soll aus je zwei Vertretern jeder Grafschaft sowie für den Distrikt West-Augusta bestehen, die jedes Jahr durch eine Wahl bestimmt werden aus den Männern, die dort tatsächlich wohnhaft und Grundeigentümer sind oder nach dem Gesetz hinreichend qualifiziert. Außerdem soll ein Delegierter oder Vertreter jedes Jahr für die Stadt Williamsburg gewählt werden und einer für die Stadtgemeinde Norfolk sowie ein Vertreter für jede andere Stadt oder Stadtgemeinde, welche zu einem späteren Zeitpunkt von der Legislative als besonderer Wahlbezirk anerkannt wird. Findet jedoch in einer Stadt oder in einer Stadtgemeinde eine derartige Bevölkerungsabnahme statt, daß dort die Zahl der Wahlberechtigten in einem Zeitraum von sieben Jahren durchgängig weniger als die Hälfte irgendeiner Grafschaft in Virginia betragen hat, soll eine solche Stadt oder Stadtgemeinde fürderhin keinen Delegierten oder Vertreter ins Parlament entsenden.

Der andere Zweig soll Senat heißen und aus 24 Mitgliedern bestehen, von denen 13 ein funktionsfähiges Haus darstellen sollen. Zum Zwecke der Wahl sollen die verschiedenen Grafschaften in 24 Distrikte eingeteilt werden. Jede Grafschaft des betreffenden Distrikts soll bei der Wahl ihrer Delegierten einen Senator bestimmen, der tatsächlich im Distrikt wohnhaft und Grundeigentümer ist oder nach dem Gesetz hinreichend qualifiziert sowie über 25 Jahre alt. Nach der letzten Grafschaftswahl im Distrikt sollen die Sheriffs einer jeden Grafschaft innerhalb von fünf Tagen an einem passenden Ort zusammentreffen und aus der dergestalt in ihren betreffenden Grafschaften vorgenommenen Abstimmung den Mann zum Senator erklären, der im gesamten Distrikt die größte Stimmenzahl erhalten hat. Um dieses Haus durch Rotation in Gang zu halten, sollen die Distrikte gleichmäßig in vier Klassen aufgeteilt und durch Losentscheid numeriert werden. Ein Jahr nach den allgemeinen Wahlen sollen die sechs in der ersten Abteilung gewählten Mitglieder entpflichtet und die so entstandenen freien Plätze in neuen Wahlen aus der anderen Klasse oder Abteilung auf die zuvor beschriebene Weise besetzt werden. Die Rotation soll auf jede Abteilung gemäß ihrer Ziffer angewandt und von Jahr zu Jahr ordnungsgemäß fortgesetzt werden.

Das Stimmrecht bei der Wahl der Mitglieder beider Häuser soll so bleiben, wie es gegenwärtig ausgeübt wird. Jedes Haus soll seinen eigenen Sprecher wählen, seine eigenen Offizianten ernennen, seine eigene Geschäftsordnung festlegen und bei zwischenzeitlich frei werdenden Sitzen Wahlausschreibungen vornehmen.

Alle Gesetze sollen im Delegiertenhaus ihren Ursprung nehmen, um vom Senat gebilligt oder zurückgewiesen zu werden oder um dort mit Zustimmung des Delegiertenhauses Zusätze zu erhalten. Die Ausnahme bilden Geldbewilligungsgesetze, die vom Senat in keinen Fall geändert, sondern nur zur Gänze gebilligt oder abgelehnt werden können.

Ein Gouverneur oder oberster Beamter soll jährlich durch die Stimmabgabe beider Häuser (in jedem der beiden Häuser getrennt vorzunehmen) im Konferenzraum gewählt werden; dabei werden die Wahlurnen von je einem Komitee der beiden Häuser gemeinsam geprüft und die Ergebnisse getrennt den Häusern gemeldet, auf daß die Ernennungen in Kraft treten können (was der Modus einer Stimmabgabe beider Häuser in allen Fällen sein soll). Die Gewählten sollen in diesem Amt nicht länger als drei Jahre hintereinander verbleiben und erst vier Jahre nach Verlassen dieses

Amtes erneut wählbar sein. Ein hinreichendes, doch moderates Gehalt soll dem Gouverneur während seiner Amtszeit bewilligt werden. Er soll unter Beratung durch einen Staatsrat die Exekutivgewalt der Regierung ausüben nach den Gesetzen dieses Gemeinwesens. Er soll nicht unter irgendeinem Vorwand irgendeine Macht oder ein Vorrecht nach Maßgabe irgendeines Gesetzes, eines Statutes oder Brauches aus England ausüben. Doch soll er unter Beratung durch den Staatsrat die Macht haben, Strafaufschub und Begnadigung zu gewähren, außer in Fällen, in denen die Strafverfolgung vom Delegiertenhaus weitergeführt worden ist oder in denen das Gesetz ausdrücklich anderes vorsieht; in solchen Fällen soll ein Strafaufschub oder eine Begnadigung nur durch Beschluß des Delegiertenhauses gewährt werden.

Jedes der beiden Häuser des Gesamtparlaments kann sich vertagen. Der Gouverneur soll das Parlament während der Sitzungsperiode nicht vertagen oder den Sitzungsort verlegen oder es zu irgendeiner Zeit auflösen. Er soll jedoch, wenn nötig, entweder dem Ansinnen des Staatsrates folgend oder auf Antrag einer Mehrheit des Delegiertenhauses das Parlament vor Ablauf des Vertragszeitraumes einberufen.

Ein aus acht Mitgliedern bestehender Staatsrat soll durch die Stimmabgabe beider Häuser entweder aus ihren eigenen Reihen oder aus der Bevölkerung gewählt werden; er soll bei den Regierungsgeschäften unterstützend mitwirken. Der Staatsrat soll jedes Jahr unter seinen Mitgliedern einen Präsidenten wählen, der im Falle des Ablebens, der Geschäftsunfähigkeit oder der Abwesenheit des Gouverneurs von seinen Amtsgeschäften als Vizegouverneur fungieren soll. Vier Mitglieder sollen für die Handlungsfähigkeit des Staatsrates ausreichend sein; ihre Ratschläge und ihre Maßnahmen sollen protokollarisch festgehalten und von den anwesenden Mitgliedern unterzeichnet werden (wobei ein Mitglied zu einem jeden Teil davon seine abweichende Meinung eintragen kann). Die Protokolle sollen dem Gesamtparlament vorgelegt werden, wenn dieses sie anfordert. Der Rat darf seinen eigenen Kanzlisten ernennen, welcher ein gesetzlich festgelegtes Gehalt beziehen soll und einen Eid der Verschwiegenheit ablegen soll für Angelegenheiten, die er auf Anweisung des Gremiums geheimzuhalten hat. Eine zu diesem Zweck bewilligte Geldsumme soll jährlich unter den Mitgliedern proportional zu ihrer Teilnahme aufgeteilt werden. Während ihrer Amtszeit sollen sie nicht befähigt sein, einem der beiden Häuser anzugehören. Durch Stimmabgabe beider Häuser sollen jeweils nach Ablauf von drei Jahren zwei Mitglieder entpflichtet werden, die im Verlauf der nächsten drei Jahre nicht wählbar sind. Diese sowie durch Tod oder Unfähigkeit entstandene Lükken sollen durch neue Wahlen auf dieselbe Weise gefüllt werden.

Die Delegierten Virginias für den Kontinentalkongreß sollen durch Stimmabgabe beider Häuser jährlich gewählt oder zwischenzeitlich abgelöst werden.

Im Wege der Ernennung durch den Gouverneur unter Beratung durch den Staatsrat sollen auf Empfehlung der jeweiligen Grafschaftsgerichte die gegenwärtigen Milizoffiziere weiterverpflichtet und freie Stellen besetzt werden, doch sollen der Gouverneur und der Staatsrat ermächtigt sein, Offiziere vom Dienst zu suspendieren und ein Kriegsgerichtsverfahren anzuordnen, wenn eine Beschwerde wegen Vergehen oder Unfähigkeit vorliegt; außerdem sollen sie ermächtigt sein, freie Offiziersstellen zu besetzen, wenn es sich um Ausfälle im Kriegsdienst handelt.

Der Gouverneur darf unter Beratung durch den Staatsrat die Miliz aktivieren und sodann deren alleinige Leitung haben nach den Gesetzen des Landes.

Die beiden Häuser des Parlaments sollen durch ihre Stimmabgabe die Richter des Obersten Appellationsgerichtes und des Allgemeinen Gerichtes, die Richter des Kanzleigerichtes, die Richter des Admiralitätsgerichtes, den Justizsekretär und den obersten Vertreter der Anklagebehörde (attorney general) bestimmen, die vom Gouverneur auf Lebenszeit bei guter Führung ernannt werden sollen. Im Falle des Ablebens, der Unfähigkeit oder des Rücktritts soll der Gouverneur unter Beratung durch den Staatsrat Personen als Amtsnachfolger ernennen, die von beiden Häusern des Parlaments zu bestätigen oder abzulehnen sind. Diese Funktionsträger sollen ein festes und hinreichendes Gehalt haben und zusammen mit allen anderen, die lukrative Ämter innehaben, sowie mit allen Geistlichen jeglicher Glaubensrichtung nicht wählbar sein in die Häuser der Parlaments oder in den Staatsrat.

Der Gouverneur soll unter Beratung durch den Staatsrat die Friedensrichter der Grafschaften ernennen; im Falle wieder zu besetzender Stellen oder bei einer später eintretenden Notwendigkeit der Stellenausweitung sollen solche Ernennungen auf Empfehlung der betreffenden Grafschaftsgerichte geschehen. Der gegenwärtige geschäftsführende Justizsekretär in Virginia und die Kanzlisten aller Grafschaftsgerichte sollen im Amt bleiben. Sollten Stellen durch Tod, Unfähigkeit oder Rücktritt frei werden, wird ein Justizsekretär ernannt, wie zuvor bestimmt, und die Kanzlisten werden durch die betreffenden Gerichte bestimmt. Die gegenwärtigen sowie zukünftige Kanzlisten sollen ihr Amt bei guter Führung auf Lebenszeit ausüben, sofern das Allgemeine Gericht nicht anders befindet. Die Sheriffs und Untersuchungsrichter sollen von den betreffenden Gerichten nominiert, vom Gouverneur unter Beratung durch den Staatsrat bestätigt und vom Gouverneur eingesetzt werden. Die Friedensrichter sollen Konstabler ernennen, und alle Bezüge der vorgenannten Beamten sollen durch Gesetz bestimmt werden.

Ein gegen seine Amtspflichten verstoßender Gouverneur und andere, die sich gegen den Staat vergehen, sei es durch Mißwirtschaft, Bestechlichkeit oder auf eine andere Weise, die eine Gefährdung der Sicherheit des Staates darstellen kann, sollen durch das Delegiertenhaus einem Amtsenthebungsverfahren unterzogen werden können. Ein solches Amtsenthebungsverfahren (impeachment) soll vom obersten Vertreter der Anklagebehörde durchgeführt werden oder von einer Person oder Personen, die das Delegiertenhaus im Allgemeinen Gericht nach den Gesetzen des Landes ernennt. Bei einem Schuldspruch sollen die Betreffenden entweder für immer ungeeignet sein, ein Regierungsamt zu bekleiden, oder von einem solchen Amt zeitweilig entfernt werden oder solchen Strafen unterworfen werden, als die Gesetze bestimmen werden.

Sollten alle oder einzelne Richter des Allgemeinen Gerichtes aus gutem Grund (nach Einschätzung des Delegiertenhauses) irgendeines obenerwähnten Verbrechens oder Vergehens beschuldigt werden, darf das Delegiertenhaus den oder die beschuldigten Richter einem Amtsenthebungsverfahren unterziehen, welches vom Appellationsgericht durchgeführt wird. Bei einem Schuldspruch sollen die Betreffenden bestraft werden, wie im vorigen Abschnitt beschrieben.

Ernennungsurkunden und Verleihungen sollen ausgestellt werden «Im Namen des Gemeinwesens (Commonwealth) von Virginia» und vom Gouverneur unterzeichnet werden unter Anfügung des Siegels des Commonwealth. Gerichtliche Verfügungen sollen ebenso ausgestellt und von den Kanzlisten der verschiedenen Gerichte unterzeichnet werden. Anklagevorschriften sollen mit den Worten schließen «Gegen den Frieden und die Würde des Commonwealth».

Ein Schatzmeister soll jährlich durch Abstimmung in beiden Häusern ernannt werden.

Alle heimgefallenen Güter, alle Geldstrafen und Einziehungen, die vordem an den König gingen, sollen an das Gemeinwesen gehen bis auf solche, die die Legislative abschaffen oder anderweitig regeln mag.

Die in den Freibriefen zur Errichtung der Kolonien von Maryland, Pennsylvania, North Carolina und South Carolina aufgeführten Territorien werden hiermit abgetreten, freigegeben und auf immer dem Volk der betreffenden Kolonien bestätigt, mit allen Eigentumsrechten, der Rechtsprechung und Verwaltung sowie allen sonstigen Rechten, die zuvor zu irgendeinem Zeitpunkt von Virginia beansprucht worden sein mögen, außer dem freien Schiffsverkehr auf den Flüssen Potomac und Pokomoke und deren Nutzung sowie dem Eigentum an den virginischen Ufergebieten und Stränden, die an besagte Flüsse angrenzen, sowie allen baulichen Verbesserungen, die dort gemacht wurden oder gemacht werden. Die westliche und nördliche Ausdehnung von Virginia soll in sonstiger Hinsicht bleiben, wie sie festgelegt wurde durch den Freibrief von König Jakob I. aus dem Jahr 1609 und durch den öffentlichen Friedensvertrag zwischen den Höfen von Britannien und Frankreich aus dem Jahr 1763, es sei denn, daß es durch ein Gesetz dieser Legislative westlich der Alleghenies zur Entstehung eines Staates oder mehrerer Staaten kommt. Von den indianischen Eingeborenen sollen Ländereien nur von der öffentlichen Hand erworben werden unter Autorisierung durch das Gesamtparlament.

Um diese Herrschaftsordnung einzuführen, sollen die im Konvent versammelten Volksvertreter einen Gouverneur und einen Staatsrat wählen sowie zusätzlich, soweit eine umgehende Ernennung für erforderlich gehalten wird, solche Amtsträger, die nach den Bestimmungen von beiden Häusern zu wählen sind. Der erste vom Volk gewählte Senat soll bis zum letzten Tag des folgenden März im Amt bleiben und die anderen Amtsträger bis zum Ende der nachfolgenden Sitzungsperiode des Parlaments. Im Falle von freiwerdenden Sitzen soll der Sprecher eines der beiden Häuser Ausschreibungen für neue Wahlen ausstellen.

Aus: The Annals of America. Bicentennial Edition. Vol. 2, 1755–1783 Resistance & Revolution. Encyclopedia Britannica, Inc. Chicago [u. a.] 1976, S. 434ff.

Die Erklärung der Menschenrechte (Bill of Rights) von Virginia

12. Juni 1776

Eine Erklärung der Rechte, verkündet von den Vertretern der rechtschaffenen Bevölkerung von Virginia, die sich in vollzähliger und freier Versammlung zusammengefunden haben, welche Rechte für sie und ihre Nachkommenschaft als Grundlage und Rechtsquelle ihrer Regierung Geltung besitzen.

ARTIKEL 1: Alle Menschen sind von Natur gleichermaßen frei und unabhängig und besitzen gewisse angeborene Rechte, deren sie ihre Nachkommenschaft bei der Begründung einer politischen Gemeinschaft durch keinerlei Abmachungen berauben oder zwingen können, sich ihrer zu begeben; nämlich das Recht auf Leben und Freiheit und dazu die Möglichkeit, Eigentum zu erwerben und zu behalten und Glück und Sicherheit zu erstreben und zu erlangen.

ARTIKEL 2: Alle Macht ruht im Volke und leitet sich daher von ihm ab; alle Amtspersonen sind seine Treuhänder und Diener und ihm jederzeit verantwortlich.

ARTIKEL 3: Die Regierung ist eingesetzt oder soll eingesetzt werden um des gemeinsamen Wohles, Schutzes und der Sicherheit des Volkes, der Nation oder des Gemeinwesens willen; von all den verschiedenen Regierungen und Regierungsformen ist diejenige die beste, die ein Höchstmaß an Glück und Sicherheit zu bieten vermag und die am wirksamsten gegen die Gefahr des Machtmißbrauches gesichert ist; und wenn irgendeine Regierung sich als dieser Aufgabe nicht gewachsen erweist oder ihr zuwiderhandelt, so soll die Mehrheit der Gemeinschaft ein unleugbares, unveräußerliches und unverletzliches Recht haben, sie zu reformieren, umzugestalten oder zu beseitigen, so wie es für das allgemeine Wohl für am zweckmäßigsten erachtet wird.

ARTIKEL 4: Kein Mensch und keine Gruppe von Menschen hat ein Recht auf alleinige oder besondere Zuwendungen oder Vergünstigungen seitens der Allgemeinheit, es sei denn in Anerkennung von der Allgemeinheit geleisteten Diensten; und so wie diese nicht übertragbar sind, so sollen auch Beamtenstellen und die Ämter von Abgeordneten und Richtern nicht erblich sein.

ARTIKEL 5: Die gesetzgebende und die ausführende Gewalt des Staates sollen von der richterlichen getrennt und klar geschieden sein, und damit die Angehörigen der beiden ersteren vor Machthunger dadurch bewahrt werden, daß sie die Lasten der Bevölkerung ebenfalls zu fühlen bekommen und an ihnen mittragen, sollen sie in regelmäßigen Abständen ins Privatleben zurückkehren, und zwar in diejenige Gemeinschaft, aus der sie ursprünglich kamen. Und die frei gewordenen Stellen sollen durch häufige im voraus bestimmte und regelmäßig stattfindende

Wahlen wiederbesetzt werden, bei denen die vormaligen Amtspersonen sämtlich oder zum Teil nach Maßgabe der Gesetze wiedergewählt werden dürfen oder nicht.

ARTIKEL 6: Die Wahlen der Männer, die als Abgeordnete des Volkes in die Volksvertretung entsandt werden, sind frei; alle Männer, die ihr ständiges Interesse an der Gemeinschaft und ihre dauernde Anhänglichkeit an sie hinlänglich unter Beweis gestellt haben, genießen das Wahlrecht und können ohne ihre Einwilligung oder die ihrer so gewählten Vertreter weder zugunsten der öffentlichen Hand besteuert oder enteignet noch irgendeinem Gesetz unterworfen werden, dem sie nicht in gleicher Weise in Ansehung des öffentlichen Wohls zugestimmt haben.

ARTIKEL 7: Die Ausübung irgendeiner Gewalt seitens irgendeiner Behörde, insbesondere der Vollzug oder die Suspendierung von Gesetzen, ohne Zustimmung der Volksvertretung verletzt die Rechte des Volkes und ist daher unstatthaft.

ARTIKEL 8: Bei allen schwerwiegenden Amtsvergehen und in Strafsachen hat jedermann das Recht, Grund und Art der Anklage zu erfahren, Anklägern und Zeugen gegenübergestellt zu werden und Entlastendes vorzubringen, und auf die unverzügliche Durchführung des Verfahrens vor einem unparteiischen Gerichtshof von zwölf Geschworenen aus den Reihen seiner Mitbürger, ohne deren einstimmigen Spruch er nicht für schuldig befunden werden kann; auch kann er nicht gezwungen werden, gegen sich selbst auszusagen; kein Mensch kann seiner Freiheit beraubt werden, außer auf Grund der Landesgesetze oder eines Urteilsspruchs von seinesgleichen.

ARTIKEL 9: Unbillig hohe Bürgschaften dürfen nicht gefordert, übermäßige Geldstrafen nicht auferlegt und grausame und ungewöhnliche Strafen nicht verhängt werden.

ARTIKEL 10: Allgemeine Durchsuchungs- oder Verhaftungsbefehle, durch die ein Beamter oder Beauftragter angewiesen wird, verdächtige Plätze ohne stichhaltige Verdachtsmomente für ein begangenes Unrecht zu durchsuchen oder irgendeine Person oder Personen, die nicht genau bezeichnet sind oder deren angebliches Vergehen nicht unter Angabe der Verdachtsmomente genau bezeichnet wird, zu verhaften, sind unrecht und despotisch und dürfen nicht ausgestellt werden.

ARTIKEL 11: In Vermögensstreitigkeiten und bei Privatklagen ist die alte Prozeßform der Geschworenenverhandlung jeder anderen vorzuziehen und soll unangetastet bleiben.

ARTIKEL 12: Die Pressefreiheit ist eines der stärksten Bollwerke der Freiheit und kann niemals, außer durch despotische Regierungen, eingeschränkt werden.

ARTIKEL 13: Eine wohldisziplinierte Miliz aus den Reihen der Bürgerschaft, die in den Waffen geübt ist, ist der geeignetste, natürliche und sichere Schutz eines freien Landes; stehende Heere sollen in Friedenszeiten als der inneren Freiheit gefährlich nicht unterhalten werden, und das Militär soll unter allen Umständen der Zivilgewalt klar untergeordnet sein und von ihr beherrscht werden.

ARTIKEL 14: Das Volk hat das Recht auf eine einheitliche Regierung. Daher soll keine Regierungsgewalt, die von der Regierung Virginias abgesondert oder unabhängig ist, innerhalb seiner Grenzen errichtet oder eingesetzt werden.

ARTIKEL 15: Eine freie Regierung und die Segnungen der Freiheit können einem Volke nur durch strenges Festhalten an den Idealen der Gerechtigkeit, Mäßigung, Enthaltsamkeit, Bescheidenheit und Tugend und durch ein ständiges Besinnen auf die grundlegenden Prinzipien bewahrt bleiben.

ARTIKEL 16: Religion oder die Ergebenheit, die wir unserem Schöpfer schuldig sind, und die Art, wie wir sie erfüllen, kann lediglich durch Vernunft oder Überzeugung bestimmt werden, nicht durch Zwang oder Gewalt, und deshalb haben alle Menschen einen gleichen Anspruch auf freie Ausübung der Religion nach den Geboten ihres Gewissens. Und alle haben die Pflicht, christliche Vergebung, Liebe und Barmherzigkeit untereinander zu üben.

Aus: Ernst Fraenkel, Das amerikanische Regierungssystem. Eine politologische Analyse. Quellenbuch. 2. durchgesehene Aufl. Köln und Opladen, 1962, S. 26f.

Die amerikanische Unabhängigkeitserklärung
4. Juli 1776

Wenn es im Zuge der Menschheitsentwicklung für ein Volk notwendig wird, die politischen Bande zu lösen, die es mit einem anderen Volke verknüpft haben, und unter den Mächten der Erde den selbständigen und gleichberechtigten Rang einzunehmen, zu dem Naturrecht und göttliches Gesetz es berechtigen, so erfordert eine geziemende Rücksichtnahme auf die Meinung der Menschheit, daß es die Gründe darlegt, die es zu der Trennung veranlassen.

Folgende Wahrheiten erachten wir als selbstverständlich: daß alle Menschen gleich geschaffen sind; daß sie von ihrem Schöpfer mit gewissen unveräußerlichen Rechten ausgestattet sind; daß dazu Leben, Freiheit und das Streben nach Glück gehören; daß zur Sicherung dieser Rechte Regierungen unter den Menschen eingesetzt werden, die ihre rechtmäßige Macht aus der Zustimmung der Regierten herleiten; daß, wann immer irgendeine Regierungsform sich als diesen Zielen abträglich erweist, es Recht des Volkes ist, sie zu ändern oder abzuschaffen und eine neue Regierung einzusetzen und diese auf solchen Grundsätzen aufzubauen und ihre Gewalten in der Form zu organisieren, wie es ihm zur Gewährleistung seiner Sicherheit und seines Glückes geboten zu sein scheint. Gewiß gebietet die Weisheit, daß von alters her bestehende Regierungen nicht aus geringfügigen und vorübergehenden Anlässen geändert werden sollten; und demgemäß hat jede Erfahrung gezeigt, daß die Menschen eher geneigt sind zu dulden, solange die Mißstände noch erträglich sind, als sich unter Beseitigung altgewohnter Formen Recht zu verschaffen. Aber wenn eine lange Reihe von Mißbräuchen und Übergriffen, die stets das gleiche Ziel verfolgen, die Absicht erkennen läßt, sie absolutem Despotismus zu unterwerfen, so ist es ihr Recht und ihre Pflicht, eine solche Regierung zu beseitigen und neue Wächter für ihre künftige Sicherheit zu bestellen.

So haben diese Kolonien geduldig ausgeharrt, und so stehen sie jetzt vor der zwingenden Notwendigkeit, ihre bisherige Regierungsform zu ändern. Die Regierungszeit des gegenwärtigen Königs von Großbritannien ist von unentwegtem Unrecht und ständigen Übergriffen gekennzeichnet, die alle auf die Errichtung einer absoluten Tyrannei über diese Staaten abzielen. Zum Beweise dessen seien der gerecht urteilenden Welt Tatsachen unterbreitet:

Er hat Gesetzen seine Zustimmung verweigert, die für das Wohl der Allgemeinheit äußerst nützlich und notwendig sind.

Er hat seinen Gouverneuren verboten, Gesetze von sofortiger und drängender Wichtigkeit zu erlassen, es sei denn, daß ihr Inkrafttreten bis zur Erlangung seiner Zustimmung suspendiert würde; und wenn sie derart suspendiert waren, unterließ er es vollkommen, sich mit ihnen zu befassen.

Er hat es abgelehnt, andere Gesetze zugunsten großer Bevölkerungskreise zu verabschieden, wenn diese Menschen nicht auf das Recht der Vertretung in der Legislative verzichten wollten, ein für sie unschätzbar wichtiges Recht, das nur Tyrannen furchtbar ist.

Er hat die gesetzgebenden Körperschaften nach ungewöhnlichen und unbequemen Plätzen einberufen, die von dem Aufbewahrungsort ihrer öffentlichen Urkunden und amtlichen Unterlagen weit entfernt lagen, zu dem einzigen Zweck, sie durch Ermüdung zur Unterwerfung unter seine Maßnahmen zu bringen.

Er hat wiederholt Abgeordnetenkammern aufgelöst, weil sie mit männlicher Festigkeit seinen Eingriffen in die Rechte des Volkes entgegengetreten sind.

Er hat sich lange Zeit hindurch geweigert, nach solchen Auflösungen neue Vertretungen wählen zu lassen; dadurch ist die gesetzgeberische Gewalt, die untilgbar ist, an das Volk zurückgefallen, dem es nunmehr freisteht, sie auszuüben; der Staat aber bleibt in der Zwischenzeit allen Gefahren eines Einfalles von außen und Erschütterungen im Innern ausgesetzt.

Er hat sich bemüht, die Besiedlung dieser Staaten zu hemmen; zu diesem Zweck hat er den Vollzug der Einbürgerungsgesetze für Ausländer behindert; sich geweigert, andere Gesetze in Kraft zu setzen, die deren Einwanderung nach hier fördern sollten; und die Bedingungen des Neuerwerbs von Land erschwert.

Er hat die Rechtsprechung hintertrieben, indem er Gesetzen über die Erteilung richterlicher Befugnisse seine Zustimmung versagte.

Er hat Richter hinsichtlich der Amtsdauer und der Höhe und des Zahlungsmodus ihrer Gehälter von seinem Willen abhängig gemacht.

Er hat eine Unzahl neuer Behörden geschaffen und Schwärme von Beamten hierhergesandt, um unser Volk zu drangsalieren und seine Substanz aufzuzehren.

Er hat in Friedenszeiten ohne Zustimmung unserer gesetzgebenden Versammlung auf unserem Boden stehende Heere unterhalten.

Er hat danach gestrebt, das Militär von der Zivilgewalt unabhängig zu machen und es ihr überzuordnen.

Er hat sich mit anderen zusammengetan, um uns eine Form der Rechtsprechung aufzuzwingen, die der Verfassung fremd und von unseren Gesetzen nicht anerkannt war; und er hat ihren Maßnahmen einer vorgeblichen Rechtsprechung seine Billigung erteilt:
um starke Kontingente bewaffneter Truppen bei uns zu stationieren;
um diese durch ein Scheingerichtsverfahren vor jeglicher Bestrafung für etwaige Mordtaten zu bewahren, die sie an den Einwohnern dieser Staaten verüben;
um unseren Handel mit allen Teilen der Welt zu unterbinden;
um uns ohne unsere Einwilligung Steuern aufzuerlegen;
um uns in vielen Fällen des Rechtes auf ein ordent-

liches Verfahren vor einem Geschworenengericht zu berauben;
um uns zur Aburteilung wegen angeblicher Vergehen nach Übersee zu verschleppen;
um in einer Nachbarprovinz das freie englische Rechtssystem zu beseitigen und dort eine Willkürregierung zu errichten und deren Befugnisse zu erweitern, um sie dadurch gleichzeitig zu einem Präzedenzfall und einem geeigneten Werkzeug für die Einführung der gleichen absoluten Herrschaft auch in diesen Kolonien zu machen;
um uns unsere Freibriefe zu entziehen, unsere wichtigsten Gesetze aufzuheben und unsere Regierungsform grundlegend zu ändern;
um unsere eigene gesetzgebende Gewalt aufzuheben und sich selbst als mit der unumschränkten gesetzgebenden Gewalt über uns betraut zu erklären.

Er hat seinen Herrschaftsanspruch hier dadurch aufgegeben, daß er uns als außerhalb seines Schutzes stehend erklärte und Krieg gegen uns führte.

Er hat unsere Meere geplündert, unsere Küsten verheert, unsere Städte niedergebrannt und unsere Mitbürger getötet.

Er schafft gerade jetzt große Heere fremder Söldner heran, um das Werk des Todes, der Verheerung und der Tyrannei zu vollenden, das er bereits mit Grausamkeit und Treuebrüchen begonnen hat, die ihresgleichen kaum in den barbarischsten Zeiten finden und des Oberhauptes einer zivilisierten Nation völlig unwürdig sind.

Er hat unsere auf hoher See gefangengenommenen Mitbürger gezwungen, die Waffen gegen ihr Land zu erheben, um zu Henkern an ihren Freunden und Brüdern zu werden oder selbst von deren Händen zu fallen.

Er hat im Innern Aufstände in unserer Mitte angezettelt und versucht, auf unsere Grenzbewohner die erbarmungslosen indianischen Wilden zu hetzen, deren Kriegführung bekanntlich darin besteht, ohne Unterschied des Alters, Geschlechts oder Zustands alles niederzumetzeln.

In jedem Stadium dieser Bedrückung haben wir in der untertänigsten Form um Abhilfe nachgesucht: Unser wiederholtes Bitten ist lediglich durch wiederholtes Unrecht beantwortet worden. Ein Monarch, dessen Charakter durch jede seiner Handlungen in dieser Weise gekennzeichnet wird, die einem Tyrannen zuzutrauen ist, kann nicht geeignet sein, über ein freies Volk zu herrschen.

Wir haben es auch nicht an Aufmerksamkeit gegenüber unseren britischen Brüdern fehlen lassen. Wir haben sie von Fall zu Fall warnend auf die Versuche ihrer Gesetzgeber verwiesen, eine ungerechtfertigte Rechtsgewalt über uns zu erlangen. Wir haben sie an die Umstände gemahnt, unter denen unsere Auswanderung und Ansiedlung erfolgten. Wir haben an ihr natürliches Gerechtigkeitsgefühl und ihre Hochherzigkeit appelliert und sie bei den Banden unserer gemeinsamen Herkunft beschworen, von diesen Übergriffen abzulassen, die unvermeidlich zum

Abbruch unserer Verbindungen und Beziehungen führen müßten. Auch sie sind der Stimme der Gerechtigkeit und der Blutsverwandtschaft gegenüber taub geblieben. Wir müssen uns daher mit der notwendigen Folgerung aus unserer Trennung abfinden und sie wie die übrige Menschheit behandeln: als Feinde im Krieg, als Freunde im Frieden.

Daher tun wir, die in einem gemeinsamen Kongreß versammelten Vertreter der Vereinigten Staaten von Amerika, unter Anrufung des Obersten Richters über diese Welt als Zeugen für die Rechtschaffenheit unserer Absichten namens und im Auftrag der anständigen Bevölkerung dieser Kolonien feierlich kund und zu wissen, daß diese Vereinigten Kolonien freie und unabhängige Staaten sind und es von Rechts wegen bleiben sollen; daß sie von jeglicher Treuepflicht gegen die britische Krone entbunden sind und daß jegliche politische Verbindung zwischen ihnen und dem Staate Großbritannien vollständig gelöst ist und bleiben soll; und daß sie als freie und unabhängige Staaten das Recht haben, Krieg zu führen, Frieden zu schließen, Bündnisse einzugehen, Handel zu treiben und alle anderen Handlungen vorzunehmen und Staatsgeschäfte abzuwickeln, zu denen unabhängige Staaten rechtens befugt sind.

Und zur Erhärtung dieser Erklärung verpflichten wir uns gegenseitig feierlich in festem Vertrauen auf den Schutz der göttlichen Vorsehung zum Einsatz unseres Lebens, unseres Gutes und der uns heiligen Ehre.

Die vorstehende Erklärung wurde auf Anweisung des Kongresses als Dokument ausgefertigt und von folgenden Mitgliedern unterzeichnet:

John Hancock.

NEW HAMPSHIRE:

Josiah Bartlett; William Whipple; Matthew Thornton.

MASSACHUSETTS BAY:

Samuel Adams; John Adams;
Robert Treat Paine; Elbridge Gerry.

RHODE ISLAND:

Stephen Hopkins; William Ellery.

CONNECTICUT:

Roger Sherman; Samuel Huntington;
William Williams; Oliver Wolcott.

NEW YORK:

William Floyd; Philip Livingston;
Francis Lewis; Lewis Morris.

NEW JERSEY:

Richard Stockton; John Witherspoon; Francis Hopkinson;
John Hart; Abraham Clark.

PENNSYLVANIA:

Robert Morris; Benjamin Rush; Benjamin Franklin;
John Morton; George Clymer; James Smith;
George Taylor; James Wilson; George Ross.

DELAWARE:

Caesar Rodney; George Read; Thomas M'Kean.

MARYLAND:

Samuel Chase; William Paca; Thomas Stone;
Charles Carroll of Carrollton.

VIRGINIA:

George Wythe; Richard Henry Lee; Thomas Jefferson;
Benjamin Harrison; Thomas Nelson, Jr.;
Francis Lightfoot Lee; Carter Braxton.

NORTH CAROLINA:

William Hooper; Joseph Hewes; John Penn.

SOUTH CAROLINA:

Edward Rutledge; Thomas Heyward, Jr.;
Thomas Lynch, Jr.; Arthur Middleton.

GEORGIA:

Button Gwinnett; Lyman Hall; George Walton.

Es wurde beschlossen, daß Abschriften dieser Erklärung an die einzelnen Abgeordnetenkammern, Konvente und Komitees, Sicherheitsausschüsse oder -räte sowie an die einzelnen Befehlshaber der kontinentalen Truppen gesandt werden sollen und daß sie in jedem der Vereinigten Staaten vor der Armee bekanntgegeben werde.

Aus: Ernst Fraenkel, Das amerikanische Regierungssystem. Eine politische Analyse. Quellenbuch, 2. durchgesehene Aufl. Köln und Opladen 1962, S. 28–31.

Die Gouverneure von Virginia
(oder vergleichbare Amtsträger)
von den Anfängen der Kolonie bis zu Jeffersons Tod

Sir Walter Raleigh, Governor Proprietary: 1584–1603
Sir Ralph Lane, Deputy governor: 1585–86
Captain John White, Governor: 1587
Edward M. Wingfield, President of the Council: 1607
Captain John Ratcliffe, President of the Council: 1607–08
Captain John Smith, President of the Council: 1608–09
Captain George Percy, President of the Council: 1609–10
Sir Thomas Gates, Lieutenant governor and deputy governor: 1610
Thomas, Lord Delaware, Governor and captain general: 1610–11
Captain George Percy, Deputy governor: 1611
Sir Thomas Dale, High marshal and acting governor: 1611
Sir Thomas Gates, Acting governor: 1611–14
Sir Thomas Dale, Acting governor: 1614–16
Captain George Yeardley, Lieutenant governor: 1616–17
Captain Samuel Argall, Lieutenant governor: 1617–19
Captain Nathaniel Powell, President of the Council: 1619
Sir George Yeardley, Governor and captain general: 1619–21
Sir Francis Wyatt, Governor and captain general: 1621–26
Sir George Yeardley, Governor and captain general: 1626–27
Captain Francis West, President of the Council: 1627–29
Dr. John Pott, President of the Council: 1629–30

Sir John Harvey, Governor and captain general: 1630–35
Captain John West, Deputy governor: 1635–37
Sir John Harvey, Governor and captain general: 1637–39
Sir Francis Wyatt, Governor and captain general: 1639–42
Sir William Berkeley, Governor and captain general: 1642–44
Richard Kemp, Deputy governor: 1644–45
Sir William Berkeley, Governor and captain general: 1645–52
Richard Bennett, Acting governor: 1652–55
Edward Digges, President of the Council: 1655–58
Captain Samuel Mathews, President of the Council: 1658–60
Colonel Francis Moryson, Lieutenant governor: 1661–62
Sir William Berkeley, Governor and captain general: 1662–77
Sir Herbert Jeffreys, Lieutenant governor: 1677–78
Sir Henry Chicheley, Deputy governor: 1678–80
Thomas, Lord Culpeper, Baron Thorsway, Governor and captain general: 1680
Sir Henry Chicheley, Deputy governor: 1680–82
Thomas, Lord Culpeper, Baron Thorsway, Governor and captain general: 1682–83
Colonel Nicholas Spencer, President of the Council: 1683–84
Francis, Lord Howard of Effingham, Lieutenant governor: 1684–88
Colonel Nathaniel Bacon, Sr, President of the Council: 1688–90
Colonel Francis Nicholson, Lieutenant governor: 1690–92
Sir Edmund Andros, Governor and captain general: 1692–98

George Hamilton Douglas, Earl of Orkney, Governor in chief: 1697–1737
Colonel Francis Nicholson, Lieutenant governor: 1698–1705
Colonel Edward Nott, Chief governor: 1705–06
Colonel Edmund Jennings, President of the Council: 1706–10
Colonel Alexander Spotswood, Lieutenant governor: 1710–22
Colonel Hugh Drysdale, Lieutenant governor: 1722–26
Colonel Robert Carter, President of the Council: 1726–27
Colonel William Gooch, Lieutenant governor: 1727–40
William Anne Keppel, Earl of Albemarle, Governor in chief: 1737–54
Commissary James Blair, President of the Council: 1740–41
Colonel William Gooch, Lieutenant governor: 1741–49
Colonel John Robinson, President of the Council: 1749
Colonel Thomas Lee, President of the Council: 1749–51
Colonel Lewis Burwell, President of the Council: 1751
Robert Dinwiddie, Lieutenant governor: 1751–58
John Campbell, Earl of Loudoun, Captain general and governor in chief: 1756–63
Colonel John Blair, President of the Council: 1758
Colonel Francis Fauquier, Lieutenant governor: 1758–68
Sir Jeffrey Amherst, Captain general and governor in chief: 1763–68
Colonel John Blair, President of the Council: 1768
Norborne Berkeley, Baron de Botetourt, Governor in chief: 1768–70
Colonel William Nelson, President of the Council: 1770–71

John Murray, Earl of Dunmore, Governor in chief: 1771–75
Edmund Pendleton, Chairman Committee of Safety: 1775–76
Patrick Henry, Governor: 1776–79
Thomas Jefferson, Governor: 1779–81
William Fleming, President of the Council: 1781
Thomas Nelson, Jr, Governor: 1781
Benjamin Harrison, Governor: 1781–84
Patrick Henry, Governor: 1784–86
Edmund Randolph, Governor: 1786–88
Beverley Randolph, Governor: 1788–91
Henry Lee, Governor: 1791–94
Robert Brooke, Governor: 1794–96
James Wood, Governor: 1796–99
James Monroe, Governor: 1799–1802
Jahn Page, Governor: 1802–05
William Henry Cabell, Governor: 1805–08
John Tyler, Governor: 1808–11
James Monroe, Governor: 1811
George William Smith, Governor: 1811
Peyton Randolph, Governor: 1811–12
James Barbour, Governor: 1812–14
Wilson Cary Nicholas, Governor: 1814–16
James Patton Preston, Governor: 1816–19
Thomas Mann Randolph, Governor: 1819–22
James Pleasants, Jr, Governor: 1822–25
John Tyler, Governor: 1825–27

Aus: Matthew Page Andrews, Virginia. The Old Dominion, Garden City, New York 1937, S. 593 ff.

Die Fragen des französischen Gesandten in Philadelphia, François Marbois, an Jefferson

(Vor dem 30. November 1780)

Punkte, zu denen genaue Angaben erbeten werden:

1. Die Freibriefe Ihres Staates
2. Die zur Zeit gültige Verfassung
3. Eine genaue Beschreibung des Grenzverlaufs und der Grenzlinien
4. Die den Staat betreffenden Memoiren aus seiner Zeit als Kolonie sowie die Abhandlungen zu seinen gegenwärtigen oder früheren inneren wie auch äußeren Angelegenheiten
5. Die Geschichte des Staates
6. Angaben über die Grafschaften, Städte, Stadtbezirke, Dörfer, über Flüsse und Flüßchen und deren Schiffbarkeit; Angaben über Wasserfälle, Höhlen, Berge, über Bäume, Pflanzen, Früchte und andere Naturprodukte
7. Die Einwohnerzahl
8. Die verschiedenen anerkannten Religionen
9. Die Hochschulen und öffentlichen Einrichtungen, die Straßen, Bauwerke etc.
11. Besondere Sitten und Bräuche, die in diesem Staat anzutreffen sind
12. Der gegenwärtige Zustand der Manufakturen sowie des Binnen- und Außenhandels

13. Angaben über die besten Seehäfen des Staates und die Größe der dort eintreffenden Schiffe
14. Angaben über die besonderen Handelsgüter des Staates und über solche Waren, welche die Bewohner aus Europa und aus anderen Teilen der Welt beziehen müssen
15. Die Gewichte, Maße und die Währung des Hartgeldes sowie Einzelheiten über den Austausch mit Europa
16. Die öffentlichen Einkünfte und Ausgaben
17. Die Maßnahmen, die hinsichtlich der Ländereien und des Eigentums der gemeinhin als Tories bekannten Rebellen ergriffen wurden
18. Der Zustand der regulären Truppen und der Miliz sowie deren Bezahlung
19. Die Marine und die Schiffahrt
20. Angaben über Minen und andere unterirdische Reichtümer
21. Einige Proben aus diesen Minen und von den ungewöhnlichen Steinen; kurz, Angaben über alles, was dem Fortschritt menschlichen Wissens dienen kann
22. Eine Beschreibung der Indianer, die vor der Besiedlung durch die Europäer in dem Staat ansässig waren, sowie von denjenigen, die noch übrig sind; Hinweise auf indianische Monumente, die in diesem Staat entdeckt wurden

Aus: The Papers of Thomas Jefferson, ed. by Julian Boyd et al., Princeton 1950ff., Bd. IV, S. 166/67

Zeittafel
zur Biographie Thomas Jeffersons

(Unter Verwendung der Jefferson-Chronologien in «The Papers of Thomas Jefferson», hrsg. v. Julian P. Boyd, Princeton 1950 ff. [bislang 20 Bde.] und dem sechsbändigen Werk «Jefferson and His Time» von Dumas Malone, Boston 1948–81)

1743, 13. April: Thomas Jefferson in Shadwell, einer kleinen Siedlung in der Grafschaft Albemarle, Virginia, geboren als Sohn Peter Jeffersons, Landvermesser und Kartograph, und Jane Randolphs, die aus der virginischen «Aristokratie» stammte.

1757, 17. August: Tod des Vaters Peter Jefferson.

1760–1762: Besuch der (damals) wichtigsten Bildungsanstalt im «Old Dominion» Virginia, des «College of William and Mary» in Williamsburg.

1762: Beginn eines mehrjährigen Jurastudiums in Williamsburg bei George Wythe, seinem Mentor und lebenslangen Freund.

1767: Niederlassung als Rechtsanwalt.

1769: Beginn der Bauarbeiten in Monticello, dem künftigen Wohnsitz Thomas Jeffersons in der Nähe der Stadt Charlottesville; im November 1770 Einzug.

1769–1776: Mitglied des «House of Burgesses» (des kolonialen Parlaments) für die Grafschaft Albemarle.

1772, 1. Januar: Hochzeit mit der 23jährigen Martha Wayles Skelton, Witwe von Bathurst Skelton und Tochter des vermögenden Grundbesitzers und Rechtsanwalts Wayles.
27. September: Geburt seiner Tochter Martha (die ihn als einziges seiner insgesamt sechs Kinder – die meisten davon schon in früher Kindheit verstorben – überlebt hat).

1774: Veröffentlichung seiner radikalen Streitschrift «Summary View of the Rights of British America», welche die These eines natürlichen Rechts der Amerikaner auf Selbstregierung verkündete.

1775, 21. Juni–31. Juli und 2. Oktober–28. Dezember: Teilnahme an den Beratungen des (II.) Kontinentalkongresses in Philadelphia.

1776, 31. März: Tod seiner Mutter, Jane Randolph Jefferson.
15. Mai–2. September: Neuerliche Teilnahme am (II.) Kontinentalkongreß, wo er im Juni den Entwurf der Unabhängigkeitserklärung verfaßt.
11. Oktober–14. Dezember: Als Mitglied des Delegiertenhauses (der Volksvertretung) Teilnahme an den Beratungen der «General Assembly» (des nachkolonialen Gesamtparlaments) von Virginia in Williamsburg; wird in einen «Ausschuß zur Revision der Gesetze des Commonwealth» gewählt.

1777, 10. April: Wiederwahl in das Delegiertenhaus von Virginia; zwei Jahre später erneut gewählt.

1779, 1. Juni: Wahl zum Gouverneur von Virginia.
18. Juni: Jefferson übergibt zusammen mit George Wythe und Edmund Pendleton den Bericht zur Revision der (früheren) Gesetze von Virginia der Öffentlichkeit, worin Gesetzentwürfe für eine Liberalisierung des Strafrechts, für eine breitere Volksbildung, für die Gewähr von Glaubensfreiheit und Vorschläge zur Änderung der Satzung des William-and-Mary-College enthalten sind.

1780: Wahl zum Mitglied der «American Philosophical Society»
10. April: Übersiedlung als Gouverneur nach Richmond, der neuen Hauptstadt Virginias.
2. Juni: Wiederwahl als Gouverneur.
Militärische Erfolge der englischen Truppen in Virginia.
November: Jefferson macht sich an die Beantwortung des Fragenkatalogs von Marbois; Ursprung der «Notes on the State of Virginia».

1781, 3. Juni: Jeffersons Amtszeit als Gouverneur endet; englische Truppen verwüsten einen Tag später Monticello, worauf Jefferson bei Freunden Unterkunft nehmen muß.
12. Juni: Das Delegiertenhaus beschließt eine Untersuchung, die Amtsführung der Administration Jefferson in den vergangenen zwölf Monaten betreffend.
12.–15. Dezember: Die «General Assembly» verabschiedet einstimmig eine Resolution, die Jefferson für seine Dienste als Gouverneur Dank und Anerkennung ausspricht.
20. Dezember: Jefferson schickt die Antworten auf den Fragebogen Virginia betreffend an Marbois in Philadelphia; damit ist die Hauptarbeit an den «Notes» abgeschlossen.

1782, 6. September: Tod seiner Frau Martha Wayles Jefferson.
12. November: Jefferson wird vom Kongreß zum Mitglied einer Verhandlungsdelegation ernannt, die in Paris über Friedensbedingungen mit Großbritannien verhandelt. Ein vorläufiger Friedensvertrag wird kurz darauf unterzeichnet, noch ehe Jefferson sich nach Europa einschiffen kann.

1783, Mai/Juni: Jefferson schreibt einen Verfassungsentwurf für Virginia.
6. Juni: Jefferson wird zum Kongreßdelegierten gewählt; Initiator wichtiger nationaler Gesetzentwürfe.

1784, 7. Mai: Ernennung zum Bevollmächtigten der Konföderation für den Abschluß von Freundschafts- und Handelsverträgen (mit europäischen Staaten).
5. Juli: Jefferson verläßt Amerika und hält sich in den kommenden Monaten, nach kurzer Zwischenstation in Großbritannien, in Paris auf.

1785, 10. März: Wahl zum Nachfolger Benjamin Franklins als amerikanischer Gesandter in Frankreich durch den Kongreß.
10. Mai: Erscheinen der Erstausgabe «Notes on the State of Virginia» in Paris.

1785, 23. November: Wahl zum Mitglied der «South Carolina Society» zur Förderung und Verbesserung der Landwirtschaft.

1786, März/April: Aufenthalt in London, wo er unter anderem einen Freundschaftsvertrag mit Portugal unterzeichnet.
13. September: Ehrendoktorwürde der Yale-Universität.
28. September: Jefferson schenkt der Stadt Paris im Auftrag des virginischen Staates eine vom französischen Bildhauer von Houdon geschaffene Lafayette-Büste.

1787, 12. Oktober: Sein Mandat als amerikanischer Bevollmächtigter in Paris wird um drei Jahre verlängert.

1788, März/April: Reisen nach Holland und Deutschland, unter anderem nach Düsseldorf, Frankfurt, Mannheim, Heidelberg und Karlsruhe.
14. November: Jefferson schließt Verhandlungen über einen Konsularvertrag zwischen Amerika und Frankreich mit Erfolg ab.
Dezember: Jefferson empfängt Porträts von sich selbst und von Thomas Paine, die der berühmte amerikanische Maler John Trumbull in Paris geschaffen hat.

1789, 13. Februar: Ehrendoktorwürde des Harvard College.
Juni/Juli: Jefferson berät Lafayette bei dessen Arbeit an einer «Erklärung der Menschenrechte».
26. September: Der amerikanische Senat stimmt dem Vorschlag Präsident Washingtons zu, Jefferson zum «Secretary of State» (und damit *auch,* aber nicht *nur* zum Außenminister) zu machen.
Oktober/November: Überfahrt unter widrigen Bedingungen von Frankreich nach Amerika.
23. Dezember: Ankunft in Monticello.

1790, 23. Februar: Hochzeit seiner Tochter Martha mit Thomas Mann Randolph, Jr.
1. März: Jefferson reist von Monticello ab.
21. März: Jefferson kommt nach einem Besuch bei Benjamin Franklin in dessen Heimatstadt Philadelphia in New York an und erstattet George Washington Bericht.

1790, 4. Juli: Er legt einen Bericht über ein einheitliches Maß- und Gewichtssystem in den USA vor.

29. August: Er unterbreitet einen Vorschlag für die künftige Hauptstadt der USA und konferiert bald darauf mit Landbesitzern in Georgetown über Grunderwerb.

22. Dezember: Ankunft der ersten von 27 Sendungen mit französischen Möbeln.

1791, 15. Februar: Jefferson legt Präsident Washington schriftlich seine Auffassung über die Verfassungsmäßigkeit einer nationalen Bank vor. Konflikte mit Finanzminister Alexander Hamilton im Kabinett nehmen laufend zu.

10. März: Er entscheidet sich für harte Konfrontationspolitik gegenüber Spanien in der Mississippi-Frage.

8. September: Jefferson wirkt an der Benennung der künftigen Hauptstadt – Washington – und des sie umgebenden Distrikts – Columbia – mit.

1792, 15. Januar: Jefferson beschließt, nach Ablauf von Washingtons Amtszeit aus der Regierung auszuscheiden.

März–Dezember: Spannungen zwischen Jefferson und Hamilton erreichen trotz Washingtons Ausgleichsbemühungen einen Höhepunkt; sie kommen auch in gegenseitigen Zeitungsattacken und Pamphleten zum Ausdruck.

1793, 7. Februar: Jefferson revidiert seinen Entschluß vom vergangenen Jahr und informiert Washington über seine Bereitschaft, noch eine Zeitlang als «Secretary of State» zu dienen.

24. März: Jefferson setzt die US-Repräsentanten in Europa von der Entschlossenheit der Regierung in Kenntnis, im Falle eines (nach der Exekution Ludwigs XVI. zu erwartenden) Krieges Neutralität zu bewahren.

31. Dezember: Jefferson tritt von seinem Ministeramt zurück, nachdem Washington sich in außenpolitischen Fragen zunehmend an Hamilton und dessen englandfreundlichen Kurs anlehnt.

1794: Jefferson arbeitet in Monticello, führt eine umfangreiche Korrespondenz und empfängt Besucher.

1795: Auseinandersetzungen um die Ratifikation des Jay-Vertrags mit Großbritannien, der von den Republikanern und Jefferson bekämpft wird.

1796, Februar: Beginn von Umbauten in Monticello.
Mai–November: Prominente Besucher in Monticello, unter anderem der französische Philanthrop La Rochefoucauld; Wahlkampf um die Nachfolge George Washingtons.

1797, 20. Februar: Jefferson reist nach Philadelphia ab, um dort als Präsident der «American Philosophical Society» etabliert zu werden.
4. März: Amtsantritt als Vizepräsident der USA im Kabinett von Präsident John Adams; Adams, Vertreter der «Federalists», war nur mit knapper Mehrheit vor Jefferson und seiner Demokratisch-Republikanischen Partei durchs Ziel gegangen.

1798, März/April: Spannungen zwischen Adams und Jefferson im Hinblick auf die Beziehungen zu Frankreich.
Juni/Juli: Die «Federalists» um Adams nutzen die sich am Konflikt mit Frankreich verschärfende Fremdenfeindlichkeit, um Staatsschutzgesetze zu erlassen, die sich gegen die «Opposition» der Jefferson-Republikaner richten.
16. November: Das Parlament von Kentucky verabschiedet von Jefferson entworfene Resolutionen, welche diese Staatsschutzgesetze als verfassungswidrig bezeichnen.
24. Dezember: Die «Virginia Resolutions», von James Madison verfaßt, machen gleichfalls Front gegen die Staatsschutzgesetze.

1799: Jefferson reist ständig zwischen Philadelphia und Monticello hin und her.

1800: Jefferson arbeitet als Vizepräsident und Vorsitzender des Senats anhaltend am Entwurf einer parlamentarischen Geschäftsordnung; tatkräftige Mitwirkung bei der Gründung der Library of Congress.
17. November: Der Kongreß tagt zum erstenmal in Washington, D.C.

1800, November: An verschiedenen Tagen werden in den einzelnen Staaten Wahlmänner gewählt.
3. Dezember: Die Republikaner gewinnen die Präsidentenwahl im «Electoral College» (Wahlmännerkollegium); Pattsituation zwischen Thomas Jefferson und Aaron Burr.

1801, Januar: Die «Federalists» entschließen sich, die Präsidentschaftsambitionen von Burr zu unterstützen.
17. Februar: Im 36. Wahlgang siegt Jefferson über Burr im Repräsentantenhaus, das nach der Verfassung den Präsidenten wählt, wenn das «Electoral College» durch eine Pattsituation blockiert ist.
4. März: Amtseinführung von Präsident Jefferson in Washington.
14. Mai: Jefferson schickt Kriegsschiffe ins Mittelmeer, um den Herausforderungen der Seeräuberstaaten an der Küste Nordafrikas unter Führung des Paschas von Tripolis zu begegnen.
8. Dezember: Jefferson legt dem Kongreß seine Jahresbotschaft schriftlich vor – eine Tradition, die erst von Woodrow Wilson wieder gebrochen wird.

1802: Jefferson pendelt aufgrund seiner Geschäfte ständig zwischen Washington und Monticello hin und her.

1803, 30. April: Frankreich akzeptiert Jeffersons Forderungen und tritt für etwa 15 Millionen Dollar Louisiana – die westliche Hälfte des Mississippi-Tals – an die USA ab, die damit ihr Territorium verdoppeln.
31. August: Jefferson entsendet Captain Mariwether Lewis und William Clark auf eine Expedition in das neuerworbene Gebiet. Sie beginnen ihre Forschungsreise mit der Fahrt auf dem Ohio.

1804, 17. Januar: Jefferson erklärt seine Absicht, sich ein zweitesmal um die Präsidentschaft zu bewerben.
25. Februar: Die Kongreß-Republikaner nominieren Thomas Jefferson und George Clinton für das Amt des Präsidenten/Vizepräsidenten.

1804, November: Das «Electoral College» wird gewählt. Jefferson läßt sich von Saint-Mémin porträtieren.

1805, 4. März: Beginn der zweiten Amtsperiode Jeffersons.

1806, April: Durch die napoleonischen Kriege wird die amerikanische Neutralität erneut schweren Belastungen ausgesetzt. Probleme mit Großbritannien über Auslegung der Neutralität. Jefferson und der Kongreß verbieten im «Nicholson Non-Importation Act» die Einfuhr einer Reihe von britischen Waren.
September/Oktober: Jefferson ist mit der Burr-«Verschwörung» beschäftigt, einer Aktion zur Abtrennung der westlichen Staaten von der Union.
24. Oktober: Jefferson erfährt von der Ankunft der Lewis/Clark-Expedition in St. Louis.
November/Dezember: Jefferson wird von vielen Seiten bedrängt, eine dritte Präsidentschaft anzustreben.

1807, 2. März: Der Kongreß verbietet ab 1. Januar 1808 die Einfuhr von Sklaven.
2. Juli: Nach dem sogenannten «Chesapeake»-Zwischenfall schließt Jefferson die amerikanischen Häfen für alle bewaffneten britischen Schiffe und fordert sie zum Verlassen der amerikanischen Hoheitsgewässer auf.
10. Dezember: Jefferson lehnt offiziell eine dritte Präsidentschaft ab.
18. Dezember: Jefferson empfiehlt angesichts britischer und französischer Handelsrestriktionen ein Embargo für alle ausländischen Erzeugnisse.

1808: Ständige Konflikte zwischen den europäischen Kriegführenden und den USA, die Jeffersons letztes Amtsjahr verdüstern.

1809, Februar/März: Unter dem Druck der Neuenglandstaaten und New Yorks erläßt Jefferson den «Non-Intercourse Act», mit dem das Embargo wieder aufgehoben wird.
4. März: Inauguration James Madisons zum Präsidenten der USA.
11. März: Thomas Jefferson verläßt Washington.

1809–1813: Jefferson führt ein zurückgezogenes Leben in Monticello, ist literarisch tätig und zumeist von Teilen seiner großen Familie umgeben.

1814, 25. März: Jefferson wird in das Kuratorium der Albemarle Academy berufen.

7. September: Jefferson entwirft in einem ausführlichen Brief an Peter Carr den Plan eines öffentlichen Erziehungswesens.

21. September: Er schlägt dem Kongreß den Ankauf seiner Bibliothek vor, nachdem die Buchbestände des Parlaments von den Engländern am 24. August bei der Einnahme Washingtons und der Zerstörung des Kapitols vernichtet worden waren.

1815: Familienhochzeiten in Monticello. Jeffersons Bibliothek nach Washington verbracht.

1816–1820: Jefferson schreibt, reist und treibt die Vorbereitungen zur Gründung einer «University of Virginia» in Charlottesville voran.

1821, 6. Januar: Jefferson beginnt mit der Arbeit an seinen Memoiren.

1821–1825: Jefferson ist weiterhin als Gründungsmitglied der «University of Virginia» stark eingespannt, die am 7. März 1825 ihre Lehrtätigkeit aufnimmt. Empfängt eine Vielzahl von Besuchern in Monticello, entwirft Gutachten zu außenpolitischen und konstitutionellen Fragen.

1826, 4. Juli: Thomas Jefferson und John Adams sterben am 50. Jahrestag der Unabhängigkeitserklärung.

Inhalt

CIP-Titelaufnahme der Deutschen Bibliothek

Jefferson, Thomas:
Betrachtungen über den Staat Virginia / Thomas Jefferson.
Hrsg. u. mit e. einführenden Essay von Hartmut Wasser. –
Zürich : Manesse Verlag, 1989
(Manesse Bibliothek der Weltgeschichte)
Einheitssacht.: Notes of Virginia ⟨dt.⟩
ISBN 3-7175-8158-9 Gewebe
ISBN 3-7175-8159-7 Ldr. rot

Umschlag und typographisches Konzept:
Hans Peter Willberg, Eppstein

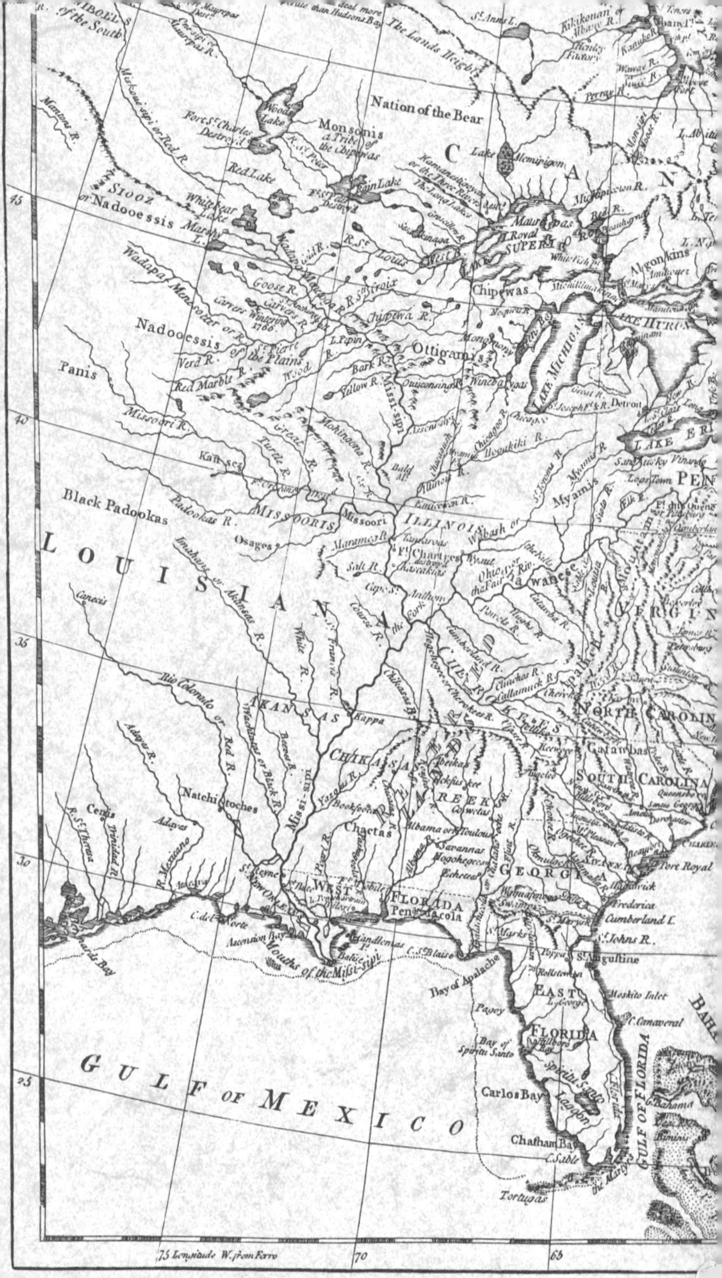

Nation of the Bear
Monsonis a Tribe of the Chipewas
Woods Lake
Fort St. Charles Destroy'd
Red Lake
Rain Lake
White Bear Lake
SIOOZ or Nadooessis
Lake Memirigon
LAKE SUPERIOR
Chipewas
Algonkins
LAKE HURON
LAKE MICHIGAN
LAKE ERIE
Nadooessis
Carvers Wintering 1766
Panis
Missoori R.
Ottigamies
Mississipi
Black Padookas
Padookas R.
MISSOORIS
Osages
LOUISIANA
ILLINOIS
Ft. Chartres
Ohio or the Fair Riv.
Shawanese
CHEROKEES
VIRGINIA
NORTH CAROLINA
SOUTH CAROLINA
Catawbas
Rio Colorado or Red R.
AKANSAS
CHIKASAW
Natchitoches
Chactas
CREEKS
GEORGIA
WEST FLORIDA
Pensacola
New Orleans
Mouths of the Missisipi
Bay of Apalache
EAST FLORIDA
St. Augustine
Cumberland I.
Port Royal
Frederica
Carlos Bay
Chatham Bay
C. Sable
Tortugas
GULF OF FLORIDA
Bahama
GULF OF MEXICO
45
40
35
30
25
75 Longitude W. from Ferro
70
65